Günter Born

Android

W0467241

Leichter Einstieg für Senioren

Android

GÜNTER BORN

Markt+Technik

Dieses Werk einschließlich aller Inhalte ist urheberrechtlich geschützt. Alle Rechte vorbehalten, auch die der Übersetzung, der fotomechanischen Wiedergabe und der Speicherung in elektronischen Medien.

Bei der Erstellung von Texten und Abbildungen wurde mit größter Sorgfalt vorgegangen. Trotzdem sind Fehler nicht völlig auszuschließen. Verlag, Herausgeber und Autoren können für fehlerhafte Angaben und deren Folgen weder eine juristische Verantwortung noch irgendeine Haftung übernehmen. Für Anregungen und Hinweise auf Fehler sind Verlag und Autoren dankbar.

Die Informationen in diesem Werk werden ohne Rücksicht auf einen eventuellen Patentschutz veröffentlicht. Warennamen werden ohne Gewährleistung der freien Verwendbarkeit benutzt. Nahezu alle Hard- und Softwarebezeichnungen sowie weitere Namen und sonstige Angaben, die in diesem Buch wiedergegeben werden, sind als eingetragene Marken geschützt. Da es nicht möglich ist, in allen Fällen zeitnah zu ermitteln, ob ein Markenschutz besteht, wird das ®-Symbol in diesem Buch nicht verwendet.

ISBN 978-3-95982-108-7

© 2019 by Markt+Technik Verlag GmbH
Espenpark 1a
90559 Burgthann

Produktmanagement Christian Braun, Burkhardt Lühr
Bearbeitung Martha Born
Herstellung Jutta Brunemann
Covergestaltung David Haberkamp
Coverfoto © contrastwerkstatt – Fotolia.com
Satz inpunkt[w]o, Haiger, www.inpunktwo.de
Druck mediaprint solutions GmbH, Paderborn
Printed in Germany

Inhaltsverzeichnis

Liebe Leserin, lieber Leser **9**

1 Android-Einstieg **11**

Android im Überblick 12
Erste Schritte mit Android 20

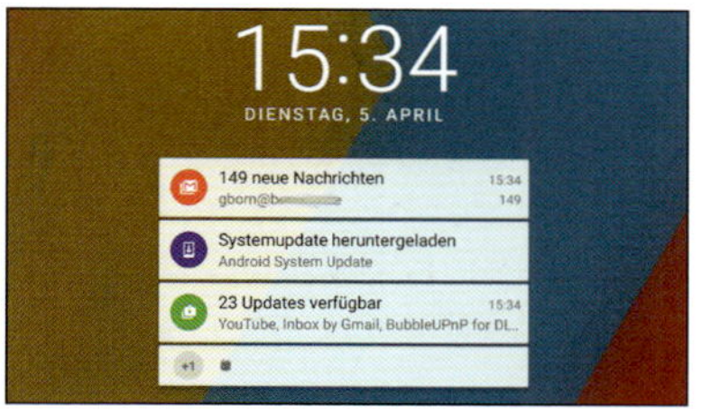

2 Bedienung und Apps **25**

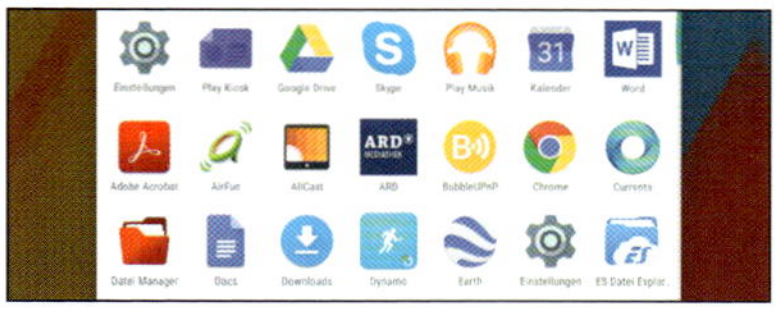

Basiswissen zur Bedienung 26
Bedienung für Fortgeschrittene 35
Apps installieren und verwalten 56

3 Surfen und Mailen **69**

Google-Chrome-Grundwissen 70
Chrome für Fortgeschrittene................ 84
Einführung in die Mail-App 98
Arbeiten mit der Mail-App 111

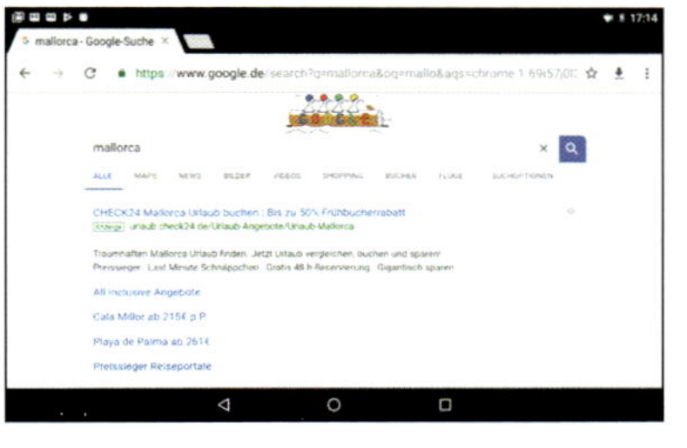

4 Foto-Apps **127**

Fotos und Videos aufnehmen...................... 128
Fotos/Dateien mit dem PC austauschen...... 142
Fotos und Videos verwalten 147
Fotobearbeitungsfunktionen 158

5 Unterhaltung: Musik, Videos, E-Books 163

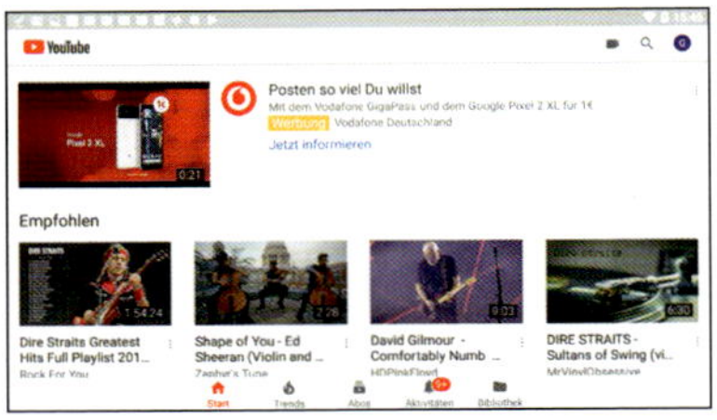

Alles zur Musikwiedergabe 164
Videos ansehen 176
E-Books lesen 185

6 Kommunikation, Kontakte und Kalender 191

Telefonieren mit Android 192
Telefonieren mit Skype 196
Kontakte verwalten 201
Textnachrichten (SMS, WhatsApp) 208
Terminverwaltung per Kalender-App 216

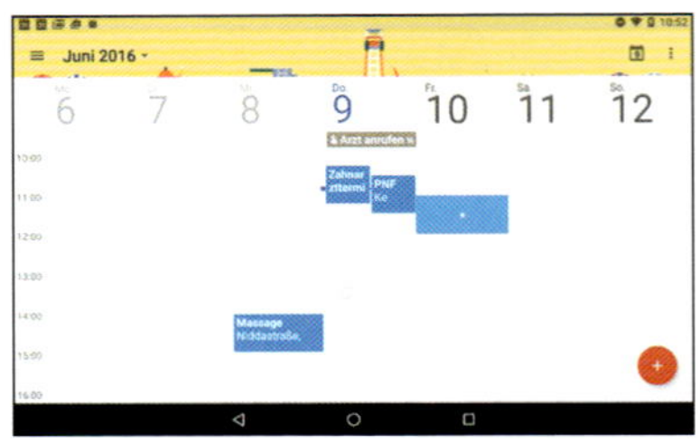

7 Interessante und nützliche Apps 229

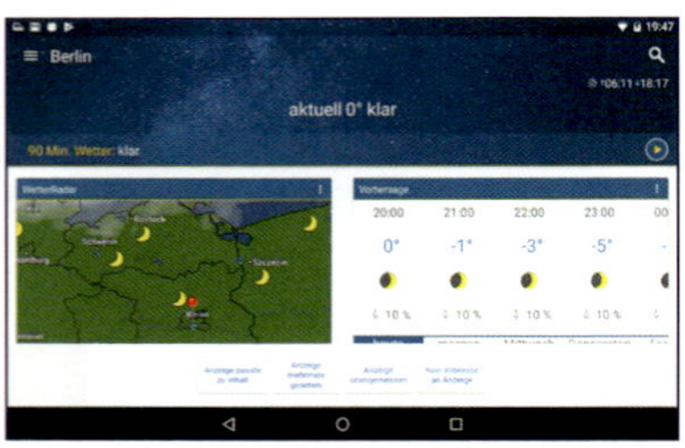

Notizen verwalten 230
Textbearbeitung und Office 243
Google Maps (Karten) 252
Apps rund um die Reise 256
Gesundheit und Fitness 261
Spiele, Einkaufen und mehr 266

8 Einrichten und Einstellungen 271

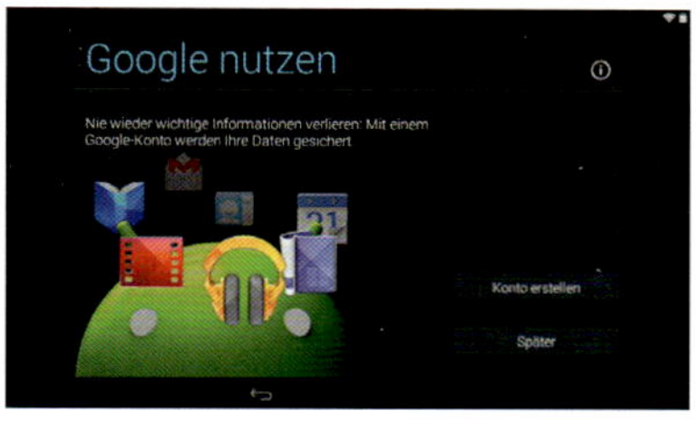

Android-Erstinbetriebnahme 272
Einstellungen 286
Updates und Zurücksetzen 301

Kleine Hilfen 305

Gerät lässt sich nicht einschalten 305
Der Bildschirm ist zu dunkel 305
Der Bildschirm ist sofort weg 306
Beim Tippen/Wischen tut sich nichts .. 306
Das Gerät ist zu leise oder stumm 306
Das Gerät hat sich aufgehängt 307
Apps blockieren das Gerät 307
Eine App fehlt 308
Eine App wird nur hochkant angezeigt 308
Probleme mit dem Google-Konto 308
Keine Internetverbindung 309
Die angewählte Webseite wird nicht geladen 309

Lexikon 311

Kleiner Wissenstest 321

Stichwortverzeichnis 326

Liebe Leserin, lieber Leser

Smartphones und Tablet-PCs werden überwiegend mit dem Google-Betriebssystem Android ausgeliefert. Dieses Buch führt Sie in den Umgang mit Android ein. Auf den folgenden Seiten lernen Sie Schritt für Schritt das Betriebssystem und die wichtigsten Apps kennen. Mit dem »Gewusst-wie« ist es dann einfach, Fotos zu verwalten, im Internet zu surfen, E-Mails am Handy abzurufen und vieles mehr zu nutzen. Gehen Sie die Sache locker an. Vieles lernen Sie durch Wiederholen quasi nebenbei. Ihnen, liebe Leserin und lieber Leser, wünsche ich viel Spaß und Erfolg mit diesem Buch.

G. Born

www.borncity.de

So arbeiten Sie mit diesem Buch

Dieses Buch befasst sich mit dem auf vielen Smartphones und Tablet-PCs verwendeten Betriebssystem Android. Beim Schreiben habe ich für die Abbildungen und Handlungsanweisungen ein Tablet mit Android 6 sowie Smartphones mit Android 7 verwendet. Beim Smartphone mit Android sieht das Ganze weitgehend identisch zum Tablet aus – wenn auch der Bildschirm schmaler ist. Das Buch lässt sich daher sowohl mit Smartphones als auch mit Tablet-PCs sowie mit anderen Android-Versionen (Android 5 oder Android 8) verwenden, da vieles gleich oder ähnlich ist.

Nicht berücksichtigt werden die speziellen Anpassungen einiger Hersteller an der Android-Benutzeroberfläche. Es kann also sein, dass sich für Ihr Gerät leichte Unterschiede zur Beschreibung im Buch ergeben. Aber trotz unterschiedlicher Android-Versionen und -Anpassungen ist vieles zumindest sehr ähnlich. Die von Google bereitgestellten Apps sind sowieso auf allen Geräten gleich. Allerdings kann es sein, dass sich das Aussehen der Apps durch (nach Drucklegung dieses Buches) durchgeführte Updates etwas ändert. Ich bin aber zuversichtlich, dass Sie anhand der Ausführungen in diesem Buch auch mit älteren oder neueren sowie angepassten Android-Versionen sowie aktualisierten Apps zurechtkommen.

Das Buch ermöglicht sowohl dem absoluten Anfänger den Einstieg in Android als auch Leserinnen und Lesern mit Vorkenntnissen, das Wissen über Android zu vertiefen. Lesen Sie das Buch von vorne bis hinten durch oder picken Sie sich einzelne Kapitel heraus, die Sie interessieren.

Android-Einstieg

Sie sind noch ganz neu im Thema Android? Dieses Kapitel gibt Ihnen einen Überblick über Android und die Gerätetechnik für Smartphones sowie Tablet-PCs. Weiterhin lernen Sie die ersten Schritte, um ein Android-Gerät zu bedienen.

Das lernen Sie in diesem Kapitel

- Android im Überblick
- Erste Schritte mit Android

1

Android im Überblick

In diesem Abschnitt erhalten Sie eine kurze Einführung in die Gerätetechnik und erfahren Wissenswertes über die unterschiedlichen Android-Versionen.

Android, was ist das?

Android ist ein sogenanntes Betriebssystem, das auf Smartphones und Tablet-PCs verwendet wird. Dieses Betriebssystem sorgt überhaupt erst dafür, dass die Geräte funktionieren und man auch Apps (kleine Programme) verwenden kann. Entwickelt wird Android von der amerikanischen Firma Google, die das Betriebssystem dann an die Hersteller von Smartphones und Tablet-PCs weitergibt.

HINWEIS

Android ist sehr populär, wird es doch auf ca. 87 % der Mobilgeräte verwendet. Ein Konkurrenzprodukt ist das auf Apple-Geräten verwendete iOS.

Wissen zu Android-Versionen

Seit Google 2008 das erste Android-Gerät herausbrachte, wurden verschiedene Versionen des Betriebssystems entwickelt. Die Versionen tragen die Namen von Süßigkeiten (Cupcake, Donut, Eclair, Froyo, Gingerbread, Honeycomb, Ice Cream Sandwich, KitKat, Lollipop, Marshmallow, Nougat, Oreo etc.) und werden durch eine Versionsnummer (1.6, 2.x, 3.x 4.x, 5.x, 6.x, 7.x, 8.x) unterschieden. Auf der Webseite *de.wikipedia.org/wiki/Liste_von_Android-Versionen* finden Sie eine Versionsübersicht.

Hier **im Buch verwende ich** für die Abbildungen **Android 6.x** (Marshmallow) und gehe an einigen Stellen noch auf kleine Abweichungen bei **Android 5.x** (Lollipop), **Android 7.x** (Nougat) und **Android 8.x** (Oreo) ein. Da vieles in den unterschiedlichen Android-Versionen gleich oder ähnlich ist, lässt sich das Buch auch für Geräte verwenden, die noch mit älteren Android-Ausgaben oder bereits mit Android 8.x (Oreo) arbeiten.

ACHTUNG

Verzichten Sie nach Möglichkeit auf die Verwendung von Geräten mit älteren Android-Versionen **bis einschließlich Android 4.4** (KitKat). Dort gibt es **gravierende Sicherheitslücken**, die durch Google nicht mehr geschlossen werden. Im Blog-Beitrag *www.borncity.com/blog/?p=160558* gebe ich einige Tipps, um zumindest die größten Sicherheitslücken etwas zu entschärfen.

Tipps zur Geräteausstattung

Android-Geräte gibt es in verschiedenen Varianten und von verschiedenen Herstellern. Beim Kauf eines solchen Geräts haben Sie die Auswahl zwischen einem **Smartphone** (landläufig als Handy bezeichnet), einem **Tablet-PC** oder einem sogenannten **Phablet**. Beim Phablet handelt es sich um ein Kunstwort, zusammengesetzt aus den Begriffen Phone und Tablet, ein Smartphone, aber mit einer Bildschirmgröße zwischen 5,2 Zoll und 6,5 Zoll.

Smartphones wählt man, um telefonieren und mobil ins Internet gehen zu können. Tablets werden bevorzugt zum Surfen im Internet, zum Ansehen von E-Mails sowie zum Medienkonsum (Fotos, Videos ansehen, Musik hören) eingesetzt. Es gibt für alle Gerätevarianten Angebote verschiedener Hersteller und mit unterschiedlicher Technik. Hier eine grobe Übersicht, woran Sie sich beim Kauf orientieren können und auf was Sie gegebenenfalls achten sollten.

- **Bildschirmgröße**: Diese sollte bei einem **Smartphone** oberhalb von 4,7 Zoll (11,9 cm) Bildschirmdiagonale liegen, um Eingaben per Bildschirmtastatur halbwegs komfortabel vorzunehmen. **Tablet-PCs** gibt es mit Displays zwischen von 7, 8, 9 oder 10,1 Zoll (25,4 cm). Ein großes Display hat den Vorteil, dass man sehr gut surfen und lesen kann. Nachteilig sind die Größe und das Gewicht, wenn man solche Tablets mal mitnehmen oder zum Lesen von E-Books länger in der Hand halten will. Ich setze daher bevorzugt auf ein 7-Zoll-Tablet. Je nach Modell stehen dabei auch unterschiedliche Bildschirmauflösungen zur Verfügung. Wählen Sie das Modell, dessen Display für Sie am besten erkenn- und lesbar ist.

- **Speichergröße**: Beim Speicher ist zwischen dem **Arbeitsspeicher** zum Betrieb des Geräts und dem **Speicher** zur Ablage von Fotos, Musik oder Daten zu unterscheiden. Der Arbeitsspeicher sollte mindestens 2 GByte groß sein, um mit dem Gerät und mehreren Apps zügig arbeiten zu können. Die Größe des Speichers zur Ablage von Musik, Fotos, Videos und anderen Daten hängt von den persönlichen Anforderungen ab. Geräte sind heute mit unterschiedlich großem Speicher (16, 32, 64, 128 GByte und mehr) im Handel. Geräte mit weniger als 16 GByte Speicher würde ich persönlich nicht mehr kaufen, da man zu schnell an die Kapazitätsgrenze stößt.

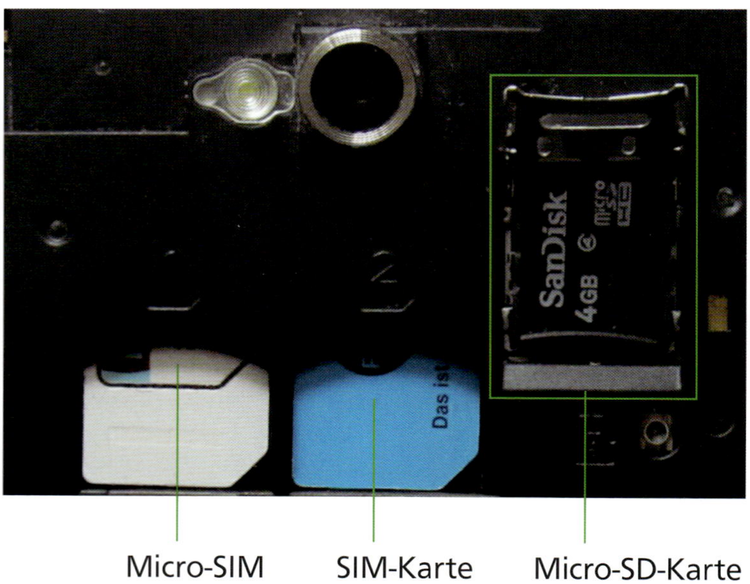

- **Speicherkartenerweiterung**: Einige Hersteller wie auch Google propagieren zwar die Speicherung der Daten im Internet. Mein Tipp: Achten Sie darauf, dass das Smartphone oder das Tablet einen Einschub für Speicherkarten besitzt. Viele Hersteller bieten sowohl bei Smartphones als auch bei Tablet-PCs einen sogenannten **Speicherkartenslot** für Micro-SD-Speicherkarten an. Ob die Micro-SD-Karte seitlich in den Speicherkartenslot eingeschoben wird oder bei abgenommener Rückwand in einen Micro-SD-Steckplatz eingelegt wird (vorheriges Foto), hängt vom Hersteller ab. Sehen Sie gegebenenfalls im Gerätehandbuch nach, wie die Speicherkarte eingelegt wird.
- **Mobilfunkunterstützung und Dual-SIM**: Zum Telefonieren und für den mobilen Internetzugang ist mindestens eine SIM-Karte eines Mobilfunkanbieters notwendig. Dual-SIM-Geräte ermöglichen die Verwendung zweier SIM-Karten (beruflich und privat oder eine SIM-Karte zum Telefonieren, eine für die Internetanbindung). Soll ein Tablet auch unterwegs eine Internetverbindung ermöglichen, benötigen Sie ein Modell mit Mobilfunkunterstützung (meist als 3G, UMTS, 4G oder LTE-Unterstützung beworben). Mein Tipp: Kaufen Sie gleich ein Gerät mit LTE-Unterstützung, damit schnelles Internet auch auf dem Land funktioniert.

HINWEIS

Bei **SIM-Karten** gibt es verschiedene **Größen** (SIM, Micro-SIM und Nano-SIM). Der Begriff **SIM-Lock** signalisiert, dass das Gerät nur mit der SIM-Karte eines Anbieters funktioniert. Bei SIM-Lock-freien Geräten lassen sich SIM-Karten beliebiger Mobilfunkanbieter verwenden.

- **Kamera**: Smartphones und Tablets besitzen zudem meist noch Kameras an Front- und Rückseite. Ich würde weniger auf die (in Prospekten angegebene) Megapixel-Auflösung, sondern auf die Kameraqualität als Auswahlkriterium achten (einfach beim Händler ausprobieren).

- **USB-Anschluss**: Über ein mitgeliefertes USB-Kabel mit Micro-USB-Stecker kann ein Smartphone oder Tablet geladen werden. Dazu verbindet man das USB-Kabel mit einem USB-Steckernetzteil und der Micro-USB-Buchse. Das USB-Kabel lässt sich auch zum Datenaustausch mit einem PC verwenden.
- Gibt der Hersteller an, dass die Micro-USB-Buchse **OTG**-fähig ist? Dieser Standard ermöglicht es, über ein spezielles **OTG-Adapterkabel** USB-Speichersticks oder USB-Geräte anzuschließen. Wichtig ist, dass die USB-Geräte nicht zu viel Strom verbrauchen, da es sonst zu Problemen kommen kann.

Tipps zum Android-Gerätekauf

Überlegen Sie sich vor dem Kauf anhand der obigen Kriterien, was Ihnen wichtig ist (großer Bildschirm, viel Speicher, mobiles Internet), und schreiben Sie sich die Kriterien auf. Versuchen Sie, das Wunschgerät vor dem Kauf in einem der zahlreichen Elektronik-Märkte oder in Telefonläden in Augenschein zu nehmen. Dort können Sie sich gegebenenfalls beraten lassen und ein Gefühl dafür bekommen, ob die Größe des Geräts und die Darstellung des Bildschirms Ihren Anforderungen genügen. Soll mobiles Internet genutzt werden, empfiehlt sich ein Gerät mit LTE-Unterstützung (bessere Abdeckung als im UMTS-Netz bei Internetverbindung im ländlichen Raum). Übrigens: Statt der neuesten Gerätemodelle genügt oft ein Vorgängermodell, das man meist wesentlich preisgünstiger bekommt. Allerdings sollten Sie kein Gerät mehr kaufen, das nicht mindestens die Android-Version 6.0 besitzt.

- Bei einem **MHL**-fähigen Gerät können Sie die Anzeige des Bildschirms über ein spezielles MHL-Kabel von der Micro-USB-Buchse zur HDMI-Buchse eines TV-Geräts übertragen. Auf der Seite *www.borncity.com/blog/?p=145656* habe ich einige Hinweise zu MHL veröffentlicht.

- Bei den von Google stammenden Nexus-Geräten kommt statt MHL die **SlimPort**-Technik zum Übertragen des Bildschirms von der Micro-USB-Buchse zum Einsatz (siehe *www.borncity.com/blog/?p=145799*).

Wichtig im Hinblick auf die Geräteauswahl ist die vom Hersteller angegebene **Akkulaufzeit**. Ein Smartphone sollte mindestens einen Arbeitstag mit acht Stunden durchhalten. Ideal sind Akkulaufzeiten von acht bis zehn Stunden und mehr. Bei Tablet-PCs mit ihren größeren Bildschirmen sind die Zeiten aber meist geringer.

Nützliches Zubehör

Kaufen Sie unbedingt eine **Schutzhülle** (auch als Protector oder Case bezeichnet) für Ihr Smartphone. Diese schützt das Gerät vor Kratzern oder kann bei einem Sturz möglicherweise vor Schäden wie einem Displaybruch bewahren. Bei Tablet-PCs ist ebenfalls eine Schutzhülle oder möglicherweise eine sogenannte **Bluetooth-Tastatur** zur Texteingabe hilfreich.

Bedienelemente am Android-Gerät

Android-Smartphones oder Tablet-PCs besitzen nur wenige Bedienelemente und Anschlüsse.

- Die drei Navigationstasten an der Frontseite werden zur Bedienung benötigt (siehe folgendes Kapitel). Diese Tasten können im Display eingeblendet werden. Bei manchen Geräten (z. B. Samsung-Galaxy-Modelle) ist die sogenannte **Home-Taste** als mechanische Taste ausgeführt.
- Auf der Frontseite findet sich gegebenenfalls noch die Linse der **Frontkamera**. Diese wird zur Aufnahme von »Selbstbildnissen« (neudeutsch »Selfies«) sowie für Videounterhaltungen verwendet.
- Mit der **Rückseitenkamera** und dem LED-Blitz lassen sich Fotos und Videos per Smartphone oder Tablet aufnehmen.

- Hinzu kommen oft Öffnungen für Mikrofon und Lautsprecher sowie eine **Micro-USB-Buchse** zum Laden oder zum Datenaustausch mit dem PC. Bei der 3,5-mm-Klinkenbuchse handelt es sich meist um einen kombinierbaren Mikrofonein- und **Kopfhörerausgang**, an der sich Ohr- bzw. Kopfhörer anschließen lassen.

- Optional findet sich gegebenenfalls noch ein Einschub für den **Micro-SD-Kartenleser** und/oder für eine **SIM-Karte**. Ob der Speicherkarteneinschub, wie hier, direkt sichtbar ist, oder sich hinter der abklappbaren Rückseitenschale befindet, ist gerätespezifisch.
- Auf der Seite des Smartphones oder Tablets sind die **Ein-/Aus-Taste** sowie der Wippschalter für die **Lautstärke** mit den Funktionen *Lauter/Leiser* zu finden. Ob diese Tasten nebeneinander (wie hier im Foto gezeigt), an gegenüberliegenden Seiten oder an der Kopf- und Breitseite angebracht sind, ist ebenfalls gerätespezifisch. Manche Android-Geräte besitzen auch noch eine Taste oder einen Schiebeschalter, um z. B. die **Drehfunktion** des Bildschirms zu **sperren**.

Ein optionaler Fingerabdrucksensor dient zum Entsperren des Geräts. Konsultieren Sie gegebenenfalls das Gerätehandbuch, um sich über die genaue Lage der Bedien- und Anschlusselemente zu informieren.

Geräte aufladen

Android zeigt den Akkuladezustand am oberen Rand des Bildschirms durch ein stilisiertes Batteriesymbol an.

Ein fast leerer Akku bewirkt das Abschalten des Geräts und er ist am Stromnetz aufzuladen. Zum Aufladen verbinden Sie das mitgelieferte Kabel über den Micro-USB-Stecker mit dem Gerät. Das zweite Ende mit dem USB-Stecker wird mit dem vom Hersteller gelieferten USB-Steckernetzteil verbunden. Vermeiden Sie es, den Micro-USB-Stecker mit Gewalt in die entsprechende Buchse einzustöpseln, da dies zu Gerätebeschädigungen führen kann. Danach lässt sich das Steckernetzteil zum Laden an eine Steckdose anschließen. Bei ausgeschaltetem Gerät erscheint kurz eine Ladeanzeige auf dem Bildschirm. Bei eingeschaltetem Gerät zeigt Android den Ladezustand sowie das Aufladen in der rechten oberen Ecke des Home-Bildschirms in Form eines stilisierten Blitzsymbols an.

Verwenden Sie, sofern möglich, das Original-Netzteil des Geräteherstellers. Legen Sie das Gerät beim Laden (wegen der Brand- und Überhitzungsgefahr) auf eine nicht brennbare Unterlage. Um die Akkulebensdauer nicht unnötig zu reduzieren, laden Sie das Gerät nur dann auf, wenn der Akku weitgehend leer ist. Große Hitze wirkt sich ebenfalls negativ auf die Akkulebensdauer aus und sollte vermieden werden.

Erste Schritte mit Android

In diesem Abschnitt finden Sie das Wissen zum Einstieg in Android. Wer bereits Vorwissen besitzt, geht die folgenden Seiten gegebenenfalls nur kursorisch durch. Sie lernen, wie ein Android-Gerät ein-/ausgeschaltet wird, was ein Sperrbildschirm ist, was sich hinter dem Startbildschirm verbirgt und was der Ruhezustand bedeutet.

Android-Gerät einschalten und entsperren

Drücken Sie zum Einschalten des Android-Geräts (Smartphone, Tablet-PC) für ein paar Sekunden die Ein-/Aus-Taste am Gehäuserand. Bei einem aufgeladenen Gerät werden das Logo und die Geräteanimation beim Start angezeigt. Warten Sie, bis Android vollständig gestartet ist und der Sperrbildschirm (auch als **Lock-Screen** bezeichnet) erscheint.

HINWEIS

Dieser Sperrbildschirm soll das ungewollte Auslösen von Funktionen beim unbenutzten Gerät verhindern (z. B. Gerät wird in der Tasche transportiert, Dritte sollen das Gerät nicht benutzen können). Ein unbenutztes Gerät schaltet nach einigen Sekunden automatisch zum Sperrbildschirm um.

Der gerätespezifisch gestaltete Sperrbildschirm kann vom Benutzer angepasst werden.

- Auf dem Sperrbildschirm werden meist Uhrzeit- und Datum (1) angezeigt.
- Am oberen Bildschirmrand (2) erscheint die Statusleiste mit der Anzeige des Akkuladezustands, der WLAN-Verbindung etc. Möglicherweise zeigt Ihnen der Hinweis *Aufgeladen* (3) an, dass der Akku des Geräts zu 100 % voll ist. Alternativ werden Sie mit *Wird aufgeladen* über den Ladevorgang informiert.
- Wird ein **Kamerasymbol** (4) angezeigt, tippen Sie mit dem Finger auf dieses Symbol und ziehen den Finger über das Display. Dies entsperrt das Gerät und startet gleichzeitig die Kamera-App zur Aufnahme von Fotos.

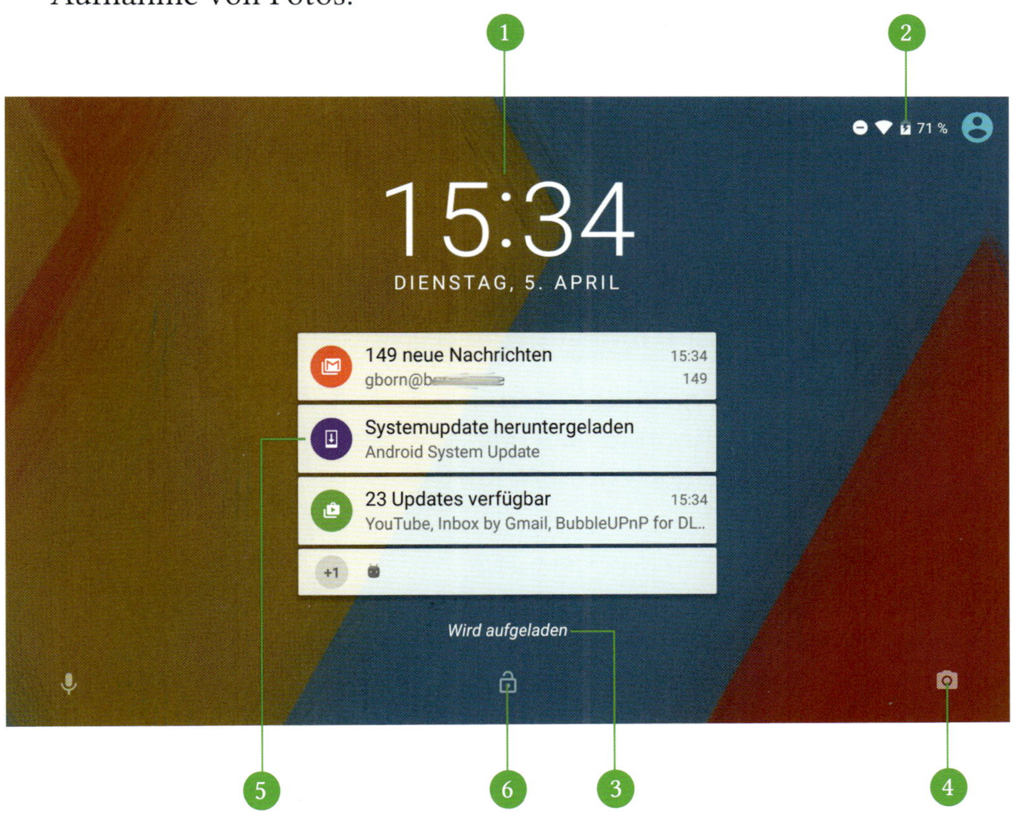

- Je nach Gerät und Android-Version können auf dem Sperrbildschirm noch Statusmeldungen (5) erscheinen. Diese informieren Sie über Fehler, eingegangene Nachrichten und so weiter. Eine

Statusmeldung lässt sich oft mit dem Finger nach rechts zum Rand verschieben und damit löschen bzw. ausblenden.

Zum Entsperren des Geräts ziehen Sie einfach das Symbol des Schlosses (6) mit dem Finger nach rechts oder nach oben zum Rand des Bildschirms. Sie gelangen (in den Standardeinstellungen) zum Android-Startbildschirm. Wurde dagegen ein Kennwort, ein PIN-Code oder ein Entsperrmuster vom Benutzer eingerichtet, ist dieses zum Entsperren einzugeben.

Wissen zum Sperrbildschirm

Smartphones zeigen den Sperrbildschirm und die nachfolgend vorgestellte Startseite immer hochkant. Bei Tablet-PCs passt sich die Darstellung an die Lage des Geräts an (Hoch- oder Querformat).

Das Gerät lässt sich aber über die App *Einstellungen*, Befehle *Sicherheit/Displaysperre* so einrichten bzw. schützen, dass zum Entsperren eine PIN, eine Fingergeste oder eine andere Methode wie ein Passwort erforderlich ist.

SIM-Sperre bei Smartphone

Bei Smartphones kann zudem nach jedem Starten von Android eine PIN-Abfrage durch die eingelegte SIM-Karte erzwungen werden.

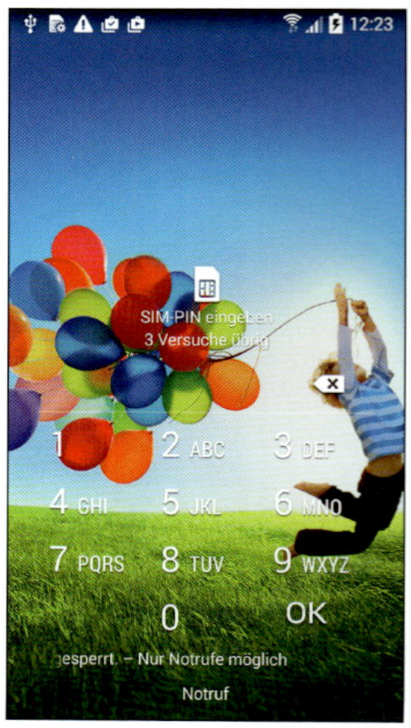

Sie haben dann genau drei Versuche, um die SIM-PIN über die eingeblendeten Tasten und die *OK*-Schaltfläche einzutippen. Ohne entsperrte SIM-Karte sind nur Notrufe möglich. Die SIM-Sperre ist aber unabhängig von der Anzeige des Sperrbildschirms.

Die Benutzerauswahl

Manchmal werden Geräte von verschiedenen Personen verwendet. Oder ein Smartphone ist beruflich und privat im Gebrauch. Bei Geräten ab Android 5 (Lollipop) lassen sich ein Gerätebesitzer sowie weitere Benutzer und Gäste einrichten. Jeder Benutzer erhält seinen eigenen »Bereich« auf dem Gerät, in dem er Daten, Apps, den Bildschirmhintergrund etc. ablegen kann. In der am oberen Bildschirmrand bei Android angezeigten Statusleiste findet sich ganz rechts das Symbol eines stilisierten Benutzers (1). Tippt man auf dieses Symbol, wird die hier sichtbare Darstellung zur Verwaltung der Benutzer angezeigt.

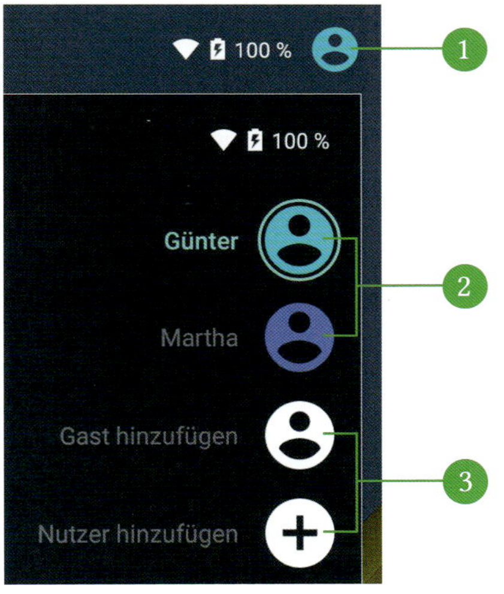

- Bei mehreren eingerichteten Konten schaltet das Antippen des Kontonamens (2) zwischen diesen um. Man gelangt dann in die Umgebung dieses Kontos und kann mit den Apps arbeiten.
- Der Hauptbenutzer (hier »Günter«) kann sowohl einen Gast als auch weitere Nutzer (3) hinzufügen.
- Bei Anwahl von *Nutzer hinzufügen* werden dann verschiedene Seiten mit Schritten zum Anlegen eines Benutzers angezeigt. In diesen Schritten können z. B. ein Google-Konto sowie der Name des Kontoinhabers angegeben werden.

Ob man verschiedene Benutzer verwendet, hängt vom persönlichen Geschmack sowie der Nutzung des Geräts ab.

Gerät aus- oder in den Ruhezustand schalten

Ein unbenutztes Android-Gerät wird nach einer kurzen Zeit (wenige Sekunden bis Minuten) zum Energiesparen in den Ruhezustand (**Stand-by**) versetzt. Der Bildschirm ist in diesem Zustand dunkel geschaltet. Drücken Sie kurz die Ein-/Ausschalttaste, um den Energiesparmodus zu erzwingen. Diesen Modus beenden Sie durch erneutes Drücken der Ein-/Ausschalttaste.

HINWEIS

Die Wartezeit bis zur Aktivierung des Ruhezustands lässt sich über die App *Einstellungen* über die Kategorien *Display/Ruhezustand* einstellen (siehe letztes Kapitel).

Zum richtigen **Ausschalten** des Geräts halten Sie die Ein-/Ausschalttaste ein paar Sekunden gedrückt.

Abhängig vom Gerät erscheint dann ein Menü mit verschiedenen Befehlen wie *Neustart* etc. Tippen Sie dann mit dem Finger auf den Text *Ausschalten*. Nach ein paar Sekunden ist das Gerät komplett abgeschaltet.

TIPP

Drücken Sie mit Ihrem Finger ein paar Sekunden auf den Befehl *Ausschalten*, zeigt Android gegebenenfalls ein sogenanntes Pop-up-Fenster *Im abgesicherten Modus starten*. Bestätigen Sie das mit *OK*, werden beim nächsten Start von Android nur noch die vorinstallierten Apps des Herstellers automatisch gestartet (siehe auch *www.borncity.com/blog/?p=160800*). Dies ist gegebenenfalls zur App-Deinstallation hilfreich, falls eine App mit Schadfunktionen auf das Gerät gelangt ist und die Gerätefunktionen blockiert.

In diesem Kapitel haben Sie eine Übersicht über Android und die Geräte erhalten sowie gelernt, wie Sie das Gerät ein- und wieder ausschalten. Im nächsten Kapitel lernen Sie die Bedienung von Android kennen und erfahren, wie Sie Apps im Google Play Store kaufen.

Bedienung und Apps

Im vorherigen Kapitel haben Sie eine Übersicht über die Android-Geräte erhalten. Zudem wissen Sie, wie Sie die Geräte ein- und ausschalten und wie Sie den Sperrbildschirm entriegeln. Dieses Kapitel vermittelt Ihnen nun das Grundwissen zum Umgang mit Android. Sie erfahren, wie der Startbildschirm bedient und organisiert wird. Zudem wird gezeigt, wie Sie Apps aufrufen und aus dem Google Play Store beziehen. Also quasi das Basiswissen zum Umgang mit Android.

Das lernen Sie in diesem Kapitel

2

- Basiswissen zur Bedienung
- Bedienung für Fortgeschrittene
- Apps installieren und verwalten

Basiswissen zur Bedienung

In diesem Abschnitt möchte ich absoluten Einsteigern noch ein wenig Wissen zum Umgang mit Android an die Hand geben. Sie lernen den Startbildschirm und den Umgang mit Apps kennen. Wer bereits Vorwissen besitzt, kann den Abschnitt ja kursorisch durchgehen.

Der Startbildschirm

Bei einem entsperrten Android-Gerät wird der sogenannte Startbildschirm (im Englischen auch als Homescreen bezeichnet) angezeigt.

- Der **Startbildschirm** zeigt die Symbole verschiedener häufig benutzter Apps. Er unterteilt sich in mehrere »Seiten«, die Sie durch Wischen mit dem Finger nach rechts oder links abrufen. Drücken Sie ab Android 6 ein paar Sekunden auf eine leere Stelle des Startbildschirms, wird eine Miniaturansicht dieser Seiten eingeblendet. Antippen der Miniatur holt die Seite in den Vordergrund.
- Der obere Rand zeigt **Statusinformationen** wie beispielsweise eingetroffene E-Mails oder WhatsApp-Nachrichten, die Uhrzeit, den Ladezustand des Akkus oder den Status der WLAN-Anbindung (bzw. bei Mobilfunkverbindung den Status der SIM-Karte) in der **Statusleiste**.
- Am unteren Bildschirmrand sehen Sie drei **Navigationstasten**, über die Sie verschiedene Android-Funktionen abrufen (siehe folgende Abschnitte).
- Am linken (oder oberen) Rand werden das Symbol zur Suche sowie das Mikrofonsymbol zur **Sprachbedienung** angezeigt.
- Am rechten (oder unteren) Rand erscheint die **Favoritenleiste** mit den Symbolen häufig benötigter Apps wie Mail, Browser, Kamera, gegebenenfalls Telefon sowie *Alle Apps*.
- Auf dem Startbildschirm sehen Sie zudem die (Verknüpfungs-) **Symbole** ausgewählter **Apps** (kleine Programme), die auf dem Gerät installiert sind.

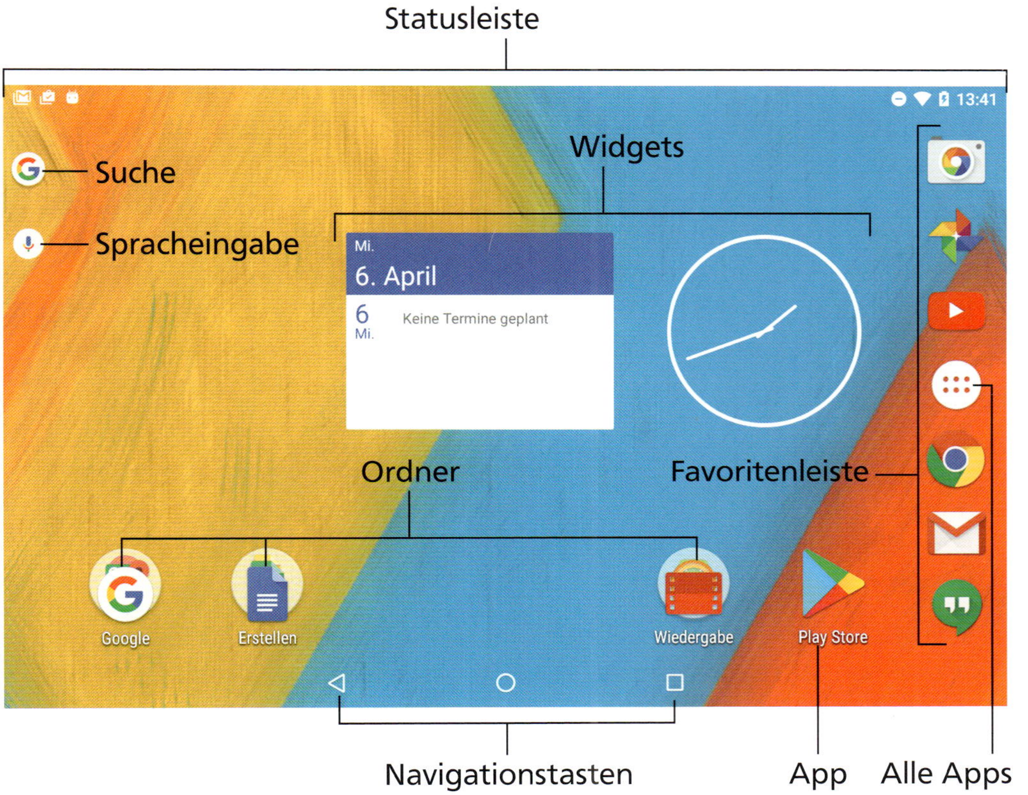

- Android ermöglicht es Ihnen zudem, mehrere App-Verknüpfungen in sogenannten **Ordnern** auf der Startseite abzulegen.
- Optional lassen sich zudem noch sogenannte **Widgets** auf dem Startbildschirm einblenden. Widgets sind kleine Programme, die als Fenster sichtbar sind und Informationen (z. B. Wetterdaten, Uhrzeit, Datum, abgespielter Musiktitel etc.) anzeigen.

Wischen Sie auf dem Startbildschirm nach rechts oder links, lässt sich zwischen den Seiten mit den App-Verknüpfungen blättern, während Status- und Navigationsleiste sowie die Favoriten und die Symbole für Mikrofon und Suche fest auf dem Bildschirm sichtbar bleiben.

Drehen der Anzeige

Android-Geräte besitzen meist einen Rotationssensor, mit dem die Lage im Raum erkannt werden kann. Dadurch besteht die Möglichkeit, dass die Darstellung auf dem Bildschirm abhängig von der Haltung des Geräts im Hoch- oder Querformat angezeigt wird. Bei Smartphones werden der Sperrbildschirm und die Startseite immer im Hochformat angezeigt, egal, wie das Gerät gehalten wird. Nur bei Apps dreht sich die Anzeige zwischen Hoch- und Querformat. Bei Tablet-PCs passt sich die Anzeige des Displays auch beim Sperrbildschirm und bei der Startseite der Lage des Geräts automatisch an.

Diese **Drehfunktion** kann bei manchen Geräten über eine Taste an der Seite **gesperrt** werden. Alternativ lässt sich die Sperre in der App *Einstellungen* über *Bildschirm/Bei Drehung des Geräts* ein- und ausschalten.

Statt *Bildschirm* kann der Befehl auch *Display* heißen. Zudem gibt es in den Schnelleinstellungen (siehe den Abschnitt »Schnelleinstellungen verwenden«) ein Symbol, um das Drehen ein-/auszuschalten.

Die Funktion der Navigationstasten

Am unteren Rand des Displays finden Sie drei Navigationstasten. Die nachfolgende Abbildung zeigt die Navigationstasten für Android 4.4 (KitKat) im oberen Bereich und unten sind die Symbole ab Android 5.x (Lollipop) zu sehen.

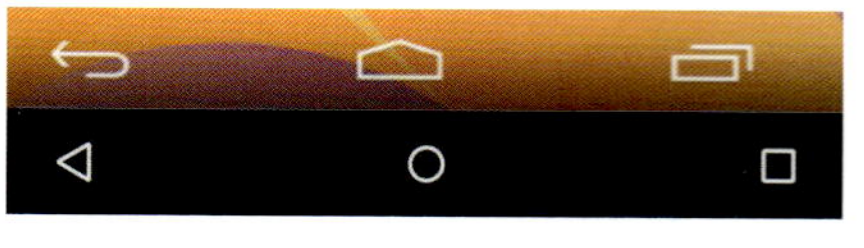

- *Zurück:* Das linke Symbol steht für die *Zurück*-Taste, die Sie einen Bedienschritt zurückbringt.
- *Start:* Das mittlere Symbol schaltet beim Antippen zur Startseite.
- *Übersicht:* Das rechts angeordnete viereckige Symbol öffnet eine Liste mit Miniaturansichten laufender Apps und ermöglicht es Ihnen, zwischen Apps umzuschalten oder diese zu beenden.

Je nach Gerät können die Navigationstasten auch separat ausgeführt sein. Bei Samsung-Galaxy-Smartphones gibt es eine feste Taste *Start* sowie zwei beleuchtete Symboltasten für *Zurück* und *Übersicht*, wobei diese beiden Tasten gegenüber der obigen Anordnung vertauscht sind (*Zurück*-Taste ist hier rechts).

Bediengesten für Android

Zum Arbeiten mit Android sollten Sie die folgenden Bediengesten kennen.

- Einfach ein Objekt (ein App-Symbol, ein Bedienelement in einer App etc.) antippen, um eine Reaktion auszulösen. In ganz wenigen Fällen kommt noch »Halten« (den Finger ein paar Sekunden auf einem App-Symbol belassen) dazu.

- Mit dem Finger nach links oder rechts, in Apps auch von oben nach unten bzw. umgekehrt auf dem Bildschirm wischen, um zu blättern oder ein App-Symbol zu ziehen.

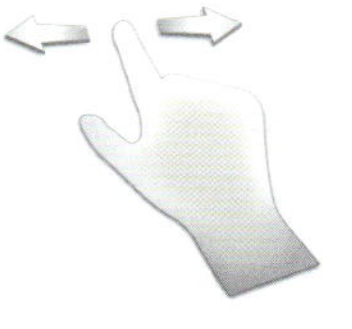

- Bei einigen Apps (z. B. Foto- oder Browser-App) können Sie Daumen und Zeigefinger spreizen oder zusammenziehen, um die Darstellung innerhalb der App (z. B. ein Foto oder eine Webseite) zu vergrößern bzw. zu verkleinern.

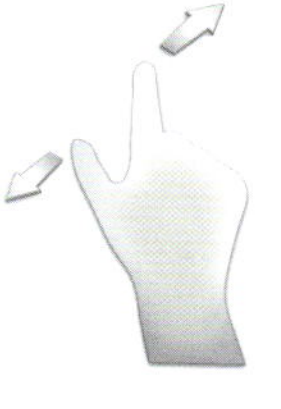

HINWEIS

Bei manchen Tablet-PCs oder Smartphones (z. B. Galaxy Note) liegt noch ein Stift bei. Der Stift ist dabei vor allem ein etwas »feinerer Finger« für Eingaben. Falls Apps Handschrifteingaben oder Zeichenfunktionen unterstützen, kann per Stift auch geschrieben oder gemalt werden.

Umgang mit Apps

Das Starten und der Umgang mit Apps ist keine große Kunst und intuitiv zu beherrschen.

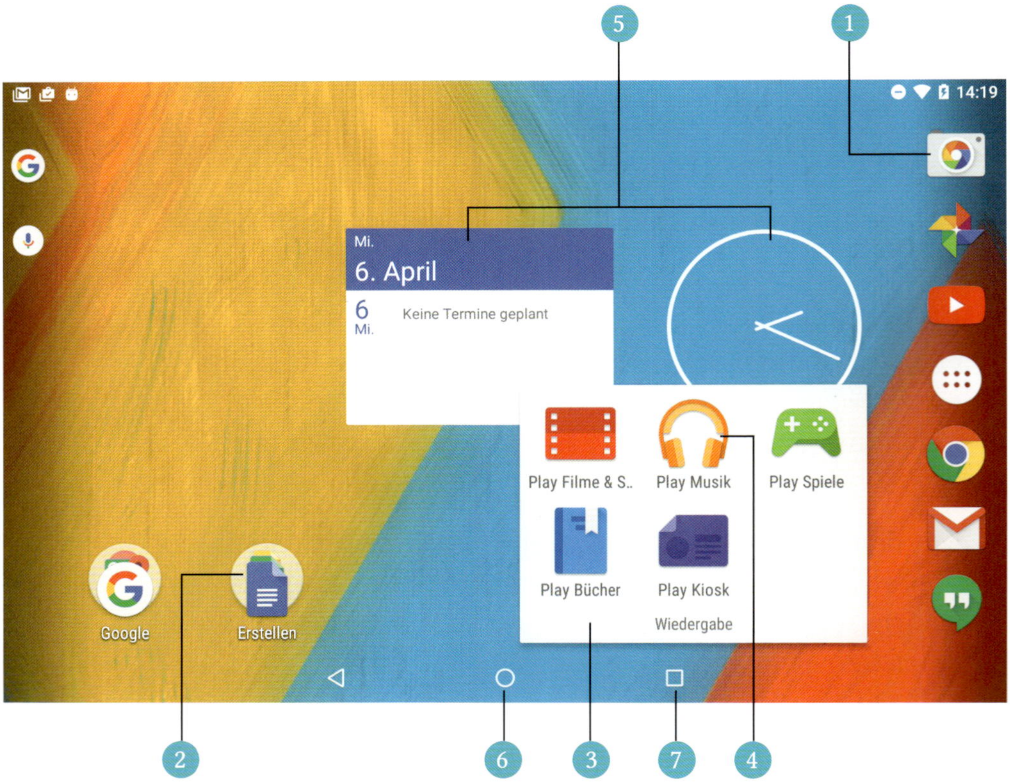

- Tippen Sie auf dem Startbildschirm einfach auf das Verknüpfungssymbol (1) einer **App**, um diese zu **starten**.
- Ist die App in einem Ordner (2) untergebracht, tippen Sie auf dieses Ordnersymbol. Sobald sich das Ordnerfenster (3) öffnet, tippen Sie auf das Verknüpfungssymbol der App (4).
- Um auf ein Widget (z. B. den Kalender) zuzugreifen, tippen Sie auf dessen Anzeige (5).

Anschließend öffnet sich die App oder das Widget und der Startbildschirm verschwindet. Dann können Sie mit der App oder dem Widget arbeiten.

Tippen Sie einfach auf die *Start*-Taste 6 des Geräts, um wieder zum Startbildschirm zurückzukehren. Anschließend lässt sich eine neue App aufrufen, um mit dieser zu arbeiten. Die Rückkehr zur vorherigen App klappt genauso, Sie gehen zum Startbildschirm zurück und wählen das Symbol der App erneut an. Oder Sie verwenden folgende Techniken:

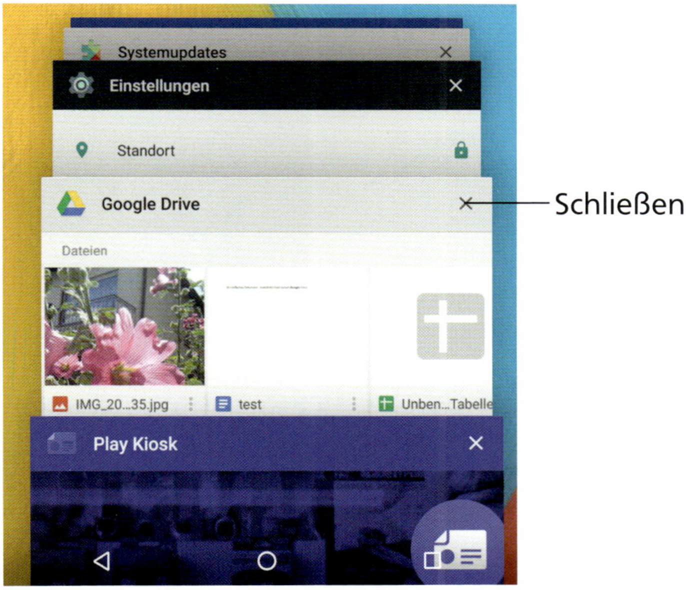

- Tippen Sie auf die Taste *Übersicht* 7 des Geräts. Dann zeigt Android die Miniaturansichten der laufenden Apps und Widgets (siehe obiges Bild).
- Durch Wischen mit dem Finger nach oben oder unten blättern Sie in der Liste der Miniaturansichten nach oben oder unten.
- Tippen Sie die Miniaturanzeige der App/des Widgets mit dem Finger an, um die App oder das Widget zu öffnen.
- Schieben Sie eine Miniaturanzeige mit dem Finger einfach nach rechts über den Bildschirmrand hinaus, um die App bzw. das Widget gezielt zu schließen. Alternativ können Sie in der rechten oberen Ecke der Miniaturansicht auf *Schließen* tippen.

Diese Bedientechniken ermöglichen es Ihnen, sowohl zwischen Apps zu wechseln als diese auch zu schließen. Allerdings stehen diese Funktionen nicht auf allen Geräten und nicht unter allen Android-Versionen zur Verfügung.

Die Seite »Alle Apps«

Auf dem Startbildschirm werden nur ausgesuchte Apps als Symbole angezeigt. Auf einem Android-Gerät können viel mehr Apps installiert sein, die auf der Seite *Alle Apps* angezeigt werden.

Tippen Sie in der Favoritenleiste auf das Symbol *Alle Apps* (oder ab Android 7 auf das betreffende Symbol, hier im rechten Teil des Bildes zu sehen), um zur Anzeige *Alle Apps* zu gelangen. Unter *Alle Apps* erscheinen dann die Symbole aller Apps, die von Google, dem Gerätehersteller sowie dem Anwender unter Android vorinstalliert oder nachträglich hinzugefügt wurden.

Die Darstellung der Seite hängt dabei von der Android-Version und dem Gerät ab. Bei Smartphones wird die Seite im Hochformat angezeigt. Durch Wischen (nach oben/unten bzw. rechts/links) blättern Sie zwischen den Apps. In der hier gezeigten Android-6-Seite gibt es zudem ein Suchfeld *Apps durchsuchen* (oder *In Apps suchen*). Tippen Sie auf das Feld und geben Sie einen App-Namen per Bildschirmtastatur ein, wird die App gesucht.

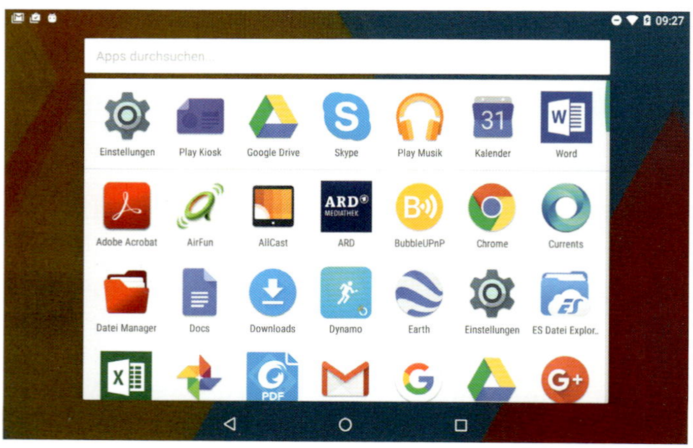

Um eine App aufzurufen, reicht das Antippen des App-Symbols unter *Alle Apps*. Möchten Sie zur Startseite zurückkehren, tippen Sie in der Navigationsleiste auf das Symbol *Start*.

Die Sache mit den Widgets

Auf den vorhergehenden Seiten hatte ich den Begriff Widget erwähnt. Das sind kleine Symbole, die sich auf der Startseite einfügen lassen und Informationen einer App (z. B. Kalendereinträge, die Uhrzeit etc.) anzeigen.

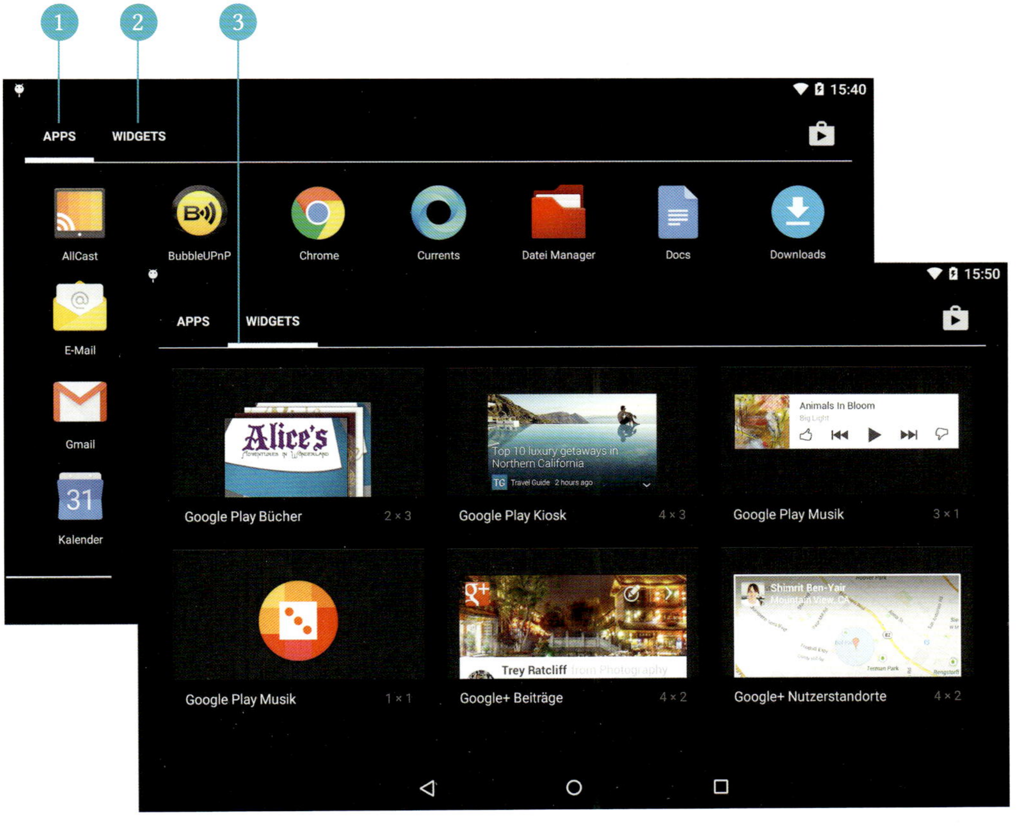

- Bis Android 5.x finden Sie unter *Alle Apps* die beiden Befehle *APPS* (1) und *WIDGETS* (2) in der linken oberen Ecke. Durch Antippen der Einträge schalten Sie die Darstellung zwischen der App-Anzeige und Widget-Anzeige um.

- Die Auswahl wird unter Android 5.x durch eine weiße Linie (3) angezeigt. Meist sind mehr Apps bzw. Widgets auf dem Gerät vorhanden, als auf dem Bildschirm dargestellt werden können. Dann blättern Sie durch Wischen nach links oder rechts durch die Liste der Apps bzw. Widgets.

Ab **Android 6** ändern sich die Schritte zum Aufruf der Widget-Seite. Gehen Sie folgendermaßen vor:

1 Drücken Sie den Finger ein paar Sekunden auf eine freie Stelle des Startbildschirms und heben Sie den Finger ab.

Sie sehen nun nicht nur die Miniaturansichten der Seiten des Startbildschirms. Android blendet auch Symbole zum Anpassen des Startseitenhintergrunds, zum Zugriff auf die Einstellungen sowie zum Wechsel in die Widget-Seite ein.

2 Tippen Sie auf das eingeblendete Symbol *WIDGETS*, um die zugehörige Seite zu öffnen.

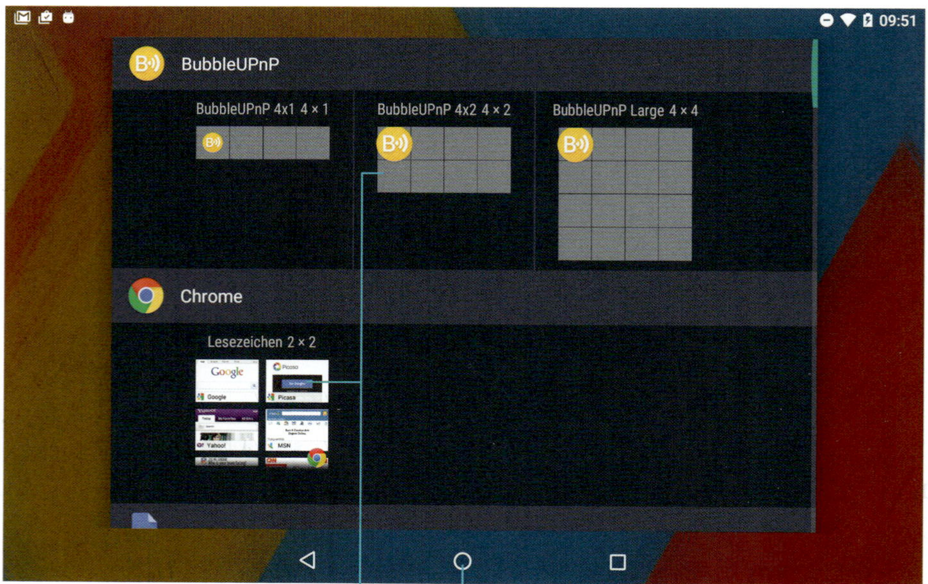

Widget Start

Sie sehen dann die in Android vorgehaltenen Widgets und können durch Wischen mit dem Finger nach oben oder unten zwischen den Einträgen blättern.

Um ein Widget aufzurufen, reicht bis Android 5.x das Antippen unter *Alle Apps*. Wie Widgets und Apps zur Startseite hinzugefügt werden, wird im nächsten Abschnitt gezeigt. Möchten Sie zur Startseite zurückkehren, tippen Sie in der Navigationsleiste auf das Symbol *Start*. Mehr braucht man über Widgets und *Alle Apps* eigentlich nicht zu wissen.

HINWEIS

Unter *Alle Apps* stehen die Symbole wirklich für Apps. Bei den Symbolen auf dem Startbildschirm handelt es sich letztendlich um Verweise (Verknüpfungen) auf die Apps unter *Alle Apps*. Die App *Einstellungen* ermöglicht Ihnen den Zugriff auf die Android-Einstellungen (siehe letztes Kapitel).

Bedienung für Fortgeschrittene

Die im vorherigen Abschnitt beschriebenen Techniken reichen eigentlich, um Android-Apps aufzurufen. Wer sich etwas besser mit Android auskennt, kann die Startseite anpassen und weitere Funktionen verwenden. Nachfolgend lernen Sie den Umgang mit der Bildschirmtastatur, die Suche samt Spracheingabe, Techniken zum Anpassen der Startseite und mehr kennen.

Apps auf dem Startbildschirm verwalten

Auf den Seiten des Startbildschirms lassen sich häufig benutzte Apps hinzufügen. Weiterhin lassen sich Apps auf den Seiten anordnen oder gruppieren und bei Bedarf auch wieder entfernen.

1 Um eine App auf dem Startbildschirm zu verschieben, drücken Sie den Finger einfach ein paar Sekunden auf das App-Symbol.

2 Anschließend ziehen Sie das App-Symbol (1) mit dem Finger zur gewünschten Position auf der Startseite.

Heben Sie den Finger vom App-Symbol ab, wird die Verknüpfung an der aktuellen Position auf der Startseite verankert. Auf diese Weise ordnen Sie App-Verknüpfungssymbole und auch Widgets (sofern vorhanden) auf der Startseite nach Belieben an.

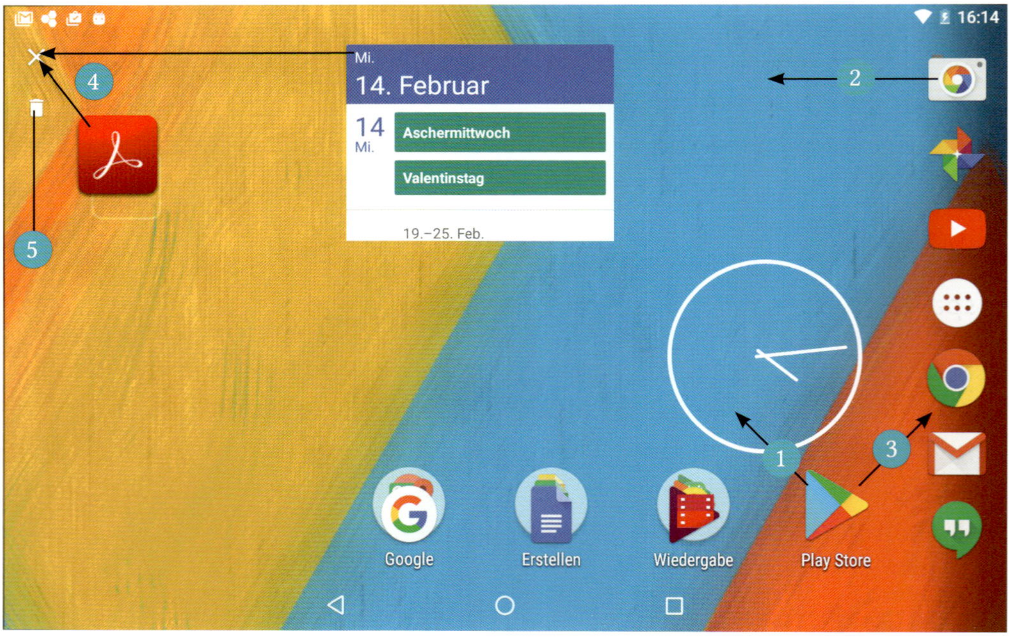

TIPP

Ziehen Sie das Verknüpfungssymbol einer App aus dem sichtbaren Bereich des Startbildschirms über den linken oder rechten Rand hinaus. Android ordnet das Symbol in der betreffenden Seite des Startbildschirms an.

- Ziehen Sie ein App-Symbol aus der Favoritenleiste zur gewünschten Position auf der Startseite (2), um das Symbol aus der Favoritenleiste zu entfernen.
- Schieben Sie das Symbol einer häufig benötigten App von der Startseite an eine freie Position in der Favoritenleiste (3). Android verankert das App-Symbol in der Favoritenleiste. Das Symbol bleibt beim Blättern in der Startseite sichtbar.
- Um ein App-Symbol oder ein Widget vom Startbildschirm zu entfernen, drücken Sie kurz mit dem Finger darauf. Danach schieben Sie das Element zu dem auf der Startseite eingeblendeten *Löschen*-Element (4).

Das *Löschen*-Element (4) kann, je nach Android-Version, als X oder als stilisierte Mülltonne am linken oder oberen Rand angezeigt werden.

HINWEIS

Das Löschen eines App-Symbols auf dem Startbildschirm entfernt lediglich die Verknüpfung. Die App bleibt weiterhin auf dem Android-Gerät installiert und lässt sich über *Alle Apps* aufrufen sowie später erneut als Verknüpfung zum Startbildschirm hinzufügen. Ab Android 6 wird noch das Symbol eines Papierkorbs (5) angezeigt. Schieben Sie das App-Symbol auf den Papierkorb, erscheint eine Abfrage zum Deinstallieren der App.

Auf diese Weise ordnen Sie die Apps neu an oder verschieben diese zwischen einzelnen Startbildschirmen.

Widgets, Verknüpfungen und Ordner anlegen

Verknüpfungen sind Verweise auf Apps, die mit dem Symbol und dem Titel der App auf dem Startbildschirm oder in der Favoritenleiste angelegt werden können. Um eine Verknüpfung auf eine App oder ein Widget auf dem Startbildschirm anzulegen, gehen Sie in folgenden Schritten vor.

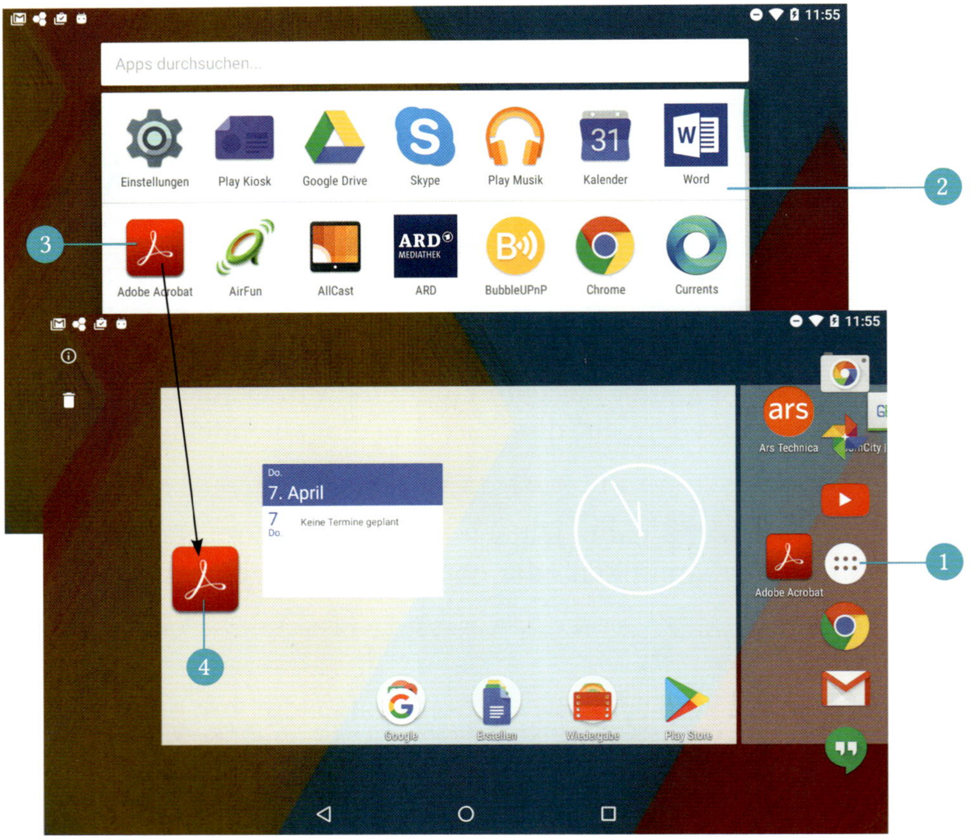

1 Wechseln Sie über das Symbol *Alle Apps* (1) der Favoritenleiste zur Seite *Alle Apps* (2) oder zu den Widgets (siehe Abschnitt »Die Sache mit den Widgets«).

2 Drücken Sie mit dem Finger auf das Symbol der App (3) oder des Widgets.

3 Sobald die Startseite erscheint, **schieben** Sie die **App** oder das **Widget** an die gewünschte Position (4).

Beim Abheben des Fingers ordnet Android die Verknüpfung auf die App oder das Widget an der betreffenden Position innerhalb des Startbildschirms an.

Größe eines Widgets anpassen

Um die Größe eines Widgets auf dem Startbildschirm zu verändern, drücken Sie den Finger einige Sekunden auf das Widget.

Sobald Sie den Finger abheben, werden die Widget-Ränder mit Punkten (Ziehmarken) gekennzeichnet. Verschieben Sie die Ziehmarken mit dem Finger, um das Widget zu vergrößern oder zu verkleinern.

Thematisch verwandte **Apps** lassen sich **über** sogenannte **Ordner gruppieren**.

- Schieben Sie auf dem Startbildschirm das Symbol einer App-Verknüpfung per Finger über das Symbol einer anderen App-Verknüpfung oder eines vorhandenen Ordners 5 und heben Sie den Finger ab.

HINWEIS

Das Anlegen eines Ordners ist manchmal etwas kniffelig, da das zweite Symbol wegrutscht. Versuchen Sie es gegebenenfalls mehrfach und schieben Sie das erste Symbol zügig über das zweite.

- Android fasst dann die beiden Apps zu einer Gruppe zusammen und legt die App-Symbole in einem Ordner 6 ab. Wird die App-Verknüpfung auf dem Startbildschirm sichtbar über ein Ordnersymbol gezogen, wird die Verknüpfung dort eingefügt.

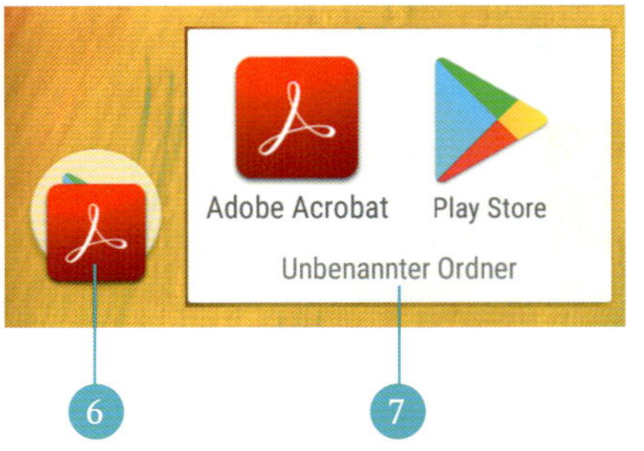

- Tippen Sie auf das Symbol eines Ordners ⑥, wird dessen Inhalt mit den App-Verknüpfungen als Fenster ⑦ eingeblendet.
- Um eine App aus dem Ordnerfenster zu entfernen, legen Sie den Finger ein paar Sekunden im Ordner auf das Symbol der App. Dann schieben Sie das Symbol mit dem Finger auf den Startbildschirm zurück und heben den Finger ab.
- Ein Ordner mit nur noch einem Symbol wird automatisch durch Android vom Startbildschirm entfernt. Um die Ordneranzeige zu schließen, tippen Sie im Startbildschirm auf eine freie Stelle neben dem Ordnerfenster.
- Ein Ordner lässt sich mit einem Namen versehen, indem Sie im geöffneten Ordnerfenster auf *Unbenannter Ordner* tippen und dann den Ordnernamen per Bildschirmtastatur eingeben (siehe folgender Abschnitt).

Mit diesen Techniken können Sie die Anordnung der Apps oder Widgets anpassen und den Startbildschirm ordnen. Ordner bieten Ihnen die Möglichkeit, Apps thematisch zu gruppieren.

Eingaben per Bildschirmtastatur

Die Bildschirmtastatur wird von Android automatisch zur Texteingabe eingeblendet. Der im vorherigen Abschnitt angelegte Ordner soll umbenannt werden. Tippen Sie auf das Textfeld (hier der Ordnername *Unbenannter Ordner* ①), um mit der Eingabe zu beginnen. Tippen Sie auf der dann automatisch angezeigten Bildschirmtastatur ② die gewünschten Ziffern und Symbole ein. Bei der Texteingabe ist Folgendes zu beachten:

- Mit der *Zurück*-Taste ③ des Navigationsbereichs lässt sich eine eingeblendete Bildschirmtastatur wieder ausblenden. Das Gleiche passiert, wenn Sie einen Bereich neben dem Textfeld antippen.

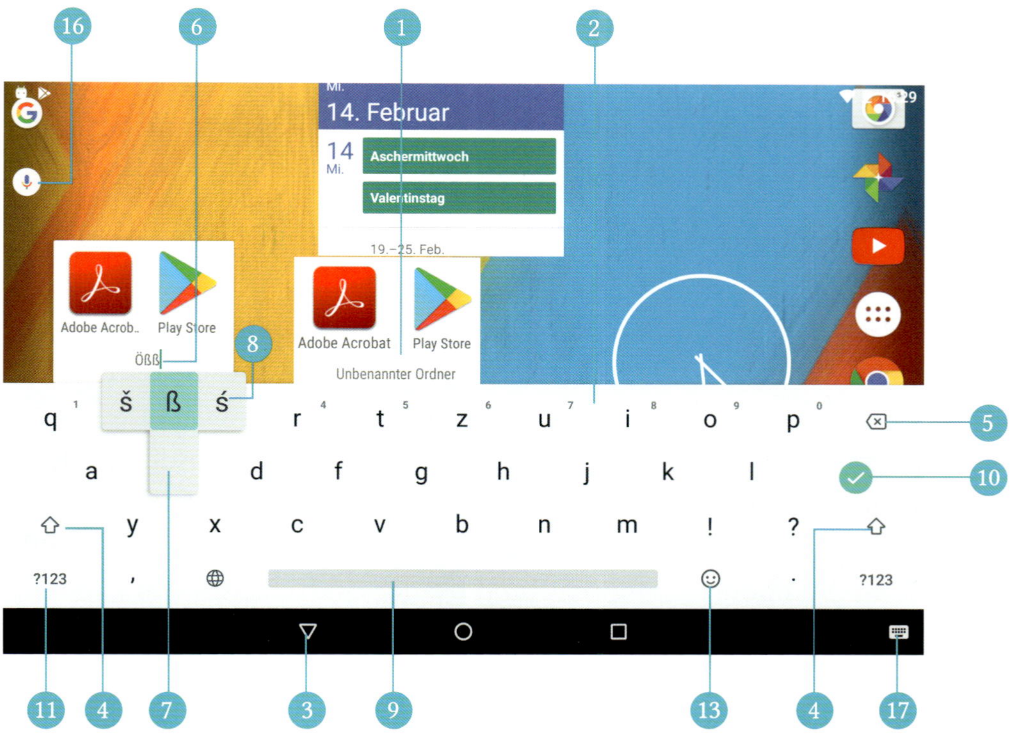

- Drücken Sie die ⇧-Taste 4, um Großbuchstaben einzutippen. Hat die Tastatur (nach einem Punkt) bereits auf Großbuchstaben umgeschaltet, wechselt ein Antippen der ⇧-Taste zur Eingabe von Kleinbuchstaben zurück.
- Über die ⌫-Taste 5 löschen Sie Zeichen links von der Einfügemarke (blinkender Strich).
- Um die Einfügemarke im Text zu positionieren, legen Sie den Finger an die betreffende Position. Sobald der Marker 6 erscheint, verschieben Sie ihn und damit die Textmarke zeichenweise mit dem Finger im Text.
- Manche Tasten wie S, A, O, U sind mehrfach, u. a. mit Umlauten, belegt. Drücken Sie den Finger ein paar Sekunden auf die Taste 7, wird ein kleines Fenster 8 mit Akzent- oder diakritischen Zeichen

eingeblendet. Wischen Sie einfach zur gewünschten Taste, um das Zeichen abzurufen.

- Die längliche Taste 9 am unteren Rand der Bildschirmtastatur ist die Leertaste, mit der sich Leerzeichen im Text einfügen lassen.
- Über die mit einem Häkchen, Pfeil oder ähnlich versehene Taste 10 wird eine Texteingabe abgeschlossen.
- Die Taste 11 schaltet die Bildschirmtaste auf numerische Eingaben um. Die numerische Tastatur weist eine mit ABC beschriftete Taste 12 zum Wechsel auf die alphanumerische Anzeige auf.
- Über die Taste 13 schalten Sie zur Darstellung 14 der Tastatur um, über die Sie Symbole und Emojis (das sind Symbole wie lachende Gesichter etc.) abrufen können. Die Symbolzeichensätze werden über die Symbole am oberen Rand 15 der Bildschirmtastatur gewechselt, mit der Taste *ABC* 12 schalten Sie zur alphanumerischen Anzeige zurück.

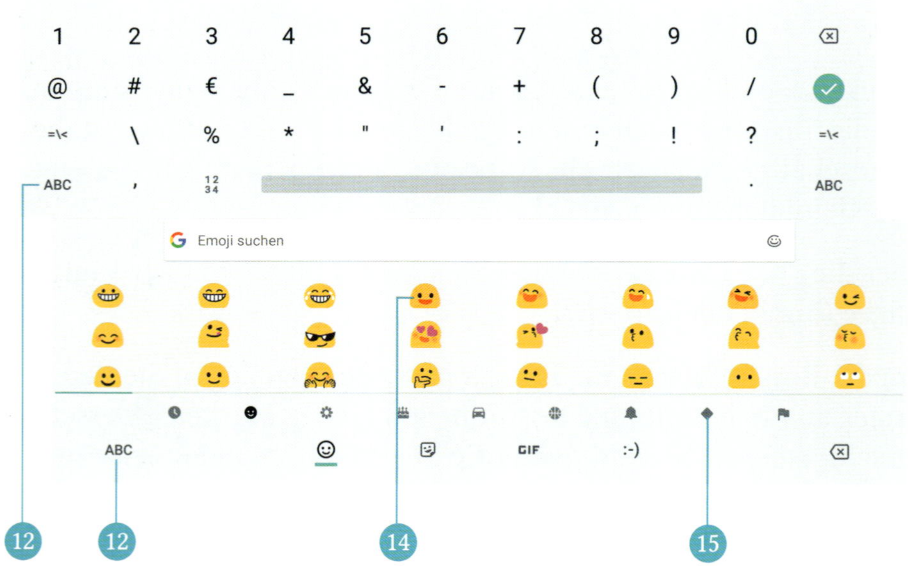

Das Symbol mit dem Mikrofon 16 schaltet die Diktierfunktion per Spracheingabe ein (siehe folgender Abschnitt).

HINWEIS

Durch Antippen der Taste (17) in der rechten unteren Ecke blenden Sie ein Fenster ein, in dem Sie Tastaturoptionen wählen können.

Beachten Sie, dass sich das Layout und die Funktionalität der Google-Bildschirmtastatur aber ändern können.

Die Spracheingabe verwenden

Android ermöglicht es Ihnen, per Spracheingabefunktion Texte zu diktieren, eine Sprachsuche (mit Antworten auf Fragen) durchzuführen und Befehle auszuführen. Der Sprachassistent versucht, auf Fragen eine Antwort zu liefern.

Die Aktivierung der Spracheingabefunktion ist auf verschiedene Arten möglich.

- Auf dem Startbildschirm sehen Sie in der Suchleiste das Mikrofonsymbol (1). Auch bei eingeblendeter Bildschirmtastatur ist unter Umständen ein Mikrofonsymbol (2) sichtbar. Unterstützt eine App die Spracheingabe (z. B. Chrome-Browser), ist das Mikrofon ebenfalls sichtbar.
- Tippen Sie einfach auf das Mikrofonsymbol (2), um die Spracheingabe zu starten. Dann wird ein Spracheingabefenster (3) angezeigt. Ist die Anzeige *Jetzt sprechen* bzw. *Sag etwas* (4) zu sehen, sprechen Sie einfach die Wörter, Befehle, Fragen ein.
- Zudem lässt sich bei aktiver Spracheingabe durch ein gesprochenes Kommando *OK Google* die gleichnamige Funktion einschalten.
- Die Spracherkennung wird nach einigen Sekunden deaktiviert. Dann erscheint die Anzeige (4). Tippen Sie einfach auf den Spracheingabebereich, um die Erkennung erneut zu starten. Nochmals tippen (5) deaktiviert die Spracherkennung wieder.

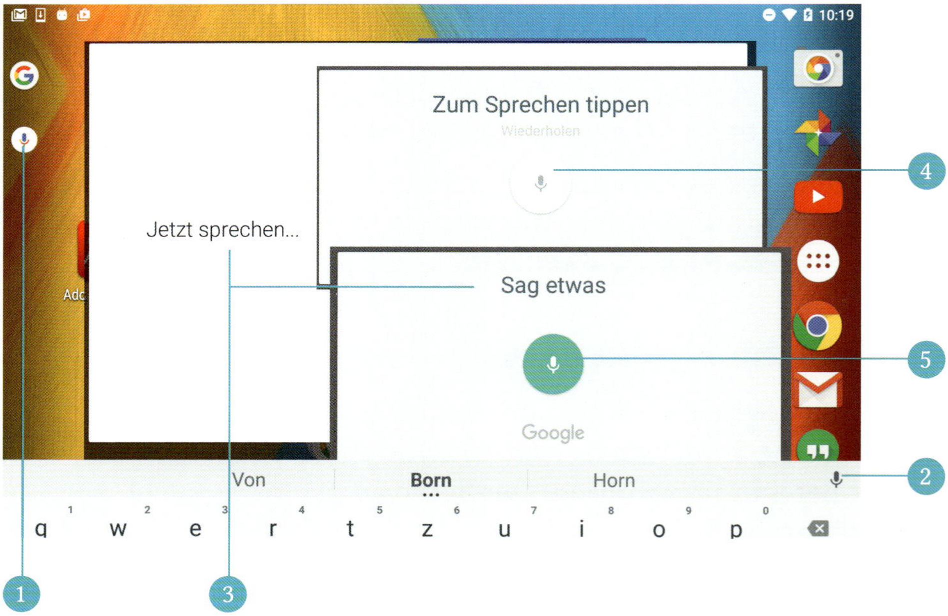

Wartet die Spracheingabe und ist die Anzeige *Jetzt sprechen* zu sehen, diktieren Sie einfach die Wörter. Werden diese erkannt, übernimmt der Spracheingabe-Assistent sie im Textbereich.

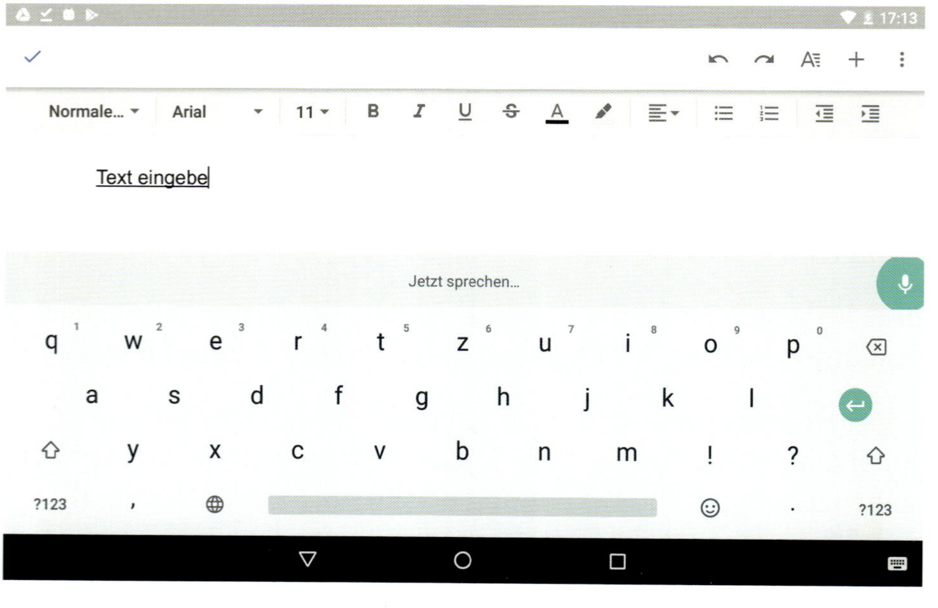

Der genaue Aufbau der Korrekturoptionen hängt aber von der Android-Version oder der aufgerufenen App ab.

Bezüglich der Spracheingabe von Texten sollten Sie selbst etwas experimentieren.

Einfach Fragen stellen

Sie können dem Android-Sprachassistenten direkte Fragen stellen oder Anweisungen geben.

1 Tippen Sie auf dem Startbildschirm auf das Mikrofon (1), um die Spracherkennung zu aktivieren.

2 Stellen Sie nun einfach Ihre Frage oder geben Sie die gewünschte Anweisung.

Das funktioniert, solange das Fenster der Spracheingabe mit dem Text *Jetzt sprechen* (2) zu sehen ist. Erkannte Wörter werden im Fenster der Spracheingabe angezeigt.

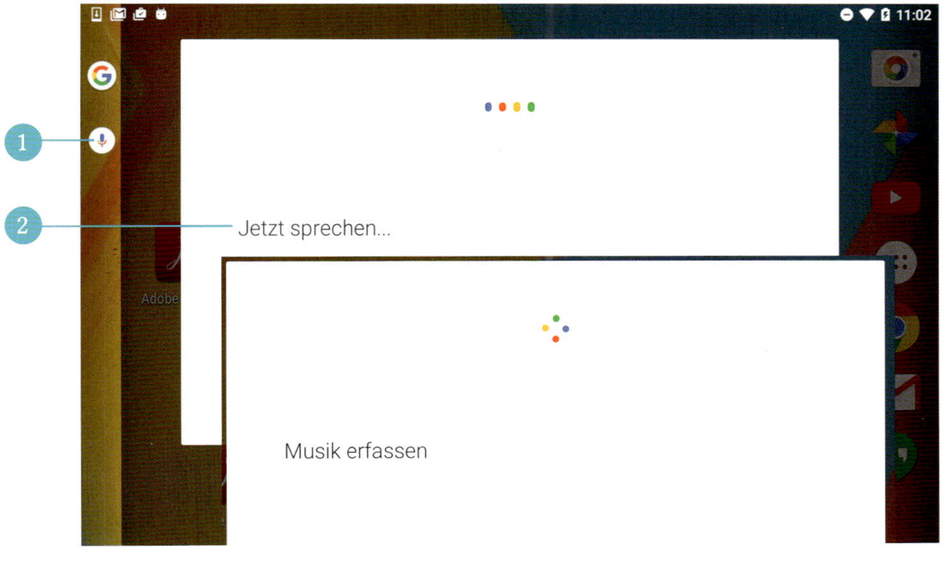

- Nach ein paar Sekunden ohne Spracheingabe schaltet sich der Sprachassistent ab. Dann tippen Sie auf die Startseite außerhalb des Fensters und dann auf das Mikrofonsymbol (1), um den Assistenten erneut zu aktivieren.
- Alternativ können Sie auch *OK Google* sagen. Sobald das Mikrofonsymbol gefüllt und der Text *Jetzt sprechen* (2) angezeigt wird, dürfen Sie loslegen.

Der Assistent zeichnet Ihre Sprache durch das interne Mikrofon des Geräts auf und versucht, eine Antwort zu finden oder Ihre Anweisung auszuführen. Die erkannte Frage wird in der Seite (hier als Bildmontage abgebildet) mit der Antwort eingeblendet. Tippen Sie auf die *Home*-Schaltfläche und dann auf das Mikrofonsymbol der Startseite, um die nächste Frage zu stellen oder Anweisung zu formulieren.

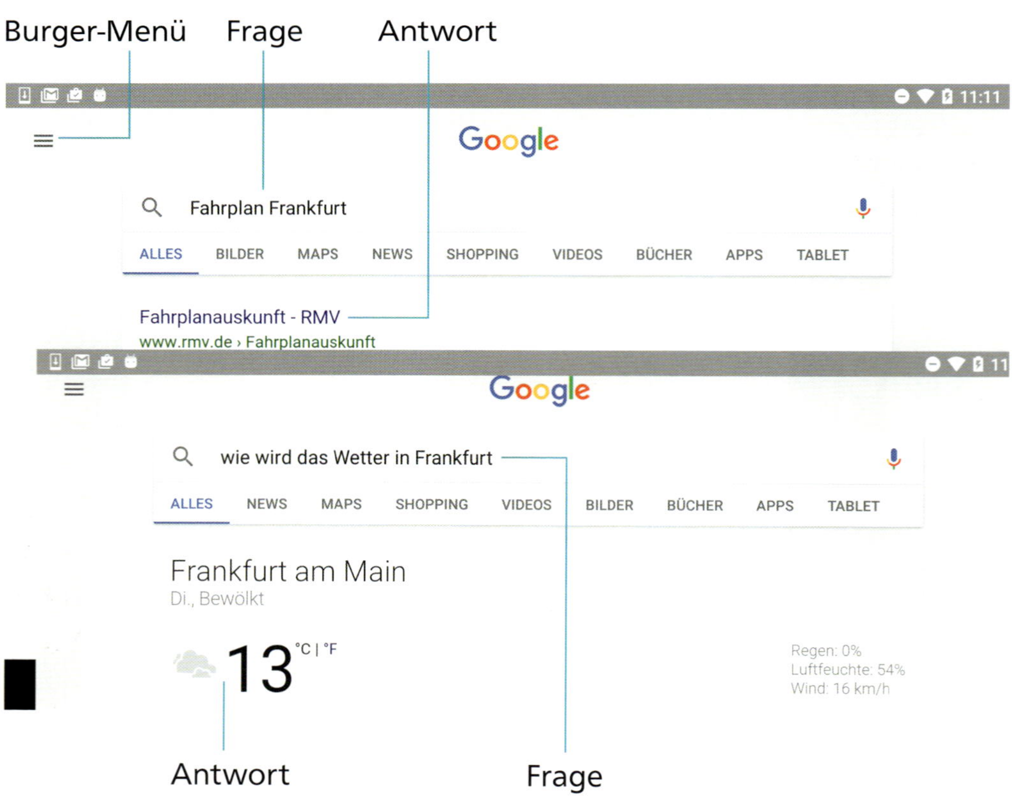

Ich habe mal die Frage *Fahrplan Frankfurt* eingesprochen und bekam Webseiten der Google-Suche des Rhein-Main-Verkehrsverbunds angezeigt. Auch die Frage *Wie wird das Wetter* wurde mir beantwortet. Um den Sprachassistenten zu beenden, tippen Sie auf das *Startbildschirm*-Symbol des Android-Navigationsbereichs.

HINWEIS

Über das auf vielen Seiten eingeblendete Symbol des sogenannten **Burger-Menüs** können Sie auf die Einstellungen zugreifen. Bei Spracheingabe werden die gesprochenen Fragen oder Anweisungen standardmäßig an Google-Server übertragen, dort einer Erkennung unterzogen und als Information per Internet an das Gerät zurückgeschickt. Nicht jeder möchte das aus Datenschutzgründen. Zudem ist die Funktion unterwegs nur bei Geräten mit Mobilfunkunterstützung verfügbar. Der ständige Datenaustausch mit dem Internet kann dann aber ins Geld gehen, wenn der Mobilfunktarif nur ein geringes Datenvolumen beinhaltet. In den Einstellungen lässt sich aber auch eine **Offline-Spracherkennung** vorgeben. Auf der Webseite *https://support.google.com/websearch/answer/2940021?hl=de* finden Sie noch einige Hinweise zur Spracheingabe von Android.

Suchen per Startbildschirm

In Android können Sie direkt aus dem Startbildschirm heraus suchen.

1 Tippen Sie auf dem Startbildschirm auf das angezeigte Symbol der Google-App (1).

2 Geben Sie im Suchfeld (2) den gewünschten Suchbegriff über die Bildschirmtastatur ein.

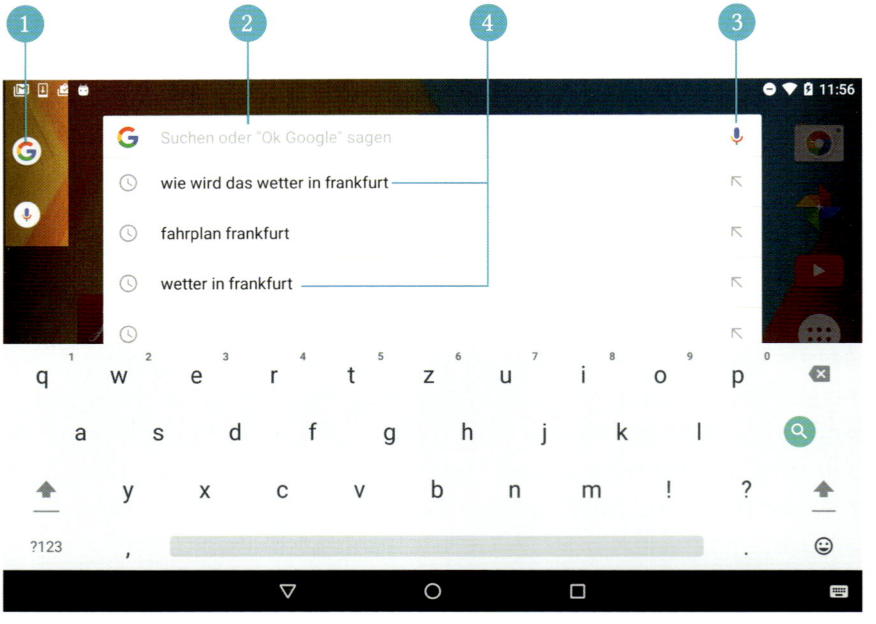

Tippen Sie gegebenenfalls auf das Mikrofonsymbol (3) und sprechen Sie die Suchanfrage ein (siehe vorheriger Abschnitt). Vorher eingegebene Suchbegriffe tippen Sie über die eingeblendete Liste (4) erneut an, um die Suche zu wiederholen.

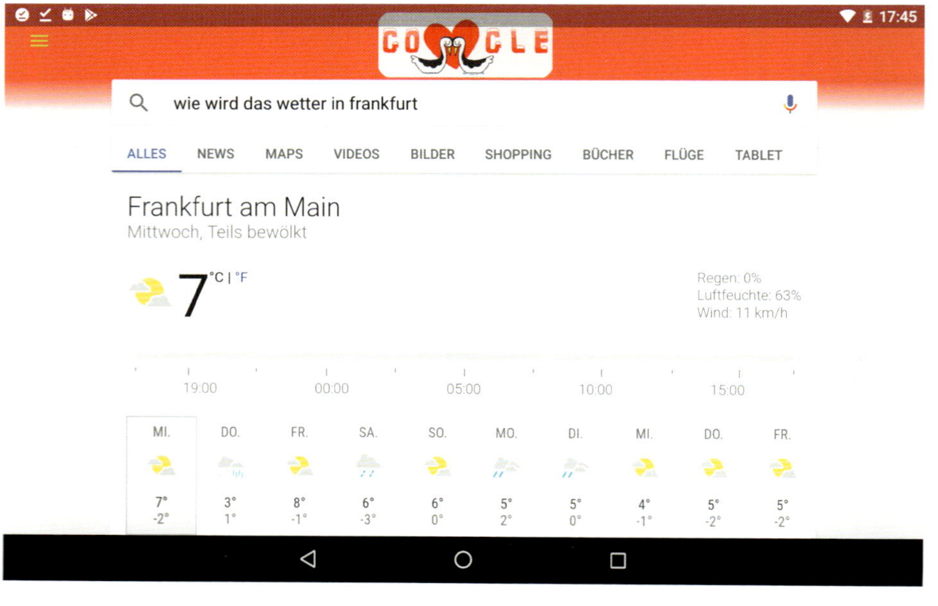

Die Google-App zeigt Ihnen dann eine Trefferseite mit Suchergebnissen aus dem Internet, die auch Treffer für Apps beinhalten. Über Befehle in der Ergebnisseite lässt sich die Suche nach Bildern, Webseiten, News, Karten, Videos etc. umschalten.

Sobald Sie einen der Treffer antippen, werden Ihnen die Detailinformationen als Webseite angezeigt (siehe auch folgendes Kapitel).

HINWEIS

In der Ergebnisseite der Suchfunktion finden Sie immer das sogenannte Burger-Menü in der linken oberen Ecke. Tippen Sie auf dieses Symbol, um auf Einstellungen zuzugreifen.

Zugriff auf Benachrichtigungen

Benachrichtigungen über eintreffende E-Mails, Weckzeiten, App-Updates, SMS, Kalenderereignisse etc. werden bereits auf dem Sperrbildschirm angezeigt (siehe Kapitelanfang).

Zudem blendet Android Benachrichtigungssymbole am oberen Bildschirmrand der Statusleiste ein.

- Um die Details einzusehen, wischen Sie im Benachrichtigungsbereich der Statusleiste nach unten. Bei Smartphones ist es egal, von wo in der Statusleiste Sie nach unten wischen. Je nach der Android-Version müssen Sie gegebenenfalls probieren, wo zu wischen ist, bei meinem mit KitKat bestückten Tablet ist im linken Teil der Statusleiste (1) nach unten zu wischen.
- Dann werden alle Benachrichtigungen sichtbar (2). Tippen Sie auf einen Benachrichtigungseintrag, um die zugehörige App (z. B. Mail, Kalender etc.) zu öffnen.

- Zum Löschen verschieben Sie den Benachrichtigungseintrag mit dem Finger nach rechts über den Displayrand.
- Über das Symbol (3) am unteren Rand der Benachrichtigungsliste löschen Sie alle Einträge. Es bleiben dann nur noch Benachrichtigungen für Statusanzeigen (z. B. das hier sichtbare *USB-Debugging*) in der Anzeige erhalten.

Tippen Sie auf den Symbolbereich (4) am oberen Rand der Benachrichtigungen, wird der nachfolgend beschriebene Bereich mit den Schnelleinstellungen angezeigt.

Sie können dann auf die Einstellungen zugreifen.

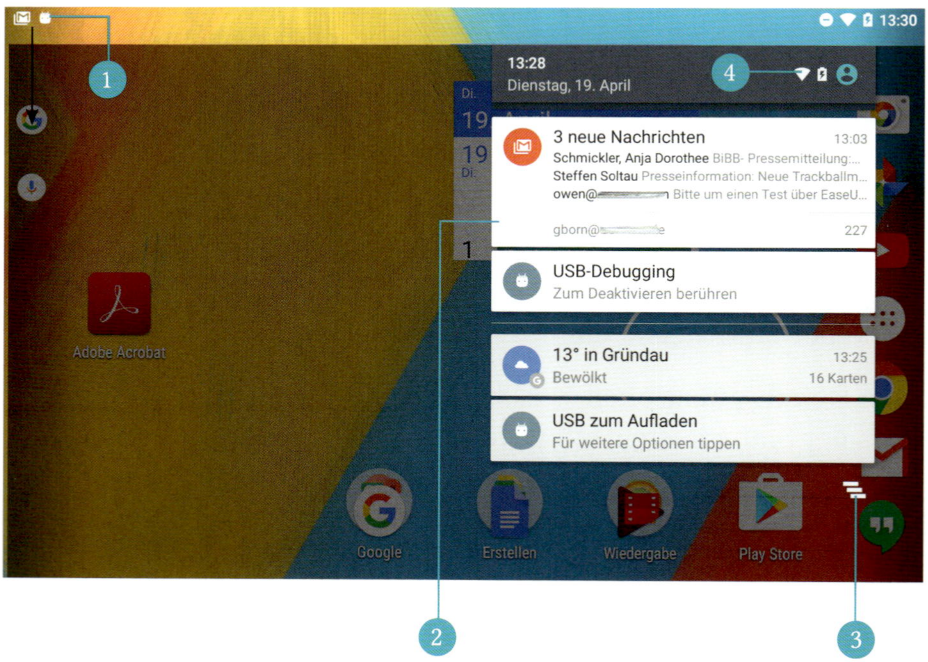

Benachrichtigungen verwalten

Um festzulegen, welche Benachrichtigungen auf dem Sperrbildschirm oder in der Statusleiste erscheinen dürfen, rufen Sie die App *Einstellungen* auf. Dann wählen Sie die Kategorie *Ton & Benachrichtigungen*.

In der Seite lässt sich festlegen, ob Mitteilungen angezeigt werden sollen oder nicht. Der Befehl *Bei gesperrtem Gerät* öffnet ein Menü, über dessen Befehle Sie die Benachrichtigungsanzeigen ein-/ausschalten können.

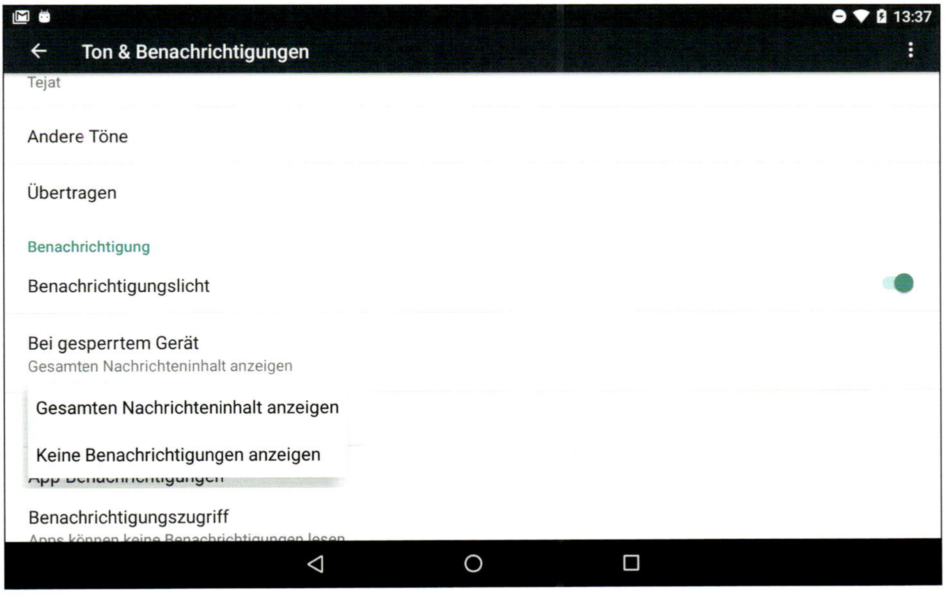

Der Befehl *App-Benachrichtigungen* zeigt eine Seite mit installierten Apps. Wählen Sie eine App an, lässt sich in einer weiteren Seite vorgeben, ob Benachrichtigungen zu blockieren sind. Weiterhin können Benachrichtigungen als »Wichtig« eingestuft werden. Dann erscheinen sie ganz oben in der Benachrichtigungsliste.

Schnelleinstellungen verwenden

Über die Schnelleinstellungen erhalten Sie einen schnellen Zugriff auf bestimmte Einstellungen (WLAN, die Bildschirmhelligkeit und mehr). Das Abrufen der Schnelleinstellungen hängt etwas von der Android-Version ab.

- Zum Einblenden wischen Sie mit dem Finger von der Statusleiste am oberen Bildschirmrand nach unten. Bei manchen Android-Geräten erscheinen die Schnelleinstellungen (1) sofort, wenn von der rechten oberen Hälfte der Statusleiste nach unten gewischt wird.
- Bei anderen Android-Geräten wird aber der Bereich mit den Benachrichtigungen angezeigt, egal, von welcher Position der Statusleiste Sie nach unten wischen. Tippen Sie in diesem Fall dann auf die am oberen Rand des Benachrichtigungsfelds angezeigten Symbole (2), um die Schnelleinstellungen (1) einzublenden.

Die Anzeige der Schnelleinstellungen (3) hängt etwas vom Android-Gerät und von der Android-Version ab.

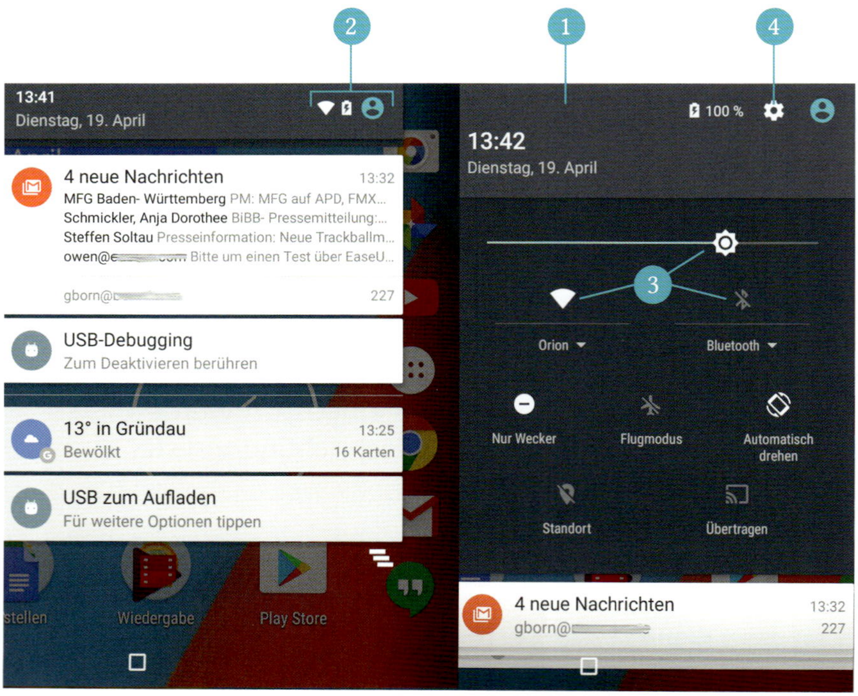

- Zur Helligkeitsanpassung schieben Sie den am oberen Rand sichtbaren Regler nach links oder rechts.
- Weitere Felder ermöglichen es, die WLAN-Funktion ein-/auszuschalten, das Gerät in den Flugmodus (Mobilfunkteil abgeschaltet) zu bringen oder Bluetooth ein-/auszuschalten.
- Über *Automatisch drehen* lässt sich die Bildschirmrotation beim Kippen des Geräts im Hoch- und Querformat freigeben oder sperren.
- Über *Standort* kann die Ortserfassung per GPS-Signal ein- oder ausgeschaltet werden.

Tippen Sie auf das Symbol mit dem Zahnrädchen (4), gelangen Sie direkt zur App *Einstellungen* zum Anpassen der Einstellungen (siehe letztes Kapitel).

Schnelleinstellungen bei diversen Android-Versionen

Bei Samsung-Galaxy-Geräten enthält der Bereich der Schnelleinstellungen wesentlich mehr Symbole. Meist lässt sich aber anhand des Symbols und des Symboltitels erkennen, um welche Option es sich handelt. Beim Wischen nach unten erscheint erst diese Darstellung, und das Symbol in der rechten oberen Ecke mit den Vierecken blendet die Schnelleinstellungen ein.

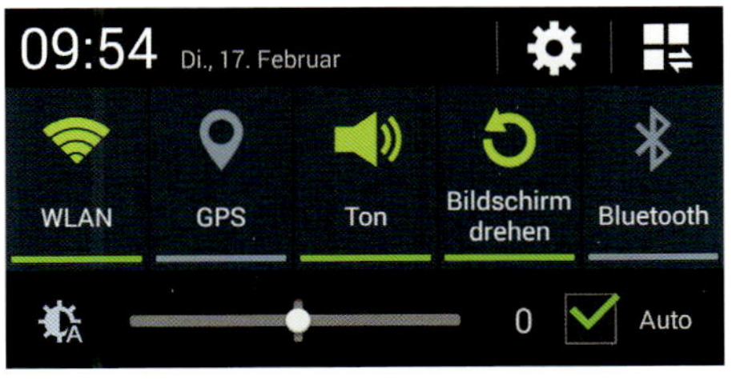

Bei anderen Android-Versionen werden die Schnelleinstellungen als eine Art Band und als Palette angezeigt. Dann benutzen Sie den Finger, um im Band nach links oder rechts zu wischen und so verdeckte Optionen in das Display zu schieben. Die folgende Abbildung zeigt eine Variante, bei der ein Symbol zum Erweitern der Anzeige der Schnelleinstellungen angetippt wird.

Drahtlose Bildschirmübertragung auf das TV-Gerät

Die Option *Bildschirm übertragen* ist nicht bei allen Geräten vorhanden. Über diese Option übertragen Sie den Bildschirm des Geräts drahtlos per **Miracast-Standard** auf einen geeigneten Empfänger. In meinem Blog finden Sie unter *http://www.borncity.com/blog/?p=144134* einige Artikel, die sich mit dem Thema beschäftigen.

Lautstärke anpassen

Zur Anpassung der Lautstärke bei der Audioausgabe des Android-Geräts verwenden Sie die Lautstärkewippe an der Gehäuseseite.

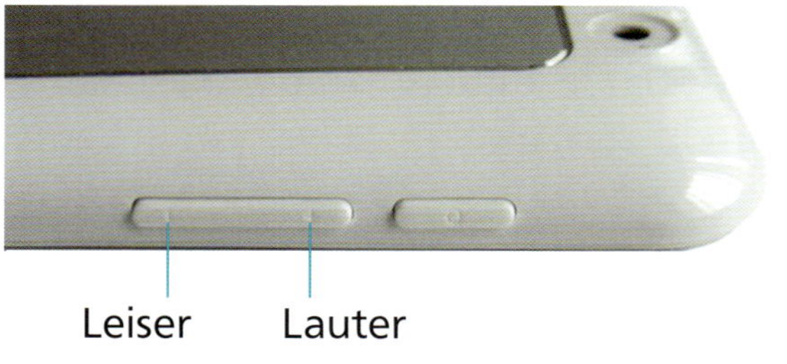

Drücken Sie die Leiser- oder die Lauter-Taste an der Lautstärkewippe, wird auf dem Bildschirm eine Lautstärkeanzeige sichtbar.

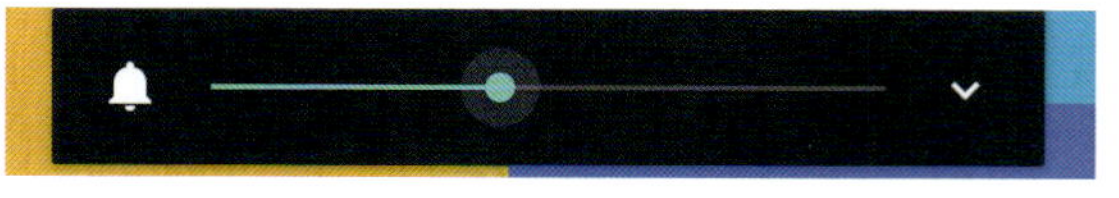

Durch erneutes Antippen der Lautstärkewippen lässt sich die gewünschte Lautstärke einstellen. Bei angeschlossenem Ohr- oder Kopfhörer erscheint allerdings eine Warnung, sobald die Lautstärke eine bestimmte Grenze überschreitet.

HINWEIS

Ohr- oder Kopfhörer verbessern die Soundqualität von Smartphones und Tablets. Die den Smartphones beiliegenden Ohrhörer fungieren auch als Mikrofon zum Telefonieren. Externe Lautsprecher bieten ebenfalls eine bessere Klangqualität. Bluetooth-Lautsprecher ermöglichen eine drahtlose Übertragung von Musik.

Hintergrund des Startbildschirms anpassen

Um den Hintergrund des Startbildschirms anzupassen, gehen Sie in folgenden Schritten vor:

1 Drücken Sie den Finger ein paar Sekunden auf eine freie Stelle (1) des Startbildschirms.

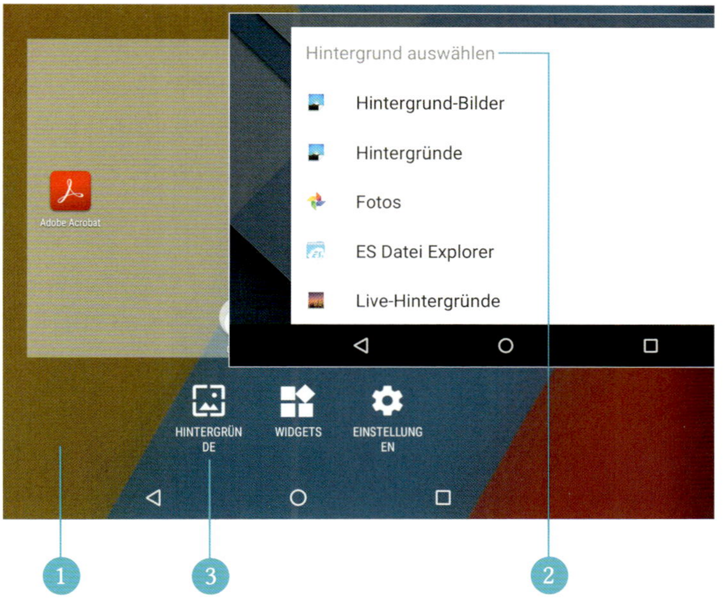

Je nach Android-Version erscheint dann ein Menü (2) oder ein Symbol (3).

2 Tippen Sie anschließend im eingeblendeten Menü *Hintergrund auswählen* (2) auf einen der angezeigten Befehle bzw. wählen Sie das eingeblendete Symbol *Hintergründe* (3).

3 Wählen Sie in der angezeigten Seite den gewünschten Hintergrund (4) aus und bestätigen Sie dies gegebenenfalls über *Hintergrund auswählen* (5), *Hintergrund festlegen* oder ähnlich.

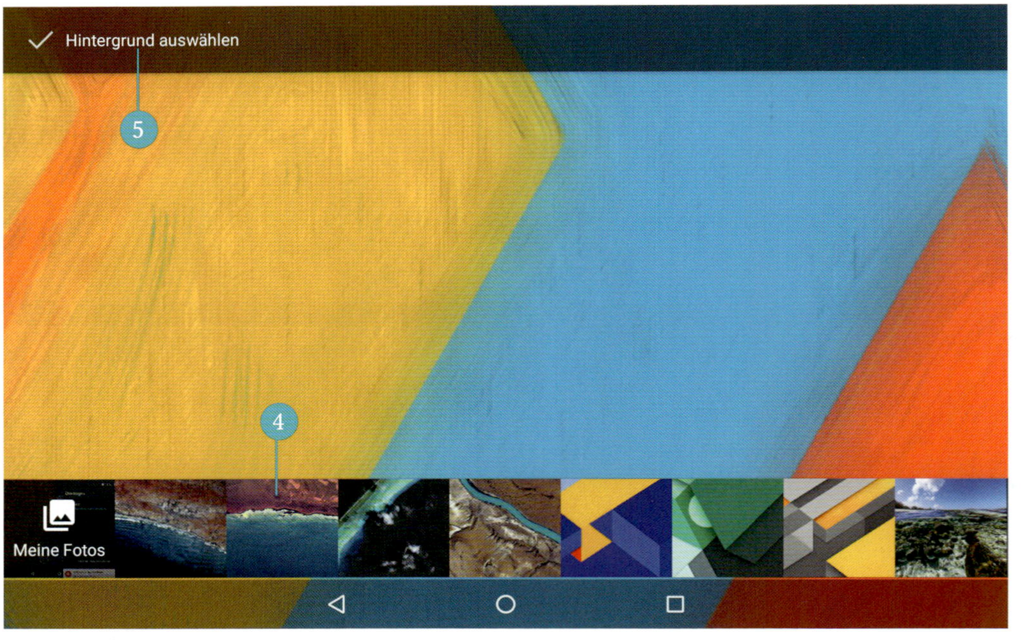

Sie können aus einer Sammlung von Android-Hintergrundbildern, Hintergründen, Live-Hintergründen und Fotos das gewünschte Motiv auswählen und dem Startbildschirm zuordnen.

Apps installieren und verwalten

Auf Android-Geräten werden kleine Programme, die sogenannten Apps, verwendet. In diesem Abschnitt zeige ich Ihnen, was Sie rund um den Bezug von Apps aus dem App-Store (Google Play Store) und deren Verwaltung wissen müssen.

Apps gibt es im Google Play Store

Auf jedem Android-Gerät sind Apps von Google sowie gegebenenfalls von den Geräteherstellern vorinstalliert (z. B. Chrome-Browser, Mail, Maps etc.). Bei Bedarf lassen sich zusätzliche Apps gratis oder kostenpflichtig über sogenannte App-Stores beziehen.

- **Google Play Store**: Die Firma Google, die Android entwickelt, stellt einen App-Store zur Verfügung, der sich per App oder aus einem Browser unter der Internetadresse *https://play.google.com/store* aufrufen lässt.
- **Alternative App-Stores**: Es gibt alternative Anbieter, die Android-Apps in einem App-Store bereitstellen. Auch Gerätehersteller wie Samsung betreiben eigene App-Stores.

In diesem Buch behandele ich aus Umfangsgründen lediglich den App-Store von Google.

ACHTUNG

Es gibt Apps mit Schadsoftware aus obskuren Quellen, die das Gerät ausspionieren. Apps, die in chinesischen Stores oder direkt im Internet zum Download angeboten werden, würde ich eher meiden. Um Apps aus alternativen App-Stores zu installieren, muss in der App *Einstellungen* unter dem Punkt *Sicherheit* die Option *Unbekannter Herkunft* eingeschaltet sein. Diese Option belasse ich aus Sicherheitsgründen auf den Werkseinstellungen, also abgeschaltet.

Der Google Play Store

Android stellt die App *Play Store* zur Verfügung. Über diese App lässt sich im Google Play Store nach weiteren Apps suchen und Sie können diese installieren.

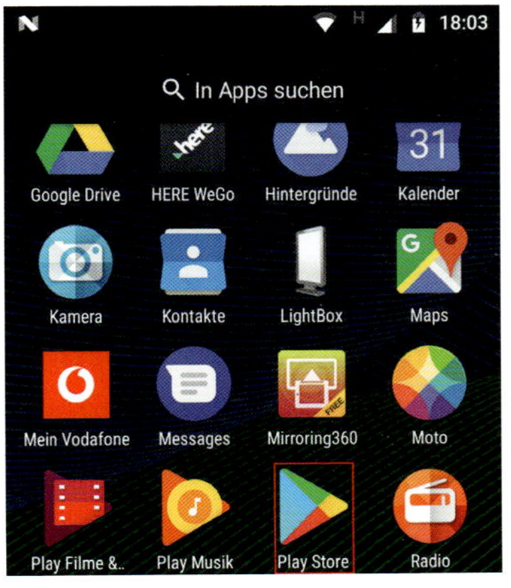

1 Tippen Sie auf dem Startbildschirm das Symbol *Alle Apps* an, suchen Sie auf der Seite *Alle Apps* das Symbol *Play Store* und tippen Sie dieses an.

Die Schritte entfallen, falls das Symbol der *Play Store*-App auf dem Startbildschirm oder in der Favoritenleiste zu sehen ist.

2 Wählen Sie auf der Seite des Google Play Store die gewünschte Kategorie (1) wie *Startseite* oder *Spiele* an.

3 Führen Sie die erforderlichen Schritte durch, um die App zu beziehen, herunterzuladen und zu installieren.

Der Google Play Store zeigt nach dem Start die Eingangsseite mit den Angebotskategorien (1) und diversen App-Symbolen sowie Empfehlungen (2) an.

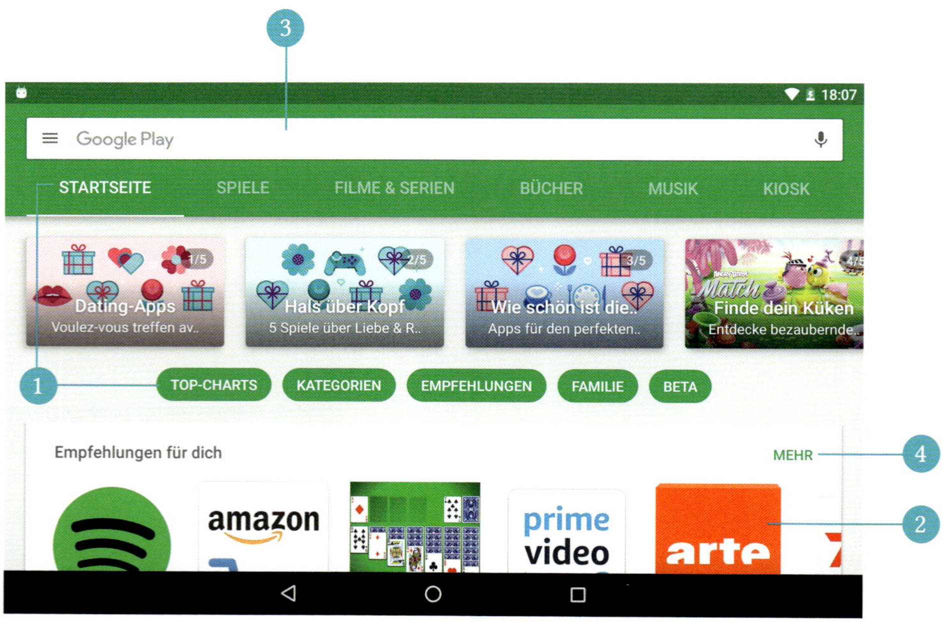

- Im Play Store lassen sich neben Android-Apps auch Spiele oder Unterhaltungsangebote (Musik, Bücher, Filme und Zeitschriften) erwerben.
- Durch Antippen einer der Angebotskategorien (1) filtern Sie das Angebot (z. B. nach Apps, nach Unterhaltung etc.). Bei Bedarf blättern Sie durch Wischen mit dem Finger im Angebot des Play Store.

- Oder Sie tippen auf das Suchfeld ③ und geben einen Suchbegriff ein. Dann werden alle passenden Angebote zur Auswahl angezeigt.

HINWEIS

Die Ausführungen im nachfolgenden Text gelten weitgehend auch für Unterhaltungsangebote wie Musik, Bücher, Filme etc.

Die Übersichtsseite zeigt dann alle gefilterten Angebote (z. B. Apps) in Form von Symbolen. Ein Text *MEHR* ④ innerhalb der Seite ermöglicht es Ihnen, weitere Angebote in der Übersichtsseite einzublenden.

- In den Übersichtsseiten des Play Store erhalten Sie einen schnellen Überblick über das Angebot.

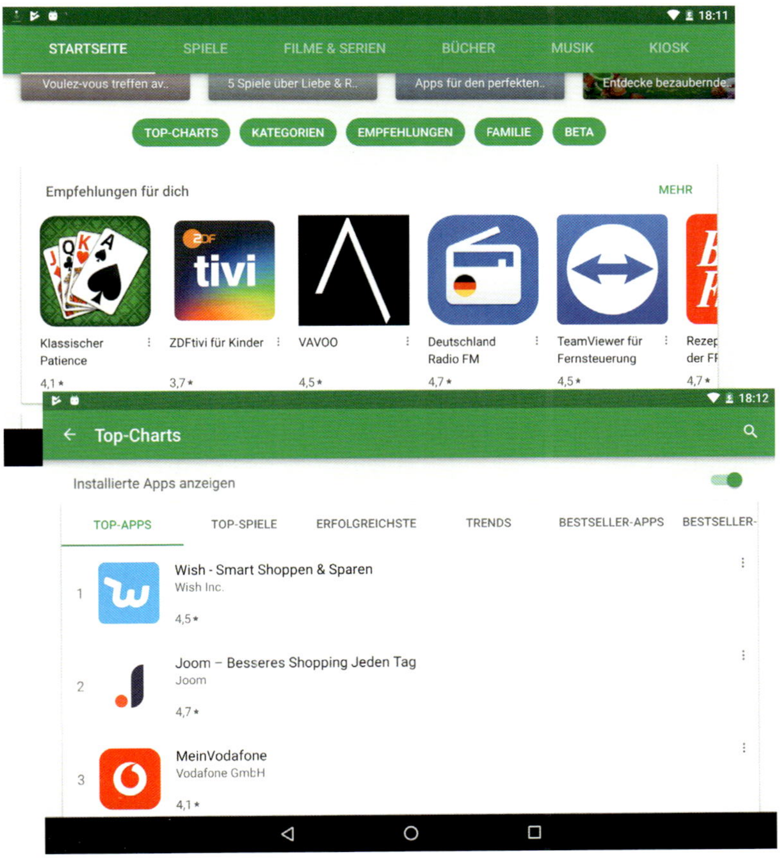

- Für jede App oder für jedes Angebot werden ein Symbol, ein Titeltext und weitere Informationen eingeblendet.
- Apps und Medienangebote können kostenlos oder kostenpflichtig sein. Bei kostenpflichtigen Angeboten wird neben dem (App-) Symbol ein Preis in der Übersichtsseite eingeblendet.

Tippen Sie auf das Symbol einer App, um deren (nachfolgend gezeigte) Detailseite im Vordergrund zu öffnen. Auf der Detailseite finden Sie neben der Funktionsbeschreibung alle zur App bzw. zum Play-Store-Angebot verfügbaren Informationen.

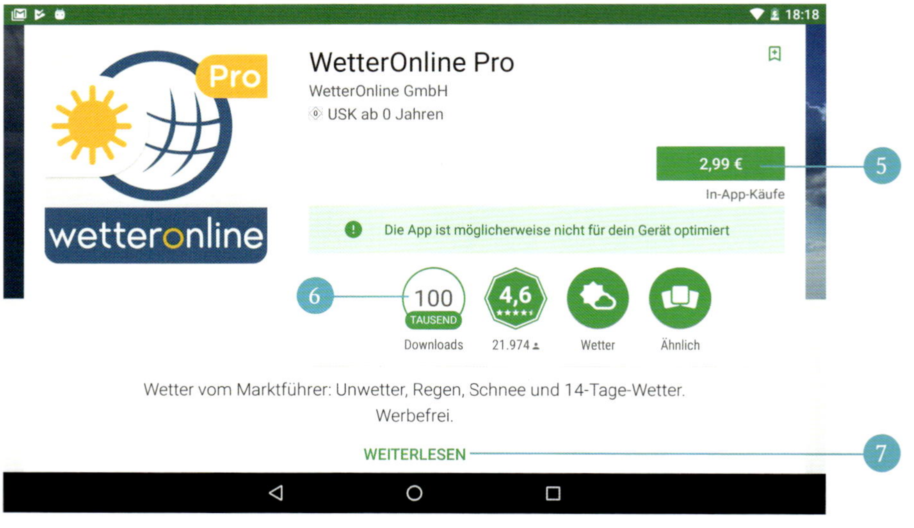

- Ist die App (oder das Angebot) kostenpflichtig, wird der Preis in einer Schaltfläche 5 angezeigt. Bei Gratis-Apps steht in der Schaltfläche der Begriff *INSTALLIEREN*.
- Auch Gratis-Apps können letztendlich kostenpflichtig sein. Findet sich in der Detailseite der Begriff *In-App-Käufe*, bedeutet dies, dass Zusatzfunktionen aus der App heraus kostenpflichtig zugekauft werden können oder müssen.

Ein Infofeld gibt Ihnen Hinweise, wie häufig eine App bereits heruntergeladen wurde 6, zu welcher Kategorie sie gehört etc. Tippen Sie auf den Eintrag *WEITERLESEN* 7, wird der Text mit der Detailbeschreibung der App angezeigt. Die Sternchen und gegebenenfalls die daneben angezeigte Zahl geben Ihnen einen Hinweis, wie andere Benutzer das Angebot bewertet haben. Je höher der Wert neben dem Stern, umso besser die Bewertung durch andere Benutzer. Blättern Sie bei Bedarf durch Wischen mit dem Finger durch die Beschreibung der App-Detailseite.

HINWEIS

Es lassen sich nur solche Apps finden und installieren, die auch für Ihr Android-Gerät kompatibel sind. Fehlt eine App bei der Suche im Play Store, kann es also sein, dass diese nicht zu Ihrem Gerät kompatibel ist.

Apps kaufen/installieren

Zum Erwerb einer App im Google Play Store führen Sie die zum App-Kauf vorgesehenen Schritte durch. Diese hängen davon ab, ob es sich um eine kostenpflichtige oder eine kostenlose App handelt.

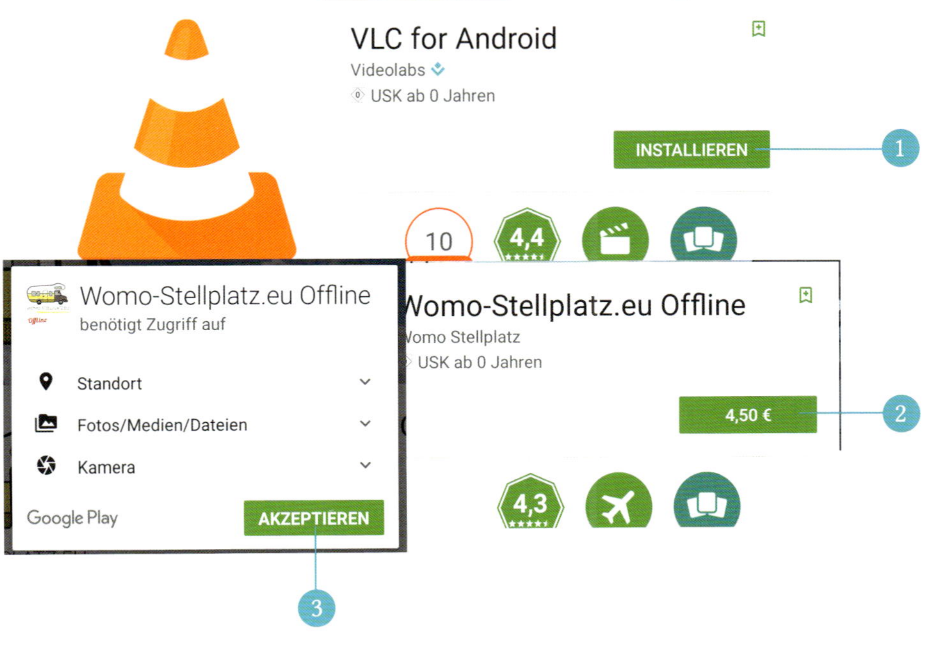

- Wählen Sie bei einer kostenlosen App den in der Detailseite angezeigten Eintrag *INSTALLIEREN* (1).
- Bei einer kostenpflichtigen App tippen Sie in der Detailseite auf den angezeigten Preis (2) und befolgen die Anweisungen zum Kauf.
- Anschließend erscheint die (hier als Bildmontage sichtbare) Einblendung mit den Berechtigungen, die die App anfordert. Bestätigen Sie dies über *AKZEPTIEREN* (3).

Wissen zu Berechtigungen

Berechtigungen regeln in Android, was eine App an Funktionen und Daten anfordern darf. Sie werden bei der Installation von Android-Apps um die Zustimmung zum Zugriff auf Daten des Betriebssystems (Geräte-ID, Telefonbuch, Kamera, Mikrofon etc.) oder anderer Apps gebeten. Achten Sie bei der Installation von Apps darauf, dass möglichst wenige Berechtigungen erforderlich sind. Will eine App möglichst viele Berechtigungen, ohne dass dies als sinnvoll erscheint (z. B. Taschenlampen-App will Zugriff auf das Telefonbuch oder das Mikrofon), empfiehlt es sich, weiter im Play Store zu suchen. Oft findet man Apps mit gleichen Funktionen, die dann aber weniger oder keine Berechtigungen möchten. Aus Sicherheitsgründen verzichte ich auf die Installation von Apps, die zu viele (in meinen Augen unnötige) Berechtigungen erfordern.

Beim App-Kauf durchlaufen Sie vor dem Download die angezeigten Schritte, um die Zahlung zu bestätigen bzw. zu autorisieren (siehe folgender Abschnitt). Danach beginnt der Download. Bei kostenlosen Apps erfolgt der Download sofort nach dem Antippen von *AKZEPTIEREN*. Dieser Download kann durchaus – je nach App-Größe und Geschwindigkeit der Internetleitung – eine ganze Weile dauern.

Sobald die App erfolgreich heruntergeladen ist, wird sie automatisch installiert und dann erscheint ein Fenster mit der Schaltfläche *ÖFFNEN*. Tippen Sie auf *ÖFFNEN*, um die App zu starten. Über die Schaltfläche *DEINSTALLIEREN* können Sie die App auch sofort wieder entfernen lassen.

HINWEIS

Wird die Play-Store-App nach der App-Installation nicht mehr auf dem Display angezeigt? Android legt ein Symbol der App unter *Alle Apps* ab, das heißt, Sie können die App über diese Seite jederzeit finden und aufrufen. Weiterhin richtet Android (solange Platz vorhanden ist) bei der Installation einer App eine Verknüpfung auf dem Startbildschirm ein. Rufen Sie dann die App über diese Symbole auf.

Wissenswertes über App-Käufe

Zum Kaufen von Apps im Google Play Store benötigen Sie eine Internetverbindung und ein Google-Konto. Über dieses Konto werden alle Ihre Einkäufe bei Google im Play Store verwaltet. Zur Begleichung des Kaufpreises ist zudem die Angabe einer **Zahlungsmethode** erforderlich. Zahlungen können über Kreditkarte, den Zahlungsdienstleister PayPal oder per Guthabenkarte (im Handel erhältlich) erfolgen.

Sofern Sie lediglich Gratis-Apps beziehen möchten, verzichten Sie auf die Angabe einer Zahlungsmethode und belassen die Einstellung, indem Sie jeweils die Option *Überspringen* in den angezeigten Pop-up-Fenstern wählen.

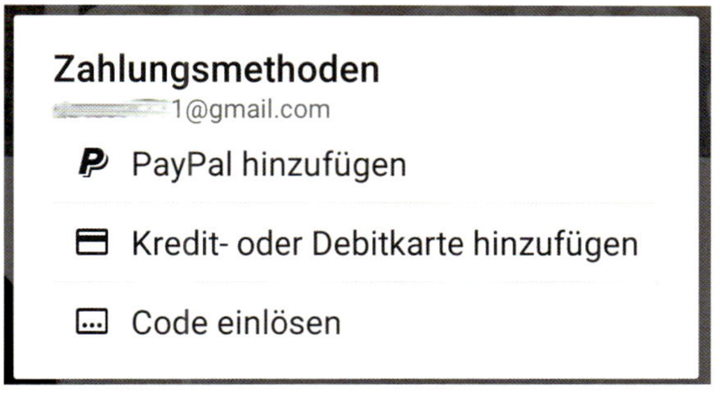

Rückgabe von Apps und Spielen

Manchmal erweist sich eine App oder ein Spiel als Fehlkauf. Zwischenzeitlich weist Google beim Kauf einer App darauf hin, dass man auf das gesetzliche Rückgaberecht verzichtet.

Verwalten der Play-Store-Daten

Der Google Play Store führt Buch über alle Ihre Einkäufe bei Google. Über die Play-Store-App können Sie daher auf die gespeicherten Daten, die gekauften Apps, die Zahlungsinformationen und mehr zugreifen.

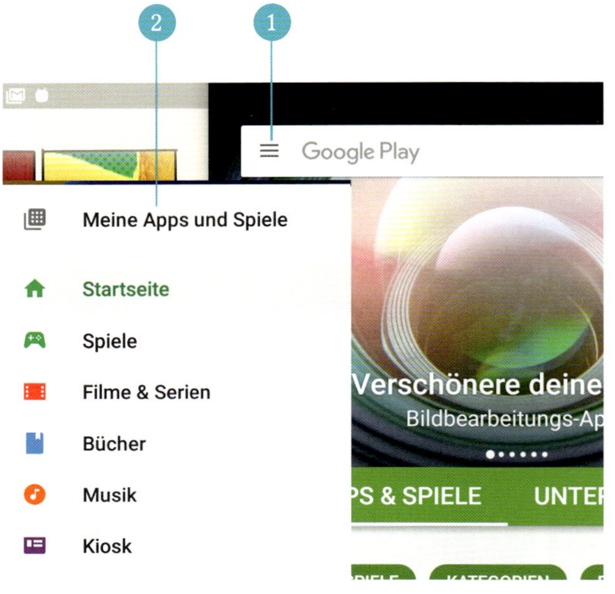

1 Rufen Sie die Google-Play-Store-App auf und tippen Sie dann in der linken oberen Ecke auf das Symbol des sogenannten Burger-Menüs (1).

2 Wählen Sie im eingeblendeten Menü (2) den gewünschten Befehl, um die Daten einzusehen oder anzupassen.

Am oberen Rand des Menüs wird der Name des Google-Kontos angezeigt, für das die Einstellungen gelten. Wischen Sie mit dem Finger im Menü nach oben oder unten, um eventuell nicht sichtbare Befehle in die Anzeige zu verschieben. Tippen Sie auf einen Bereich neben dem Menü, um es zu schließen.

- *Meine Apps und Spiele:* Wählen Sie diesen Befehl, um alle über dieses Konto erworbenen Apps aufzulisten.
- *Konto:* Dieser Befehl zeigt die Seite, in der Sie ein Zahlungsmittel hinzufügen und den Bestellverlauf für Käufe einsehen können.
- *Einlösen:* Ermöglicht es Ihnen, den Gutscheincode einer Guthabenkarte einzulösen und das Konto aufzufüllen.
- *Einstellungen:* Der am Ende der Liste aufgeführte Befehl zeigt eine Einstellungsseite, in der Sie diverse Einstellungen festlegen. So lässt sich beispielsweise über *Symbol zu Startbildschirm hinzufügen* vorgeben, ob bei der App-Installation Verknüpfungen auf dem Startbildschirm anzulegen sind.

HINWEIS

Der Befehl *Play Protect* zeigt eine Seite, auf der die Funktion die Apps und das Gerät auf schädliches Verhalten prüft und gegebenenfalls über Risiken informiert. Über den Befehl *Hilfe & Feedback* des Menüs lässt sich eine Seite mit zusätzlichen Informationen (z. B. bei auftretenden Fehlern) einsehen.

App-Updates

Apps werden von ihren Entwicklern von Zeit zu Zeit aktualisiert, um Fehler zu beheben oder neue Funktionen zu bedienen. Normalerweise müssen Sie sich um App-Updates nicht kümmern. Android stellt fest, dass es Updates gibt, und lädt die Apps bei bestehender Internetverbindung automatisch herunter.

Die App-Aktualisierung wird auf dem Sperrbildschirm sowie in der Statusleiste signalisiert. Dort sehen Sie auch, ob App-Downloads erfolgen.

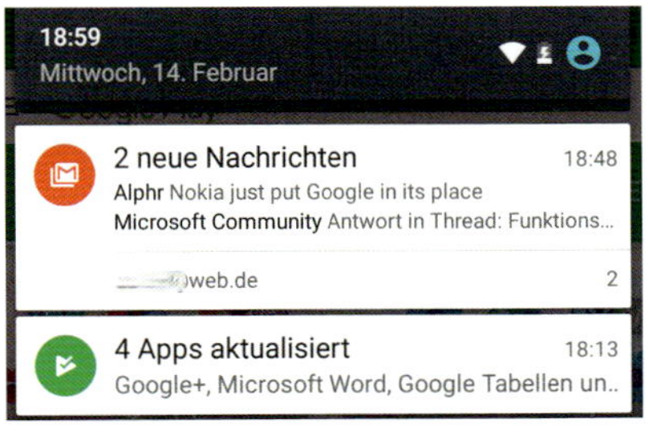

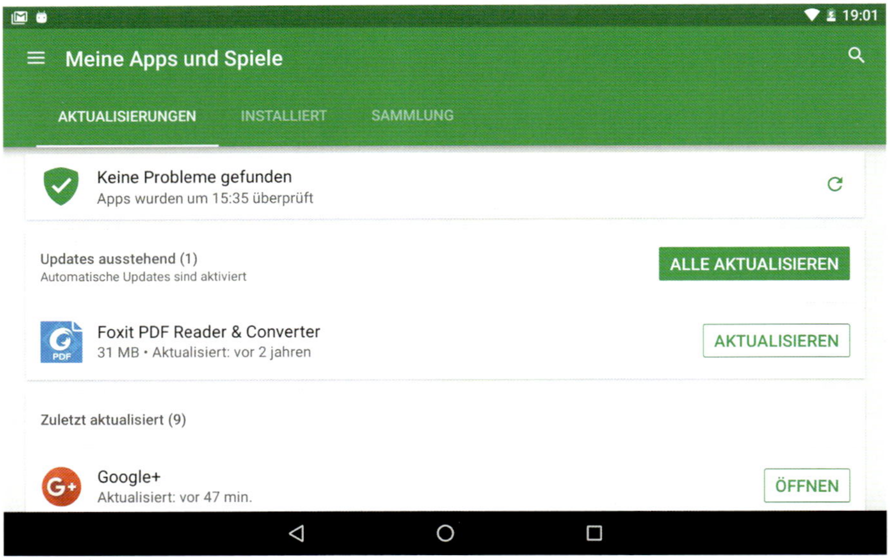

Rufen Sie die Play-Store-App auf und gehen Sie über das Burger-Menü zur Kategorie *Meine Apps und Spiele* (siehe vorherige Seiten), werden dort unter *AKTUALISIERUNGEN* Updates angezeigt. Manchmal erfordert das Updaten dann die manuelle Zustimmung des Benutzers, da neue Berechtigungen oder Ähnliches zu gewähren sind.

Apps deinstallieren

Benötigen Sie eine installierte App nicht mehr, deinstallieren Sie sie. Hierzu führen Sie beispielsweise folgende Schritte aus.

1 Rufen Sie die App *Einstellungen* über *Alle Apps* oder die Schnelleinstellungen auf.

2 Tippen Sie in der App *Einstellungen* auf den Eintrag *Apps* (1) und wählen Sie anschließend in der App-Liste die gewünschte App (2) durch Antippen aus.

3 Tippen Sie im Detailfenster der App auf die Schaltfläche *Deinstallieren* (3).

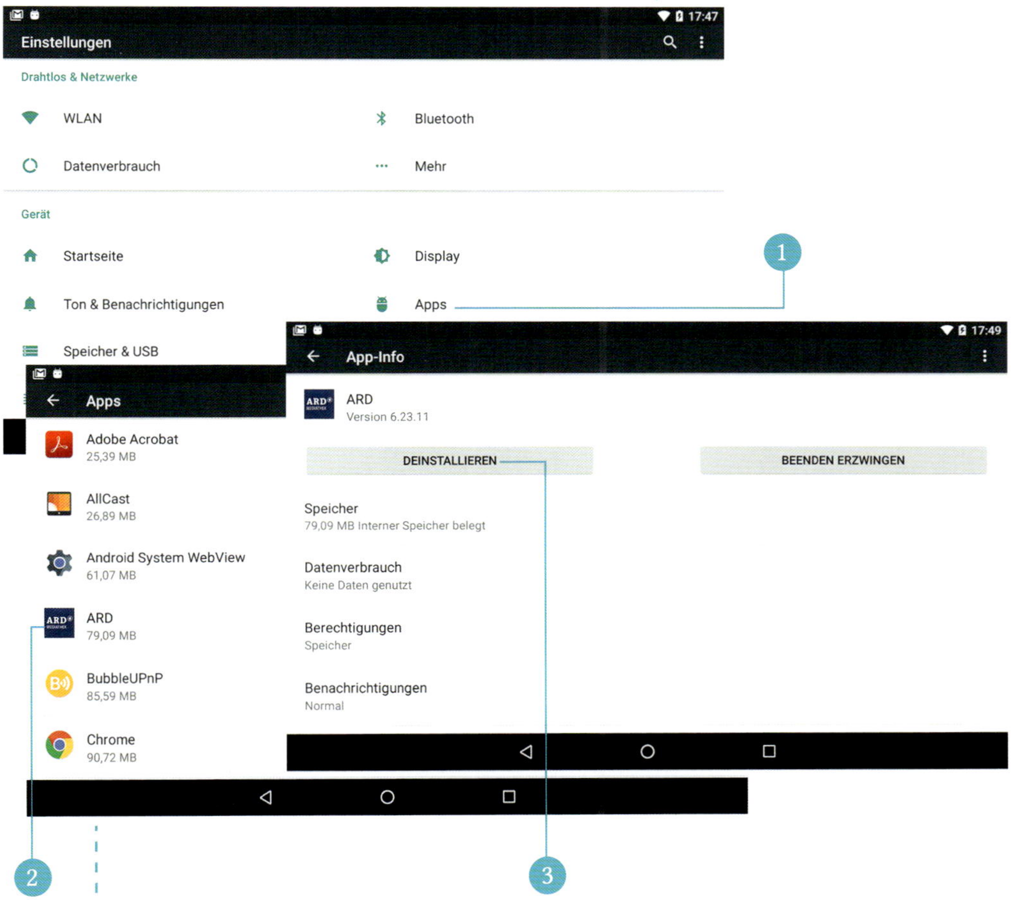

4 Anschließend bestätigen Sie die Deinstallation der App im angezeigten Pop-up-Fenster.

Android entfernt die App aus dem Speicher und vom Gerät. Die App-Daten bleiben aber im Speicher erhalten.

App-Cache und Daten löschen

Bei älteren Android-Versionen enthält die Seite *App Info* Schaltflächen, um den Cache (Zwischenspeicher) oder die Daten der App vor der Installation zu löschen. Das ist hilfreich, falls es beim Betrieb einer App Probleme gibt. Zudem gibt es eine Schaltfläche, um die App zwangsweise zu beenden.

Apps erneut installieren

Haben Sie eine App deinstalliert, lässt sich diese jederzeit neu aus dem Play Store herunterladen. Über Ihr Google-Konto wird festgehalten, welche Apps Sie jemals gekauft oder heruntergeladen haben. Suchen Sie im geöffneten Play Store erneut die App und installieren Sie sie wieder. Wahlweise können Sie dabei auch das Burger-Menü öffnen und den Punkt *Meine Apps und Spiele* wählen. Unter *Alle* werden alle jemals installierten Apps (allerdings nicht in alphabetischer Reihenfolge) aufgelistet. Bei kostenpflichtigen Apps sollte dann zur Installation kein erneuter Kauf erforderlich sein.

In diesem Kapitel haben Sie die Grundlagen zum Arbeiten mit Android und Apps kennengelernt. Mit diesem Wissen können Sie mit dem Gerät arbeiten. Sie wissen nun auch, wie Sie Apps aus dem Google Play Store beziehen und diese starten. In den folgenden Kapiteln lernen Sie einzelne Apps kennen und erfahren, wie Sie diese sinnvoll nutzen können.

Surfen und Mailen

Smartphones und Tablets mit Android können Sie zum Surfen im Internet sowie zum Abrufen und Schreiben von E-Mails verwenden. Es ist lediglich eine Internetverbindung erforderlich, denn Android enthält sowohl eine Browser- als auch eine E-Mail-App. In diesem Kapitel erfahren Sie, wie Sie mit dem Google-Chrome-Browser surfen und welche Funktionen die E-Mail-App bereithält.

Das lernen Sie in diesem Kapitel **3**

- Google-Chrome-Grundwissen
- Chrome für Fortgeschrittene
- Einführung in die Mail-App
- Arbeiten mit der Mail-App

Google-Chrome-Grundwissen

Ein zum Surfen im Internet benötigter Browser ist in Android als App vorinstalliert. Meist ist dies der in diesem Kapitel beschriebene **Google-Chrome-Browser**, der entweder als App vorinstalliert ist oder kostenlos aus dem Google Play Store (siehe Kapitel 2) installiert werden kann.

Ist eine Internetverbindung vorhanden?

Der Status der zum Surfen benötigten WLAN- oder Mobilfunkverbindung wird in der rechten oberen Bildschirmecke in der Statusleiste angezeigt (die hier links sichtbaren zwei Symbole).

Die **Empfangsqualität** wird durch die Anzahl der angezeigten Balken signalisiert. Wie Sie eine **Mobilfunk-** oder **WLAN-Verbindung einrichten**, erfahren Sie im letzten Kapitel dieses Buches.

Die erste Webseite abrufen

Zum Surfen im Internet, sprich: dem Abrufen von Webseiten, verwenden Sie die Browser-App und führen folgende Schritte aus:

1 Tippen Sie in der Favoritenleiste des Startbildschirms (oder in der Seite *Alle Apps*) auf das Symbol *Chrome*, um den Browser zu starten.

2 Tippen Sie auf das Adressfeld und geben Sie die gewünschte Internetadresse über die Bildschirmtastatur ein.

TIPP

Bei der Eingabe einer Adresse wird das Element *Adressfeld löschen* am rechten Rand des Adressfelds sichtbar. Tippen Sie auf *Adressfeld löschen*, um den Text in der Eingabezeile komplett zu entfernen.

Beim Eingeben der Internetadresse werden Vorschläge mit ähnlichen Seitenadressen angezeigt. Diese Adressen übernehmen Sie durch Antippen.

3 Bestätigen Sie die Eingabe der Internetadresse auf der Bildschirmtastatur über die *Öffnen*-Taste (Eingabe-Taste).

Der Browser wird dann die betreffende Internetseite anfordern und anzeigen.

Schreibweise für Webadressen

Webadressen (auch als **URL**, die Abkürzung für **U**niform **R**esource **L**ocator, bezeichnet) aus dem World Wide Web besitzen einen festgelegten Aufbau. Die Kennung am Ende einer Webadresse gibt die Hauptzone, auch als Top-Level-Domain bezeichnet, an (*.com* steht für Unternehmen, *.org* für Organisationen, *.net* für Netzwerk, *.de* für Deutschland, *.ch* für die Schweiz, *.at* für Österreich etc.). Davor steht ein sogenannter eindeutiger Domänenname wie *google*, *zdf*, *spiegel*, *borncity* etc. Die Zeichenfolge *www* steht für die »Hauptadresse« (die Startseite, auch als Homepage oder Website bezeichnet). Die URL *www.borncity.com* ist meine Startseite im Internet. An diese Adresse können sich noch weitere Angaben (z. B. *http://www.borncity.com/senioren/*) anschließen. Das Webadressen vorangestellte Kürzel *http://* können Sie bei der Adresseingabe weglassen, da Google Chrome es ergänzt.

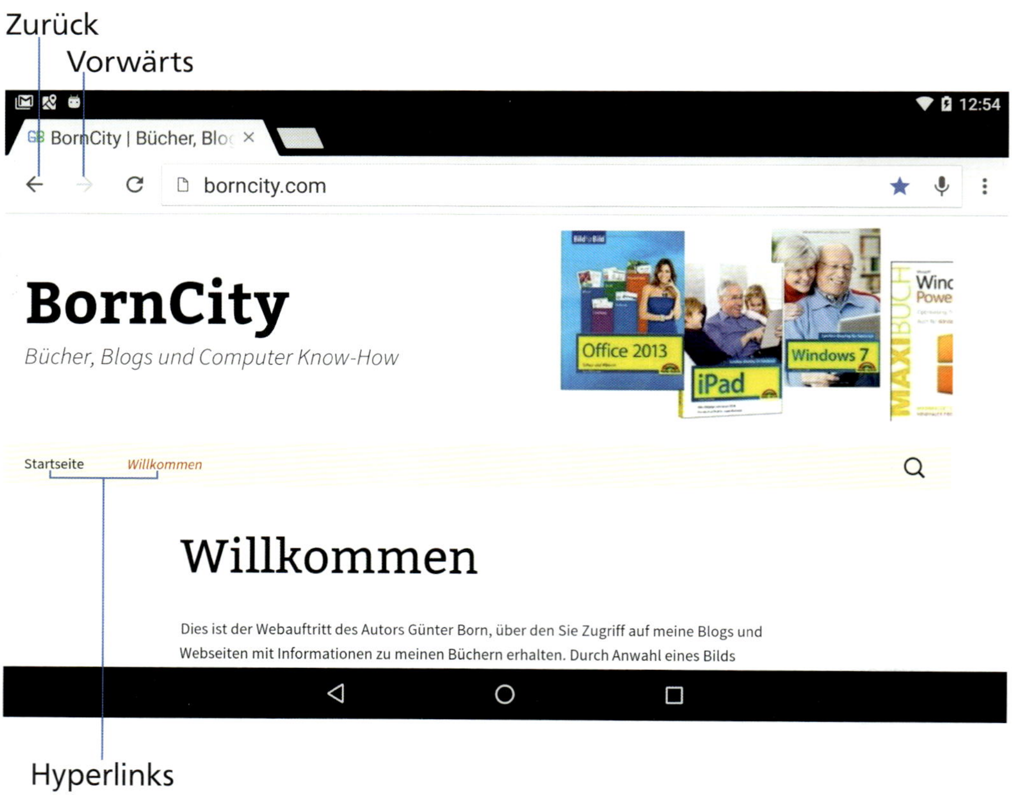

- Tippen Sie zum Abrufen weiterer Webseiten auf den betreffenden **Hyperlink** (also den Verweis auf die Folgeseite).
- Auf der Folgeseite tippen Sie bei Bedarf die in der Seite enthaltenen Hyperlinks erneut an, um weitere Folgeseiten aufzurufen.
- Über *Zurück* und *Vorwärts* der Browser-App blättern Sie zwischen bereits besuchten Webseiten vor und zurück.

Ist die jeweils erste bzw. letzte Seite erreicht, sperrt der Browser das betreffende Element *Zurück* oder *Vorwärts* (wird dann ausgegraut angezeigt). Mehr müssen Sie eigentlich zum Surfen im Internet nicht wissen.

TIPP

Versuchen Sie, Webadressen wie *www.spiegel.de* oder ähnliche Adressen einzutippen, und probieren Sie einfach Zeitschriften- oder Firmennamen wie *www.stern.de*, *www.focus.de, www.aldi.de*. Die Kunst beim »Surfen im Internet« ist es, die **Hyperlinks** zu **erkennen** und mit dem Finger zu treffen. Hyperlinks werden häufig durch eine andere Farbe und manchmal unterstrichen im Text dargestellt. Beim Antippen des Hyperlinks wird auf jeden Fall die Seite geöffnet, auf die der Hyperlink verweist.

Ist Ihnen die **Anzeige** der **Webseite zu klein**, spreizen Sie einfach die auf dem Bildschirm aufgelegten Daumen und Zeigefinger. **Google Chrome vergrößert** (in der Desktop-Variante) dann **die Darstellung** der angezeigten Seite und Sie treffen Hyperlinks besser. Ziehen Sie Daumen und Zeigefinger auf dem Bildschirm zusammen, um die **Darstellung** wieder zu **verkleinern**. Bei Mobilgeräten wie Smartphones klappt das nicht bei allen Webseiten. Alternativ vergrößern und verkleinern Sie dann die Darstellung durch Doppeltippen auf die Webseite.

Durch Wischen mit dem Finger nach oben oder unten lässt sich **innerhalb der Webseite blättern**. Die **Leiste mit** dem **Adressfeld** und den Elementen *Zurück* bzw. *Vorwärts* **verschwindet** beim Blättern des Inhalts nach unten. Wischen Sie den Bildschirminhalt nach unten, um die Leiste erneut einzublenden.

Gekonnt surfen mit Google Chrome

Mit ein paar Tipps können Sie sich das Abrufen von Webseiten im Browser erleichtern.

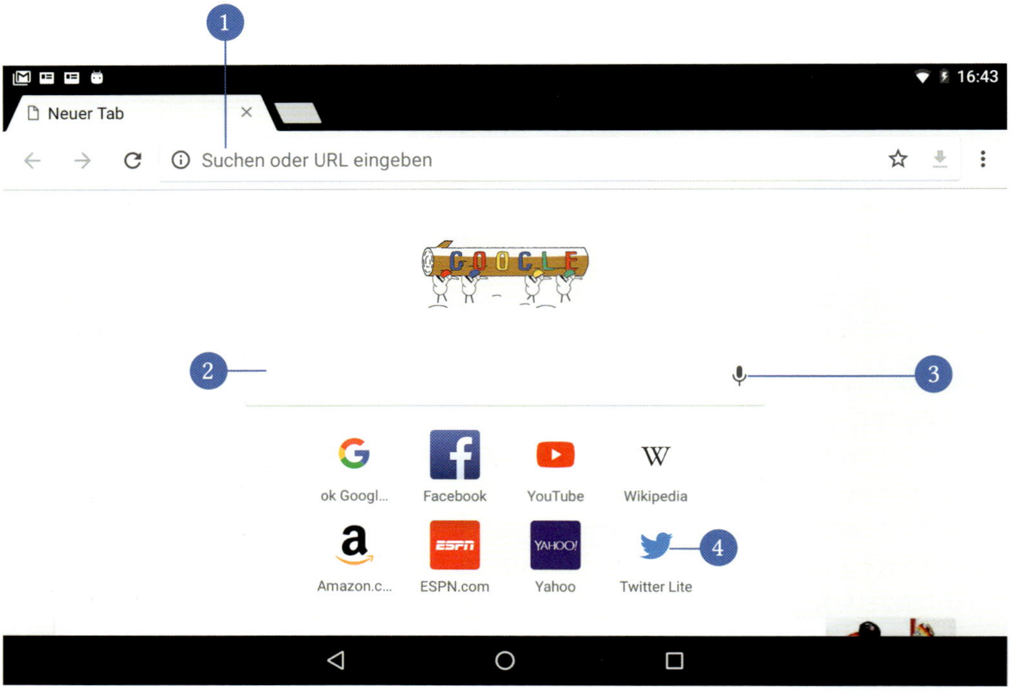

- Bei Bedarf geben Sie statt einer Internetadresse Suchbegriffe im Adressfeld (1) ein (siehe auch die folgenden Abschnitte).
- Alternativ lassen sich die Suchbegriffe bei der Chrome-App auch im Suchfeld (2) eintippen.
- Durch Antippen des Mikrofonsymbols (3) aktivieren Sie die **Spracheingabe** zum Einsprechen einer Webadresse (z. B. *borncity Punkt com*).
- Tippen Sie in der Seite auf die Symbole gespeicherter Favoriten (4), um die zugehörigen Webseiten abzurufen.

- Beim Laden der Webseite zeigt die App eine Fortschrittsanzeige im Adressfeld. Dauert das Abrufen der Webseite zu lange, wählen Sie das Symbol *Abbrechen* am linken Rand des Adressfelds.

- Um die Anzeige der Webseite zu aktualisieren, tippen Sie am linken Rand des Adressfelds auf das dann angezeigte Symbol *Neu laden*.

Mehr als diese Techniken verwende ich beim täglichen Gebrauch der Chrome-App eigentlich nicht.

Wichtig beim Abrufen vertraulicher Webseiten

Beim Besuch von Bankseiten, E-Mail-Konten, Webshops etc. sollen die übertragenen Daten (Benutzername, Kennwort, Kontendaten) ja vertraulich bleiben. Der Browser kann die Daten abgesichert und verschlüsselt über die Internetleitung übertragen (verhindert, dass Dritte im Internet diese Informationen unbefugt einsehen können).

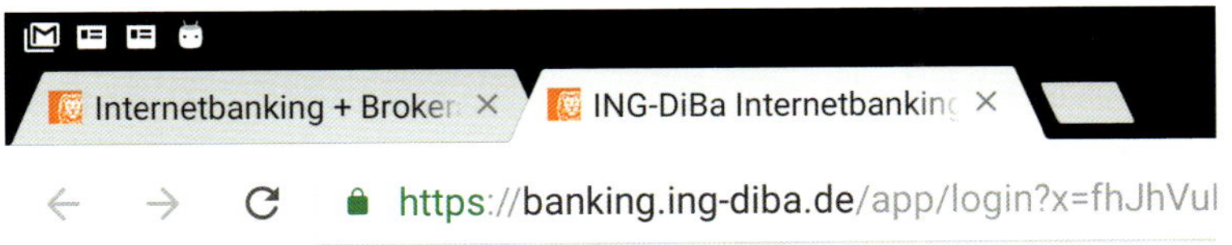

Besuchen Sie eine solche (Bank-)Seite, sollten vor der eigentlichen Webadresse in grüner Schrift *https://* (statt *http://*) und ein kleines Schloss auftauchen. Dies signalisiert, dass die in der Webseite eingegebenen Daten verschlüsselt zur Bank übertragen werden und durch unbefugte Dritte nicht einsehbar sind.

Webseiten in separaten Tabs öffnen

Die Chrome-App bietet die Möglichkeit, **gleichzeitig mehrere Webseiten** auf separaten Registerkarten (kurz **Tabs**) zu **öffnen**.

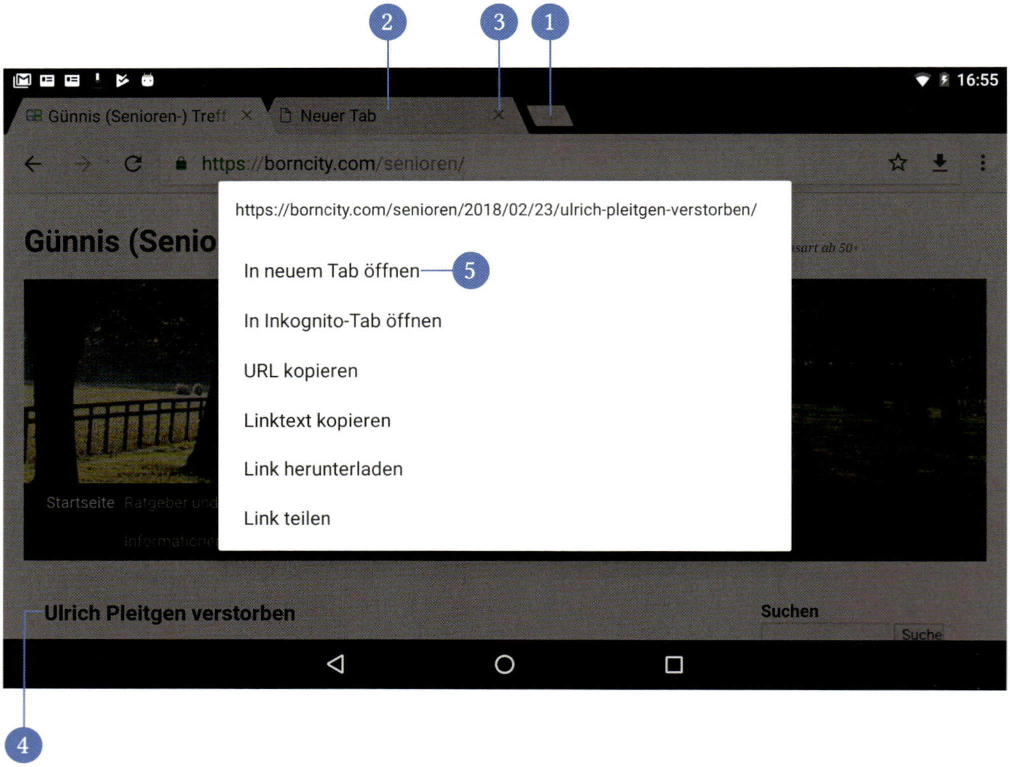

Tippen Sie am oberen Rand der App auf den Tab (1), wird ein **neuer Tab** (2) angelegt.

- Tippen Sie auf die Registerreiter (2) der einzelnen Tabs, um deren **Inhalt in** den **Vordergrund** zu **schalten**. Geben Sie dann im Adressfeld eine neue Webadresse ein, um die Webseite auf diesem Tab anzuzeigen.
- Um den **Tab** zu **schließen**, tippen Sie auf das angezeigte Symbol (3) des Registerreiters.
- Drücken Sie den Finger etwas länger auf einen Hyperlink (4). Über den Befehl *In neuem Tab öffnen* (5) des Pop-up-Fensters wird die Folgeseite direkt auf einem neuen Tab (2) geöffnet.

- Der Befehl *In Inkognito-Tab öffnen* zeigt eine neue Seite im sogenannten Inkognito-Modus.

Der Inkognito-Modus bzw. die -Tabs erzwingen mehr Privatsphäre beim Surfen. Die Chrome-App speichert dann keine besuchten Webseiten sowie Downloadadressen.

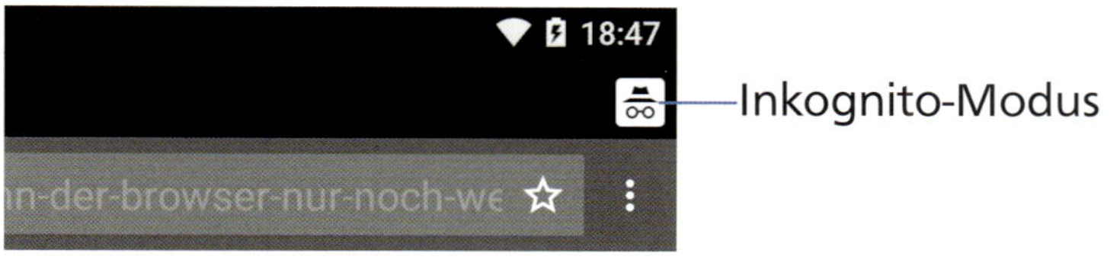

Bei aktivem Inkognito-Modus wird das hier gezeigte Symbol (Schlapphut mit Fernglas) in der rechten oberen Ecke der App eingeblendet. Tippen Sie auf das Logo, um zwischen Inkognito-Modus und normalem Anzeigemodus umzuschalten.

Geschlossene Tabs erneut öffnen

Irrtümlich geschlossene Tabs können Sie bei der Google-Chrome-App innerhalb einer Sitzung wieder öffnen.

1 Wurde ein Tab geschlossen, tippen Sie auf die drei senkrechten Pünktchen (1) rechts neben dem Adressfeld.

2 Wählen Sie im Menü der Chrome-App den Befehl *Zuletzt geöffnete Tabs* (2).

3 Tippen Sie in der eingeblendeten Liste der zuletzt geschlossenen Webseiten (3) auf den gewünschten Eintrag.

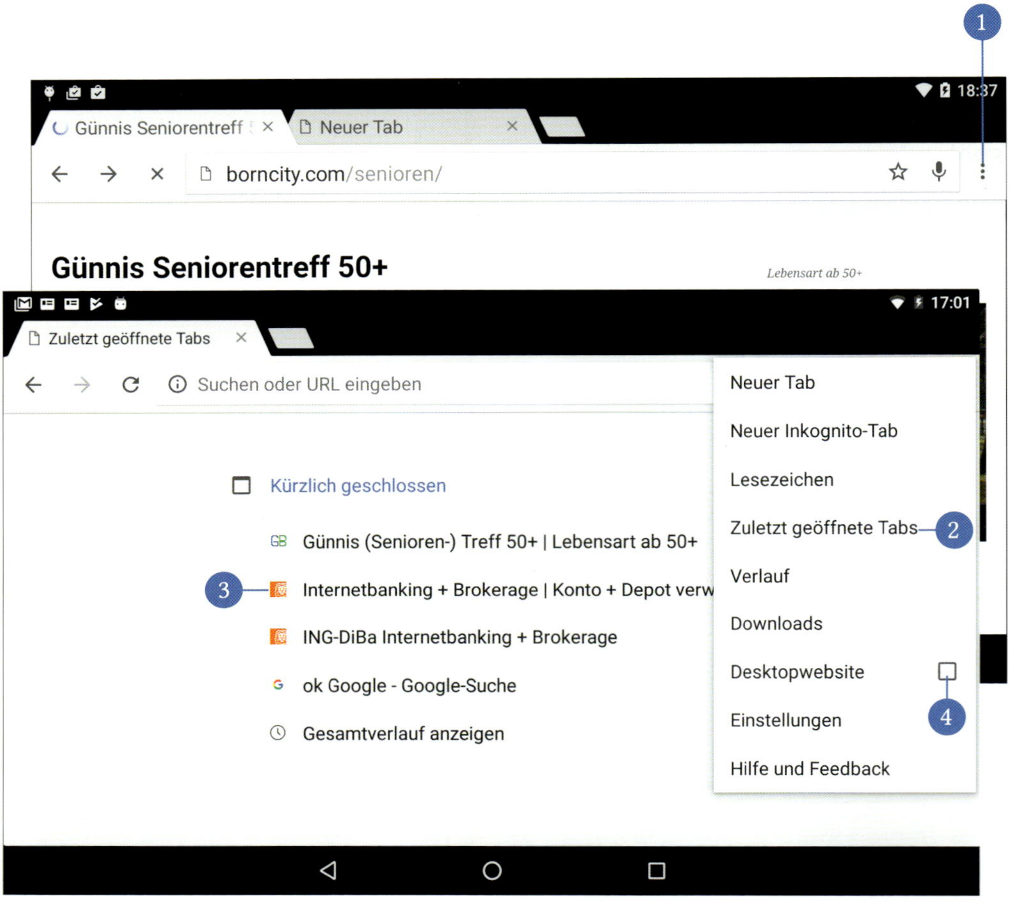

Die Chrome-App wird dann die geschlossene Webseite erneut im aktuellen Tab anzeigen.

Bei Anzeigenproblemen zur Desktop-Version wechseln

Manche Webseiten werden in einem speziellen Format für Mobilgeräte bereitgestellt. Dann klappt z. B. das stufenlose Zoomen der Seiteninhalte durch Spreizen per Finger nicht mehr. Markieren Sie im geöffneten Menü der Chrome-App den Befehl *Desktopwebsite* 4. Dann zeigt die Google-Chrome-App die Seite wie die Desktop-Version des Google-Chrome-Browsers an. Das ist beispielsweise hilfreich, wenn eine Webseite in der App nicht richtig angezeigt werden kann.

Wissen zu Eingaben in Webformularen

Beim **Ausfüllen von Formularen** speichern Browser die Eingabewerte. Besuchen Sie später Webseiten mit Formularen, greift Google Chrome Ihnen mit einer als **Autoausfüllen** bezeichneten Funktion unter die Arme. Wählen Sie ein Formularfeld an und tippen Sie die ersten Zeichen ein, schlägt der Browser passende Eingabewerte vor.

Tippen Sie auf den Vorschlag, um den Wert in das Formularfeld zu übernehmen.

ACHTUNG

Bei **Anmeldeformularen** werden Sie gegebenenfalls gefragt, ob die **Anmeldedaten** und gegebenenfalls das Passwort gespeichert werden sollen. Dann kann Google Chrome Sie künftig automatisch anmelden. Verzichten Sie aus Sicherheitsgründen auf das **Speichern von Kennwörtern**. Andernfalls hat jeder, der das Gerät in die Finger bekommt, Zugriff auf das Anmeldekonto. Ob die Funktion zum Autoausfüllen verwendet wird, lässt sich in den Einstellungen der Chrome-App festlegen (siehe Kapitelende, Abschnitt »Google-Chrome-Einstellungen anpassen«).

Suchen im Internet

Sie können gezielt im Internet nach Webseiten zu einem speziellen Thema suchen. Verwenden Sie die **Suche** in Google Chrome.

1 Tippen Sie den Suchbegriff (z. B. *Mallorca*) zumindest teilweise über die Bildschirmtastatur in das Adressfeld (1) ein.

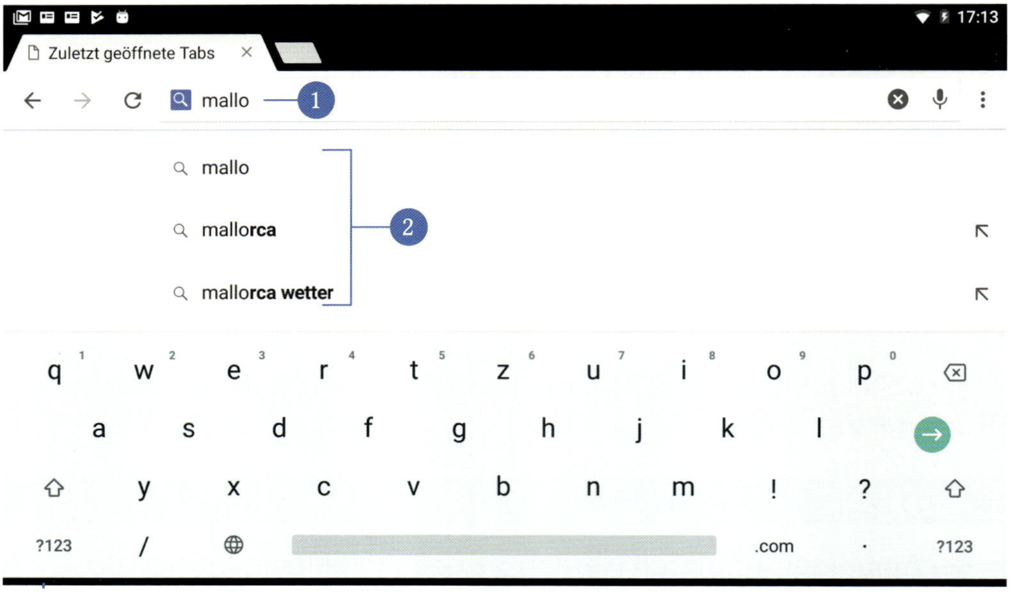

2 Anschließend wählen Sie einen der im geöffneten Fenster angegebenen Suchvorschläge **2** durch Antippen aus.

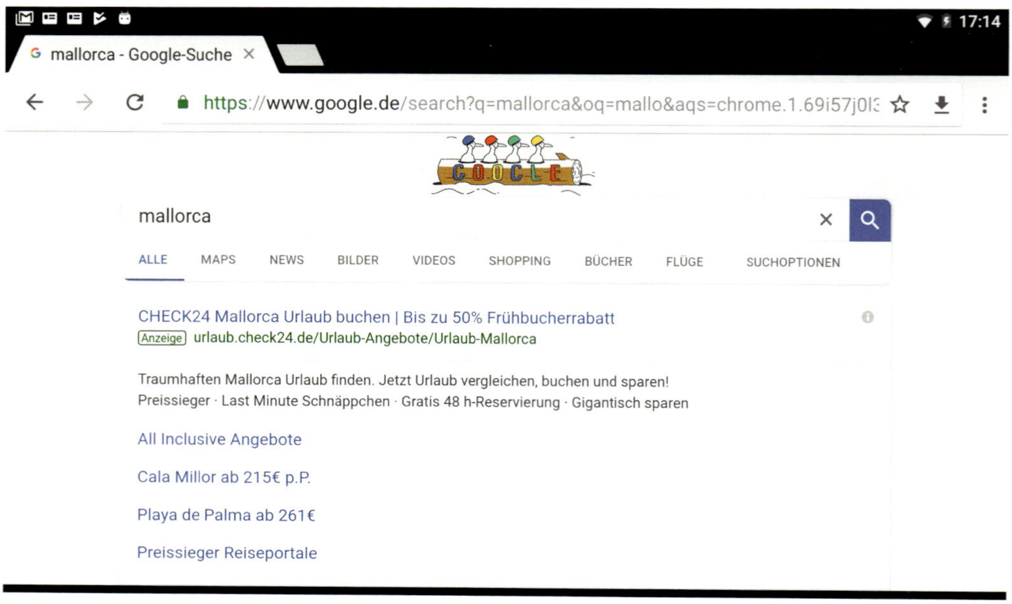

Die Browser-App zeigt dann die Treffer der Suche auf einer Ergebnisseite an.

Als Suchmaschine ist standardmäßig Google voreingestellt. Diese ermittelt dann alle Webseiten, in denen der Begriff vorkommt, und gibt sie in einer Ergebnisliste im Browser aus. Zum Abrufen der Webseite tippen Sie den betreffenden Hyperlink in der Ergebnisseite an. Beachten Sie, dass die ersten Treffer der Liste meist Werbung beinhalten.

Alternative Suchmaschinen verwenden

Sind Sie mit den Suchergebnissen nicht zufrieden, probieren Sie andere Begriffe aus oder verwenden Sie eine zweite Suchmaschine. Rufen Sie über das Adressfeld beispielsweise die Webseite *www.bing.com* auf und geben Sie im Suchfeld den gewünschten Begriff ein. Verwenden Sie die Suchseite *www.ixquick.com* oder *www.duckduckgo.com*, wenn Sie Suchergebnisse aus mehreren Suchmaschinen sehen und bei der Suche anonym bleiben möchten.

Eine alternative Suchmaschine verwenden

Um eine alternative Suchmaschine einzustellen, sind nur wenige Schritte in der Chrome-App erforderlich.

1 Rufen Sie das App-Menü (1) auf und wählen Sie den Befehl *Einstellungen* (2).

2 Blättern Sie (gegebenenfalls durch Wischen mit dem Finger) im Menü, um den Befehl *Einstellungen* in die Anzeige zu holen.

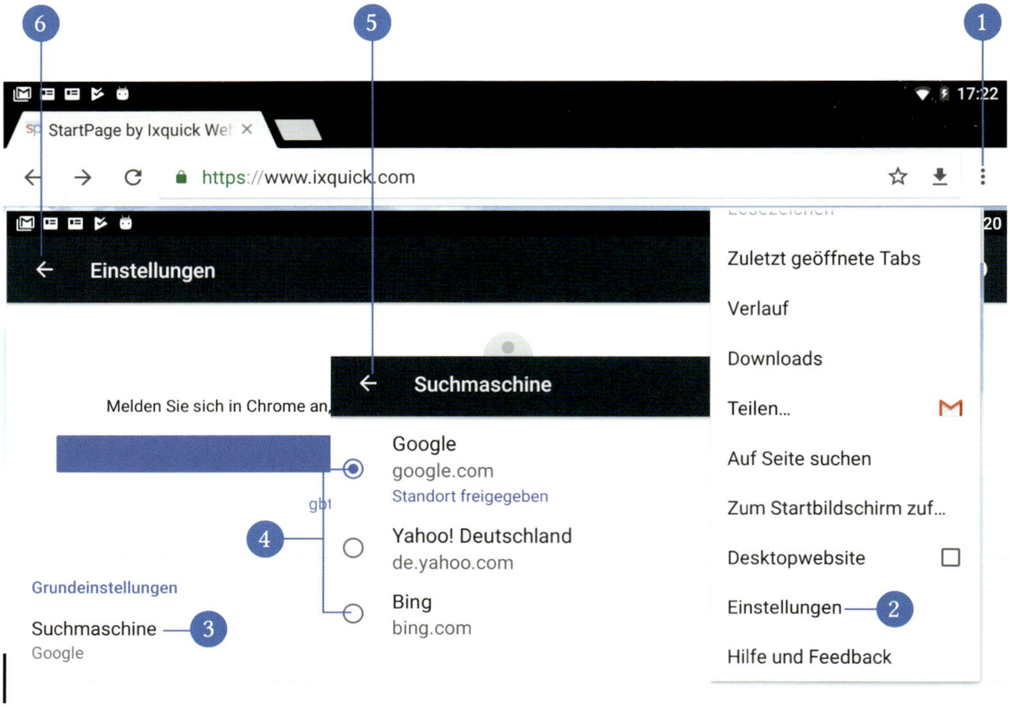

3 Tippen Sie unter *Einstellungen* auf den Befehl *Suchmaschine* (3), wählen Sie in der Seite *Suchmaschine* den gewünschten Eintrag (4) und tippen Sie auf *Zurück* (5).

Anschließend wechseln Sie über die *Zurück*-Schaltfläche (6) zur Browseransicht zurück. Der gewählte Anbieter ist dann als Standardsuchmaschine festgelegt.

HINWEIS

Beachten Sie, dass sich die Schritte, abhängig von der App-Version, leicht ändern können. Zudem werden nur einige wenige alternative Suchanbieter angeboten (*ixquick.com* oder *duckduckgo.com* sind nicht dabei).

So suchen Sie in einer Webseite

Browser-Apps unterstützen die Suche innerhalb der angezeigten Webseite. Führen Sie in der Chrome-App folgende Schritte aus:

1 Rufen Sie die Webseite in Google Chrome auf und öffnen Sie das Menü (1) der App.

2 Tippen Sie im angezeigten Menü auf den Befehl *Auf Seite suchen* (2).

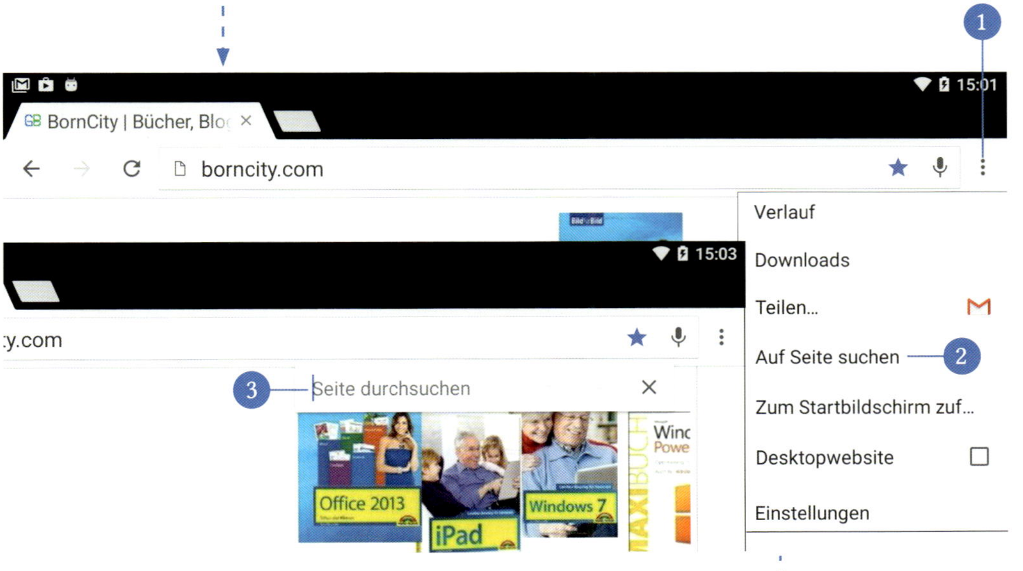

3 Tippen Sie den Suchbegriff mittels der Bildschirmtastatur im eingeblendeten Suchfeld (3) ein.

Die App hebt die Treffer (4) in der aktuell angezeigten Webseite farbig hervor. Die Trefferzahl wird gleichzeitig in der Suchleiste angezeigt (5).

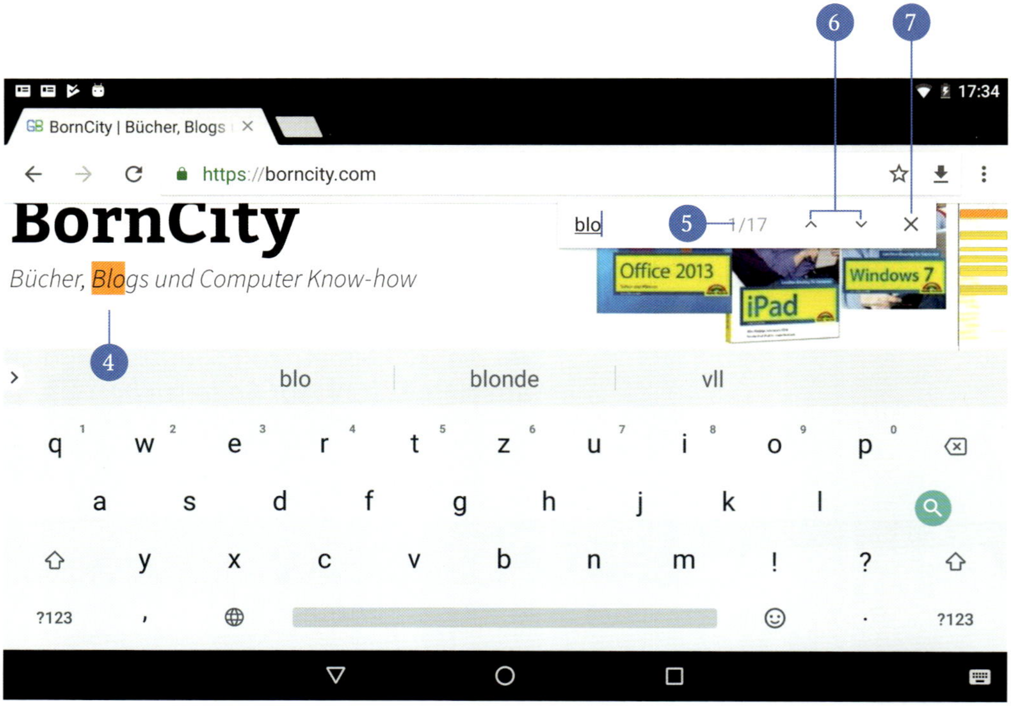

Über die Symbole 6 der Suchleiste springen Sie zwischen den Treffern. Über das Symbol *x* 7 blenden Sie die Suchleiste wieder aus.

Chrome für Fortgeschrittene

Wer die Grundlagen beherrscht, kann spezielle Funktionen des Chrome-Browsers wie das Setzen von Lesezeichen, das Herunterladen von Inhalten (Download) bis hin zum Drucken von Webseiten oder dem Anpassen von Einstellungen verwenden.

Lesezeichen anlegen, ändern, löschen

Lesezeichen sind hilfreich, um häufig besuchte Webseiten besser abrufen zu können. Die Schritte zum Festlegen eines Lesezeichens variieren aber mit der Version der Chrome-App. Zudem ist es ein Unterschied, ob Sie einen Tablet-PC oder ein Mobilgerät verwenden. Hier die Schritte, wie sie beim Schreiben des Manuskripts erforderlich waren.

1 Rufen Sie die gewünschte Webseite in Google Chrome auf und tippen Sie auf das Lesezeichen-Symbol (1).

Bei einem Smartphone tippen Sie in der rechten oberen Ecke der App auf die drei Pünktchen (2), um das Menü zu öffnen. Im Menü wählen Sie das Lesezeichen-Symbol (3).

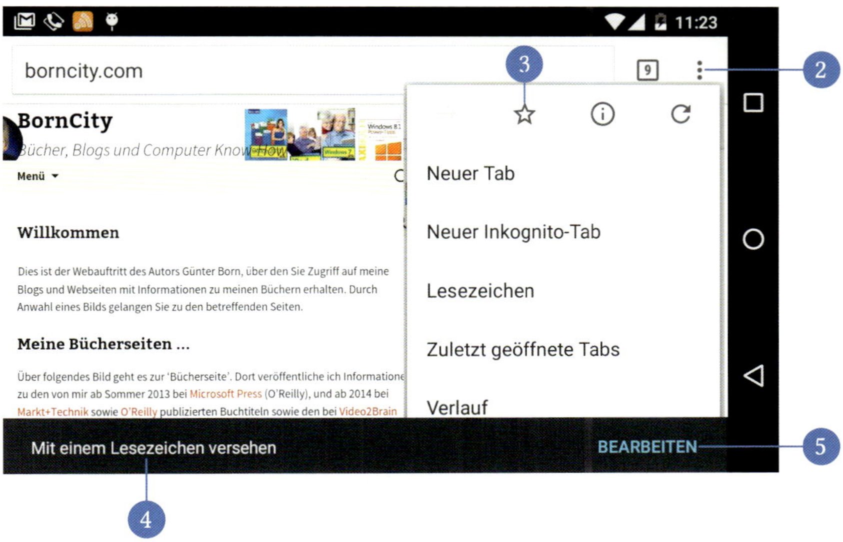

In allen Fällen blendet die Chrome-App eine Leiste mit dem Hinweis (4) ein, dass das Lesezeichen angelegt wurde. Über *BEARBEITEN* (5) gelangen Sie zur Bearbeitung der Lesezeichenliste.

Zum **Bearbeiten** oder **Löschen von Lesezeichen** verwenden Sie folgende Schritte:

1 Wählen Sie das Lesezeichensymbol, wie im vorherigen Abschnitt beschrieben, in der Chrome-App an.

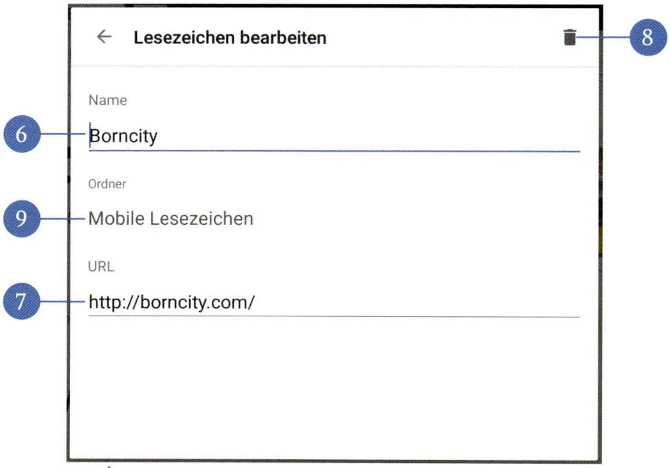

2 Kontrollieren Sie im angezeigten Pop-up-Fenster *Lesezeichen bearbeiten* die Felder *Name* (6) und *URL* (7).

Tippen Sie bei Bedarf auf die Textfelder und passen Sie den Inhalt per Bildschirmtastatur an. Ein **Lesezeichen löschen** Sie über das Symbol in der rechten oberen Ecke des Pop-up-Fensters (8).

Zur Verwaltung vieler Lesezeichen haben Sie mit Google Chrome die Möglichkeit, Lesezeichen über Ordner in Gruppen abzulegen.

3 Tippen Sie hierzu im Pop-up-Fenster *Lesezeichen bearbeiten* auf den Eintrag des Felds *Ordner* (9).

4 Tippen Sie im Pop-up-Fenster *Ordner auswählen* auf einen der vordefinierten Ordner (10).

5 Um einen eigenen Lesezeichenordner anzulegen, tippen Sie auf *Neuer Ordner* (11).

6 Wählen Sie im Pop-up-Fenster *Ordner hinzufügen* das Feld *Titel* (12) und geben Sie den Ordnernamen ein.

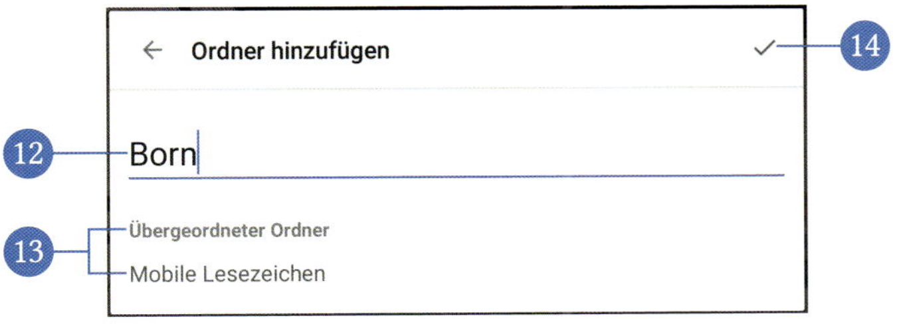

7 Um den neuen Ordner gezielt einzusortieren, wählen Sie optional im Pop-up-Fenster *Ordner hinzufügen* einen bestehenden Ordner (13).

Tippen Sie direkt auf *Speichern* (14), wird der neue Ordner unter *Mobile Lesezeichen* angelegt. Im Anschluss tippen Sie im Pop-up-Fenster *Lesezeichen bearbeiten* noch die *Zurück*-Schaltfläche an, um zum Browser zu gelangen.

Lesezeichen abrufen

Greifen Sie beim Surfen über die folgenden Schritte **auf Lesezeichen zu.**

1 Tippen Sie auf die drei Pünktchen (1), um das Browsermenü zu öffnen, und wählen Sie den Befehl *Lesezeichen* (2).

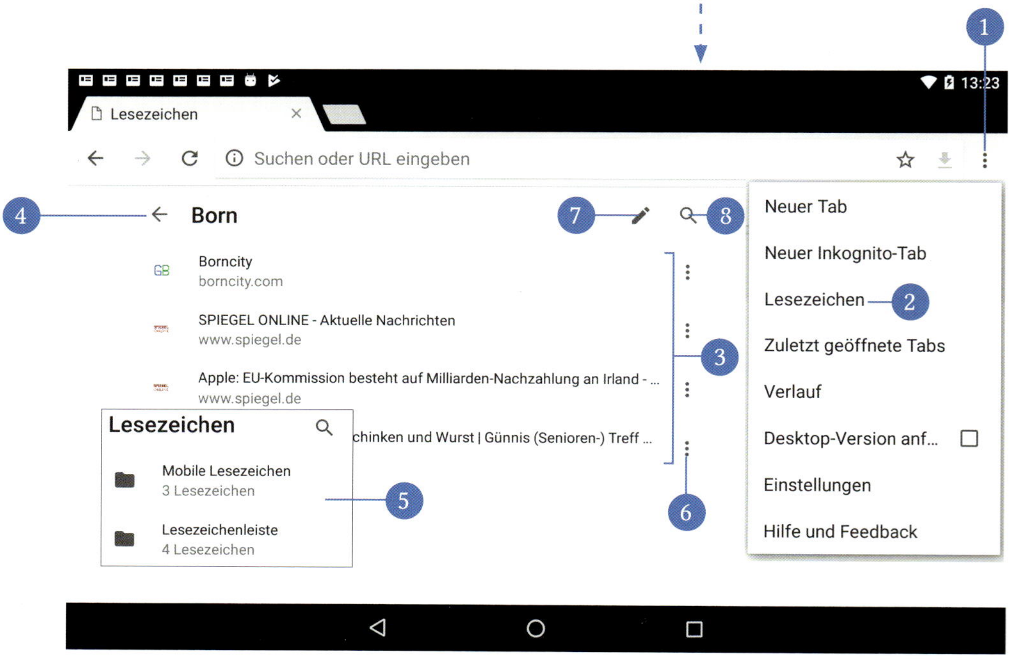

Jetzt erscheint die Liste der Lesezeicheneinträge (3). Bei Bedarf tippen Sie auf das *Zurück*-Symbol (4), bis die Lesezeichenliste (5) erscheint. Dann wählen Sie zwischen den angezeigten Ordnern (einfach die Einträge antippen).

2 Wählen Sie im Browserfenster einen der Lesezeicheneinträge (3).

Dann wird die zugehörige Webseite im Browser aufgerufen und angezeigt.

Über die drei Pünktchen (6) rechts neben einem Lesezeichen öffnen Sie ein Menü, über dessen Befehle Sie ein Lesezeichen auswählen, bearbeiten, verschieben oder löschen können. Der eventuell eingeblendete Stift (7) ermöglicht es, die Ordner mit den Lesezeichen zu bearbeiten (siehe vorherigen Abschnitt), und über das Lupensymbol (8) lassen sich Lesezeichen durchsuchen.

Lesezeichen synchronisieren

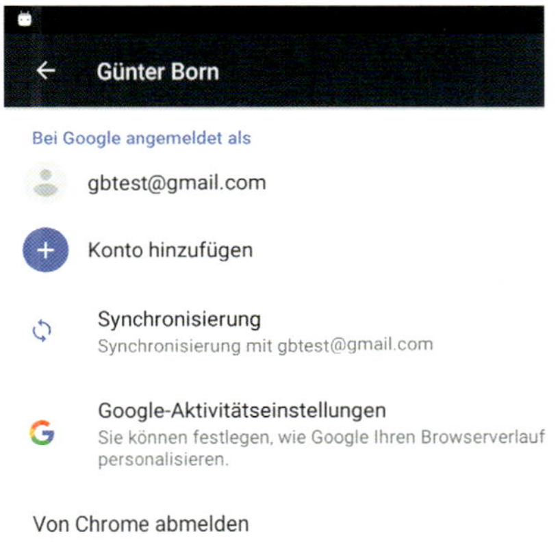

Der Google-Chrome-Browser besitzt die Möglichkeit, die **Lesezeichen** zu **synchronisieren**. Beim ersten Aufruf der App werden Sie gefragt, ob Sie sich am Google-Konto anmelden. Nach dieser Anmeldung synchronisiert Google Chrome den Verlauf der besuchten Webseiten, die Lesezeichen etc. mit allen Chrome-Instanzen auf anderen Geräten, die ebenfalls an diesem Konto angemeldet sind. Die Synchronisationseinstellungen passen Sie an, indem Sie das Browsermenü öffnen und den Befehl *Einstellungen* wählen. Dann wird eine Seite eingeblendet, auf der Sie, sofern angezeigt, auf etwas wie *Als xxxx anmelden* tippen und auf der Folgeseite mit der *OK*-Schaltfläche bestätigen. Dann ist das Konto verbunden.

Auf der nächsten Seite können Sie die Synchronisationseinstellungen ändern. Verwenden Sie die *Zurück*-Schaltfläche am unteren Rand, um wieder zur Vorgängerseite zu gelangen. Klicken Sie unter *Einstellungen* auf den Befehl *Synchronisierung*, lassen sich auf der Folgeseite weitere Synchronisationseinstellungen ändern.

Webseiten auf dem Startbildschirm merken

Um eine besuchte Webseite (z. B. zum späteren Lesen) temporär aufzuheben, können Sie auch folgende Schritte ausführen:

1 Rufen Sie die gewünschte Webseite in Google Chrome auf und öffnen Sie das Browsermenü (1) über die drei Pünktchen.

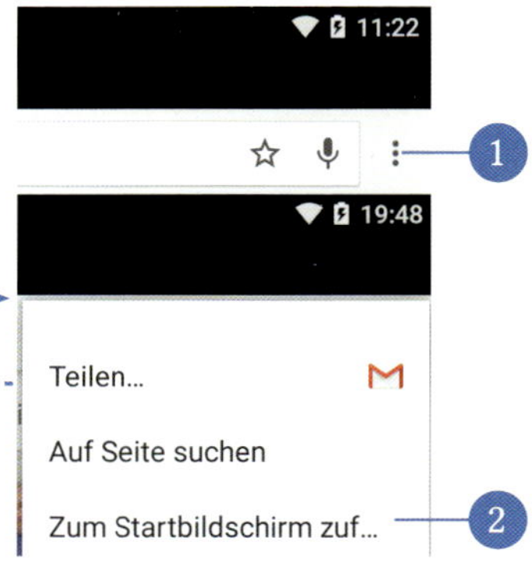

2 Wählen Sie im geöffneten Browsermenü den Befehl *Zum Startbildschirm zufügen* (2).

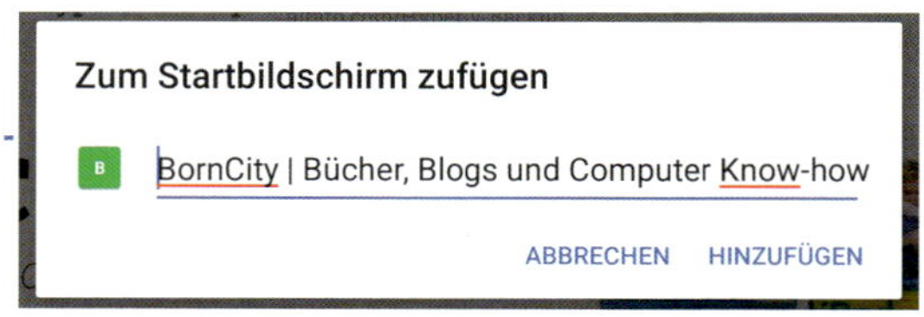

3 Passen Sie im Pop-up-Fenster gegebenenfalls den Titel an und wählen Sie *HINZUFÜGEN*.

Die App legt dann eine Verknüpfung auf dem Startbildschirm ab. Tippen Sie später diese Verknüpfung an, öffnet sich die Chrome-App und zeigt die Webseite an.

HINWEIS

Diese Verknüpfung auf eine Webseite können Sie wie jede andere Verknüpfung des Startbildschirms löschen (siehe Kapitel 2, Abschnitt »Apps auf dem Startbildschirm verwalten«).

Den Verlauf besuchter Webseiten einsehen

Die von Ihnen besuchten Webseiten werden vom Browser in einer sogenannten Verlaufsliste aufgezeichnet. Dies ermöglicht es Ihnen, solche Seiten erneut über den Verlauf abzurufen.

1 Öffnen Sie das App-Menü über die drei Pünktchen (1) und wählen Sie den Befehl *Verlauf* (2).

2 Warten Sie, bis der Browser die Seite *Verlauf* (3) mit der Verlaufsliste anzeigt, und tippen Sie auf den gewünschten Eintrag (4).

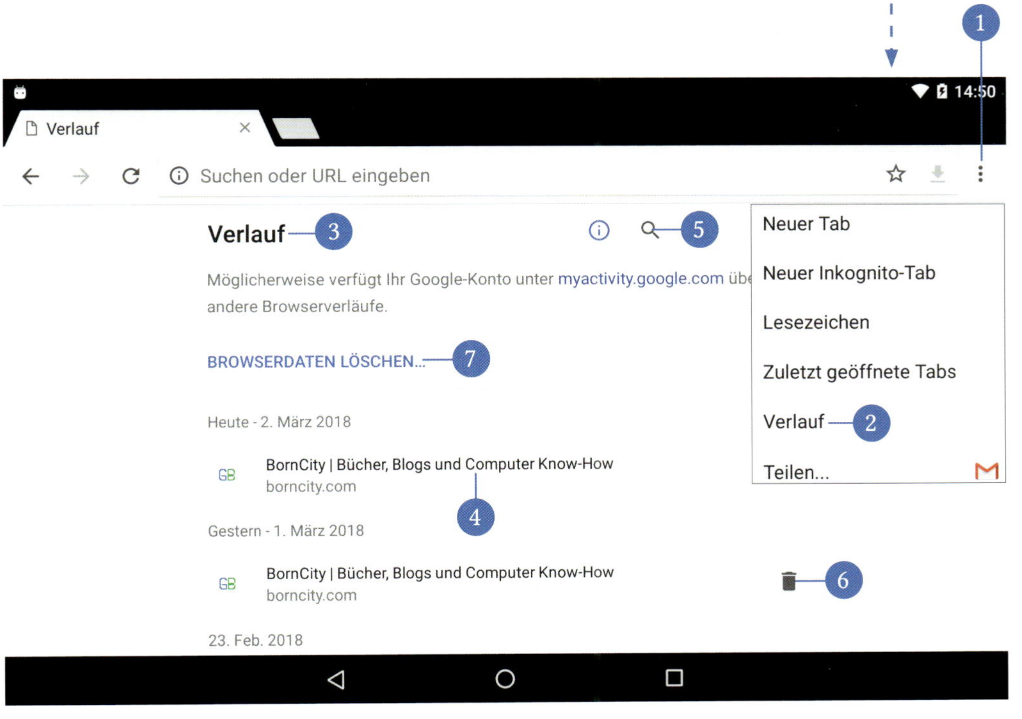

Bei Bedarf wischen Sie mit dem Finger in der Liste nach oben oder unten, um im Verlauf zu blättern. Tippen Sie auf das Lupensymbol (5), lässt sich ein Suchbegriff per Bildschirmtastatur eingeben. Dann sucht die App nach entsprechenden Seitennamen im Verlauf. Bei Anwahl eines Verlaufseintrags wird die zugehörige Webseite im Browser geöffnet.

Tippen Sie auf das Papierkorb-Symbol (6), wird der Eintrag aus der Liste gelöscht.

Browserdaten löschen

Beim Surfen im Internet speichert Google Chrome neben dem Verlauf weitere Daten (Cookies, Eingaben in Textfelder etc.). Um diese gespeicherten Browserdaten zu löschen, rufen Sie die Seite *Verlauf* gemäß den obigen Schritten auf. Tippen Sie auf *BROWSERDATEN LÖSCHEN* (7), erscheint dieses Pop-up-Fenster.

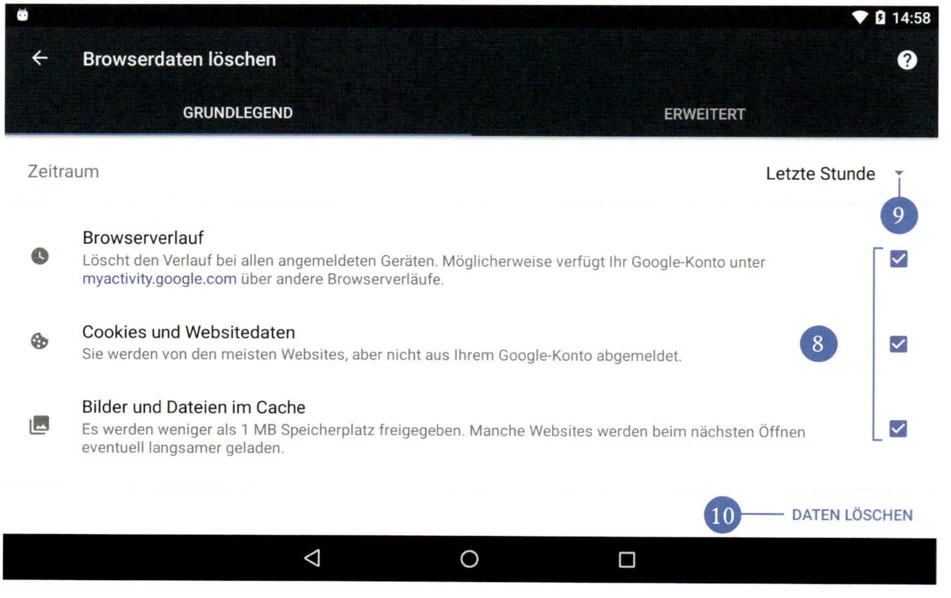

Tippen Sie bei Bedarf auf die Kontrollkästchen (8), um die gewünschte Option zum Löschen an- oder abzuwählen. Ein Häkchen signalisiert eine zu löschende Kategorie. Über das Listenfeld (9) geben Sie den Zeitraum zum Löschen (z. B. *Letzte Stunde*) vor. Bestätigen Sie das Ganze über *DATEN LÖSCHEN* (10), werden die Browserdaten um die betreffenden Kategorien bereinigt. Das ist hilfreich, wenn Dritte nicht sehen sollen, was Sie im Web abgerufen haben.

In den Einstellungen der Google-Chrome-App finden Sie in der Kategorie *Datenschutz* eine Seite mit Optionen. Über diese Optionen geben Sie vor, ob Chrome Vorschläge bei fehlerhaften Webseitenadressen machen soll oder nicht.

Teilen von Webseiten mit anderen Apps

Google Chrome ermöglicht es Ihnen, aufgerufene Webseiten mit anderen Apps zu teilen (beispielsweise den Link zur Webseite per Mail versenden).

1 Tippen Sie auf das Menü-Symbol (1) und wählen Sie den *Teilen*-Befehl (2).

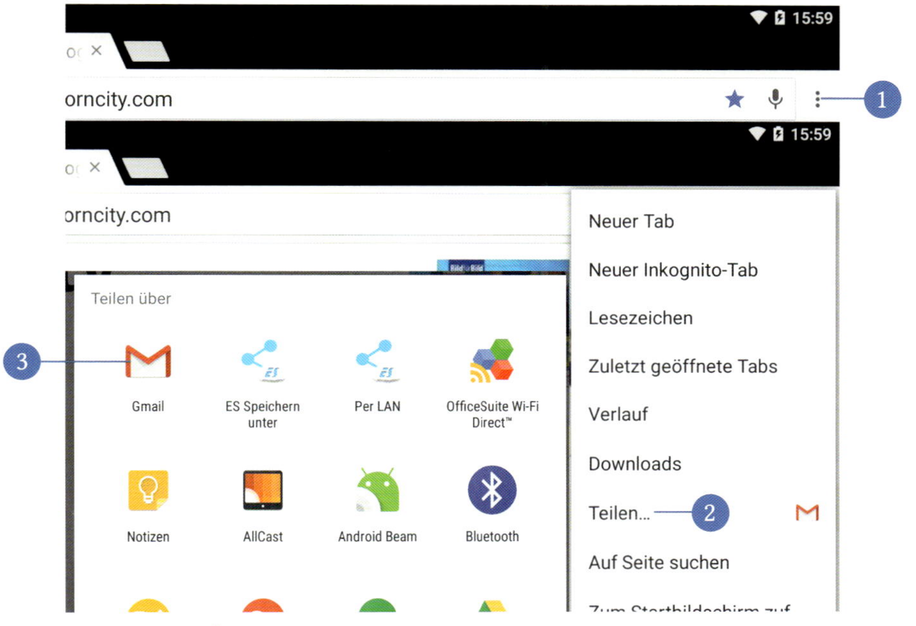

2 Tippen Sie im Pop-up-Fenster *Teilen über* die gewünschte App zum Teilen an.

Dann öffnet sich die gewählte App, und die Webadresse (URL) der im Browser geöffneten Seiten kann weiterverarbeitet werden. Bei Anwahl der Gmail-App (3) öffnet sich z. B. das Formular zum Verfassen einer neuen E-Mail. Die Webadresse der in Google Chrome geöffneten Webseite ist dann bereits im Nachrichtenfeld eingefügt.

Dateien aus dem Internet herunterladen

In Google Chrome lassen sich auch **Dokumente** im PDF-Format oder beliebige andere Dateien **aus** dem **Internet herunterladen (downloaden)**. Zum Testen gibt es auf meiner Homepage eine Downloadseite unter *www.borncity.de/Test/*.

1 Rufen Sie die Downloadseite in der Browser-App auf und tippen Sie den betreffenden Hyperlink (1) zum Download an.

2 Befolgen Sie gegebenenfalls die Anweisungen der Browser-App, falls diese Sie zum Bestätigen des Downloads auffordert.

Die Reaktion hängt vom Typ des Downloads ab. Dokumente im Adobe-PDF-Format werden direkt angezeigt. Möglicherweise fragt Android auch, mit welcher App die heruntergeladene Datei zu öffnen ist.

Android beginnt mit dem Download der Datei, was im Statusbereich angezeigt wird (2). Die heruntergeladenen Dateien werden im Ordner *Download* gespeichert. Gleichzeitig blendet die zum Download ausgewählte App meist eine Schaltfläche zum Öffnen der Datei oder des Download-Ordners in der Anzeige ein.

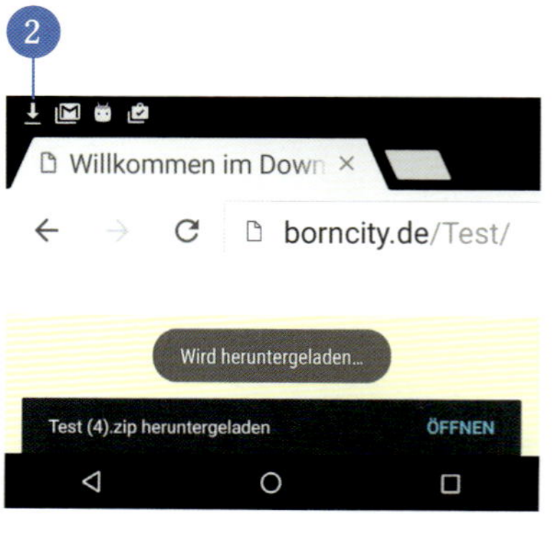

Zum **Öffnen des Downloads** können Sie auch Folgendes versuchen:

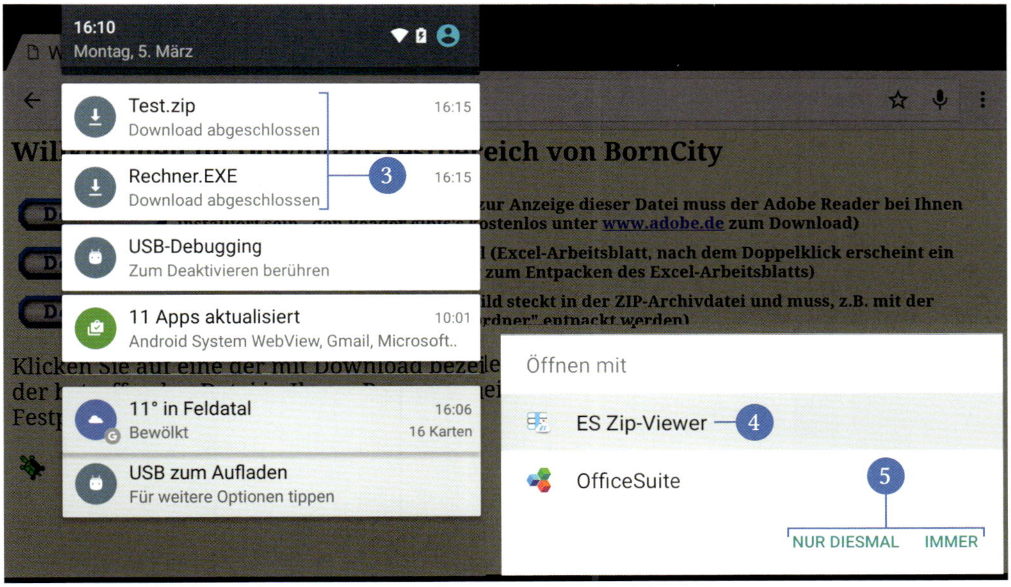

3 Wischen Sie im Statusbereich beim Download-Symbol (2) nach unten und tippen Sie auf die Benachrichtigung des Downloads (3).

4 Tippen Sie im angezeigten Pop-up-Fenster *Öffnen mit* auf die gewünschte Anwendung (4) und dann auf einen der Befehle (5).

Dies bewirkt, dass die heruntergeladene Datei in der gewählten App geöffnet wird.

HINWEIS

Alternativ rufen Sie einen Dateimanager auf, navigieren zum Ordner *Download* und öffnen die heruntergeladene Datei durch Antippen in einer anderen App. Dies klappt auch, wenn die Download-Benachrichtigungen im Status-/Benachrichtigungsbereich gelöscht wurden.

Bilder speichern und kopieren

In Google Chrome ist es möglich, Bilder aus Webseiten zu speichern oder in die Zwischenablage zu kopieren. Es genügt dazu, den Finger etwas länger auf das Bild (1) zu drücken. Beim Loslassen erscheint ein Fenster, in dem Sie *Bild herunterladen* (2) (oder ähnlich bezeichnet) wählen.

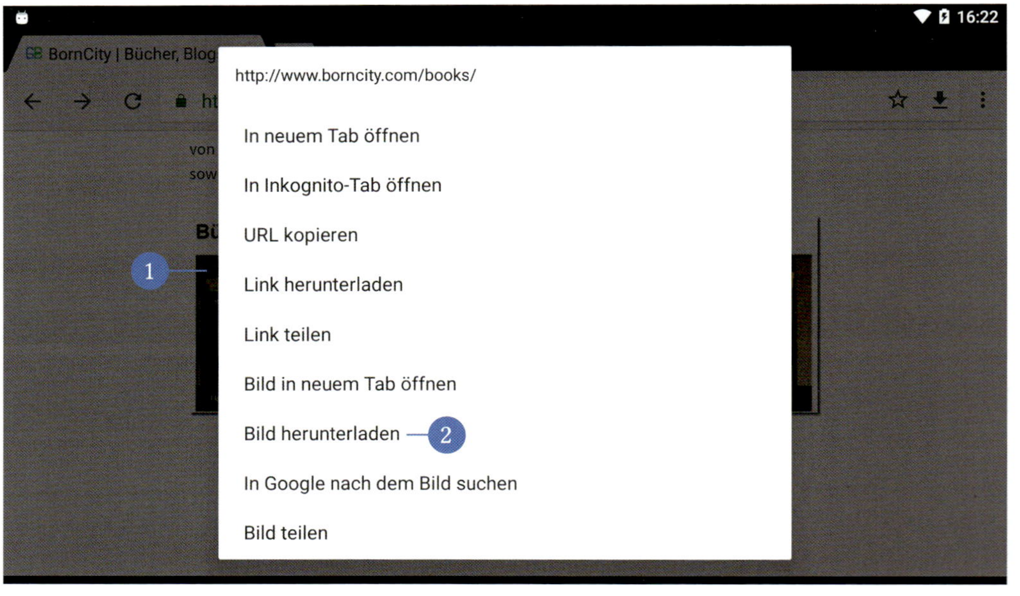

Der Befehl *Bild herunterladen* legt im Google-Chrome-Browser das Foto im Ordner *Download* ab. Die Bilder können anschließend über einen kurzzeitig eingeblendeten Befehl *ÖFFNEN* oder in einer Dateimanager-App angewählt und mittels einer Foto-App angezeigt werden.

HINWEIS

Mit dem Befehl *Bild teilen* lässt sich anschließend eine App in einem Pop-up-Fenster auswählen, in die das Bild übernommen wird.

ACHTUNG

Beachten Sie beim Verwenden von Bildern aus dem Web das Copyright des betreffenden Rechteinhabers.

Google-Chrome-Einstellungen anpassen

Benötigen Sie **Zugriff auf** die **Einstellungen** von **Google Chrome**?

1 Öffnen Sie das Menü durch Antippen der drei Pünktchen (1) und wählen Sie den Befehl *Einstellungen* (2).

2 Wählen Sie in der angezeigten Seite (3) eine der Kategorien an.

In der Detailseite mit den zugehörigen Einstellungen lassen sich (über Bedienelemente wie Schiebeschalter) Optionen aktivieren oder abwählen.

Wischen Sie mit dem Finger, um innerhalb der Liste mit den Einstellungskategorien nach oben oder unten zu blättern.

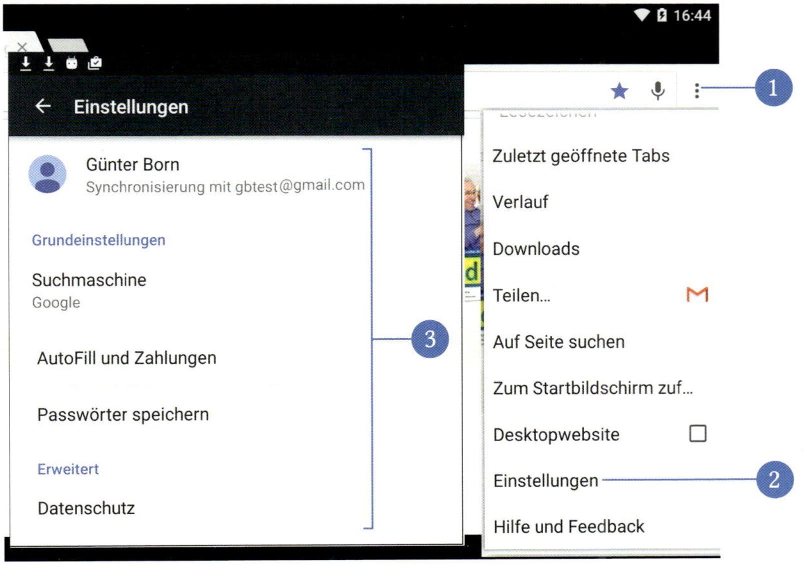

- Über die Kategorie *Suchmaschine* öffnen Sie eine Zusatzseite zur Auswahl der Suchmaschine (z. B. Google, Bing, Yahoo!).

- Unter *AutoFill und Zahlungen* sowie *Passwörter speichern* legen Sie fest, ob Google Chrome in Formularfeldern Namen und Passwörter per Autoausfüllen eintragen und speichern darf. In der Seite *Passwörter speichern* finden Sie auch die Liste der Webseiten, in denen keine Kennwörter gespeichert werden sollen.
- In der Kategorie *Datenschutz* finden Sie Optionen, um das Überwachen (das sogenannte Tracking) beim Surfen zu verbieten oder Such- und URL-Vorschläge ein-/auszuschalten.
- In *Bedienungshilfen* lässt sich die Skalierung des Textes (der Zoomfaktor) sowie die Aktivierung der Zoomfunktion anpassen.
- Die Kategorie *Website-Einstellungen* ermöglicht es Ihnen, z. B. vorzugeben, ob sogenannte **Cookies** gespeichert, **Kamera** und **Mikrofon** verwendet oder **JavaScript** ausgeführt werden dürfen.

Die Einstellungen sind mehr oder weniger intuitiv. Falls Sie die Bedeutung einer Einstellung nicht kennen, belassen Sie sie auf der Voreinstellung.

HINWEIS

Das Sperren der Cookie-Annahme führt dazu, dass viele Webseiten, speziell Onlineshops, nicht mehr richtig funktionieren, da Anmeldeinformationen nicht mehr gespeichert werden können. Ähnliches gilt, falls Sie die Ausführung von JavaScript abschalten.

Einführung in die Mail-App

Zum Abrufen, Lesen, Bearbeiten und Beantworten von E-Mails steht in Android die App *Mail* (Google Mail bzw. Gmail) zur Verfügung.

Der folgende Abschnitt beschreibt, wie Sie die App aufrufen und einrichten. Außerdem erhalten Sie einen grundlegenden Überblick über die Funktionen der App.

Grundlagen der Gmail-App

Die App *Gmail* wird über ein Symbol der Favoritenleiste oder über *Alle Apps* aufgerufen und ermöglicht Ihnen den Zugriff auf verschiedene (eingerichtete) Postfächer bei unterschiedlichen E-Mail-Anbietern.

Die App zeigt standardmäßig die Seite mit dem Postfach und den E-Mails:

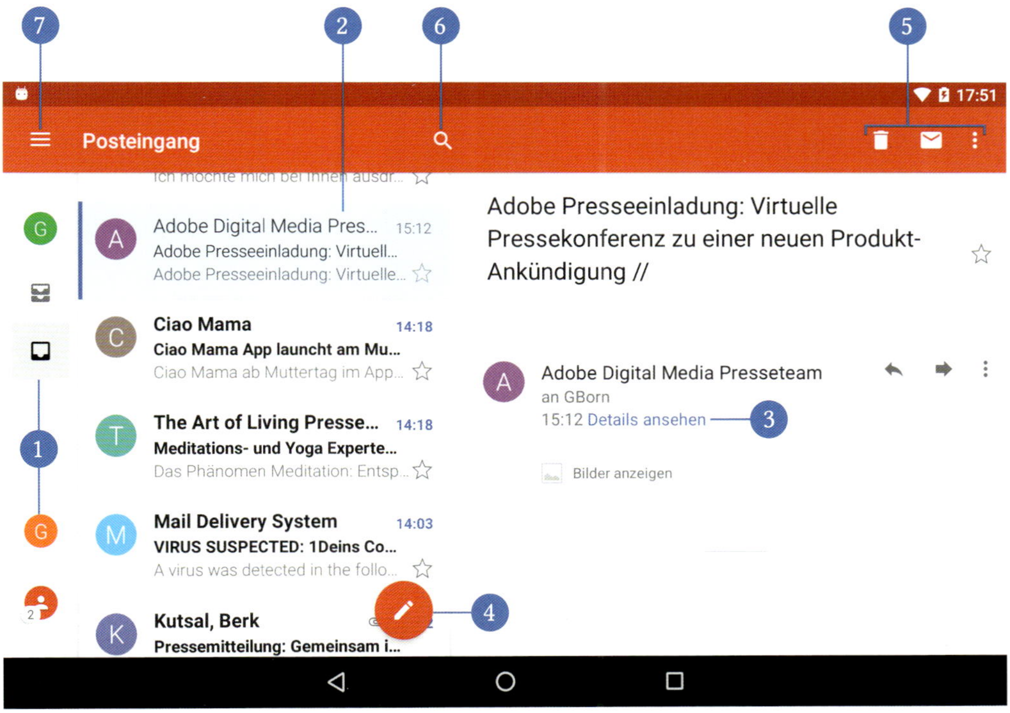

- In der linken Spalte ① des Mail-Fensters finden Sie Symbole, um auf Kategorien (E-Mail-Konto, Allgemein, Soziale Netzwerke etc.) zuzugreifen.
- In einer zweiten Spalte ② werden die im Postfach eingegangenen E-Mails in einer **Nachrichtenliste** angezeigt.
- Tippen Sie den Eintrag einer Nachricht ② an, wird diese in der Nachrichtenliste farbig markiert. Gleichzeitig wird der Inhalt der Nachricht im rechten Teil des Bildschirms ③ angezeigt.

- Über das im Vordergrund der App-Anzeigen sichtbare Symbol (4) können Sie eine neue Nachricht (E-Mail) verfassen.
- Im Kopfbereich der App finden Sie eine **Leiste mit Symbolen** (5) zum Kennzeichnen, Löschen und Verwalten von Nachrichten.
- Im Kopfbereich findet sich meist auch das Lupensymbol (6) zum Anzeigen des *Suchen*-Felds. Tippen Sie einen Ausdruck in das Feld ein, um im Postfach nach entsprechenden **Nachrichten** zu **suchen**.

Über das Burger-Menü (7) lässt sich die linke Spalte (1) erweitern und wieder zu Symbolen reduzieren. Oder Sie ziehen die Spalte durch Wischen breiter.

HINWEIS

Von Drittherstellern gibt es weitere E-Mail-Apps (z. B. eine Outlook-App von Microsoft). Diese werden aber aus Platzgründen hier nicht behandelt.

E-Mail-Konten einrichten

Um in der **Gmail-App** auf bestehende E-Mail-Konten zuzugreifen, sind diese einmalig in der App einzurichten. Dabei werden die Zugangsdaten zum jeweiligen **E-Mail-Konto in die App eingetragen**. Das Google-Konto, das Sie für Android eingerichtet haben, sollte standardmäßig in der App eingerichtet sein. Um ein neues E-Mail-Konto zur App hinzuzufügen oder Optionen einzusehen, gehen Sie folgendermaßen vor:

1 Rufen Sie die Gmail-App auf (siehe vorheriger Abschnitt) und tippen Sie auf das Symbol des Burger-Menüs (1).

2 Tippen Sie in der linken Spalte des Menüs auf den Befehl *Einstellungen* (2).

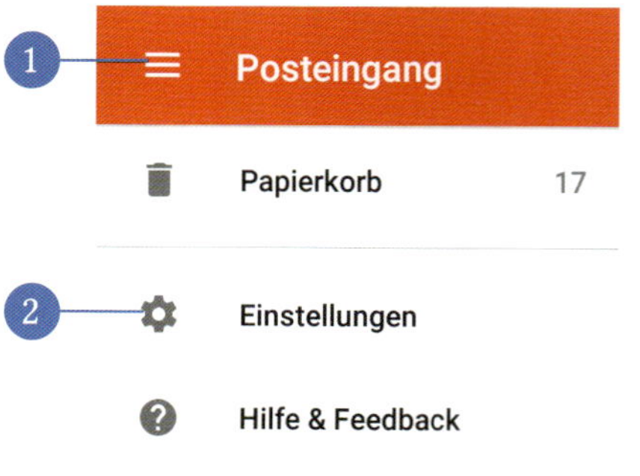

Gegebenenfalls wischen Sie mit dem Finger im Menü, um den Befehl in die Anzeige zu bringen. Die Seite *Einstellungen* zeigt Ihnen, welche E-Mail-Konten bereits eingerichtet sind (hier *gbtest@gmail.com*). Durch Antippen der Befehle können Sie allgemeine Einstellungen sowie die Einstellungen für ein bereits existierendes E-Mail-Konto anpassen oder ein Konto neu hinzufügen.

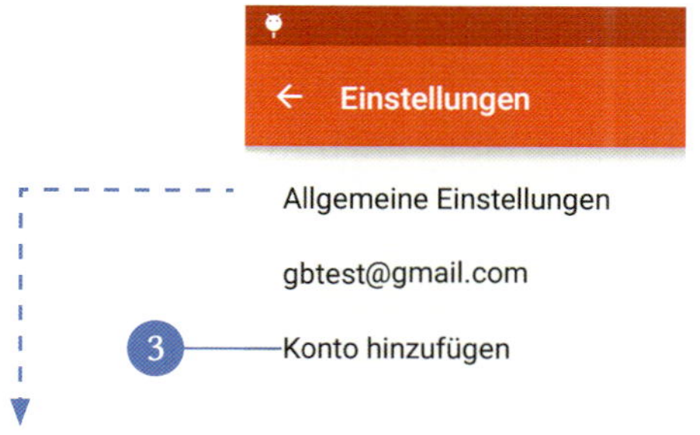

3 Tippen Sie in der linken Spalte des Menüs auf den Befehl *Konto hinzufügen* (3).

Jetzt möchte die App von Ihnen wissen, welche Art des E-Mail-Zugangs einzurichten ist.

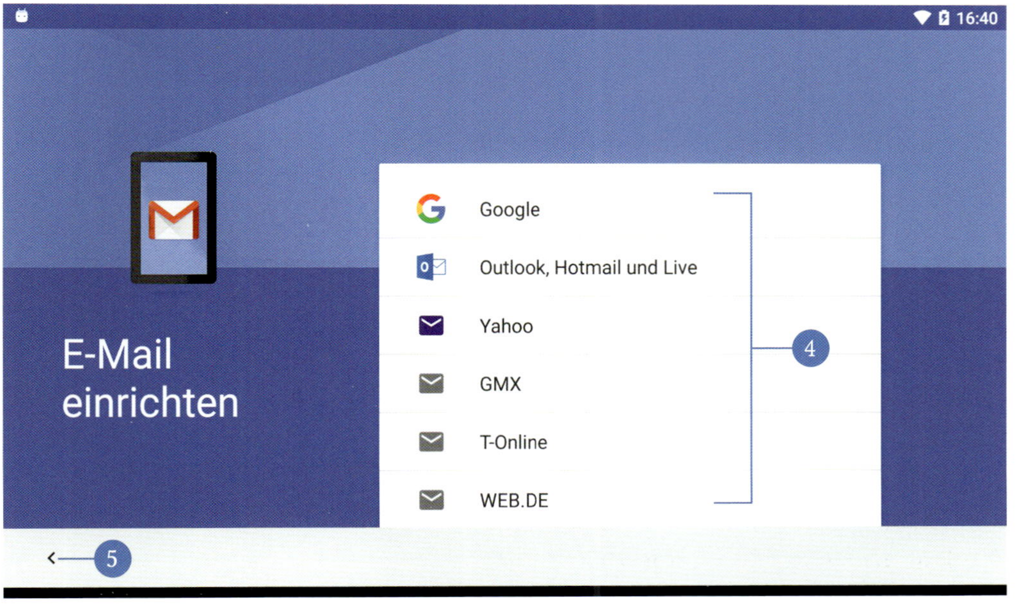

4 Tippen Sie im angezeigten Fenster auf einen der aufgelisteten E-Mail-Anbieter (4).

Die Auswahl ist dabei recht intuitiv: Besitzen Sie ein Konto bei Google, wählen Sie den Google-Eintrag. Alle anderen Postfächer bei Anbietern wie Microsoft (z. B. *Outlook.com*), T-Online, Web.de, GMX etc. werden über die betreffenden Optionen ausgewählt.

Die Option *Exchange* dürfte nur in Firmenumgebungen von Bedeutung sein und bleibt in diesem Buch ausgespart.

Der Eintrag *Sonstige* ermöglicht es, Postfächer eines E-Mail-Anbieters, der nicht aufgeführt ist, einzubinden. Über das Symbol (5) können Sie jederzeit zur vorherigen Seite zurückblättern.

5 Tragen Sie anschließend die E-Mail-Adresse des E-Mail-Kontos sowie das zugehörige Kennwort in die angezeigten Formulare ein.

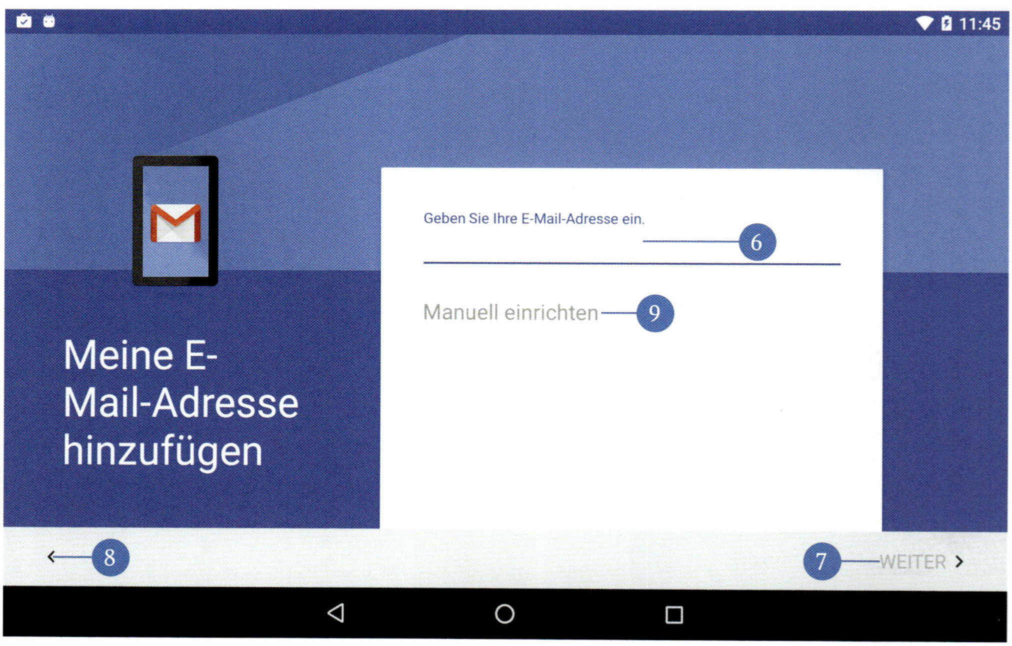

Im ersten Formular wird die E-Mail-Adresse (6) abgefragt. Über *WEITER* (7) gelangen Sie dann zur Seite für die Kennworteingabe. Über *Zurück* (8) gehen Sie bei Bedarf einen Einrichtungsschritt zurück.

Im Idealfall klappt die Einrichtung des E-Mail-Kontos durch Eingabe der E-Mail-Adresse und des zugehörigen Kennworts. Bei Gmail-Konten und bei Microsofts *Outlook.com* ist dies der Fall.

Verwenden Sie aber ein E-Mail-Konto bei Anbietern wie Web.de, GMX oder ähnlich, scheitern Sie bei der Einrichtung vermutlich an der Meldung, dass das **Kennwort falsch** sei.

1 Klappt das automatische Einrichten nicht, wählen Sie in obigem Formular nach Eingabe der E-Mail-Adresse den Eintrag *Manuell einrichten* (9).

2 Tippen Sie in der angezeigten Seite auf den gewünschten Eintrag für den Kontotyp – meist *Privat (IMAP)* oder *Privat (POP3)*.

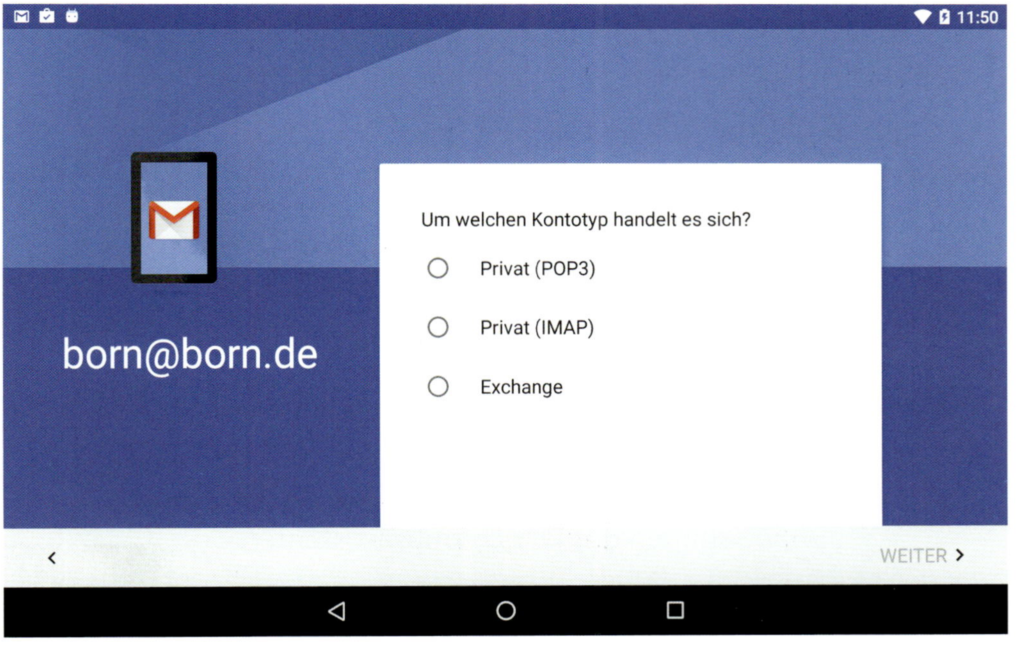

3 Tippen Sie im nächsten Formular *Anmelden* das zum E-Mail-Konto zugehörende Kennwort 10 ein.

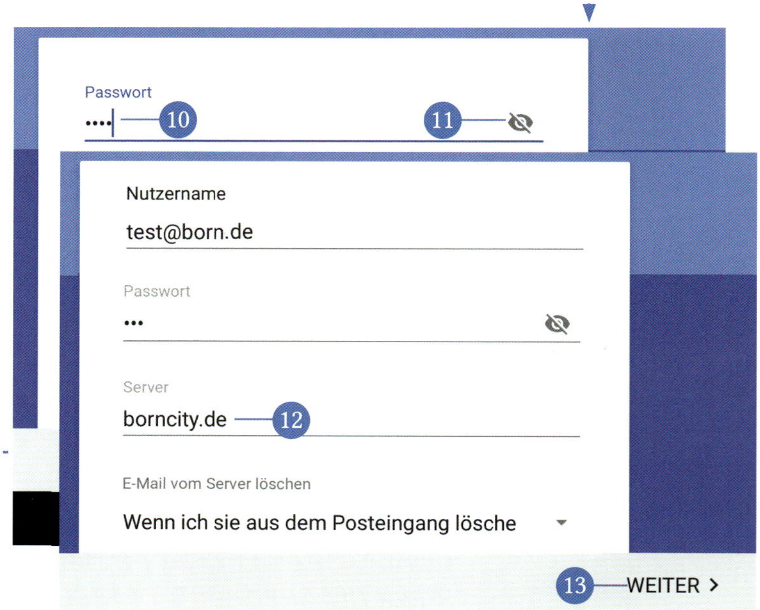

Über das stilisierte Auge 11 können Sie das eingetippte und mit Punkten verdeckte Passwort anzeigen lassen.

4 Blättern Sie gegebenenfalls im Formular nach unten und korrigieren Sie die Adresse des Servers 12 sowie weitere Einstellungen des Postausgangsservers, und tippen Sie danach auf *WEITER* 13.

Die benötigten Anmeldedaten sowie die Adresse des SMTP- oder des IMAP-Servers etc. erhalten Sie vom Anbieter des E-Mail-Postfachs.

5 Befolgen Sie die weiteren angezeigten Anweisungen des Einrichtungsassistenten.

Möglicherweise müssen Sie der App den Zugriff auf das Konto erlauben (wie hier bei einem Microsoft-Konto). Was abgefragt wird, hängt vom jeweiligen E-Mail-Anbieter ab.

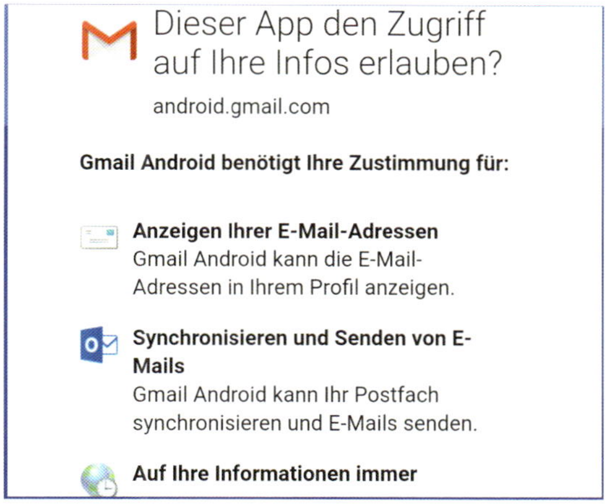

6 Passen Sie auf der Folgeseite gegebenenfalls die *Synchronisierungshäufigkeit* an, markieren Sie bei Bedarf die Kontrollkästchen (Viereck mit blauer Füllung) zum Benachrichtigen und Synchronisieren und tippen Sie erneut auf *WEITER*.

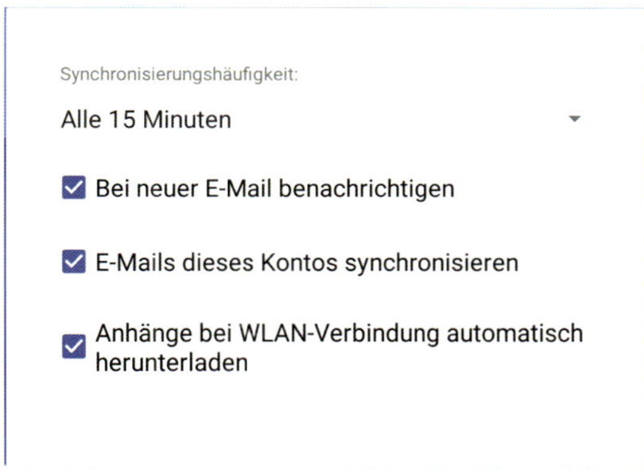

Durch Antippen des Kontrollkästchens kann die Option gesetzt oder abgewählt werden.

Sobald die Meldung kommt, dass das Konto eingerichtet ist, tippen Sie so lange auf *WEITER*, bis die Seite mit den Einstellungen wieder zu sehen ist. Dort sollten dann alle eingerichteten Konten sichtbar sein.

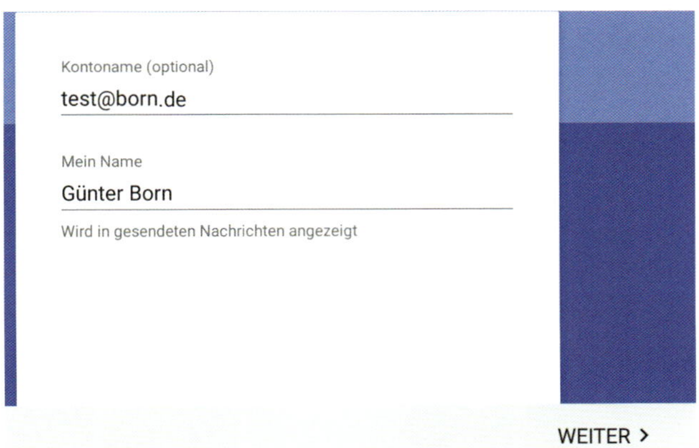

Gehen Sie über die *Zurück*-Schaltfläche zur Anzeige der Gmail-App mit den Postfächern zurück. Mit dem Befehl *Konto hinzufügen* legen Sie ein weiteres Konto an, und über *Allgemeine Einstellungen* greifen Sie auf die Einstellungsseite zu (siehe folgender Abschnitt).

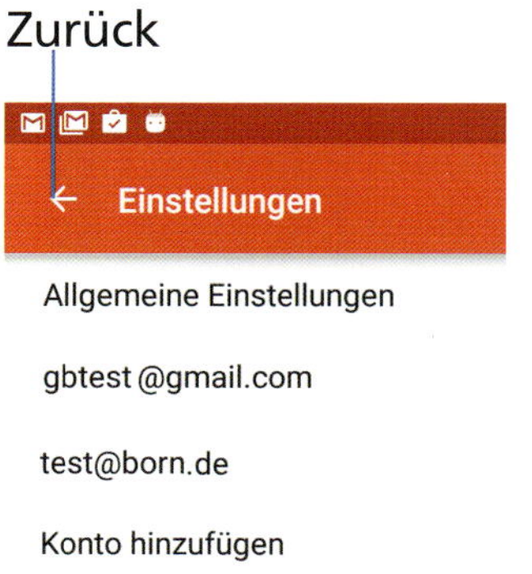

Nützliche Informationen zum Einrichten von Konten

Beachten Sie, dass sich die oben gezeigten Schritte abhängig vom verwendeten E-Mail-Anbieter und der Version der Gmail-App ändern können. Ist der Anbieter Ihres E-Mail-Kontos der App nicht bekannt, legen Sie gegebenenfalls die Anmeldedaten für das Postfach manuell fest. Dann werden der Typ des E-Mail-Servers und die Serverdaten abgefragt.

E-Mails können über die Protokolle IMAP oder POP3 abgeholt sowie über SMTP oder IMAP versandt werden. Kennt die Gmail-App den Anbieter, werden die benötigten Serveradressen korrekt in den Einrichtungsseiten angegeben. Schauen Sie gegebenenfalls auf den Webseiten der E-Mail-Anbieter nach, welche Einstellungen für das E-Mail-Konto erforderlich sind.

Kontoeinstellungen einsehen und ändern

Um die **Kontoeinstellungen** einzusehen oder zu **ändern**, gehen Sie zu *Einstellungen* (siehe vorherige Seiten) und tippen auf den Eintrag für das Konto.

Dann lassen sich der Kontoname oder die Synchronisationseinstellungen in der Seite *Einstellungen* ändern.

- Tippen Sie auf ein Feld *Kontoname* (1) oder *Mein Name* (2), um im eingeblendeten Feld die beiden Werte anzupassen.
- Im Feld *Mobile Signatur* (3) tragen Sie bei Bedarf einen Text ein, der unterhalb jeder verschickten E-Mail eingefügt wird. Man kann dort z. B. seinen Namen, einen Gruß etc. ablegen. Ich füge dort die Adresse meiner Webseiten ein.
- Blättern Sie durch Wischen nach oben, steuern Sie über die Option *Bilder*, wie Gmail mit Bildern in E-Mails umgeht. Es lässt sich vorgeben, dass die Anzeige von Bildern durch den Benutzer freizugeben ist (um im Mobilfunkbetrieb das Datenkontingent zu schonen).
- Wählen Sie das Feld *Synchronisierungshäufigkeit*, öffnet sich ein Pop-up-Fenster, in dem Sie über Optionsfelder festlegen, wie häufig die Mails vom Server abgeholt werden (*Nie*, *5 Minuten*, *15 Minuten* etc.).
- In der Kategorie *Servereinstellungen* können Sie auf die Einträge für eingehende und ausgehende Nachrichten tippen. Dann öffnet sich eine Seite, in der Sie die Zugangsdaten für den betreffenden Server einsehen und ändern können.

Über die drei Pünktchen (4) in der rechten oberen Ecke der App öffnen Sie bei Bedarf ein Menü (5), über das Sie auf den Befehl zur Kontenverwaltung zugreifen können.

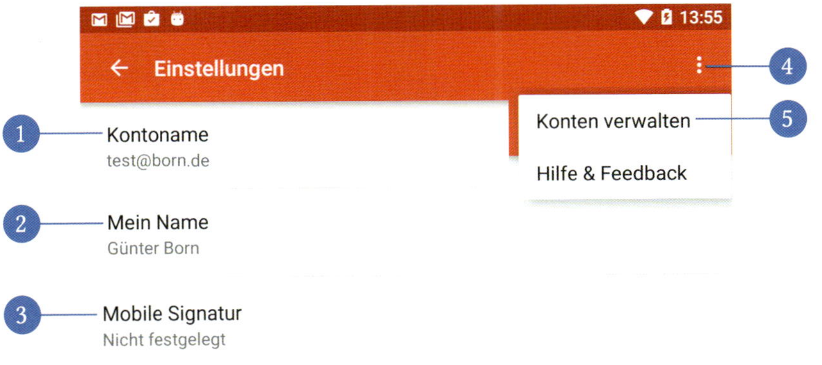

E-Mail-Konto löschen

Das Löschen eines E-Mail-Kontos ist in Android etwas trickreich. Generell ist das Löschen nur für in der Gmail-App festgelegte Zusatzkonten möglich. Das Haupt-Google-Konto bleibt dagegen immer erhalten. Um auf die Funktionen zum Löschen eines zusätzlichen E-Mail-Kontos zuzugreifen, gehen Sie beispielsweise in folgenden Schritten vor.

Tippen Sie in der E-Mail-App unter *Einstellungen* in der rechten oberen Ecke auf die drei Pünktchen (4) und wählen Sie im Menü (5) den Befehl *Konten verwalten* (siehe vorherige Abbildung).

Alternativ gehen Sie über den Startbildschirm zu *Alle Apps* und wählen die App *Einstellungen*. In den *Einstellungen* tippen Sie auf den Befehl *Konten* (1).

Anschließend führen Sie in beiden Varianten folgende Schritte aus:

1 Auf der Folgeseite *Konten* tippen Sie z. B. auf den Eintrag *Privat (IMAP)* oder *Privat (POP3)* (2).

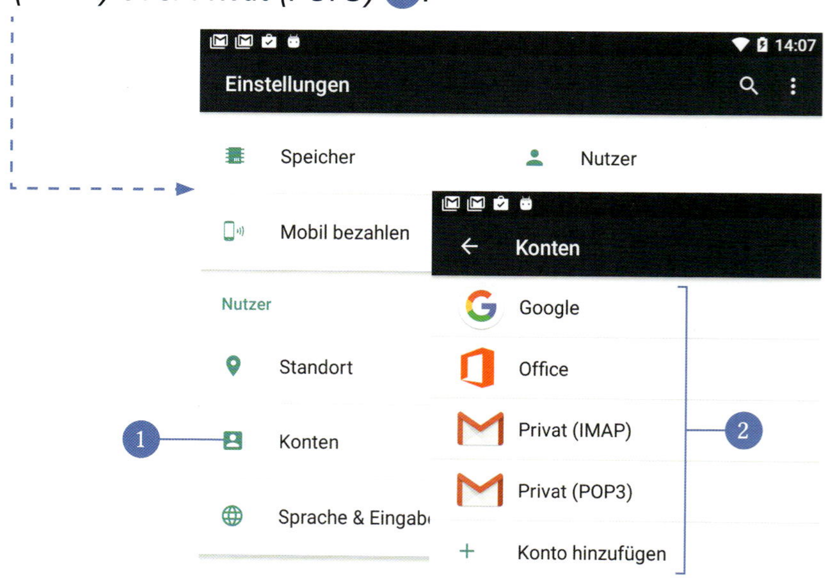

2 Sie gelangen dann zur Android-Einstellungsseite (z. B. *Privat (POP3)*), in der Sie auf das E-Mail-Konto 3 tippen.

Jetzt sollte die Seite *Synchronisierung* mit der E-Mail-Adresse 4 angezeigt werden. In der Abbildung habe ich das mal kombiniert.

3 Tippen Sie in der rechten oberen Ecke auf die drei Pünktchen 5 und wählen Sie im eingeblendeten Menü den Befehl *Konto entfernen* 6.

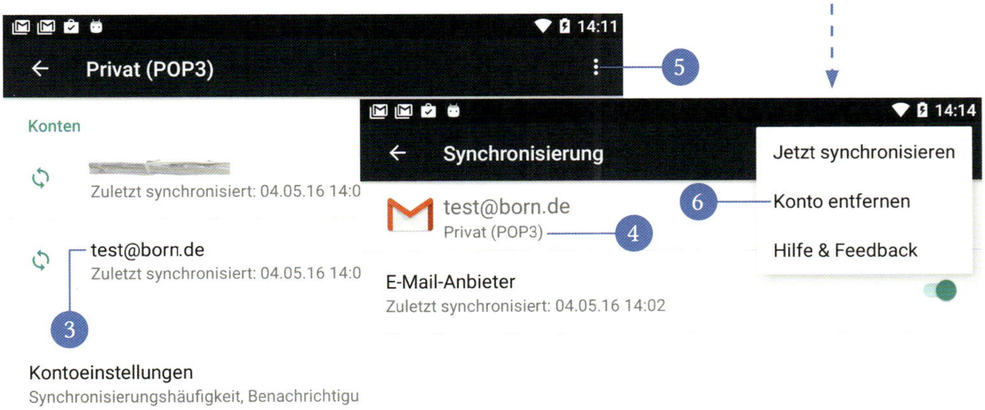

Dieser Schritt ist in einem eingeblendeten Pop-up-Fenster *Konto entfernen?* über *KONTO ENTFERNEN* zu bestätigen. Dann wird das Konto aus der Gmail-App ausgetragen.

HINWEIS

Kleine Wiederholung: In der linken oberen Ecke weisen die meisten Apps einen nach links zeigenden Pfeil auf. Tippen Sie auf den Pfeil, um in den Einstellungsseiten jeweils einen Schritt zurückzugehen. Um zwischen den Android-Einstellungen und der Gmail-App zu wechseln, verwenden Sie die *Startbildschirm*-Schaltfläche.

Gmail-Einstellungen anpassen

Um die allgemeinen Einstellungen der Gmail-App einzusehen oder zu verändern, rufen Sie die Seite *Einstellungen* der App über das Burger-Menü auf (siehe vorhergehende Abschnitte).

1 Tippen Sie unter *Einstellungen* auf den Befehl *Allgemeine Einstellungen* (1).

2 Anschließend passen Sie in der Seite *Allgemeine Einstellungen* (2) die gezeigten Optionen an.

Hierzu tippen Sie auf die jeweiligen Kontrollkästchen, um die blaue Markierung mit dem Häkchen zu setzen oder zu entfernen.

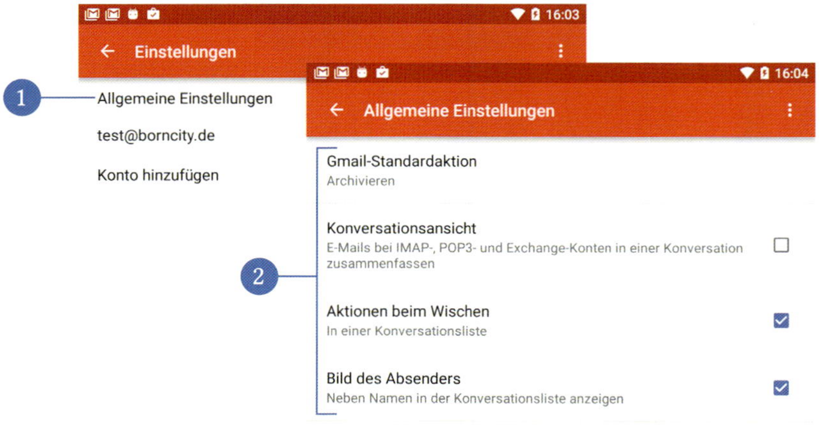

Was unterscheidet Optionsfelder und Kontrollkästchen?

Bei einem **Kontrollkästchen** zeigt ein Häkchen, dass die Option gesetzt ist. Bei einem Optionsfeld ist dagegen der Punkt farbig gefüllt. Bei **Optionsfeldern** lässt sich immer nur eine Option aus einer Gruppe markieren, während bei Kontrollkästchen beliebige Optionen der Gruppe markiert werden können.

Arbeiten mit der Mail-App

Sind in der Gmail-App E-Mail-Konten eingerichtet, tauscht die App E-Mails mit dem Mail-Server aus. Nun erfahren Sie, wie Sie E-Mails in der Gmail-App abrufen, lesen, erstellen oder versenden.

E-Mails suchen, lesen und verwalten

Die Funktionen zum Suchen, Lesen, Löschen oder Verschieben von eintreffenden E-Mails sind sehr intuitiv und mit wenigen Worten erklärt:

- In der linken Spalte der Mail-App werden am oberen Rand Symbole für die eingerichteten E-Mail-Konten eingeblendet (1). Tippen Sie zur **Auswahl eines E-Mail-Kontos** auf ein solches Symbol, um das Konto in die Anzeige zu holen.

- Tippen Sie auf das Listensymbol (2), um die Anzeige zwischen der Liste der E-Mail-Konten (3) und der Ordnerliste des aktuellen Kontos umzuschalten. Zum Abrufen des Kontos können Sie dessen Eintrag (3) ebenfalls antippen.

Tippen Sie auf das Burger-Menü (4), um die linke Spalte der App zu erweitern (Namen werden sichtbar) oder zu Symbolen zu reduzieren. Die Schritte zum **Suchen nach E-Mails** ändern sich immer mal wieder. Hier die aktuelle Handhabung der Suche.

- Zum **Suchen nach E-Mails** tippen Sie auf das Listensymbol (2), um die Anzeige der Ordnerliste abzurufen.
- Dann wählen Sie *Alle Posteingänge* (5), tippen auf das Suchsymbol (6) und geben den gewünschten Begriff im Suchfeld (7) ein.

- Bereits einmal eingetippte Suchbegriffe werden aufgelistet 8 und lassen sich durch Antippen aus einer Liste übernehmen.
- Über das Mikrofonsymbol des Suchfelds (oder der Tastatur 9) starten Sie die Spracheingabe und sprechen die Suchbegriffe ein.
- Über das rechts im Suchfeld bei Eingaben eingeblendete Symbol 10 wird der eingetragene Suchbegriff gelöscht. Das Symbol in der linken oberen Ecke 11 blendet die Suchleiste aus.

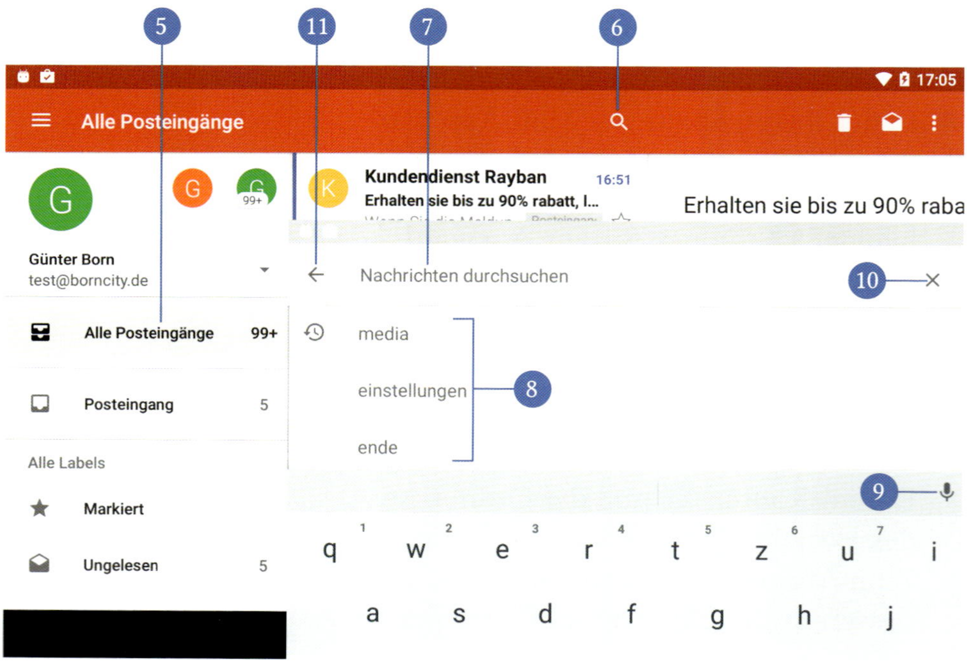

Die Suchergebnisse werden automatisch in der Spalte mit der Nachrichtenliste 12 gefiltert.

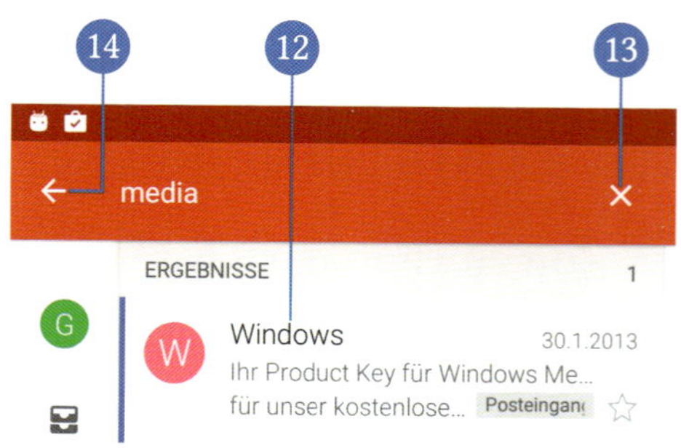

Über das Symbol 13 in der Kopfzeile wird der Suchfilter gelöscht. Das Symbol 14 beendet die Suche, und die gesamte Nachrichtenliste wird wieder angezeigt. Zwei Ordnersymbole in der linken Spalte ermöglichen es, zwischen der Anzeige aller Posteingänge und des Posteingangs umzuschalten.

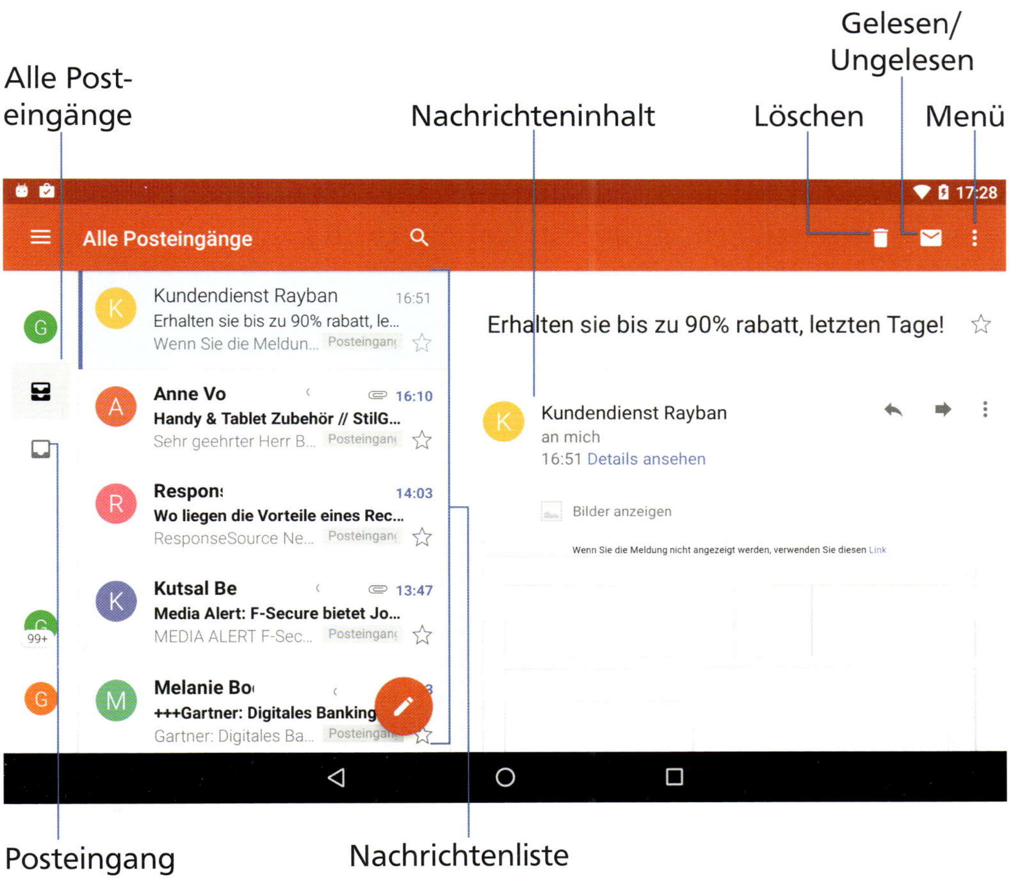

- Zum **Lesen einer E-Mail** tippen Sie diese in der Nachrichtenliste an. Der Inhalt der E-Mail wird im rechten Teil der App angezeigt und kann dann gelesen werden. Blättern (scrollen) Sie durch Wischen mit dem Finger durch einen längeren E-Mail-Text. Bilder werden standardmäßig nicht angezeigt, lassen sich aber über den Hyperlink *Bilder anzeigen* abrufen.
- Eine in der Nachrichtenliste angewählte **E-Mail löschen** Sie durch Antippen des *Löschen*-Symbols. Oder Sie wischen in der Nachrichtenliste die Nachricht einfach mit dem Finger nach rechts aus der Spalte heraus.

- Die E-Mail wird ohne Nachfrage in den Papierkorb verschoben, lässt sich aber sofort über ein eingeblendetes Pop-up *RÜCKGÄNGIG MACHEN* zurückholen. Zudem können Sie über die nachfolgend beschriebene Ordnerstruktur gelöschte Nachrichten aus dem Papierkorb zurückholen.
- Durch Antippen des Briefumschlag-Symbols *Gelesen/ungelesen* (am oberen Bildrand) lässt sich eine **Nachricht** in der Nachrichtenliste wahlweise mit Fettschrift oder Normalschrift **kennzeichnen**. Das Symbol des Briefumschlags wechselt dann, je nach Kennzeichnung der Nachricht, zwischen geschlossen und geöffnet (Nachricht gelesen).

Die drei Pünktchen öffnen ein Menü, über das Sie den Befehl zum **Drucken der Nachricht** abrufen. Das setzt aber spezielle Drucker voraus und wird hier nicht weiter behandelt.

Benachrichtigung bei Mails

Treffen E-Mails ein, zeigt Android eine Benachrichtigung auf dem Sperrbildschirm an.

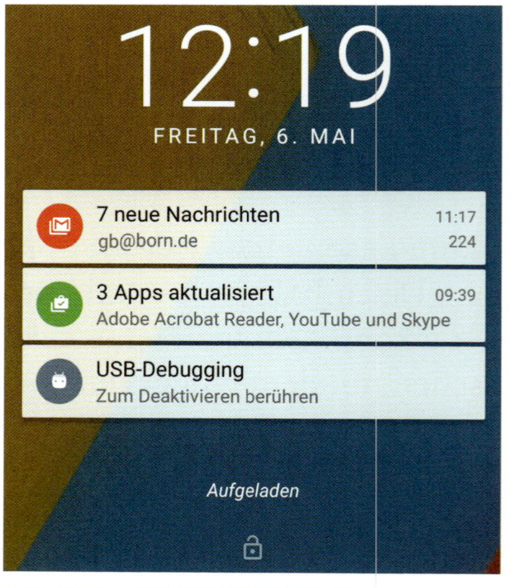

Ziehen Sie das Kästchen nach rechts über den Bildschirmrand, um die Benachrichtigung zu löschen. Ist dagegen der Android-Startbildschirm sichtbar, werden neu eingetroffene E-Mails per Gmail-Symbol links oben in der Statusleiste angezeigt.

Ziehen Sie das Symbol einfach per Finger aus dem Statusbereich nach unten. Dann werden die neuen Nachrichten im Benachrichtigungsbereich eingeblendet.

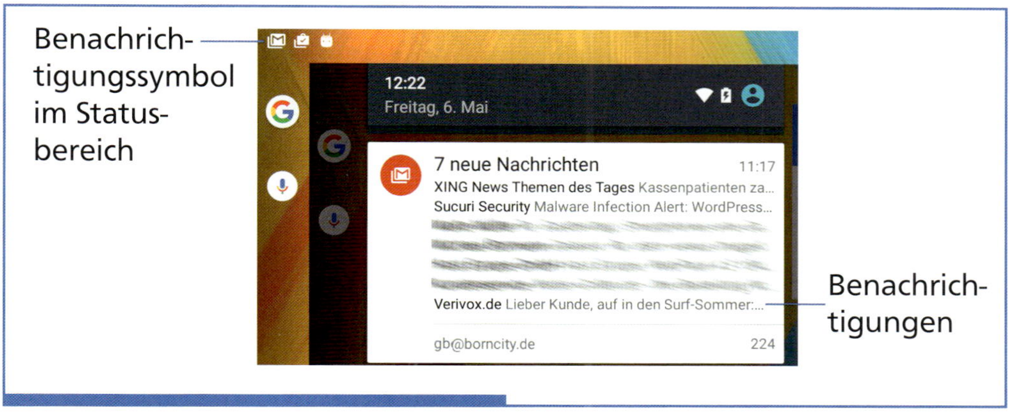

E-Mails verschieben, so geht's

E-Mails lassen sich (bei vielen Postfächern) in verschiedene Ordner des E-Mail-Kontos verschieben. Das funktioniert dann auch, um gelöschte Nachrichten aus dem Papierkorb zurückzuholen.

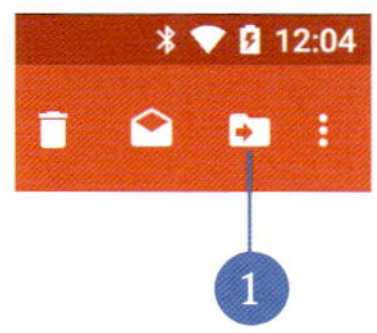

1 Um **Nachrichten** zu **verschieben**, wählen Sie in der linken Spalte der Mail-App einen Ordner (z. B. Papierkorb) und dann das eingeblendete Symbol *Ordner* (1) im Nachrichtenkopf.

Das Symbol erscheint nur, wenn das Postfach das Verschieben von Nachrichten auch unterstützt.

Dann wird die hier gezeigte **Ordnerdarstellung** (2) des E-Mail-Kontos als Pop-up eingeblendet. Welche Ordner aufgeführt werden, hängt vom Anbieter des E-Mail-Kontos ab.

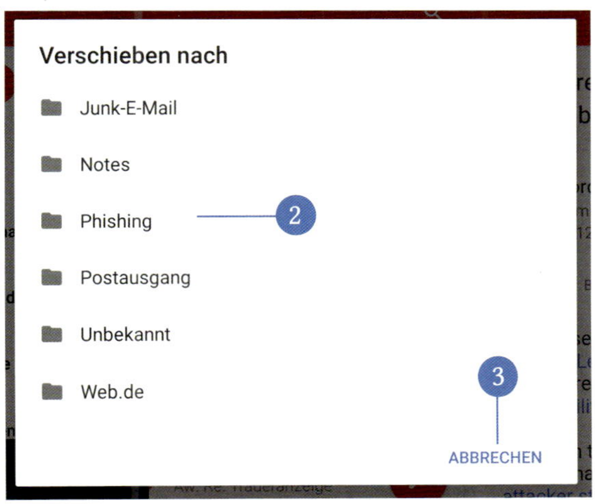

2 Tippen Sie im Pop-up-Fenster *Verschieben nach* auf einen Eintrag, um die Nachricht in den Ordner zu verschieben.

Über *Abbrechen* (3) lässt sich das Pop-up-Fenster *Verschieben nach* schließen, ohne dass die Nachricht verschoben wird.

HINWEIS

Der Ordner *Papierkorb* enthält gelöschte Nachrichten, und in den Ordnern wie *Junk-E-Mail* oder *Phishing* werden unerwünschte Nachrichten aus den Kategorien Werbemüll und Phishing abgelegt. Unter *Gesendet* finden Sie Kopien Ihrer verschickten E-Mails. Im Postausgang liegen möglicherweise Nachrichten, die noch nicht verschickt werden konnten, weil beispielsweise aktuell keine Internetverbindung besteht.

Haben Sie irrtümlich eine **Nachricht** durch Verschieben in den Papierkorb gelöscht oder möchten Sie sie in einen anderen Ordner **verschieben**?

1 Tippen Sie in der linken oberen Ecke auf das Symbol des Burger-Menüs (4) und wählen Sie (gegebenenfalls vorher durch Wischen blättern) in der eingeblendeten Spalte *Papierkorb* (5).

2 Tippen Sie in der mittleren Spalte mit der Nachrichtenliste (6) alle zu verschiebenden Nachrichten an. Diese werden mit einem Punkt samt Häkchen gekennzeichnet.

3 Tippen Sie in der rechten oberen Ecke der App auf die drei Pünktchen (7) und wählen Sie im eingeblendeten Menü den Befehl *Verschieben nach*.

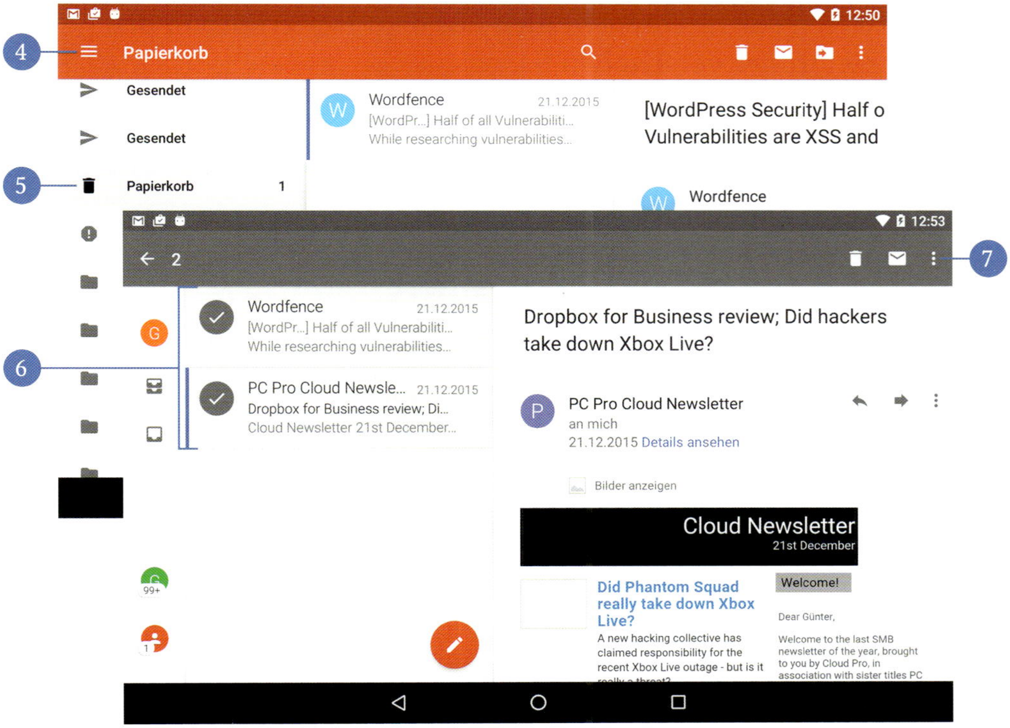

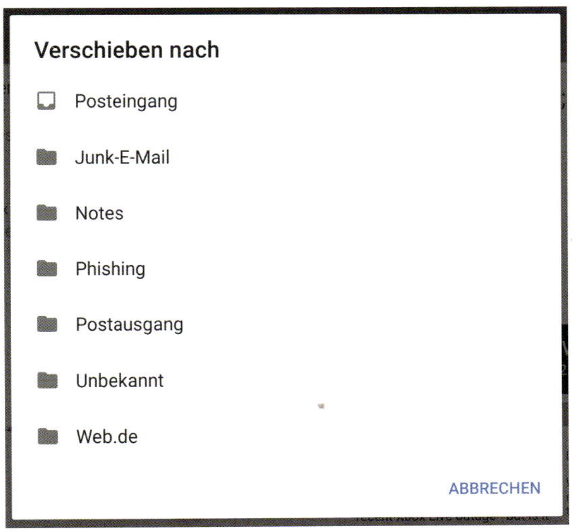

4 Tippen Sie im eingeblendeten Pop-up-Fenster *Verschieben nach* auf den Zielordner.

Die markierten Nachrichten werden aus dem Papierkorb in den gewählten Zielordner verschoben.

Beachten Sie, dass das Verschieben von Nachrichten nur innerhalb eines E-Mail-Kontos möglich ist und nicht von allen E-Mail-Anbietern unterstützt wird.

Anlagen von E-Mails einsehen/speichern

Einer E-Mail lassen sich Anlagen in Form von Dateien (Fotos, Videos, Musik etc.) mitgeben. Erhalten Sie eine E-Mail mit einem solchen Anhang, erkennen Sie dies am stilisierten Symbol einer Büroklammer.

- Markieren Sie die Nachricht in der Spalte der Nachrichtenliste der Mail-App, wird diese rechts am Bildschirm angezeigt.
- Darstellbare Elemente wie Fotos erscheinen direkt in der Nachricht. Andernfalls befindet sich am Ende der Nachricht ein Platzhalter mit dem Anhang.
- Tippen Sie auf das im Platzhalter bzw. beim Bild gezeigte Download-Symbol, um den Anhang vom E-Mail-Server in den Ordner *Download* herunterzuladen.
- Ein Download wird in der Statusleiste am oberen Rand mit einem Symbol angezeigt.
- Wischen Sie vom oberen Displayrand nach unten, werden die Downloads über eine Liste angezeigt. Durch Antippen einer Download-Kachel öffnet sich ein Pop-up-Fenster zur Auswahl der App, mit der die Dokumentdatei zu öffnen ist. Das entspricht dem Vorgehen beim Download im Browser (siehe vorhergehender Abschnitt).

Gespeicherte Anhänge können Sie zudem über einen Dateimanager durch Antippen in einer passenden App öffnen. Bei Fotos in Mails reicht es, diese per Finger anzutippen. Dann öffnet sich das Bild in der Fotos-App.

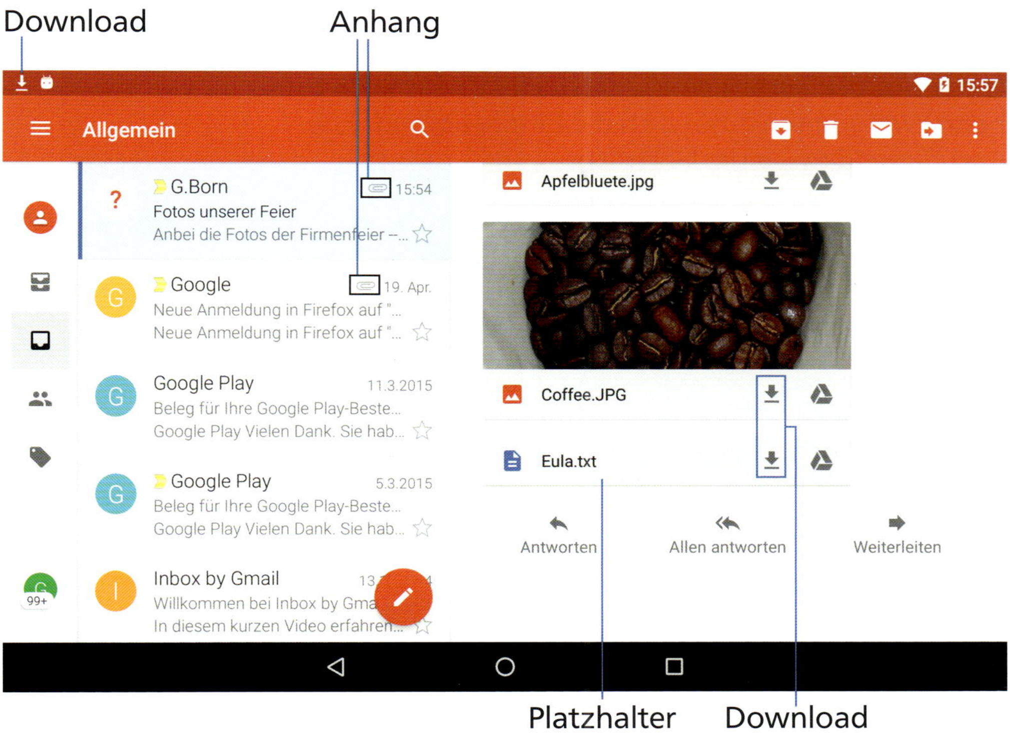

E-Mails beantworten und weiterleiten

Um eine empfangene Nachricht zu beantworten oder an Dritte weiterzuleiten, gehen Sie folgendermaßen vor:

1 Wählen Sie die betreffende Nachricht (1) in der Nachrichtenliste des Posteingangs an.

2 Tippen Sie in der Nachricht auf das Symbol für *Antworten* (2) oder *Weiterleiten* (3) oder tippen Sie auf die drei Pünktchen (4) und wählen Sie den Menübefehl *Allen antworten* (5).

3 Ergänzen Sie im eingeblendeten Fenster der Nachricht die Betreffzeile, den Nachrichtentext, beim Weiterleiten zusätzlich die Empfängeradresse und versenden Sie die Nachricht.

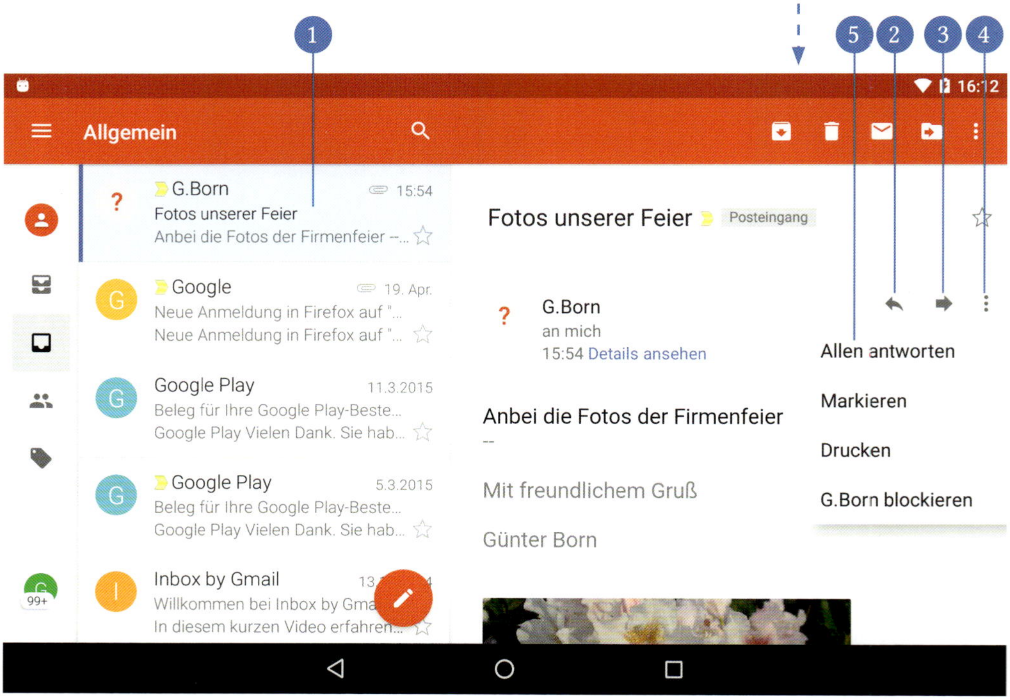

Hinweise zu Schritt 3 finden Sie im Abschnitt zum Erstellen einer neuen E-Mail. Welche dieser Antwortoptionen Sie wählen, hängt davon ab, was Sie damit bezwecken:

- **Antworten**: Öffnet ein neues Formular der Mail-App zum Beantworten der Nachricht, in dem bereits die Empfängeradresse und der Betreff eingetragen sind. Der Vorspann *Re:* (steht für **Re**ply, also »Antwort«) im Betreff kennzeichnet die Nachricht als Antwort. Weiterhin wurde der Text der empfangenen Nachricht bereits als Zitat in die Antwort übernommen.
- **Allen antworten**: Wählen Sie diesen Befehl, um allen auf dem Verteiler stehenden Empfängern eine Antwort zukommen zu las-

sen. Die Mail-App übernimmt die Empfängerliste in die Antwort-Mail – alles andere bleibt wie beim Beantworten.

- **Weiterleiten**: Dieser Menübefehl übernimmt die empfangene Nachricht, um diese an einen oder mehrere Empfänger zu schicken. Der Betreffzeile wird ein *Fw:* (steht für **Forward**, also »Weiterleiten«) vorangestellt. Bei einer Weiterleitung müssen Sie die Empfängeradresse im Feld *An* selbst angeben.

Im neuen Formular können Sie anschließend den Antworttext zur Nachricht hinzufügen und danach versenden. Dies funktioniert wie beim Erstellen einer neuen Nachricht (siehe den folgenden Abschnitt).

Netiquette für E-Mails

Pendelt eine Nachricht mehrfach zwischen Personen, wird beim Beantworten oder Weiterleiten der zitierte Teil der vorhergehenden Nachrichten immer länger. Löschen Sie die nicht mehr relevanten Teile der vorherigen Nachricht vor dem Versenden (z. B. hinter den Text tippen und dann die [⇦]-Taste an der Bildschirmtastatur drücken). Fassen Sie sich in der Antwort kurz, und schicken Sie niemandem ungefragt eine Anlage zu.

E-Mails verfassen und senden

Zum Erstellen einer neuen E-Mail sind in der Mail-App nur wenige Schritte erforderlich:

1 Wählen Sie das in der E-Mail-App am unteren Rand gezeigte Symbol (1) zum Öffnen der Seite mit der neuen E-Mail.

2 Anschließend tragen Sie im angezeigten Formular *Schreiben* die Empfängeradresse(n) im Feld *An* (2) und gegebenenfalls im Feld *Cc* sowie *Bcc* ein. Diese Zusatzfelder lassen sich über das Symbol (3) einblenden.

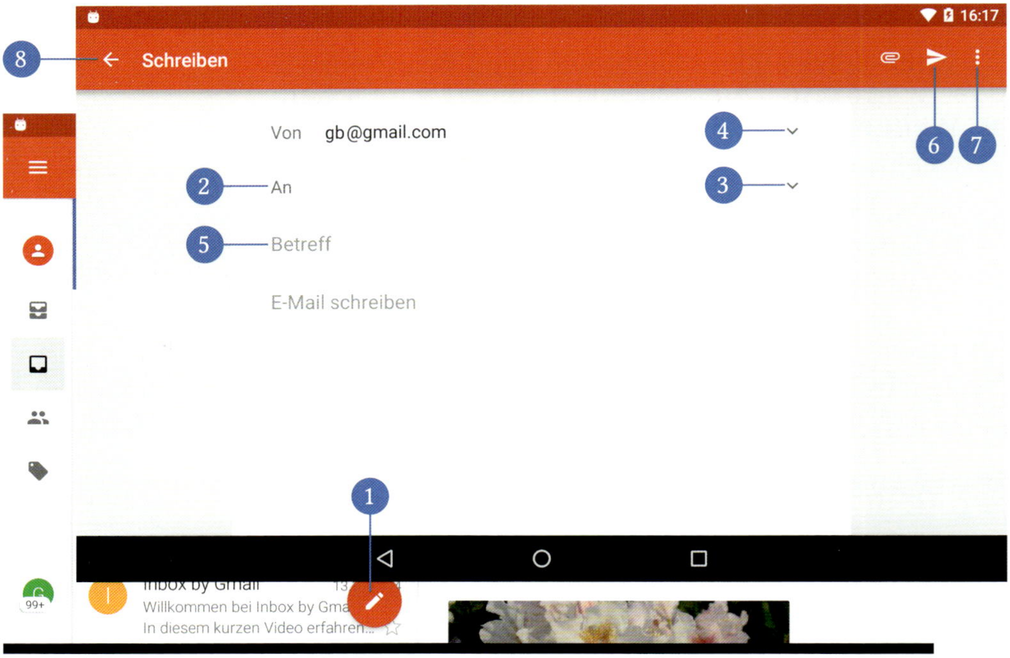

Die Felder *Cc* (Kopie) sowie *Bcc* (Blindkopie) dienen quasi als Verteiler für »Durchschläge« an weitere Empfänger zur Kenntnisnahme. Bei einer Blindkopie bekommt der Empfänger die E-Mail-Empfängerliste nicht zu sehen. Bereits beim Eintippen werden Ihnen möglicherweise Vorschläge passender E-Mail-Adressen angeboten. Diese lassen sich durch Antippen übernehmen.

3 Sind mehrere E-Mail-Konten eingerichtet, können Sie über das Symbol der Zeile *Von* (4) das Absender-E-Mail-Konto auswählen.

ACHTUNG

Eingegebene **E-Mail-Adressen** erfordern eine **gültige Schreibweise** und werden in der Form *Name@anbieter.xxx* geschrieben. *Name* steht für den E-Mail-Namen des Empfängers. Dann kommt das als AT (ät gesprochen) oder Klammeraffe bezeichnete Zeichen @, gefolgt von einer Art »Ortsangabe« mit der Adresse des E-Mail-Servers, auf dem das Postfach des Empfängers zu finden ist.

4 Tragen Sie im Textfeld *Betreff* (5) einen aussagekräftigen **Nachrichtentitel** und im darunter befindlichen Feld den eigentlichen Nachrichtentext ein.

5 Bestätigen Sie das Ganze, indem Sie auf *Senden* (6) tippen.

Die Nachricht wird über die bestehende Internetverbindung zum Postausgangsfach des E-Mail-Anbieters übertragen und von dort dem Empfänger zugestellt.

HINWEIS

Über die drei Pünktchen (7) öffnen Sie ein Menü, über dessen Befehle Sie eine neue **Nachricht als Entwurf speichern** oder verwerfen können. Zudem finden Sie im Menü einen Befehl zum Zugriff auf die Einstellungen. Über die Schaltfläche *Zurück* (8) in der linken oberen Ecke geht es zur Hauptseite der Mail-App zurück. Dann wird die Nachricht automatisch als Entwurf gespeichert.

Fotos, Videos, Dateien an Nachricht anfügen

Einer E-Mail können Sie Fotos, Videos oder andere Dateien anhängen. Diese werden mit der Nachricht übertragen und können vom Empfänger bei Bedarf separat gespeichert werden (siehe den Abschnitt »Anlagen von E-Mails einsehen/speichern« weiter vorne in diesem Kapitel).

1 Erstellen Sie, wie im vorherigen Abschnitt beschrieben, die neue Nachricht (oder die Antwort auf eine Nachricht).

2 Tippen Sie auf das Symbol der Büroklammer (1) und im angezeigten Menü auf *Datei anhängen* (2). Mit *Aus Drive einfügen* lässt sich ein Dokument vom Google-Drive-Onlinespeicher anhängen.

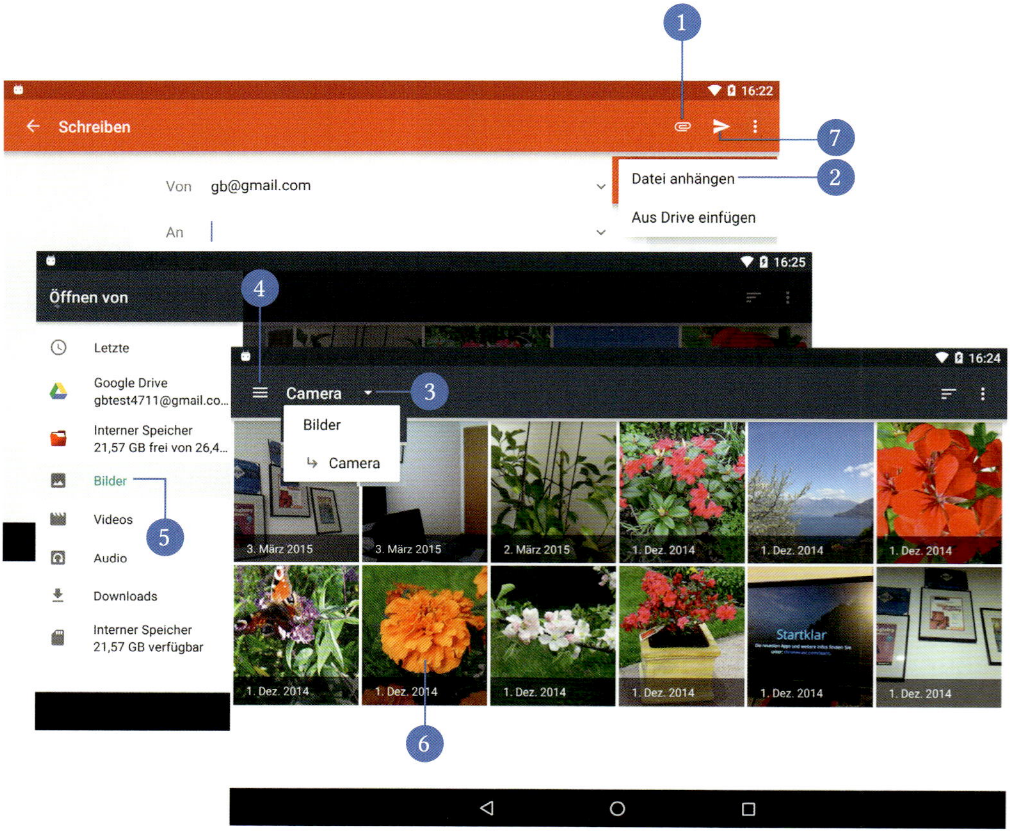

3 Wählen Sie den Ordner zum Einfügen der Anlagen. Es erscheint eine Seite mit Fotos aus dem Speicher oder von der Kamera des Geräts.

Über das Symbol (3) können Sie bei lokalen Dateien zwischen Kamera und *Bilder*-Ordner umschalten. Über das Burger-Menü (4) blenden Sie die Befehlsleiste *Öffnen von* ein, in der Sie den Eintrag für den Speicherort (5) (z. B. *Bilder*) wählen.

4 Wählen Sie im eingeblendeten Fenster das gewünschte Foto (6) oder die gewünschte Datei aus.

Im Auswahlfenster werden Sie schrittweise geführt, um die anzuhängende Datei auszuwählen und als E-Mail-Anlage zu übernehmen.

5 Tippen Sie zum Abschluss im Fenster der neuen Nachricht auf *Senden* (7), um die Nachricht abzuschließen.

Das angehängte Foto, Video oder die Datei wird mit der E-Mail zum Server übertragen. Der Versand und Empfang dauert bei sehr großen Anhängen sehr lange. Vergewissern Sie sich daher vorher, ob der Empfänger dies auch wünscht.

HINWEIS

Manche E-Mail-Anbieter weisen zu große E-Mail-Anhänge zurück. Die Lösung besteht darin, diese Dateien auf Onlinelaufwerke wie Google Drive hochzuladen und den Empfängern den Link zum Zugriff auf die Fotos oder Videos per E-Mail zuzusenden. Google Drive ist automatisch in Gmail erreichbar. Wählen Sie in der App *Öffnen von* einfach *Google Drive* statt eines lokalen Bilderordners und dann die anzuhängende Datei auf Google Drive. Dann wird nur ein Link zu dieser Datei per Mail versandt.

E-Mail-Sicherheitstipps

Geben Sie keine E-Mail-Adressen bei Gewinnspielen oder auf Webseiten ein, wenn Sie den Zweck und die Verwendung nicht kennen (es droht Werbemüll). Antworten Sie niemals auf Spam-Mails und löschen Sie E-Mails von unbekannten Absendern, die gegebenenfalls noch einen Anhang angefügt haben, ungeöffnet. Die Gefahr, sich Schadsoftware bzw. Apps einzufangen, ist einfach zu hoch.

Vorgebliche Nachrichten Ihrer Bank oder anderer Dienstleister wie z. B. Onlineshops mit dem Hinweis, das Konto durch Eingabe Ihrer Anmeldedaten überprüfen zu wollen, ignorieren Sie. Bei solchen unaufgefordert zugegangenen Mails handelt es sich ausnahmslos um Phishing-Versuche. Betrüger versuchen, auf diese Weise Ihre Zugangsdaten für Bank- oder E-Mail-Konten etc. herauszufinden. Gelingt dies, übernehmen die Betrüger Ihre Online-Identität und treiben gegebenenfalls in Ihrem Namen Missbrauch.

Braucht man einen Virenschutz unter Android?

Im Internet und in Google Play werden Virenschutz-Apps angeboten. **Google sagt**, dass ein **Virenschutz nicht erforderlich** ist. Denn Android besitzt ein integriertes Sicherheitskonzept, das verhindert, dass eine App Schadfunktionen in eine andere App speichern kann. Alle Apps, die aus dem Google Play Store installiert wurden, scannt Google mit der sogenannten *Google Play Protect*-Funktion auf Schadfunktionen. Allerdings gibt es immer wieder Apps mit Schadfunktionen, die Google durchrutschen.

Apps mit Schadfunktionen oder Trojanern (**Malware**), die Daten vom Mobilgerät entwenden oder Daten verschlüsseln (Ransomware) und den Nutzer dann erpressen, sind unschön. Die für Android angebotenen Virenscanner- und Sicherheits-Apps taugen häufig aber nicht zum Schutz gegen diese Bedrohungen. Laden Sie keine Apps aus obskuren Quellen im Internet (Links werden per E-Mail oder auf Webseiten angeboten) oder aus dubiosen App-Stores herunter. Wer in den Android-Einstellungen unter der Kategorie *Sicherheit* die Option *Unbekannter Herkunft* ausgeschaltet lässt, ist vor der versehentlichen Installation solcher Apps geschützt. Auf Onlinebanking (und besonders mit Banking-Apps) sollten Sie auf einem Android-Gerät aus Sicherheitsgründen verzichten.

In diesem Kapitel haben Sie die Grundlagen zum Surfen im Web und zum Arbeiten mit dem Google-Chrome-Browser unter Android kennengelernt. Weiterhin habe ich Ihnen eine Einführung in das Arbeiten mit der Mail-App gegeben. Mit diesem Wissen können Sie im Web surfen, d. h. Webseiten ansehen sowie Ihre E-Mails auf dem Android-Gerät abrufen und beantworten. Im nächsten Kapitel lernen Sie die Fotofunktionen von Android kennen.

Foto-Apps

Mittlerweile hat jedes Android-Smartphone und jedes -Tablet Kameras, mit denen sich Fotos und Videos per Kamera-App erstellen lassen. Auf dem Android-Gerät lassen sich Fotos zudem anzeigen, bearbeiten sowie mit einem Computer austauschen.

Das lernen Sie in diesem Kapitel

4

- Fotos und Videos aufnehmen
- Fotos/Dateien mit dem PC austauschen
- Fotos und Videos verwalten
- Fotobearbeitungsfunktionen

Fotos und Videos aufnehmen

Verwenden Sie die Kameras auf der Front- und Rückseite des Android-Geräts, um mittels der Kamera-App sowohl Foto- als auch Videoaufnahmen anzufertigen. In diesem Abschnitt stelle ich Ihnen die Funktionen der Kamera-App vor.

Die Kamera-App im Überblick

Mit der Kamera-App bedienen Sie die Front- und Rückseitenkamera des Android-Geräts und fertigen Fotos oder Videoaufnahmen an. Während die Frontkamera mehr für Videounterhaltungen und zur Aufnahme der berühmten »Selfies« (Selbstporträts) gedacht ist, ist die Rückseitenkamera als Ersatz für eine Digitalkamera durchaus verwendbar.

1 Starten Sie die Kamera-App über dieses Symbol, um auf die Kameras des Android-Geräts zuzugreifen.

Sie finden das Symbol der Kamera-App standardmäßig in der Favoritenleiste oder rufen die App über das Symbol unter *Alle Apps* auf.

2 Verwenden Sie anschließend die Fotofunktionen der Kamera-App, um Fotos und Videos von der Front- oder Rückseitenkamera aufzunehmen.

Die gespeicherten Fotos und Videos lassen sich später mittels der Android-Fotos-App (siehe folgende Abschnitte) anzeigen. Die Kamera-App zeigt beim Start das Kamerabild und blendet auch Bedienelemente in der Anzeige ein.

- Halten Sie die Kamera so, dass das Motiv scharf auf dem Bildschirm erscheint. Notfalls tippen Sie auf den angezeigten Motivbereich, um den Autofokus auf der Bildstelle zu fixieren.
- Anschließend tippen Sie mit dem Finger auf das angezeigte Auslöser-Symbol.

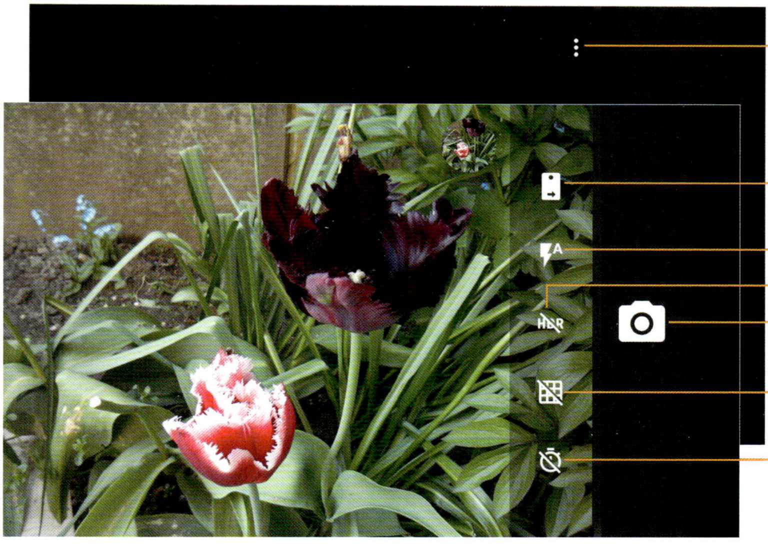

Mehr braucht man für einfache Schnappschüsse nicht zu wissen. Sie können dabei das Tablet oder Smartphone im Hoch- oder Querformat halten, um das Motiv als Porträt- oder Landschaftsaufnahme zu fotografieren.

TIPP

Bei einigen Smartphones lassen sich auch die Lautstärketasten (*Lauter* oder *Leiser*) als Auslöser für die Kamera verwenden. Näheres entnehmen Sie der Bedienungsanleitung des Geräts. Beachten Sie auch, dass sich die Beschreibung nur auf die Android-Kamera-App von Google bezieht. Je nach Smartphone liefern die Gerätehersteller eigene Kamera-Apps mit.

Da viele Android-Geräte zwei Kameras besitzen und diese sich auch zur Aufnahme von Fotos oder Videos verwenden lassen, sind zusätzliche Bedienoptionen vorhanden.

- Tippen Sie auf die von der Kamera-App in einer Ecke angezeigten drei Pünktchen, um die Optionen einzublenden.
- Tippen Sie dann auf die Symbole der angezeigten Kamera-Optionen, um die Funktionen abzurufen.

Ich habe die relevanten Bedienelemente einmal in der Abbildung auf der vorherigen Seite als Bildmontage zusammengeführt.

- Das am oberen Rand der Bedienleiste sichtbare Kamerasymbol dient der **Umschaltung** zwischen **Front**- und **Rückseitenkamera**. Tippen Sie auf das Symbol, um die Kamera zu wechseln. Die Frontkamera zeigt das Motiv übrigens spiegelverkehrt an. Dies wird aber beim Speichern korrigiert.
- Der *Aufhellblitz* wird als Symbol nur angeboten, wenn die Rückseitenkamera über ein **LED-Blitzlicht** verfügt. Durch mehrfaches Antippen des Symbols lässt sich der LED-Blitz zuschalten, abschalten oder als Aufhellblitz aktivieren. Ein **Aufhellblitz** wird verwendet, um das Motiv im Vordergrund etwas besser auszuleuchten und gegebenenfalls Schatten zu vermeiden.
- Das Kürzel *HDR* (steht für **H**igh **D**ynamic **R**ange) ermöglicht Aufnahmen in Situationen, die einen hohen Kontrastverlauf haben (z. B. Lichtquelle vor einem dunklen Hintergrund). Standardmäßig neigen Kameras dann zur Unter- oder Überbelichtung des Fotos. Im **HDR-Modus** werden mehrere Aufnahmen mit unterschiedlichen Belichtungszeiten angefertigt. Anschließend fügt die App die jeweils besten Bereiche aus diesen Aufnahmen zu einem Foto zusammen.
- Tippen Sie auf das Symbol *Raster*, um ein **Raster** über das Motiv zu legen oder das Raster wieder auszublenden. Das Raster ist zum Ausrichten des Motivs (z. B. Horizont, Kanten von Dokumenten etc.) während der Aufnahmen hilfreich.
- Das Antippen des Timer-Symbols blendet ein Menü des Aufnahmetimers ein. Dort können Sie den **Aufnahmetimer** auf die Modi *Aus*, *3 Sekunden* und *10 Sekunden* stellen. Welcher Modus eingestellt ist, wird eingeblendet. Bei aktivem Timer wird das Foto erst nach Ablauf der eingestellten Wartezeit ausgelöst. Ist das Android-Gerät auf einem Stativ montiert, ermöglicht dies Aufnahmen mit Selbstauslöser.

- Ein großer Kreis zeigt den Autofokuspunkt, an dem das Motiv scharf sein sollte, auf dem Display an. Tippen Sie gegebenenfalls auf einen Punkt auf dem Bildschirm, um den Fokuspunkt auf diese Stelle des Motivs zu legen.
- Um die digitale **Zoomfunktion** der Rückseitenkamera zu verwenden, legen Sie einfach zwei Finger auf das Display und spreizen Sie sie. Es wird kurzzeitig eine Linie eingeblendet und dann sollte das Motiv auf dem Bildschirm vergrößert erscheinen. Durch Zusammenkneifen von Daumen und Zeigefinger auf dem Display lässt sich der Zoom rückgängig machen.

Sobald die Kameraoptionen gewählt wurden und der Fokuspunkt gefunden ist, tippen Sie auf den **Kameraauslöser**. Damit fertigen Sie ein Foto von der gewählten Kamera an, lösen den Selbstauslöser aus oder starten und beenden eine Videoaufzeichnung.

HINWEIS

Je nach Gerät und verwendeter Kamera-App sind eventuell weitere Optionen verfügbar. So kann die Kamera-App ab Android 5.0 bei bestimmten Smartphones einen sogenannten RAW-Modus verwenden. Bei diesem Modus werden die Rohdaten des Kamerachips gespeichert und lassen sich später in einem Fotobearbeitungsprogramm zu einem Foto kombinieren. Diese speziellen Optionen werden in diesem Buch nicht behandelt. Auch eine Belichtungssteuerung lässt sich gegebenenfalls optional einblenden.

ACHTUNG

Android-Geräte mit GPS-Funktion können den Aufnahmeort erfassen und dann in den Fotodateien speichern. Was einerseits eine nette Funktion ist, stört vielleicht manchen Nutzer. Ob der Standort mit den Fotos gespeichert wird, lässt sich in den Einstellungen der Kamera-App festlegen (siehe Abschnitt »Zugriff auf die Kameraeinstellungen«).

Spezielle Kamerafunktionen verwenden

Mit den Funktionen aus dem vorherigen Abschnitt können Sie mit Vorder- und Rückseitenkamera, mit oder ohne Blitz und Selbstauslöser arbeiten sowie ein Raster ein-/ausblenden. Selbst Fokusverlagerungen und Digitalzoom kennen Sie nun. Aber über die Fotos-App können Sie auch Videos aufnehmen oder weitere Funktionen abrufen.

1 Wischen Sie vom linken Rand mit dem Finger zur Mitte, erscheint eine Funktionenliste.

2 Tippen Sie anschließend auf einen der Funktionsnamen, um die Funktion zu verwenden.

HINWEIS

Oben rechts in der Ecke wird das Symbol eines Zahnrädchens eingeblendet. Über das Symbol erhalten Sie einen direkten Zugriff auf die Einstellungen der Kamera-App (siehe Abschnitt »Zugriff auf die Kameraeinstellungen«).

Die Funktionen wie *Photo Sphere*, *Panorama* etc. werden in den folgenden Abschnitten näher vorgestellt. Beachten Sie auch, dass nicht alle Funktionen auf Ihrem Android-Gerät verfügbar sein müssen.

Rundumaufnahmen mit Photo Sphere

Die Funktion *Photo Sphere* ermöglicht es Ihnen, 360-Grad-Panoramaaufnahmen (z. B. eine Rundumsicht einer Landschaft mit Boden, Rundblick und Himmel) zu einem Foto zu kombinieren.

- Tippen Sie auf den Befehl *Photo Sphere*, erscheint bei der ersten Verwendung zuerst eine kurze Einführung, die Sie über *OK* beenden. Danach wird ein kleiner Bildausschnitt des Motivs auf dem Bildschirm eingeblendet.
- Im Bild sind ein Ring (1) und ein Kreis (2) zu sehen. Kippen oder drehen Sie das Android-Gerät, um den Ring mit dem Kreis für ein

paar Sekunden zur Deckung zu bringen. Sobald dies zutrifft, wird ein Foto des Ausschnitts geschossen.

- Sie können durch Bewegung des Geräts weitere gefüllte Punkte in die Anzeige einblenden lassen. Bringen Sie den Kreis mit dem Punkt zur Deckung, wird das nächste Foto geschossen.

Das Anfertigen einer Aufnahme wird akustisch und auch optisch signalisiert. Die so angefertigten Fotoausschnitte werden zu einer Gesamtansicht (3) kombiniert. Am Rand der Ansicht blendet die App eine Leiste ein. Über das Symbol (4) lässt sich das aus den Ausschnitten angefertigte Foto übernehmen und speichern. Mit dem Symbol (5) wird die letzte Aufnahme rückgängig gemacht, und das Symbol (6) verwirft die Photo-Sphere-Aufnahme komplett.

TIPP

Die Fotos lassen sich später mit der auf den folgenden Seiten vorgestellten Fotos-App ansehen. Und es gibt solche Fotos im Internet. Rufen Sie beispielsweise die App *Google Maps* auf und geben Sie einen Ort mit einer Sehenswürdigkeit (z. B. Fuji Japan) ein, werden dort häufig Photo-Sphere-Aufnahmen zur Anzeige angeboten. So können Sie sich beispielsweise ein 360-Grad-Panorama des Fuji oder des Heidelberger Schlosses ansehen.

Panoramaaufnahmen anfertigen

Wählen Sie in der Kamera-App den Befehl *Panorama* (siehe Abschnitt »Spezielle Kamerafunktionen verwenden«), um Einzelbilder eines Kameraschwenks zu einem (sehr breiten) Bild zu kombinieren. Hier einige Hinweise, wie Sie Panoramafotos aufnehmen.

HINWEIS

Erscheint beim Aufruf der Funktion eine kurze Einführung, lesen Sie sich diese durch und schließen die Seite durch Wischen oder über die eingeblendete *OK*-Schaltfläche.

- Es wird ein kleiner Bildausschnitt des Motivs auf dem Bildschirm eingeblendet (1). Kleine weiße Punkte (2) signalisieren die Aufnahmepositionen für die Einzelbilder des Panoramafotos.

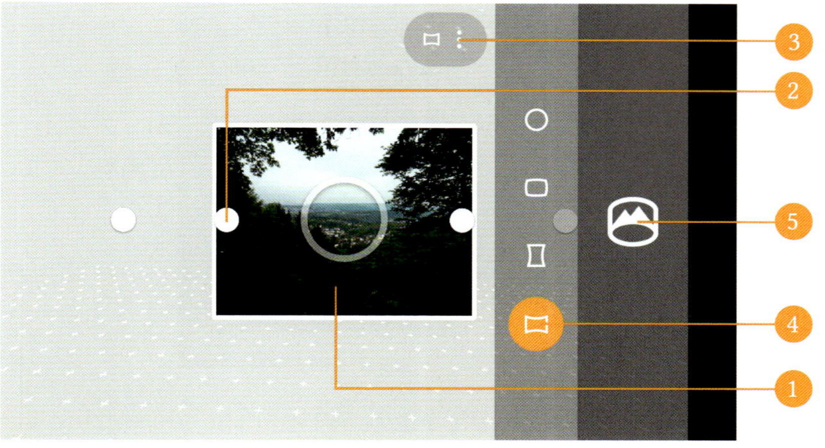

- Tippen Sie bei Bedarf in der Kamera-App auf das (als Bildmontage eingeblendete) Symbol (3), um die Symbole (4) zur Auswahl des Panorama-Aufnahmemodus einzublenden. Tippen Sie auf ein Symbol der Leiste, um den Aufnahmemodus wie horizontales oder vertikales Panorama auszuwählen.
- Visieren Sie den ersten Motivausschnitt für das Panoramafoto mit der Kameralinse an und tippen Sie in der Kontrollleiste auf das Auslöser-Symbol (5).
- Bewegen Sie das Android-Gerät so, dass die Kameralinse auf einen weiteren Ausschnitt des Panoramas zeigt. Sobald ein gefüllter Punkt (7) im Fotoausschnitt auftaucht, bringen Sie diesen mit dem weißen Kreis (6) zur Deckung.

Der Punkt wird zuerst weiß gefüllt dargestellt. Sobald der weiße Kreis in die Nähe kommt, schlägt die Farbe in Blau um. Jedes Mal, wenn der weiße Kreis für ein paar Sekunden mit dem blauen Punkt zur Deckung gebracht wird, fertigt die App ein Einzelfoto an. Nehmen Sie auf diese Weise die Einzelfotos des Panoramabildes mit der Kamera-App auf.

- Sobald das erste Foto geschossen wurde, blendet die App eine Kontrollleiste mit drei Symbolen ein.

- Über die Symbole können Sie die letzte Aufnahme verwerfen 8, die Aufnahme des Panoramafotos beenden 9 oder die gesamte Sequenz der bisher aufgenommenen Einzelfotos ablehnen 10.

Das Verwerfen aller Aufnahmen ist in einem Pop-up-Fenster explizit zu bestätigen. Sobald Sie die Einzelaufnahmen über das Symbol 9 der Kontrollleiste akzeptieren, werden die Fotos automatisch von der Kamera-App zu einem Panoramabild zusammengesetzt und im Foto-Ordner *DCIM* gespeichert.

Die Funktion Fokuseffekt

Bei Aufnahmen von Motiven ist es häufig erwünscht, dass der Fokus, d. h. der Bereich der größten Schärfe, auf einen Motivausschnitt (z. B. Person einer Gruppe) gelegt wird. Mit dem Fokuseffekt kann dies auch nach der Aufnahme erfolgen.

- Wischen Sie in der Kamera-App vom linken Rand nach rechts und tippen Sie in der angezeigten Befehlsliste auf *Fokuseffekt* (siehe Abschnitt »Spezielle Kamerafunktionen verwenden«).
- Es erscheint das Motiv in der Anzeige 1. Bei Bedarf tippen Sie auf die drei Pünktchen 2 und schalten zwischen Front- und Rückseitenkamera 3 um oder blenden das Gitternetz 4 ein.

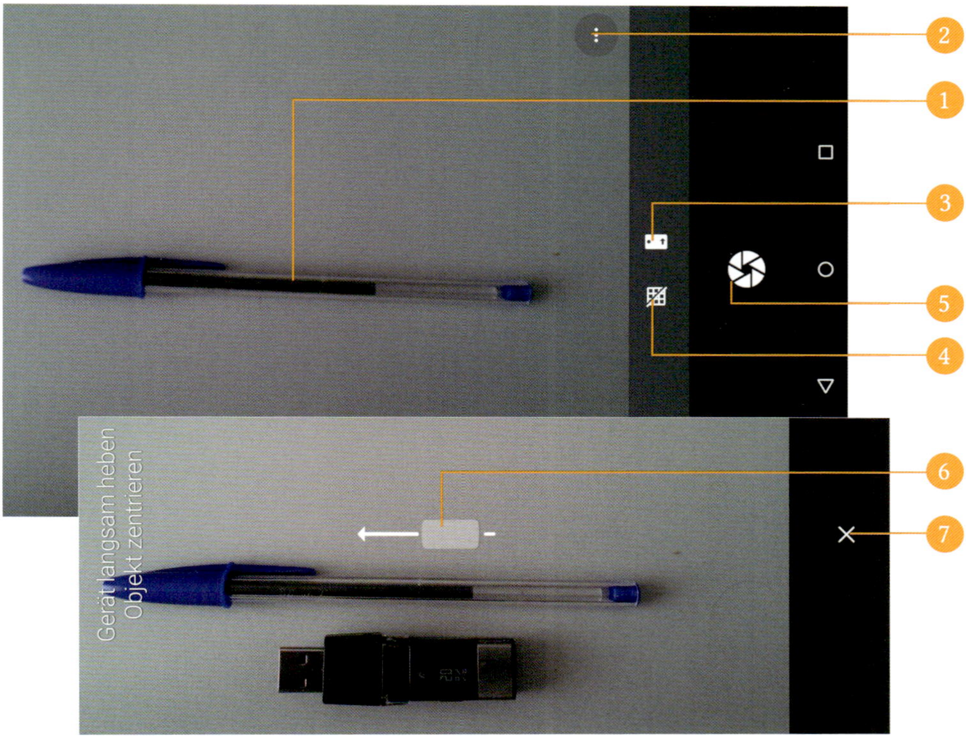

- Visieren Sie mit der Kamera das Motiv an und tippen Sie auf das Symbol des Kameraauslösers 5. Dann löst die Kamera-App die Aufnahme aus.
- Konnte das Motiv nicht automatisch erkannt werden, erscheint nach dem Tippen auf den Kameraauslöser eine Einblendung 6 auf dem Bildschirm. Bewegen Sie das Android-Gerät so, dass das Markierungsrechteck über das zu fokussierende Motiv bewegt wird.

Auf dem Bildschirm erhalten Sie entsprechende Anweisungen und auch eine Warnung, wenn die Bewegung zu schnell erfolgt. Bei erkanntem Motiv zeigt die Kamera-App ein X im Bild an und speichert die Fotodatei.

Über das in der Kontrollleiste eingeblendete *x*-Symbol 7 lässt sich die letzte Aufnahme verwerfen.

Videoaufnahmen anfertigen

Das Anfertigen von Videoaufnahmen ist mit der Kamera-App mit wenigen Handgriffen möglich.

1 Wischen Sie in der Kamera-App vom linken Rand zur Bildschirmmitte und tippen Sie auf den angezeigten Befehl *Video* (1), um den Videoaufzeichnungsmodus einzuschalten.

2 Tippen Sie gegebenenfalls auf die drei Punkte (2), um die Leiste mit den Symbolen zur Umschaltung der Kamera zwischen Front- und Rückseite oder das Ein-/Ausblenden der Gitterlinien verwenden zu können.

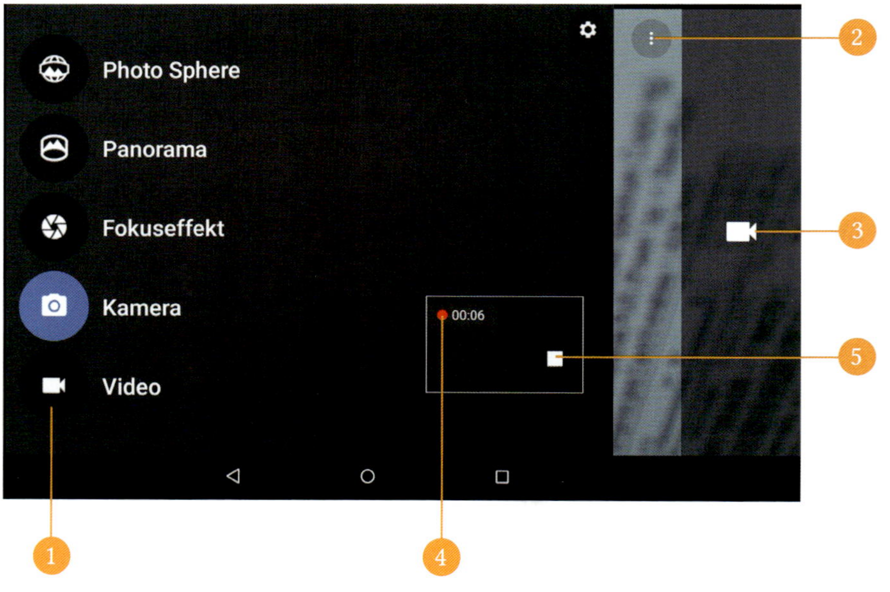

3 Sind alle Einstellungen vorgenommen, visieren Sie das Motiv an und tippen auf das Symbol für den Auslöser (3) bzw. eine der Lautstärketasten am Android-Gerät.

Anschließend führen Sie die Kameralinse des Android-Geräts so, dass die gewünschte Videoszene in der Anzeige erscheint. Vermeiden Sie dabei ruckartige Bewegungen. Die Kamera-App zeichnet das Video kontinuierlich auf und erfasst den Ton über das Mikrofon des Android-Geräts. Während der Aufnahme werden in der linken oberen Ecke das Aufzeichnungssymbol und die Aufzeichnungszeit (4) eingeblendet.

4 Um die Videoaufzeichnung zu beenden, tippen Sie in der Kontrollleiste auf das *Beenden*-Symbol (5).

Das Video wird dann mit Bild und Ton im Fotospeicher (Ordner *DCIM*) abgelegt.

HINWEIS

Wo und wie Foto- und Videodateien unter Android gespeichert werden, erkläre ich im Abschnitt zum Datenaustausch mit dem Computer. Hinweise zur Anzeige von Fotos und Videos finden Sie im Abschnitt »Fotos und Videos verwalten«. Zum Beenden der Spezialmodi wischen Sie in der App vom Bildschirmrand und tippen auf den gewünschten Befehl (z. B. *Foto*).

Arbeiten mit manueller Belichtung

Die Kamera-App verwendet zwar ab Android 4.4 (KitKat) eine automatische Belichtungssteuerung. Sie können aber eine manuelle Belichtung in den Einstellungen einschalten und anschließend die Belichtungsdauer für Fotoaufnahmen anpassen.

1 Tippen Sie in der Fotos-App auf die drei Pünktchen (1), um die Kontrollleiste zu erweitern.

2 Tippen Sie auf das Symbol der manuellen Belichtungskorrektur 2. Fehlt das Symbol, ist die manuelle Belichtung nicht aktiviert (siehe folgender Abschnitt).

3 Passen Sie den Belichtungswert an, indem Sie auf einen der eingeblendeten Einträge 3 tippen.

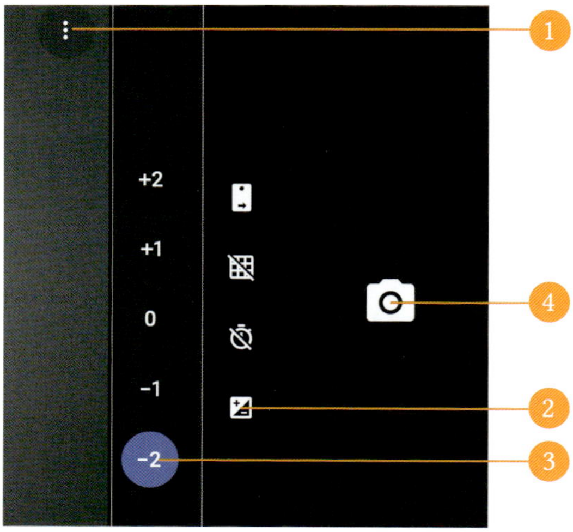

Positive Werte führen zu längerer Belichtung (hellere Fotos), während negative Werte kürzer belichten (Foto dunkler). Tippen Sie auf den Kameraauslöser 4, um das Foto mit dem gewählten Belichtungswert aufzunehmen.

Zugriff auf die Kamera-Einstellungen

Um auf die Kameraeinstellungen (z. B. manuelle Belichtung einschalten) zuzugreifen, gehen Sie folgendermaßen vor:

1 Starten Sie die Kamera-App und wischen Sie vom linken Rand zur Bildschirmmitte.

2 Tippen Sie in der rechten oberen Ecke auf das angezeigte Symbol *Einstellungen* (das Zahnrad-Symbol).

3 Anschließend passen Sie in den Einstellungsseiten die gewünschten Optionen an.

Zurück

Einstellungen

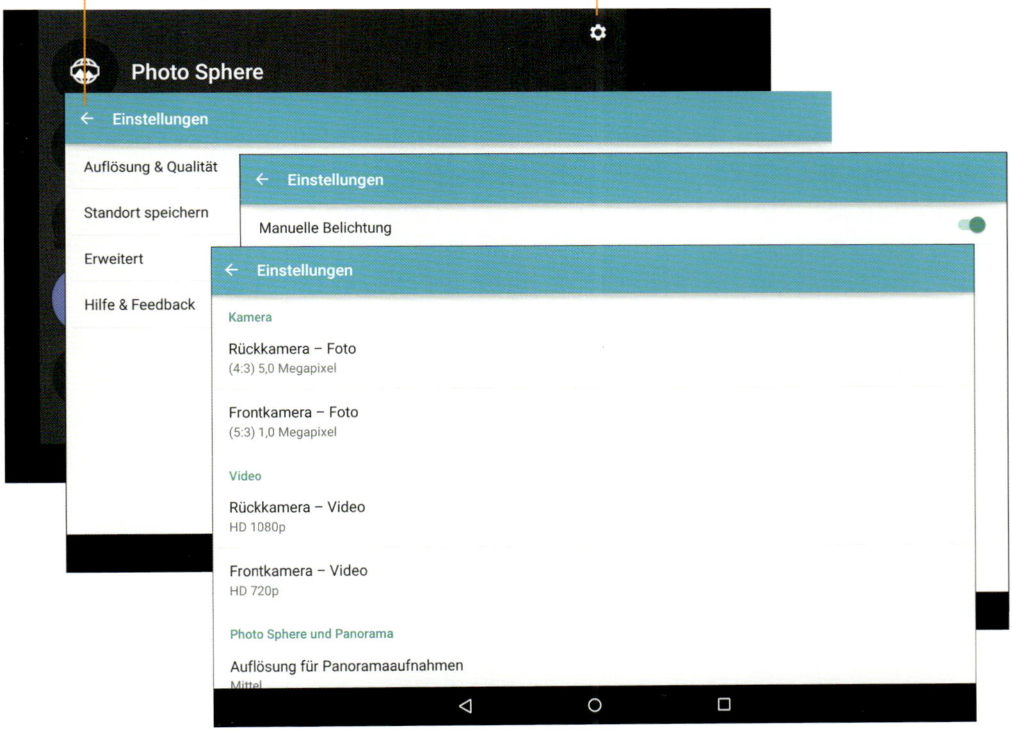

Über das Symbol *Zurück* gehen Sie jeweils einen Schritt in den Einstellungen oder zur Kamera-App zurück.

- *Standort speichern:* Die Option steuert, ob die Kamera-App die Fotos mit Ortsangaben per GPS versieht. Falls Sie dies nicht möchten, schalten Sie diese Option durch Antippen aus.

- *Manuelle Belichtung:* Um die Option zu ändern, tippen Sie in der Seite *Einstellungen* auf *Erweitert* und wählen in der Folgeseite *Manuelle Belichtung*. Dann lässt sich diese Option durch Antippen ein- oder ausschalten.
- *Auflösung & Qualität:* Tippen Sie auf den Befehl, erscheint die betreffende Seite, in der Sie durch Anwahl der angezeigten Optionen auf die einzelnen Einstellungswerte zugreifen.

Sobald Sie die Option antippen, werden Ihnen die verfügbaren Einstellungen angezeigt. Über die Schaltfläche *Zurück* kehren Sie zur Fotos-App zurück.

Bildschirmfotos anfertigen

Benötigen Sie ein Bildschirmfoto (auf Englisch **Screenshot**) der Anzeige Ihres Geräts? Für diesen Zweck drücken Sie gleichzeitig die Einschalttaste und die Lauter-Taste. Bei einigen Geräten (z. B. Samsung Galaxy S4) ist dagegen die Einschalttaste zusammen mit der Startbildschirm-Taste gleichzeitig zu drücken.

Man hört dann den Kameraauslöser und es erscheint kurzzeitig ein weißer Rahmen. Die Bildschirmfotos werden im Android-Ordner *Pictures\Screenshots* gespeichert.

Fotos/Dateien mit dem PC austauschen

Fotos und andere Dateien lassen sich zwischen einem PC und dem Android-Gerät übertragen. Dieser Abschnitt beschreibt, was Sie zum Austausch von Dateien allgemein und Fotos im Speziellen wissen sollten.

Dateien von Android zum PC übertragen

Um Fotos, Videos oder andere Dateien (Musik, Dokumente) zwischen einem PC und dem Android-Gerät zu übertragen, verwenden Sie die folgenden Schritte.

1 Verbinden Sie einfach das eingeschaltete Smartphone oder Tablet mithilfe des mitgelieferten USB-Kabels mit der USB-Buchse eines PCs.

2 Sobald Windows das Fenster mit Befehlen zum Zugriff auf das angeschlossene Gerät anzeigt, wählen Sie die Option zum Anzeigen der Dateien 4.

Unter Windows 7 kommt das Fenster *Automatische Wiedergabe* 1, während Windows 8/8.1 sowie Windows 10 eine Benachrichtigung 2 und eine Palette 3 anzeigen.

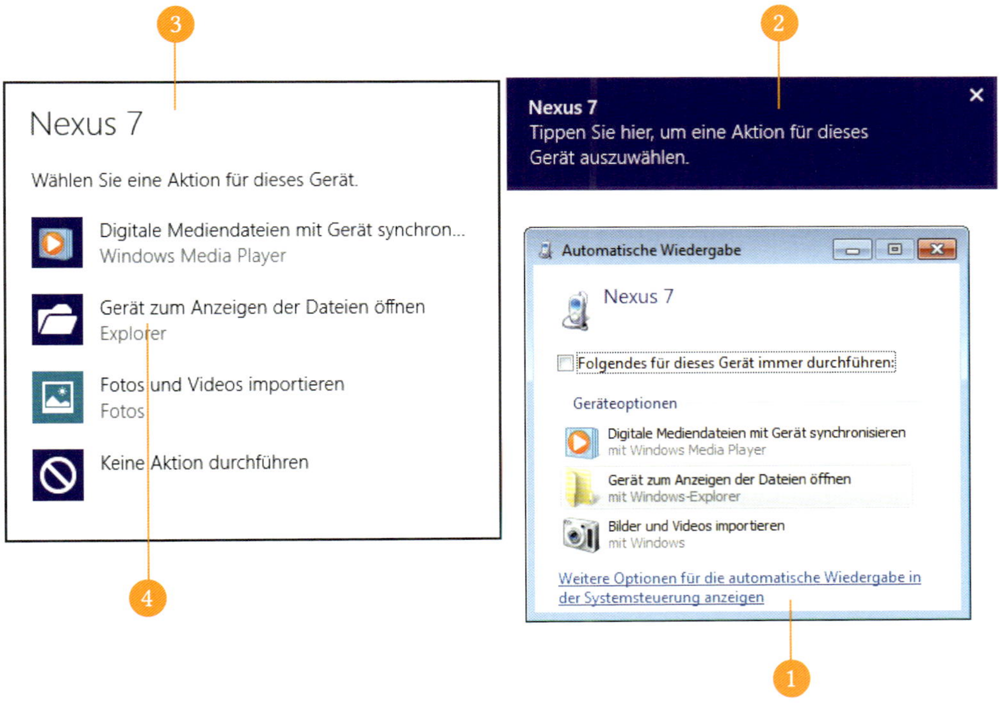

Der Befehl *Gerät zum Anzeigen der Dateien öffnen* 4 ermöglicht den Zugriff auf den Speicher des Android-Geräts über ein geöffnetes Ordnerfenster. Sie können anschließend auf alle Ordner zugreifen und von dort Dateien auf den Computer kopieren oder verschieben. Das Ordnerfenster gibt Ihnen aber auch Gelegenheit, Dateien vom Computer in die Ordner des Android-Geräts zu kopieren. So lassen sich Fotos, Musik, Videos oder auch andere Dateien wie Office-Dokumente, PDF-Dateien etc. auf dem Android-Gerät ablegen.

HINWEIS

Verzichten Sie nach Möglichkeit auf die Windows-Funktion zum Importieren von Fotos und Videos. Denn diese Variante unterstützt nicht die Rückübertragung von Fotos oder Dateien an das Android-Gerät.

Je nach Android-Gerät kann es sein, dass Ihnen zwei externe Laufwerke angeboten werden. Ein Laufwerk bezieht sich auf den internen Gerätespeicher, während das zweite Laufwerk zur Micro-SD-Karte gehört.

TIPP

Erscheint die Benachrichtigung zum Zugriff auf das Android-Gerät nicht, gehen Sie im Windows-Explorer die Liste der angeschlossenen Laufwerke und Geräte durch. Das Android-Gerät sollte dort (gegebenenfalls als externes Laufwerk) auftauchen. Wählen Sie das Gerätesymbol an, um auf die Ordner des Gerätespeichers zuzugreifen. Alternativ haben Sie auch die Möglichkeit, die gegebenenfalls im Android-Gerät vorhandene Micro-SD-Karte zu entnehmen und über einen geeigneten Kartenleser direkt am PC einzulesen.

Wo sind in Android die Daten gespeichert?

Ein per USB-Kabel an den Computer angeschlossenes Android-Gerät verhält sich wie ein externes Laufwerk. Öffnen Sie am Windows-PC ein Ordnerfenster, lassen sich die Dateien einsehen, in einen lokalen Ordner der Festplatte kopieren bzw. verschieben oder auch löschen. Android verwendet eine feste Ordnerstruktur, um aufgenommene Fotos, Bildschirmfotos, Videos, Musik, Downloads oder andere Dokumente zu speichern. Die Struktur ist im hier gezeigten Ordnerfenster zu erkennen.

- Jeder Ordner steht für einen Speicherort einer App. Bei den meisten Ordnern wie *Alarms*, *Android* etc. macht der Zugriff aus Windows keinen wirklichen Sinn. Ordner mit einem vorangestellten Punkt sind Systemordner von Android oder von Apps, die Sie nicht löschen oder verändern sollten.
- **Fotos** und **Videos**, die Sie mit der Kamera-App aufgenommen haben, werden im Ordner *DCIM* abgelegt. Sie finden die **JPEG**-Fotodateien sowie die **MP4**-Videodateien in einem Unterordner *Camera*.
- **Bildschirmfotos** (Screenshots) legt Android dagegen im Ordner *Pictures* im Unterordner *Screenshots* ab. Die Screenshots werden zudem im **PNG**-Dateiformat gespeichert. Diese können mit einem Grafikprogramm eingelesen und als JPEG-Fotodateien gespeichert werden.

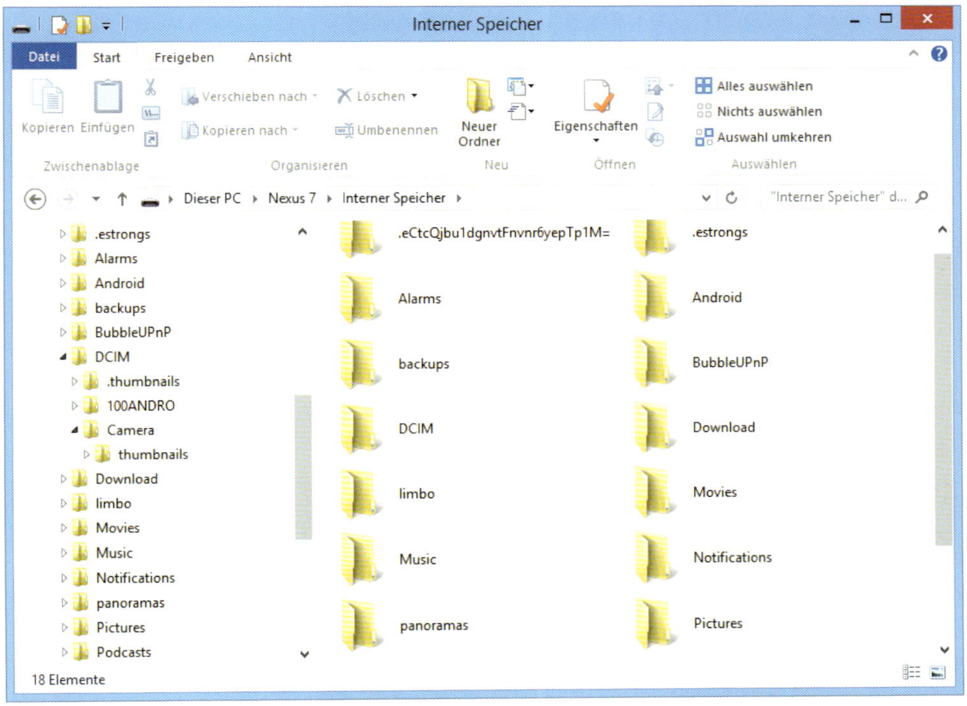

- **Musikdateien** werden dagegen als **MP3**-Dateien im Ordner *Music* abgelegt und können mit der Google-Music-App wiedergegeben werden. **Videodateien**, die mit der Video-App angezeigt werden sollen, sind in geeigneten Formaten (MP4-Videodatei) im Ordner *Videos* zu speichern.

Im Android-Speicher finden Sie noch den Ordner *Documents*. In diesem Ordner können Sie beispielsweise PDF-Dateien, Office-Dokumente und so weiter vom Computer kopieren. Die Dateien lassen sich dann unter Android mit geeigneten Apps (z. B. PDF-Viewer) ansehen. Der Ordner *Downloads* wird verwendet, wenn Sie unter Android Dateien in einem Browser herunterladen (downloaden).

HINWEIS

Der Ordner *DCIM* signalisiert, dass die Fotos nach dem Digitalkamera-Speicherstandard abgelegt sind. Ein Fotoimport-Assistent erkennt anhand dieser Struktur, wo er die Fotos importieren kann.

Android-Dateimanager

Um unter Android einen Blick in die einzelnen Ordner zu werfen, **Dateien** zu **öffnen**, zu **löschen**, zu **verschieben** oder umzubenennen, verwenden Sie einen Dateimanager.

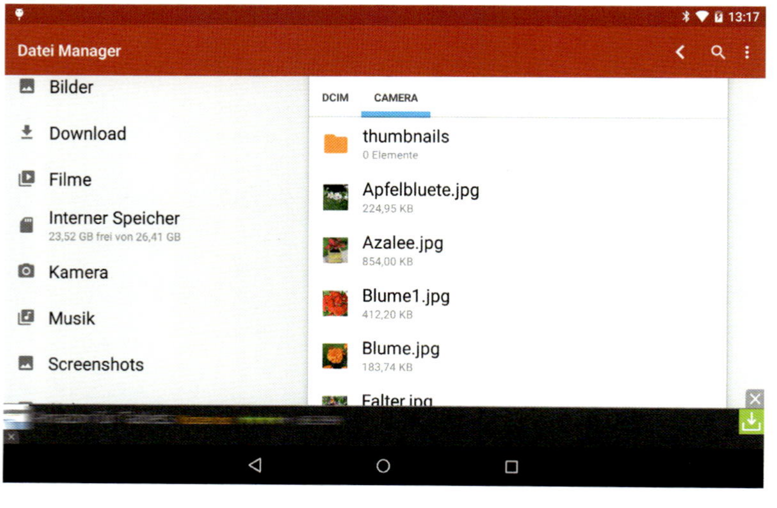

Falls Ihrem Android-Gerät kein Dateimanager beiliegt, können Sie entsprechende Apps von verschiedenen Anbietern aus dem Google Play Store beziehen. In der Basis-Version sind diese Dateimanager sogar kostenlos.

Fotos und Videos verwalten

Die Android-App *Fotos* stellt Ihnen Funktionen zur Fotoanzeige und -verwaltung bereit und kann die von der Kamera aufgenommenen Videos wiedergeben. Nachfolgend finden Sie eine Übersicht über die Funktionen dieser App.

Grundlagen zur Fotos-App

Die Fotos-App stellt Ihnen verschiedene Anzeigefunktionen für Fotos und Videos zur Verfügung und wird über das nachfolgende Symbol aufgerufen.

Dieses Symbol finden Sie entweder auf dem Startbildschirm oder unter *Alle Apps*. Die App zeigt Ihnen alle auf dem Android-Gerät von der Kamera aufgenommenen Fotos und Videos (oder die in *DCIM* gespeicherten Fotos).

Am unteren Rand der App lassen sich drei Funktionskategorien für die Fotoanzeige, zum Abrufen von Assistenten und von Alben anwählen.

- Die Kategorie *Assistent* ermöglicht es, beispielsweise Fotoalben, Collagen, Animationen oder Filme aus Fotos zu erstellen. Alternativ öffnen Sie ein Menü über die in der rechten oberen Ecke angezeigten drei Pünktchen und wählen den betreffenden Befehl. Die Alben werden dann online zum Google-Konto hochgeladen.
- In der Ansicht *Fotos* werden Miniaturen der Fotos, gruppiert nach dem Aufnahmedatum (und gegebenenfalls Aufnahmeort) aufgelistet. Die App zeigt dabei die per Kamera aufgenommenen Fotos sowie optional die auf Google Drive abgelegten oder synchroni-

sierten Fotos an. Das Symbol einer Wolke in der rechten unteren Ecke der Miniaturansichten signalisiert, ob das Foto (online mit der sogenannten Cloud) synchronisiert wurde.

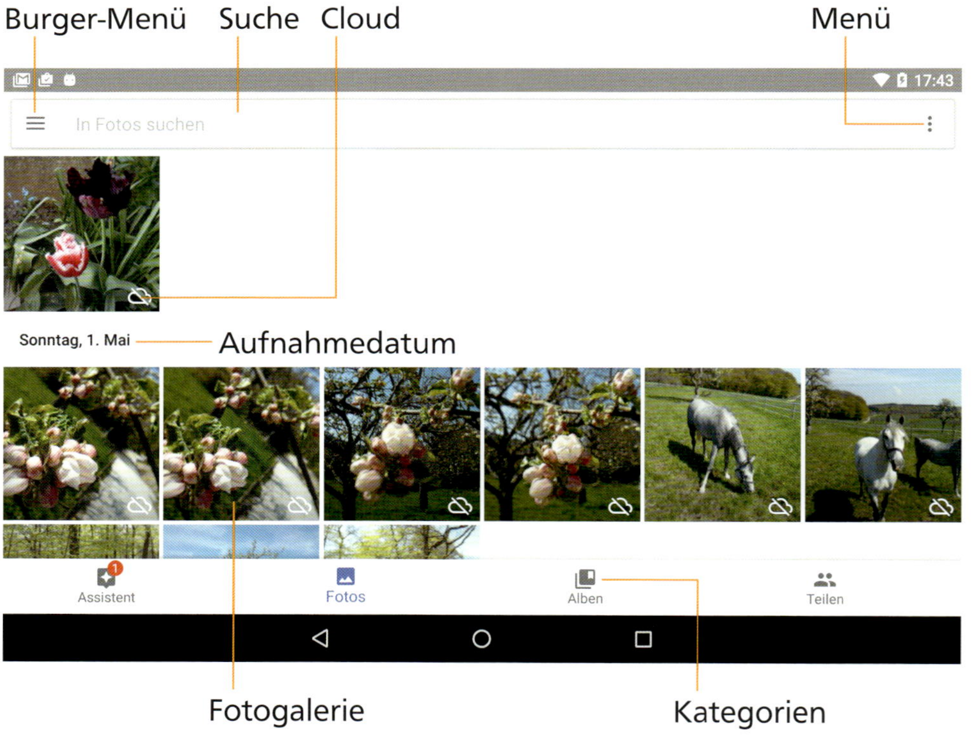

- Über das Burger-Menü in der linken oberen Ecke greifen Sie auf verschiedene Funktionen wie das Google-Konto oder Ordner (z. B. *Papierkorb*) sowie die Einstellungen zu. Über den Befehl *Papierkorb* können Sie gelöschte Fotos wiederherstellen. Mit *Geräteordner* werden ausschließlich die von der Kamera aufgenommenen Fotos angezeigt.
- Über das Feld *In Fotos suchen* lässt sich gezielt nach Fotodateien oder Videos suchen.

Über die drei Pünktchen in der rechten oberen Ecke öffnen Sie ein Menü. Dessen Befehle ermöglichen es, aus Fotos Alben, Filme, Animationen oder Collagen online zu erstellen. Im Menü finden Sie auch Befehle, um eine Fotoauswahl vorzunehmen oder das Layout zur Anzeige zwischen Monats-/Jahresansicht und großen Miniaturen umzustellen.

HINWEIS

Über den Menübefehl *Einstellungen* des Burger-Menüs öffnet sich eine Seite, in der Sie die Option zum automatischen Sichern ein- und ausschalten können.

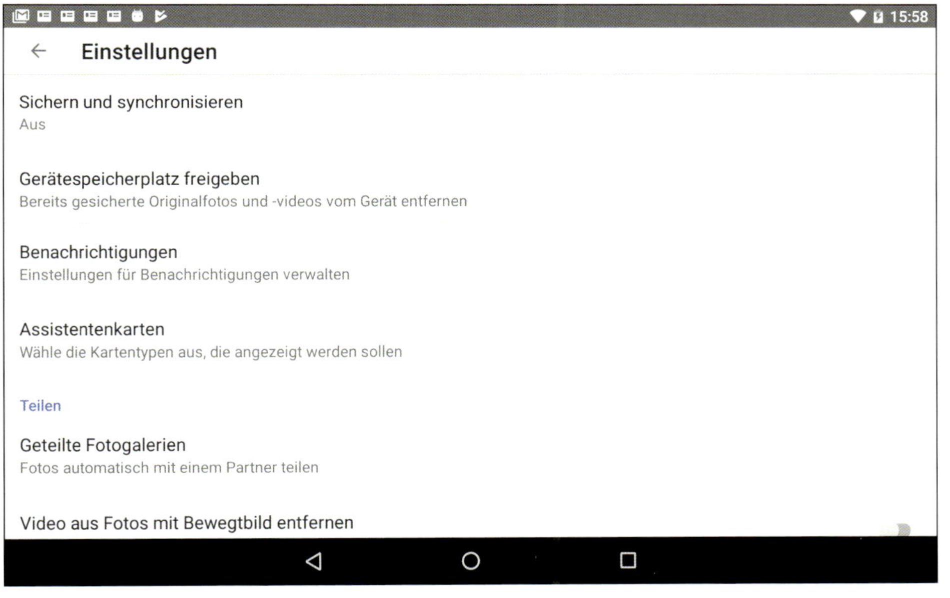

Ist *Sichern und synchronisieren* auf *Ein* gestellt, werden Fotos unter dem Google-Konto gesichert und auf anderen Mobilgeräten, die das gleiche Konto verwenden, bereitgestellt.

Funktionen zum Synchronisieren werden in diesem Buch aber nicht behandelt. Beachten Sie auch, dass die App häufiger aktualisiert wird und sich die Bedienung ändern kann.

Fotos-App: Fotos und Videos ansehen

Die Fotos-App ermöglicht es Ihnen, durch die Fotos zu navigieren und Fotos oder Videos anzeigen zu lassen. Zum **Navigieren** bietet die **Fotos-App** verschiedene Möglichkeiten.

- Wischen Sie in der Ansicht *Fotos* nach oben oder unten, um durch die sortierten Fotos zu blättern.
- Fotos werden als Miniaturen dargestellt. Videos erkennen Sie an dem Wiedergabesymbol, das in der rechten oberen Ecke der Miniaturansicht eingeblendet wird.
- Um ein **Foto** oder **Video** anzusehen, tippen Sie auf die angezeigte Miniaturabbildung. Dann wird der Inhalt des angewählten Elements in der **Vollbildansicht** in der App angezeigt.

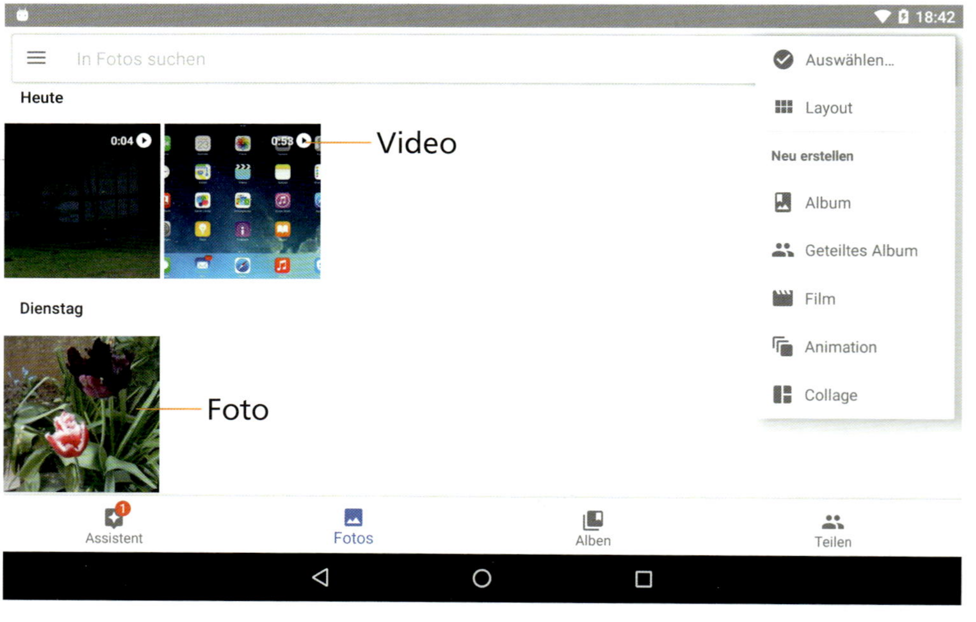

Innerhalb der Vollbildansicht stehen Ihnen verschiedene Funktionen zur Verfügung.

- Wischen Sie mit dem Finger nach oben/unten, um zwischen den gespeicherten **Fotos** zu **blättern**.

- Ein **Foto** können Sie durch Spreizen oder Zusammenziehen von Daumen und Zeigefinger in der Vollbilddarstellung auf dem Bildschirm **vergrößern** oder **verkleinern**.
- Ist ein Foto größer als die Anzeige, lässt sich der sichtbare **Bildausschnitt** per Finger auf dem Bildschirm **verschieben**.
- Über das *Zurück*-Symbol in der linken oberen Ecke verlassen Sie die Vollbildansicht und kehren zur vorherigen Ansicht der App zurück.
- Verwenden Sie das *Bearbeiten*-Symbol, um die nachfolgend beschriebenen **Foto-Bearbeitungsfunktionen** abzurufen.
- Über das *Teilen*-Symbol am unteren App-Rand können Sie die **Fotos** oder **Videos** per E-Mail verschicken oder mit anderen Apps **teilen**.

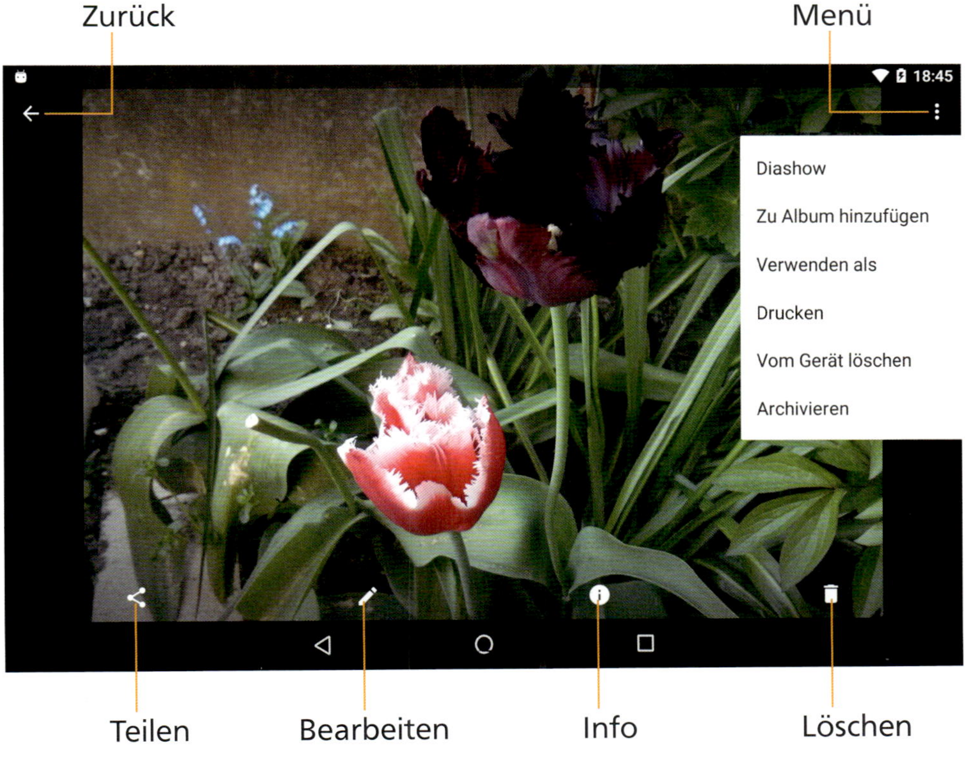

- Mit dem Symbol *Info* rufen Sie eine Seite mit Informationen (Aufnahmedatum, der Dateiname, die Abmessungen etc.) zum Foto/Video in der Anzeige ab.
- Tippen Sie auf das Papierkorb-Symbol, um ein **Foto** zu **entfernen**. Dieses Löschen muss über ein Pop-up-Fenster bestätigt werden, da das Foto oder Video überall (also gegebenenfalls auch auf anderen Geräten) gelöscht wird.

HINWEIS

Ein **gelöschtes Foto** können Sie **zurückholen**, indem Sie in der Miniaturansichten-Darstellung der App auf das Symbol des Burger-Menüs tippen und den Befehl *Papierkorb* anwählen.

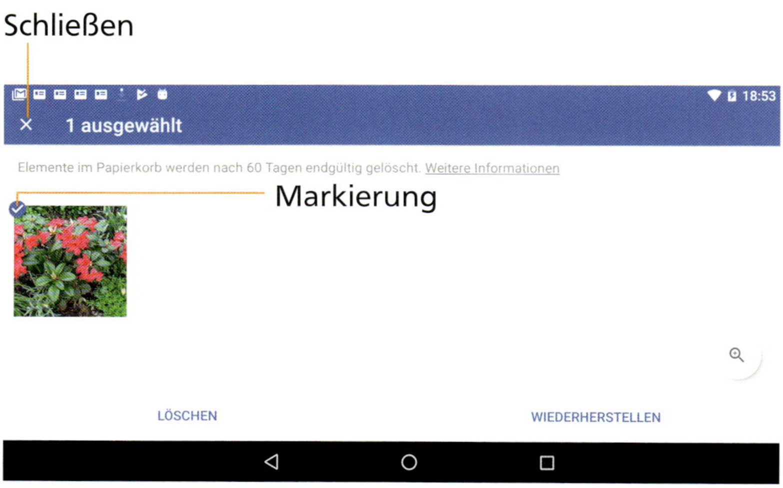

Sobald Sie den Inhalt des Papierkorbs sehen, drücken Sie den Finger auf ein gelöschtes Element, um es (mit einem Häkchen) zu markieren. Dann finden Sie in der rechten unteren App-Ecke den Befehl *WIEDERHERSTELLEN* zum Rückgängigmachen des Löschens oder links den Befehl *LÖSCHEN* zum endgültigen Löschen aus dem Papierkorb. Das *Schließen*-Symbol hebt die Markierung auf. Anschließend gehen Sie über die *Zurück*-Schaltfläche zur alten Darstellung zurück.

Tippen Sie bei angezeigten Fotos in der rechten oberen Ecke der App auf die drei Pünktchen, um das (hier als Fotomontage eingeblendete) Menü zu öffnen. Dort können Sie weitere Befehle abrufen.

- *Diashow:* Startet die zeitgesteuerte Wiedergabe der Fotos. Tippen Sie auf das Foto der Diashow und wählen in der linken oberen Ecke *Zurück*, um zur vorherigen Ansicht zurückzukehren.
- *Zu Album hinzufügen:* Ermöglicht es, das aktuelle Foto einem existierenden Album zuzuweisen.
- *Verwenden als:* Der Befehl öffnet ein Pop-up-Fenster. Dort finden Sie Symbole, um das **Foto** als **Hintergrund** oder in einem Kontakt zu verwenden.
- *Drucken:* Ermöglicht es, in einer Folgeseite das Foto aus der Vollbildansicht auf einem geeigneten Drucker auszugeben oder als Grafikdatei sowie als PDF-Datei im Ordner *Download* zu speichern.

Über *Vom Gerät löschen* lässt sich die lokal gespeicherte Kopie des Fotos vom Gerät entfernen. Der Befehl *Archivieren* ermöglicht es, das Foto ins Archiv zu verschieben. Das Foto wird dann in den Miniaturansichten nicht mehr angezeigt. Um dieses Archiv einzusehen, tippen Sie auf das Burger-Menü und wählen den Befehl *Archiv*.

TIPP

Sie finden im Burger-Menü den Befehl *Hilfe*, um auf die Google-Online-Hilfeseiten zuzugreifen. Dort gibt es eine knappe, aber meist aktuelle Beschreibung der App-Funktionen, die die Ausführungen im Buch ergänzen.

Besonderheiten bei Videodateien

Die Miniaturansicht einer Videodatei oder Zeitrafferaufnahme wird durch eine Zeitangabe mit einer stilisierten Videokamera oder einem Kreis gekennzeichnet. Wählen Sie die Miniatur einer Videodatei in der

Fotos-App an, wird das Video wiedergegeben. Gegenüber der Vollbildansicht eines Fotos gibt es aber einige Besonderheiten.

- Zoomen durch Spreizen mit Daumen und Zeigefinger sowie das Wischen vom Bildschirmrand, um durch geöffnete Videos zu blättern, klappt bei Videodateien nicht.
- Um die Videoansicht zu verlassen und zur Miniaturansicht der Fotos-App zurückzukehren, verwenden Sie die *Zurück*-Schaltfläche des Android-Navigationsbereichs oder (falls angezeigt) der App.
- In der geöffneten Videoanzeige sehen Sie die im vorherigen Abschnitt erläuterten Symbole zum Bearbeiten, Teilen und Löschen der Videodatei.

- Bei gestoppter Wiedergabe erscheint in der Mitte der Videovorschau das Symbol *Wiedergeben*. Durch Antippen schalten Sie die

Wiedergabe des Videos ein. Dann wird eine **Wiedergabeleiste** am unteren App-Rand mit einer **Zeitleiste** sichtbar.

- Die Zeitleiste gibt Ihnen die Länge des Videos sowie die aktuelle Zeit an der Wiedergabeposition an. Tippen Sie auf das Symbol *Anhalten/Wiedergeben*, um die Wiedergabe des Videos zu unterbrechen und fortzusetzen.

In der Zeitleiste wird die aktuelle Wiedergabeposition durch eine farbige Linie angezeigt. Streichen Sie mit dem Finger über die Zeitleiste, um den Marker mit der aktuellen Wiedergabeposition zu verschieben.

Alben, Collagen etc. anlegen

Sie können Fotos auch in Fotoalben (kurz Alben) einsortieren, in Collagen zusammenfassen, als Animation oder als Film erstellen lassen. Dies klappt jedoch nur, wenn die Fotos-App die Dateien mit dem Google-Konto synchronisiert hat. Die Fotos-App stellt hierzu Assistenten bereit.

1 Tippen Sie in der Fußzeile der App auf *Assistenten* (1) und wählen Sie den gewünschten Assistenten (2).

2 Tippen Sie mit dem Finger auf die Fotos (3), die zum Album hinzuzufügen sind, um sie mit einem Häkchen zu markieren. Erneutes Antippen hebt die Markierung auf.

3 Tippen Sie auf das in der rechten oberen Ecke angezeigte *ERSTELLEN* (4).

4 Tippen Sie den Albumnamen (5) per Bildschirmtastatur ein, drücken Sie die Eingabe-Taste und gehen Sie über die *Zurück*-Schaltfläche (6) zur App-Anzeige zurück.

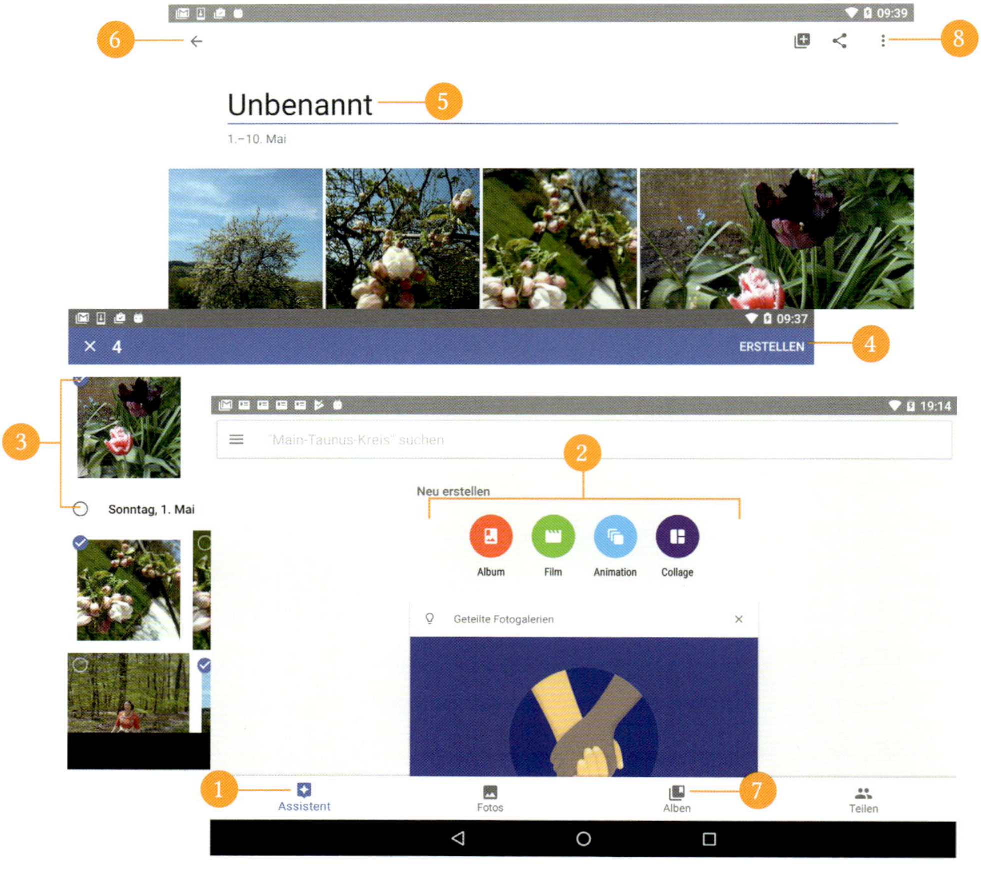

Die Fotos für das Album werden ins Internet hochgeladen. Sie können später in der Fußzeile der App über *Alben* (7) auf die festgelegten Alben zugreifen und die dort einsortierten Fotos ansehen. Das Anlegen von Collagen, Animationen oder Filmen geht genauso. Zum Ansehen öffnen Sie das Menü über die drei Pünktchen (8) und wählen dann den gewünschten Befehl.

HINWEIS

Die Funktionen zum Anlegen von Alben, Collagen, Animationen oder Filmen verwende ich nicht. Einmal stört, dass die Fotos mit dem Google-Konto synchronisiert und im Internet gespeichert werden. Zudem dauert das Hochladen der Fotos und Videos extrem lange.

Fotos teilen und versenden

Die Fotos-App ermöglicht das Teilen eines Fotos oder Videos mit anderen Apps oder Personen. So kann man beispielsweise ein Foto per E-Mail versenden.

1 Tippen Sie in der Vollbildansicht des Fotos auf das Symbol *Teilen*, um die Liste der Apps einzublenden. Bei Bedarf lässt sich mit dem Finger durch die Liste der Fotos eines Albums blättern.

2 Tippen Sie dann die App an, um das Foto oder das Video mit dieser App zu teilen, und führen Sie in der App die benötigten Schritte aus.

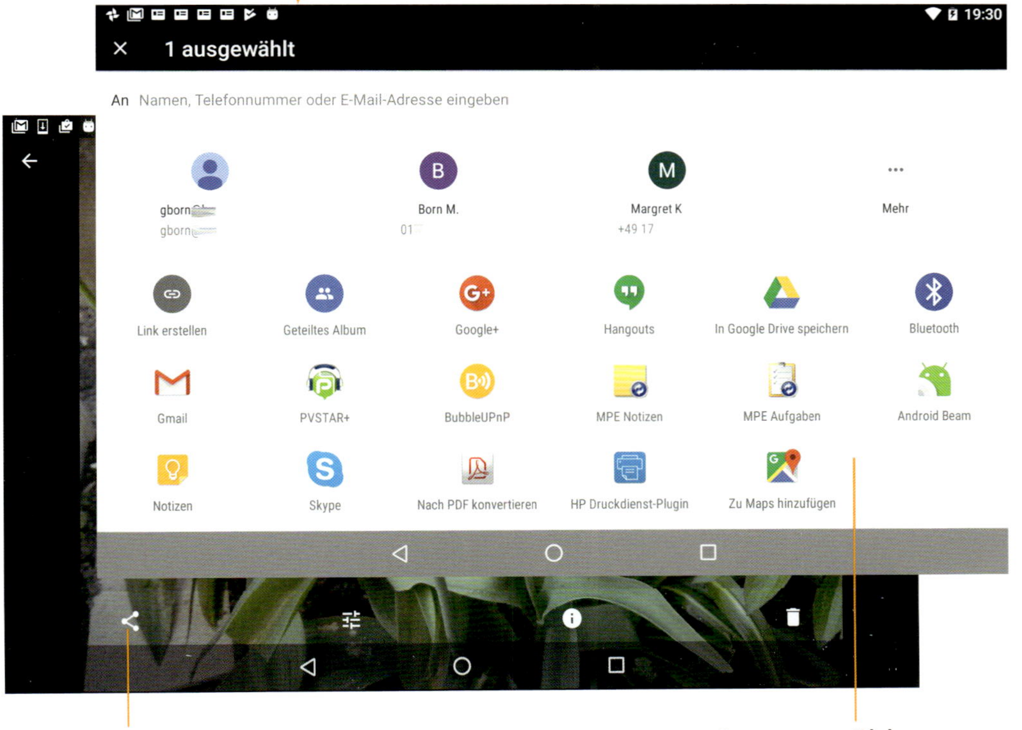

Teilen

App auswählen

Wurde die Gmail-App gewählt, öffnet sich diese App und zeigt eine neue Mail an. Ergänzen Sie noch den Empfänger, einen Betreff und den Text der Nachricht und versenden Sie die Mail. Das Foto oder Video ist bereits eingefügt. Details zu Gmail finden Sie in Kapitel 3.

Fotobearbeitungsfunktionen

Die Fotos-App ermöglicht Ihnen neben dem Löschen von Fotos auch deren Bearbeitung (Drehen, Zuschneiden, Aufhellen etc.). Nachfolgend lernen Sie die wichtigsten Funktionen kennen.

Ein Foto bearbeiten

Zum Bearbeiten eines Fotos rufen Sie dessen Einzelbilddarstellung in der Fotos-App auf (siehe vorhergehende Abschnitte). Danach sind die folgenden Schritte auszuführen:

1 Tippen Sie in der unteren Ecke der Vollbildansicht auf das Symbol *Bearbeiten*.

2 Wählen Sie in der Bearbeitungsansicht eines der am unteren Rand eingeblendeten Symbole, um zur Bearbeitungsfunktion zu wechseln.

3 Führen Sie in der Bearbeitungsfunktion die gewünschten Korrekturschritte aus und bestätigen Sie diese.

Wählen Sie beispielsweise das Symbol *Automatisch* an, um das Foto automatisch zu verbessern. Die App führt dann eine Autokorrektur aus und passt Helligkeit und/oder andere Parameter an. Dabei wird die Bearbeitungsdarstellung angezeigt.

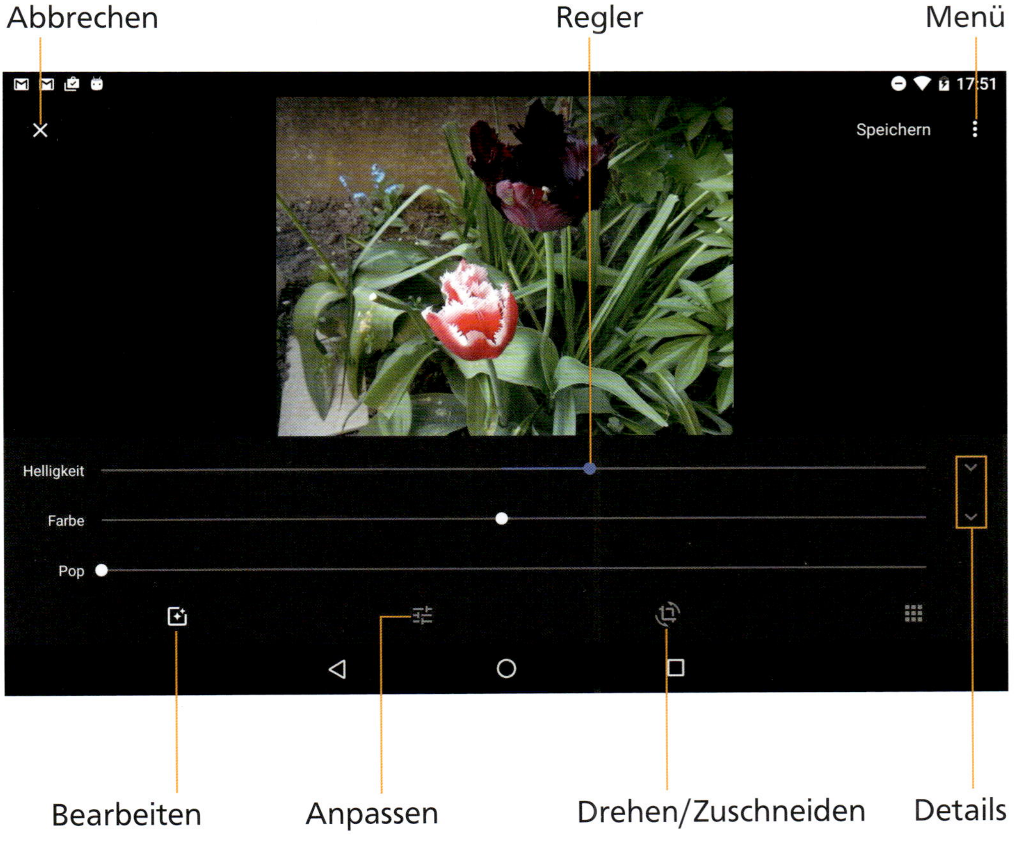

- Mit dem rechts oben sichtbaren Befehl *Speichern* übernehmen Sie die durchgeführten Änderungen.
- Über den Befehl *Änderungen rückgängig* im Menü (die drei Pünktchen in der rechten oberen Ecke) nehmen Sie die Änderungen am Foto zurück.
- Durch Antippen des *Abbrechen*-Symbols werden die Änderungen verworfen und Sie gelangen zum unbearbeiteten Bild zurück.

Ähnliche Bearbeitungssymbole finden Sie bei allen Funktionen zur Fotobearbeitung.

Über das Symbol *Anpassen* blenden Sie die hier sichtbaren Schieberegler ein. Mit *Helligkeit* korrigieren Sie die Helligkeit eines Fotos. Der Regler *Farbe* ermöglicht es, die Farbsättigung zu variieren (steht der Schieberegler ganz links, wird ein Schwarz-Weiß-Foto erzeugt). Mit dem Schieberegler *Pop* können die Farben »poppiger« hervorgehoben werden.

Fotos drehen und beschneiden

Um ein Foto in der Fotos-App zu drehen oder zu beschneiden, führen Sie folgende Schritte aus:

1 Rufen Sie den Bearbeitungsmodus der Fotos-App auf (siehe vorhergehender Abschnitt) und tippen Sie am Rand auf das *Drehen-/Zuschneiden*-Symbol.

2 Wenden Sie anschließend in der App die Bearbeitungsoptionen zum Drehen und Beschneiden an.

Die App bietet Ihnen über Bedienelemente am unteren Rand verschiedene Bearbeitungsfunktionen an.

- Fotos kippen Sie durch Anwahl des Symbols *90 Grad drehen* schrittweise gegen den Uhrzeigersinn.
- Bei schief fotografierten Motiven (z. B. schräger Horizont) lässt sich über den Schieberegler *Drehwinkel* direkt mit dem Finger in der Fotoanzeige stufenlos kippen und so das Motiv »gerade rücken«.
- Zum **Beschneiden** des **Fotos** verschieben Sie die an den Ecken sichtbaren weißen Ziehmarken so mit dem Finger, dass der Bildbereich durch das Rechteck markiert wird.

Sie können Änderungen über das Symbol *Zurücksetzen* jederzeit rückgängig machen. Über das *Abbrechen*-Symbol lassen sich Bearbeitungsschritte komplett verwerfen und Sie gelangen zur Fotoansicht zurück. Das Symbol *Fertig* beendet den Bearbeitungsmodus und zeigt die Änderungen an. Bestätigen Sie den eingeblendeten Befehl *Speichern*, um die Änderungen in der Fotodatei zu sichern.

Bildfilter anwenden

Wählen Sie im Bearbeitungsmodus eines Fotos das Symbol *Bildfilter*, um die Liste der Filter anzuzeigen. Dann lässt sich einer der Filter antippen, um die Bildfarbe zu filtern.

Bei Bedarf ziehen Sie den dann unterhalb des Bildes angezeigten Schieberegler mit dem Finger nach links oder rechts. Dies beeinflusst die Stärke des Filtereffekts. Mit dem Befehl *FERTIG* beenden Sie den Filtermodus und können dann auf den in der rechten oberen Ecke sichtbaren Befehl *SPEICHERN* tippen, um die Änderungen zu sichern.

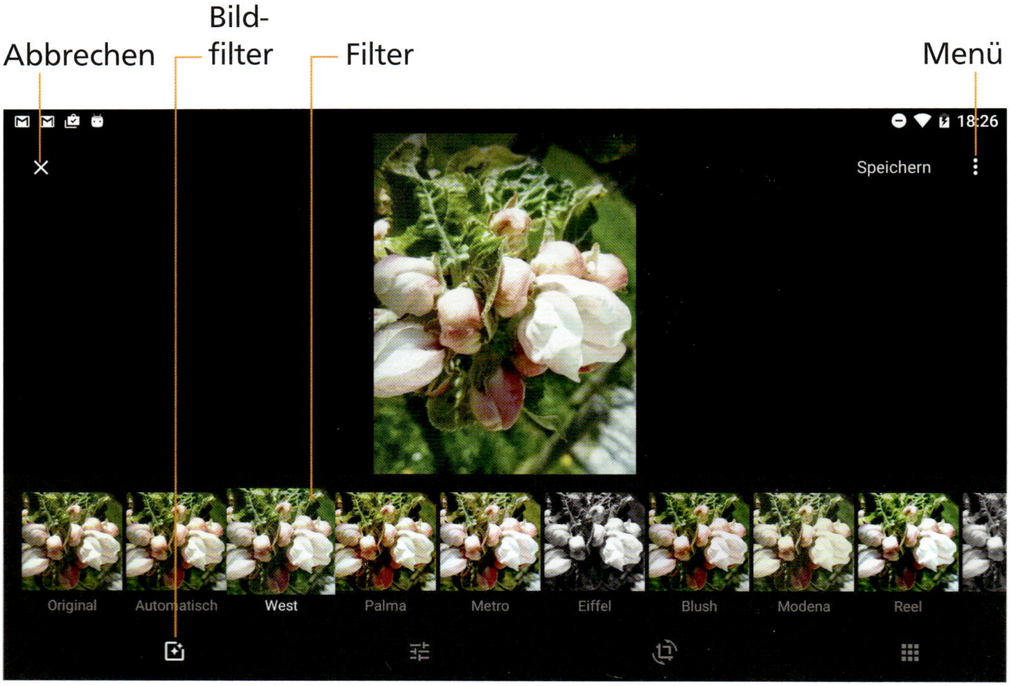

HINWEIS

Bei Videos blendet das *Bearbeitung*-Symbol einen Zeitstrahl mit zwei Marken am unteren App-Rand ein. Durch Verschieben der Marken lässt sich das Video am Anfang und Ende entsprechend kürzen.

In diesem Kapitel haben Sie den Umgang mit Apps zum Aufnehmen, Anzeigen und Bearbeiten von Fotos und Videos auf dem Android-Gerät kennengelernt. Im nächsten Kapitel lernen Sie die Apps zur Musik- und Videowiedergabe kennen.

Unterhaltung: Musik, Videos, E-Books

Android-Geräte wie Tablet und Smartphone lassen sich sehr gut zur Unterhaltung (Musik hören, Videos ansehen, E-Books lesen) verwenden. In diesem Kapitel lernen Sie Apps zur Musik- und Videowiedergabe sowie zum Lesen von E-Books kennen.

Das lernen Sie in diesem Kapitel

- Musikwiedergabe
- Videos ansehen
- E-Books lesen

5

Alles zur Musikwiedergabe

Lernen Sie, wie man Musikstücke auf das Android-Gerät überträgt und dann in der App wiedergibt. Alternativ verwenden Sie Apps, mit denen sich kostenfrei Webradio hören lässt.

Einstieg in die Play-Musik-App

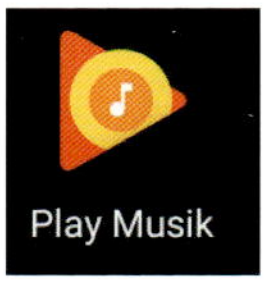

Android bringt bereits die App *Play Musik* zur Wiedergabe von Musik (Audiodateien) und von Medieninhalten aus dem Google Play Store mit.

Tippen Sie das Symbol (z. B. unter *Alle Apps*) an, startet die App mit der nachfolgend gezeigten Darstellung.

HINWEIS

Beachten Sie aber, dass die Darstellung, je nach Android- und App-Version leicht abweichen kann. Beim ersten Start bietet die App Ihnen den Abschluss eines Play-Musik-Abonnements bei Google an. Diesen Schritt sollten Sie aber überspringen, wenn Sie kein Abo abschließen möchten.

- Die App zeigt die letzten Aktivitäten in Form der zuletzt angehörten oder der auf dem Android-Gerät gefundenen Musikstücke an.
- Am unteren Rand erscheint eine Kontrollleiste mit dem aktuell gespielten Titel und dem Symbol *Wiedergabe* bzw. *Stoppen* der Wiedergabe.
- Über das Burger-Menü greifen Sie auf die Befehle *Jetzt anhören*, *Musikbibliothek* und *Einkaufen* zu. Zudem können Sie Google Play Musik abonnieren.
- Über *Einkaufen* gelangen Sie zum Google Play Store, in dem Sie, ähnlich wie Apps, auch kostenpflichtig Musik als Einzeltitel oder als Abonnement erwerben können.

- Durch Antippen des Lupensymbols lässt sich in der Musiksammlung **nach Titeln** auf dem Gerät **suchen**. Geben Sie im Suchfeld den Suchbegriff über die Bildschirmtastatur ein. Die App zeigt dann bereits erste Treffer in Google Play Musik an. Das Zeichen *x* am rechten Rand der Suchleiste löscht den Suchbegriff. Über die *Zurück*-Schaltfläche gelangen Sie wieder zur App-Seite.

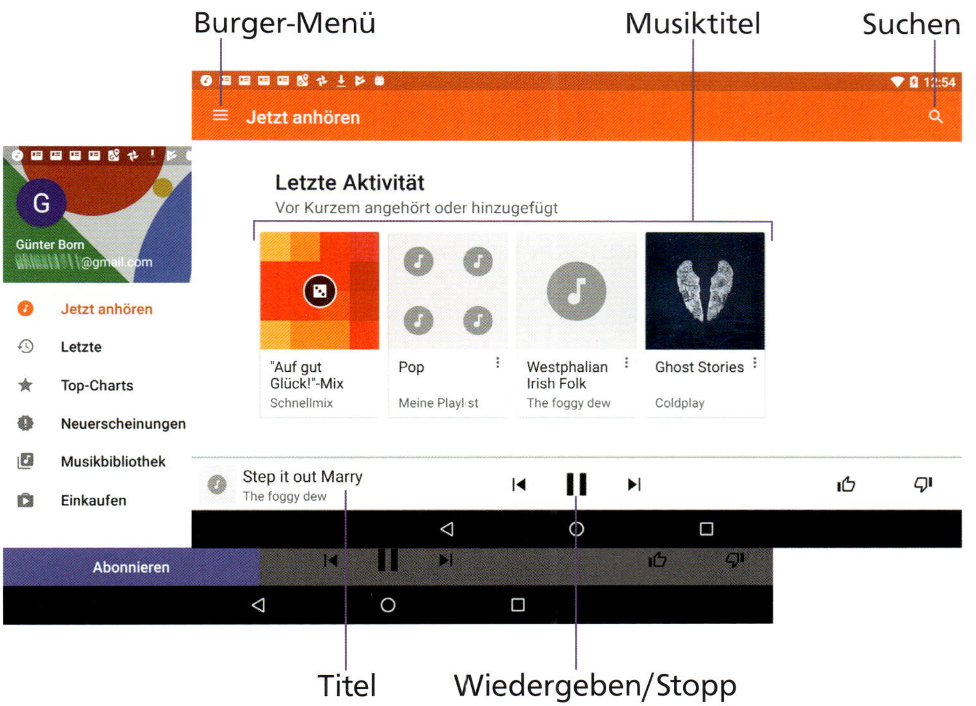

- Tippen Sie im App-Fenster auf einen Titeleintrag, um ihn in die Wiedergabeleiste zu holen und abzuspielen. Über *Alle zufällig wiedergeben* der Musikbibliothek in der Rubrik *Titel* überlassen Sie der App, welche Musikstücke aus der Musikbibliothek gespielt werden.

In Playlists (Wiedergabelisten) können Sie sich eigene Musiksammlungen zusammenstellen, die Sie dann über die Playlist nacheinander wiedergeben.

Musik wiedergeben

Die Musikwiedergabe ist mit wenigen Sätzen beschrieben.

- Tippen Sie in der App auf die in Musiktiteln, Alben, Wiedergabelisten etc. angezeigten drei Pünktchen (1), öffnet sich ein Menü (2). Dort finden Sie Befehle, um Musiktitel zufällig wiederzugeben, in eine Playlist aufzunehmen, einen Schnellmix zu starten oder den nächsten Titel wiederzugeben.
- Sie wählen über das Burger-Menü (3) oder die Suche (4) eine Darstellung der lokal auf dem Gerät in der Musikbibliothek gespeicherten Musiktitel.
- Blättern Sie gegebenenfalls durch Wischen in der Musiksammlung.
- Durch Antippen eines angezeigten Musiktitels (5) lässt er sich wiedergeben.

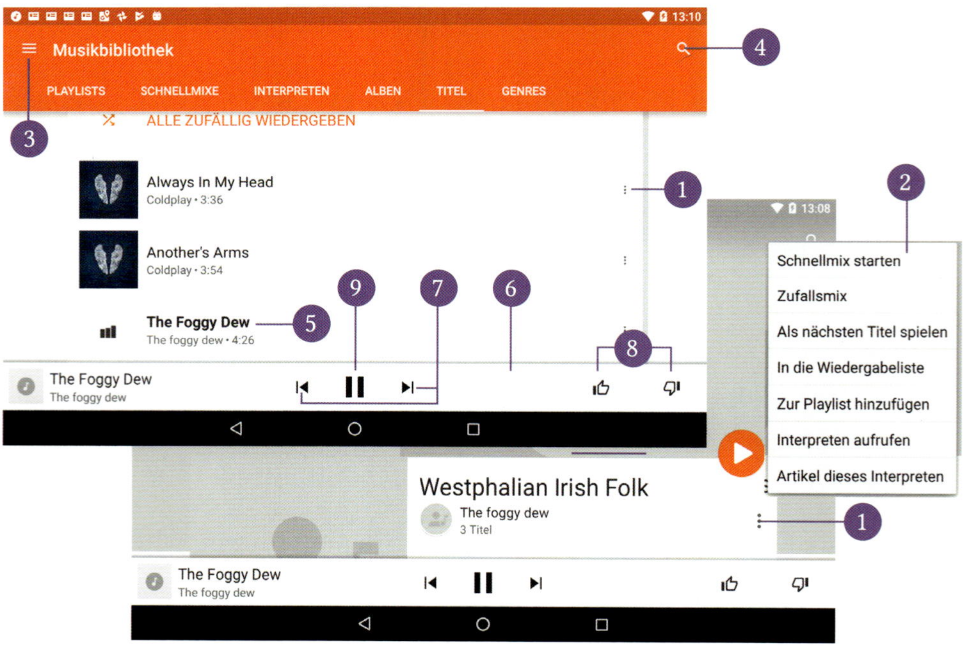

- Am unteren Rand der App erscheint eine erweiterte Wiedergabeleiste zur Steuerung (6). Verwenden Sie die Symbole (7), um zum vorherigen/folgenden Titel der Wiedergabeliste zu springen.

- Mit den Händchen (8) bewerten Sie ein Musikstück. Gefällt Ihnen ein Musikstück nicht, tippen Sie auf das Händchen mit dem nach unten zeigenden Daumen. Dann beginnt die App die Wiedergabe des nächsten Titels und merkt sich Ihre Bewertung.
- Durch Antippen des Symbols (9) wird die Musikwiedergabe gestartet oder angehalten.
- Bei Anwahl der Kategorie *Titel* lässt sich der Befehl *ALLE ZUFÄLLIG WIEDERGEBEN* am oberen Rand der App wählen, um alle Titel durch die App abspielen zu lassen.
- Über *Zurück* der Android-Navigationsleiste gehen Sie in der App zur jeweils vorherigen Darstellung zurück.

Die Lautstärke der Musikwiedergabe regeln Sie über die Lautstärkewippe des Android-Geräts. Diese befindet sich meist an der Gehäuseseite (siehe Kapitel 1).

Musikkauf im Google Play Store

Musik bzw. Medieninhalte beziehen Sie aus dem Google Play Store.

1 Um Musik zu beziehen, öffnen Sie das Burger-Menü (1) und tippen auf *Einkaufen* (siehe vorhergehende Seiten).

2 Tippen Sie auf der Play-Store-Seite *Musik* auf eine Kategorie (2) und navigieren Sie über Alben (3) oder über die Suche (4) zu den Sie interessierenden Musikstücken.

3 Tippen Sie auf ein Album oder ein Musikstück, um die Detailanzeige abzurufen.

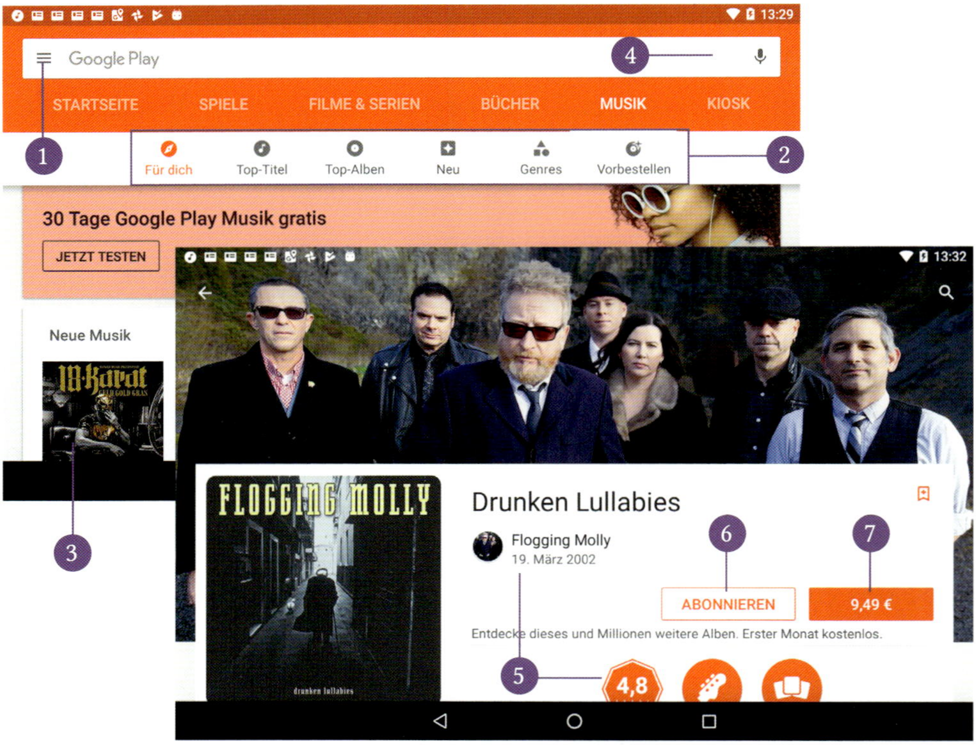

Bei Bedarf können Sie auf jeder App-Seite mit dem Finger nach oben oder unten wischen und so durch das Angebot blättern.

In der Detailseite finden Sie alle Informationen über das Album oder den Musiktitel (5). Über *Abonnieren* (6) lässt sich ein Musikabonnement bei Google abschließen. Über Preisangaben erfahren Sie, was das gesamte Album (7) oder ein Einzeltitel kostet.

4 Tippen Sie im eingeblendeten Fenster mit dem Album oder dem Einzeltitel auf die Preisangabe (7), um den Kauf einzuleiten.

5 Anschließend durchlaufen Sie die Schritte, um den Kauf über die angegebene Zahlungsmethode abzuwickeln.

Sie werden durch die Schritte zum Abschließen des Kaufs geleitet. Das gleicht alles dem in Kapitel 2 beschriebenen App-Kauf. Anschließend können Sie das Musikalbum oder Musikstück auf Ihrem Android-Gerät mittels *Play Musik* wiedergeben.

HINWEIS

Der Erwerb von **Musik** im Google Play Store **ist an** Ihr **Google-Konto**, das beim Einrichten des Geräts festgelegt wird, **gebunden**. Über diese Konto-ID können Sie später auch auf anderen Geräten auf die gekauften Medieninhalte zugreifen. **Musik** können Sie nur **beziehen**, wenn eine **Zahlungsmethode** (Kreditkarte, PayPal oder Guthabenkarten) im Google Play Store eingetragen ist (siehe auch Kapitel 2).

Musik auf Ihr Android-Gerät kopieren

Speziell beim Einstieg in Android wird man möglicherweise ungern Musik im Google Play Store beziehen wollen. Es besteht aber die Möglichkeit, eigene Musik von einem Computer auf das Android-Gerät zu kopieren und abzuspielen.

1 Verbinden Sie das Android-Gerät per USB-Kabel mit einem Windows-Rechner.

Warten Sie, bis das Fenster *Automatische Wiedergabe* (Windows 7) oder die Palette (ab Windows 8) angezeigt wird (siehe auch Kapitel 4 im Abschnitt »Fotos/Dateien mit dem PC austauschen«).

2 Wählen Sie den Befehl *Gerät zum Anzeigen der Dateien öffnen*.

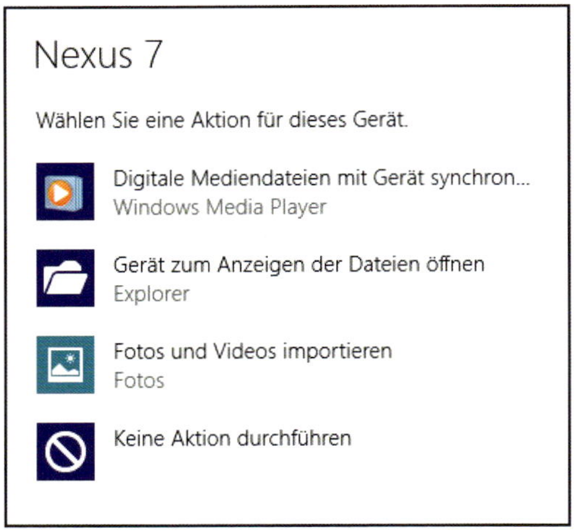

3 Kopieren Sie anschließend im Ordnerfenster die gewünschten Musikdateien vom Rechner in den Musik-Ordner des Android-Geräts.

Musikdateien werden unter Android in den Ordner *Music* kopiert. Die Audiodateien sollten dabei im MP3-Format vorliegen, um durch die Android-App *Musik* abspielbar zu sein.

HINWEIS

Bei unbekannten Audioformaten erscheint unter Android gegebenenfalls eine Warnung, dass die Musikstücke nicht wiedergegeben werden können. Musikstücke im MP3-Format erhalten Sie unter anderem beim Kauf im Internet oder beim Kopieren von Audio-CDs im Windows Media Player.

Musik vom Android-Gerät löschen

Möchten Sie gespeicherte **Musikstücke** (oder andere Dateien wie z. B. Videos) wieder **vom Android-Gerät entfernen**? Gehen Sie wie beim Hinzufügen von Musikstücken vor und wählen Sie im Ordnerfenster unter Windows einfach die gewünschten Audiodateien im Ordner *Music* des Android-Geräts an. Dann können Sie die Audiodateien auf den Rechner zurückverschieben oder löschen. Alternativ können Sie unter Android einen Dateimanager als App verwenden. Navigieren Sie zum Ordner *Music* und löschen Sie dann die gewünschten Musikstücke.

Mixe und Wiedergabelisten verwenden

Wiedergabelisten ermöglichen es Ihnen, auf dem Android-Gerät eine Liste der Lieblingstitel zusammenzustellen und diese Titel dann in einem Rutsch abzuspielen. Ein Schnellmix enthält eine zufällige Zusammenstellung von Medieninhalten. Sie können Wiedergabelisten, Playlists und Mixe mit folgenden Schritten in der App *Musik* erstellen.

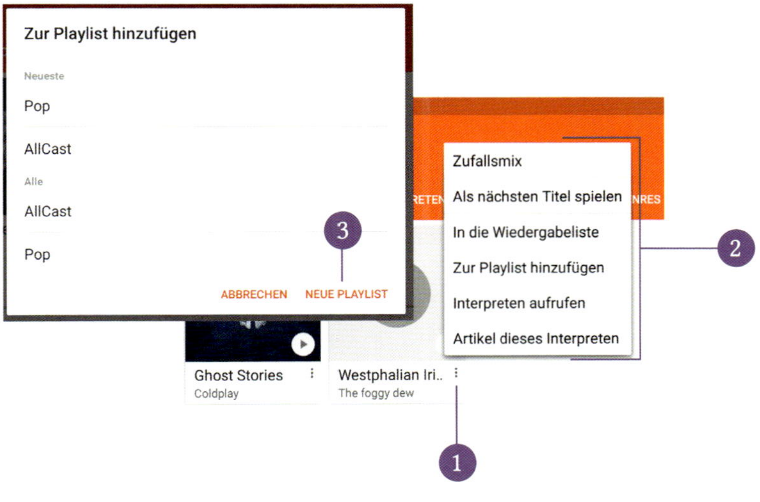

1 Rufen Sie in der Musik-App den gewünschten Titel durch Antippen in der Wiedergabe auf.

2 Tippen Sie in der Wiedergabe auf die drei Pünktchen ❶, um das zugehörige Menü ❷ zu öffnen.

3 Wählen Sie den gewünschten Befehl und befolgen Sie die angezeigten Anweisungen.

Mit *Zur Playlist hinzufügen* öffnen Sie z. B. ein Pop-up-Fenster ❸, in dem Sie den Eintrag *Neue Playlist* wählen. Dann erscheint ein zweites Pop-up-Fenster, in dem Sie den Namen der Playlist, die öffentliche Sichtbarkeit etc. festlegen. Der Titel wird dann zur Playlist hinzugefügt.

HINWEIS

Über das *Zurück*-Symbol der App oder der Android-Navigationsleiste gelangen Sie zu den jeweils vorhergehenden Seiten der App. Persönlich finde ich die Verwendung von Begrifflichkeiten wie Zufallsmix, Wiedergabeliste und Playlist etwas verwirrend. Verwenden Sie gegebenenfalls Playlists, um gezielt mehrere abzuspielende Titel festzulegen. Die Playlist wird gespeichert und lässt sich später immer wieder aufrufen.

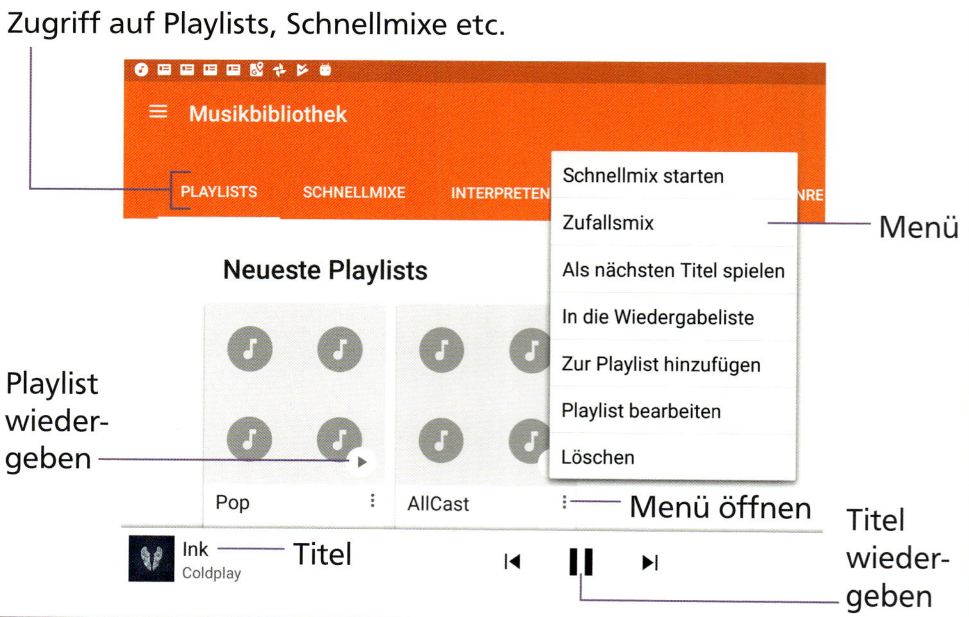

Um **auf Playlists zuzugreifen**, öffnen Sie das Burger-Menü der Hauptseite und wählen den Eintrag *Musikbibliothek* und dann *Playlists*. Dann greifen Sie in der Playlists-Seite durch Wischen mit dem Finger auf die neuesten Playlists, automatische Playlists etc. zu und öffnen sie durch Antippen. Anschließend lassen sich die Musiktitel wie bei Musikalben in der App über das Wiedergabesymbol abspielen.

Tippen Sie bei angezeigter Playlist auf die drei Pünktchen, öffnet sich ein Menü. Dort finden Sie auch den Befehl *Playlist bearbeiten*.

Zugriff auf die App-Einstellungen

Um Einstellungen der Musik-App einzusehen oder anzupassen, tippen Sie in der linken oberen Ecke auf das Burger-Menü, blättern gegebenenfalls durch Wischen nach unten und wählen dann den Befehl *Einstellungen*. Anschließend passen Sie auf der Seite *Einstellungen* die angezeigten Optionen gegebenenfalls durch Antippen an.

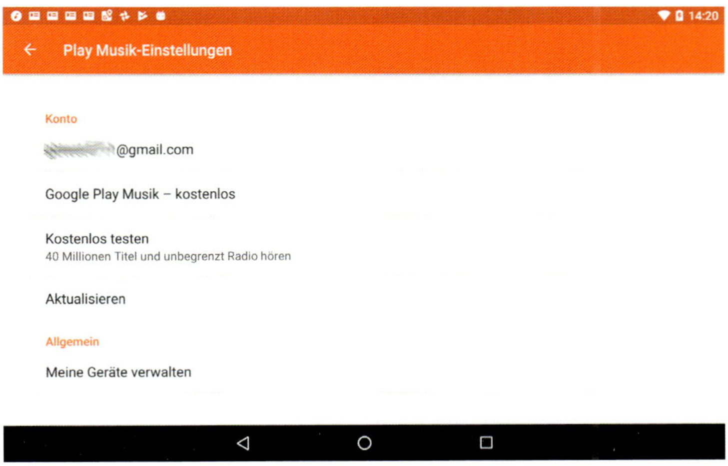

Bessere Alternative: VLC-Player

Anstelle der Play-Musik-App gibt es im Google Play Store alternative Musik-Player-Apps. Der VLC-Player ist kostenlos und kann sowohl Musik als auch Videos wiedergeben. Persönlich bevorzuge ich diese App, da die Bedienung intuitiver ist.

Es reicht, die App über dieses Symbol zu starten. Über das Burger-Menü lässt sich zwischen Audio (Musik) und Video umschalten.

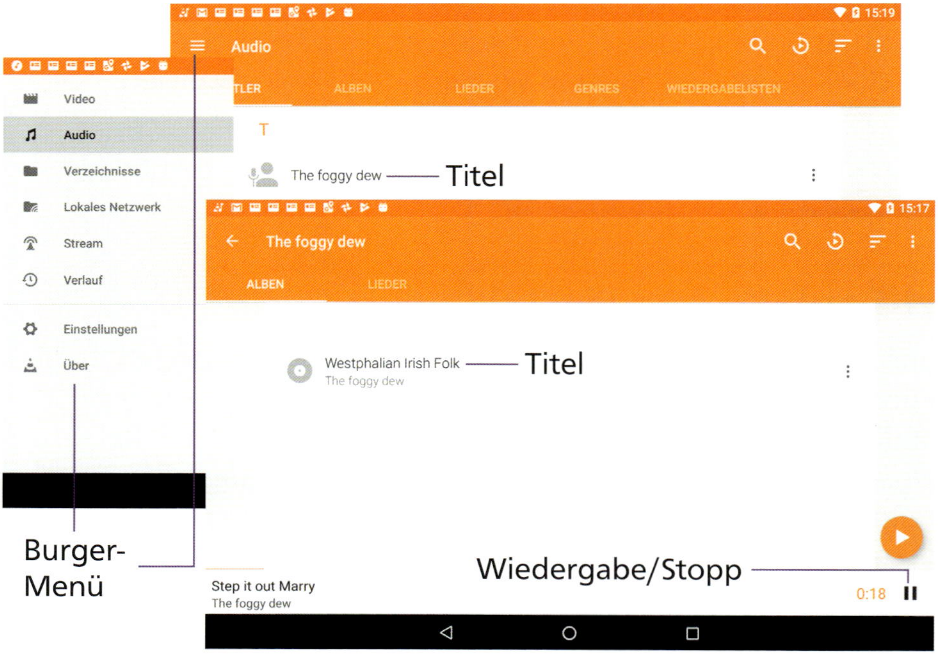

Dann lassen sich die Einträge für Musik- oder Videodateien antippen, um diese wiederzugeben. Das gleicht alles der Bedienung des Google-Players, aber der Zugriff auf den Google Play Store entfällt.

TIPP

Der VLC-Player kann (genau wie *Play Musik*) Musik im Hintergrund wiedergeben, während man z. B. im Internet surft. Die Bedienung erfolgt dann über ein Element, das sich durch Wischen vom oberen Rand im Statusbereich einblenden lässt.

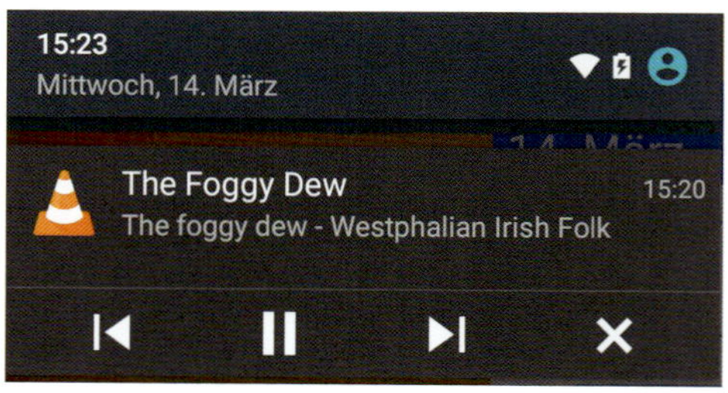

Webradio hören

In den meisten modernen Android-Geräten ist kein UKW-Empfängerchip mehr eingebaut. Falls Ihr Gerät doch einen FM-Empfänger besitzt, finden Sie eine entsprechende Radio-App vorinstalliert.

HINWEIS

Einige Bedienhinweise zur FM-Radio-App finden Sie in meinem Blog unter *www.borncity.com/blog/?p=107994*.

Die Alternative besteht darin, sich Apps zum Hören von **Webradio** per Internet aus dem Google Play Store zu installieren. Diese empfangen Musik per Internet von sogenannten Internet-Radiostationen. So kann man in aller Welt heimische Radiosender empfangen oder von zu Hause Radiosender aus aller Welt hören. Geben Sie den Begriff *Radio* im Suchfeld des Google Play Store ein, werden Ihnen verschiedene Treffer angezeigt. Probieren Sie gegebenenfalls verschiedene Apps aus.

Die Bedienung der App ist weitgehend intuitiv: einfach den Radiosender durch Wischen in der Senderliste suchen und *Play* anwählen – fertig.

HINWEIS

Es gibt Radio-Apps, die mir persönlich zu viele App-Berechtigungen fordern oder zu aggressiv Werbung einblenden. Der Dienst **Spotify**, für den es eine kostenlose App gibt, ermöglicht es, Musik von großen Plattenlabeln zu hören. Neben einem Gratisangebot gibt es die Möglichkeit zu einem Musik-Abonnement. Kritisiert wird aber, dass die Musiker bei diesem Abo-Modell weitgehend leer ausgehen.

Unter dem Kunstwort **Podcast** (setzt sich zusammen aus dem Namen des Apple-Musikabspielers iPod und Broadcasting) wird das Anbieten von abonnierbaren Mediendateien wie Audio oder Video per Internet verstanden. Blogs, TV-Sender und Radiostationen bieten Informationen in Form abonnierbarer Podcasts an.

Suchen Sie eine **Podcast-App** wie *Podcast Addict*, um auf die Angebote zugreifen zu können. Die App bietet Ihnen dann Funktionen, um Podcasts zu suchen und zu abonnieren.

Videos ansehen

Ein Android-Smartphone oder Tablet lässt sich zur Wiedergabe von Videos und TV-Sendungen verwenden. In diesem Abschnitt stelle ich Ihnen die betreffenden Apps und deren Funktionen vor.

Video ansehen

Über die in Android enthaltene Video-App *Play Filme & Serien* können Sie Videos über den Google Play Store erwerben und anzeigen. Rufen Sie die App über das betreffende Symbol *Play Filme & Serien* des Startbildschirms bzw. der Seite *Alle Apps* auf. Die App ermöglicht den Zugriff auf Filme und Serien im Google Play Store sowie auf lokale Videodateien.

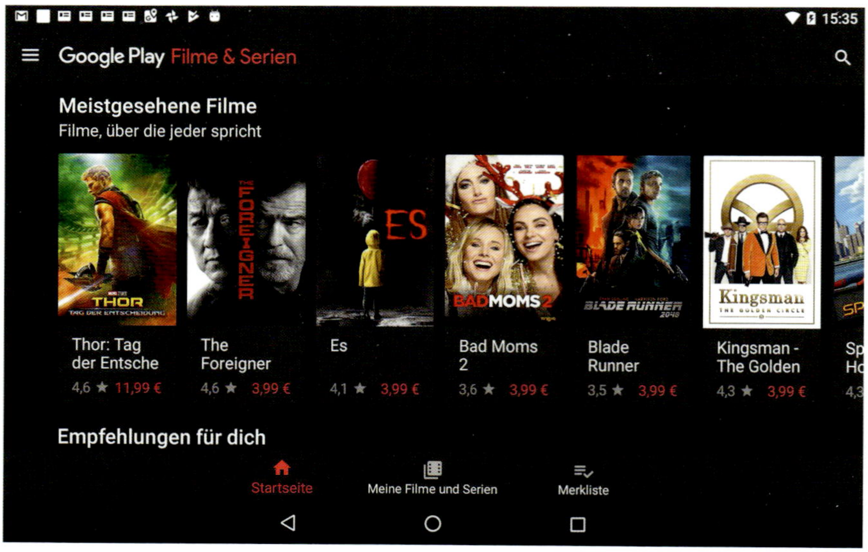

Vieles funktioniert ähnlich wie bei der weiter oben beschriebenen Musik-App. Tippen Sie auf ein Filmangebot, um Details einzusehen und den Film bei Bedarf zu kaufen. Das funktioniert wie das Kaufen von Apps oder Musik und wird daher hier nicht weiter erläutert.

ACHTUNG

Beachten Sie aber, dass das Herunterladen von Filmen ein sehr großes Datenvolumen umfasst und unter Umständen viel Speicher auf dem Gerät belegt.

Bei der Wiedergabe eines Films erscheint sein Wiedergabefenster.

- Im Wiedergabefenster gibt es eine Schaltfläche, über die sich der Film anhalten und erneut wiedergeben lässt.

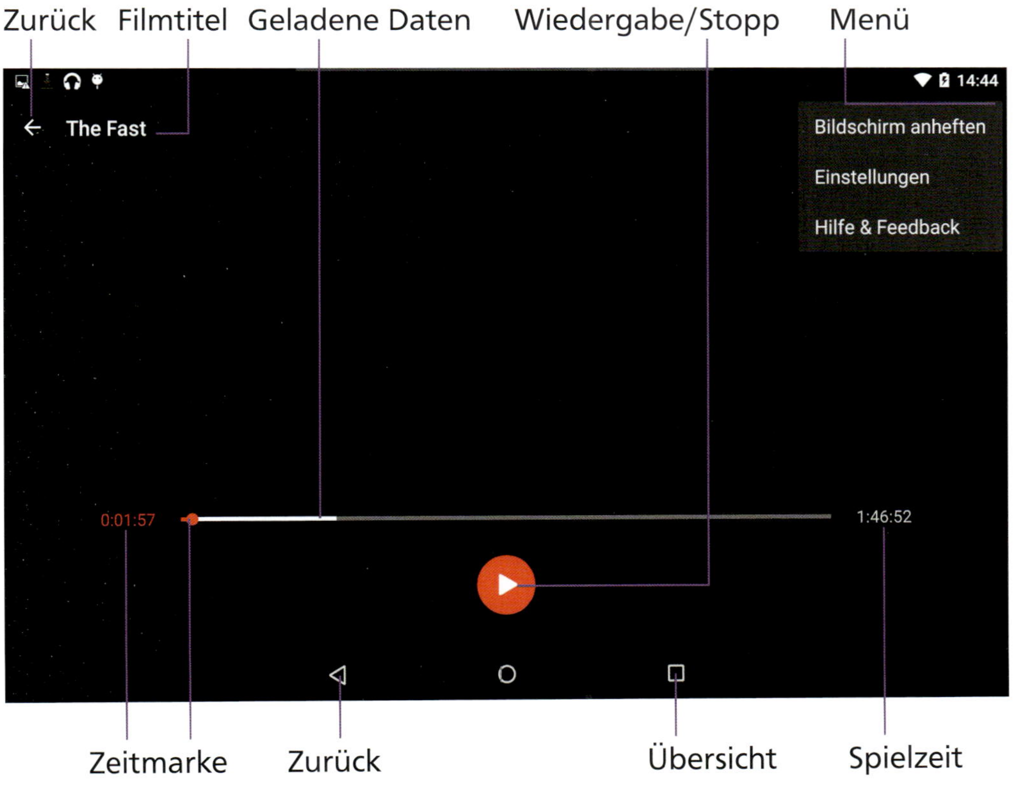

- Im Fußbereich sehen Sie die Zeitleiste, in der die Spiellänge des Films sowie die aktuelle Zeitposition der Wiedergabe angezeigt werden.
- Bei einem Download sehen Sie zudem am Zeitstrahl, wie viele Daten bereits aus dem Internet heruntergeladen und zur Wiedergabe zwischengespeichert wurden.

In der rechten oberen Ecke gibt es drei Pünktchen, über die Sie ein Menü öffnen, um auf Einstellungen zuzugreifen oder um den Bildschirm anzuheften.

ACHTUNG

Bei einem angehefteten Bildschirm kann nicht mehr zu anderen Apps umgeschaltet werden. Zum Aufheben der Fixierung sind im Android-Navigationsbereich die beiden Symbole *Zurück* und *Übersicht* gleichzeitig zu drücken.

Gespeicherte Videos wiedergeben

Alternativ haben Sie die Möglichkeit, Videodateien von einem Computer auf das Android-Gerät zu übertragen und dann wiederzugeben. Um Videos von einem PC oder einem Mac auf das Android-Gerät zu übertragen, gehen Sie folgendermaßen vor:

1 Verbinden Sie das Android-Gerät per USB-Kabel mit einem Computer.

2 Öffnen Sie ein Ordnerfenster und kopieren Sie die gewünschten Videodateien in den Ordner *Movies* des Android-Geräts.

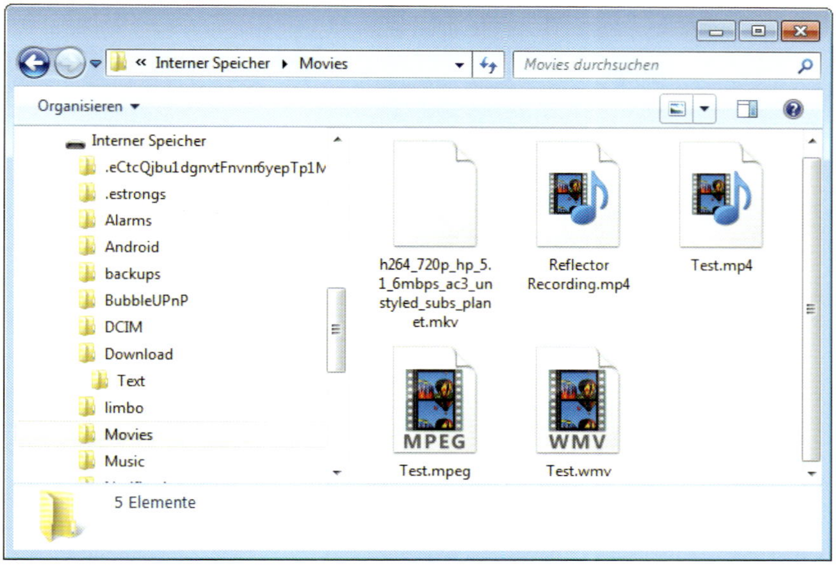

Das funktioniert genauso wie der im vorherigen Kapitel beschriebene Dateiaustausch bei Fotos.

HINWEIS

Die Videos müssen in einem Format vorliegen, das von den auf dem Android-Gerät installierten Medien-Player-Apps wiedergegeben werden kann. Meist können MP4-Videodateien abgespielt werden.

Zur Wiedergabe der Videos auf dem Android-Gerät starten Sie eine Dateimanager-App, navigieren zum Ordner *Movies* (oder *Filme*) (1) und tippen auf die gewünschte Videodatei (2).

Sie erkennen meist an der Miniaturvorschau, ob die Videodatei wiedergegeben werden kann. Beim Antippen öffnet sich das Pop-up-Fenster *Öffnen mit*, in dem Sie eine App (3) zur Wiedergabe wählen.

Die im vorherigen Kapitel vorgestellte Fotos-App kann beispielsweise Videos wiedergeben (siehe Abschnitt »Fotos-App: Fotos und Videos ansehen«).

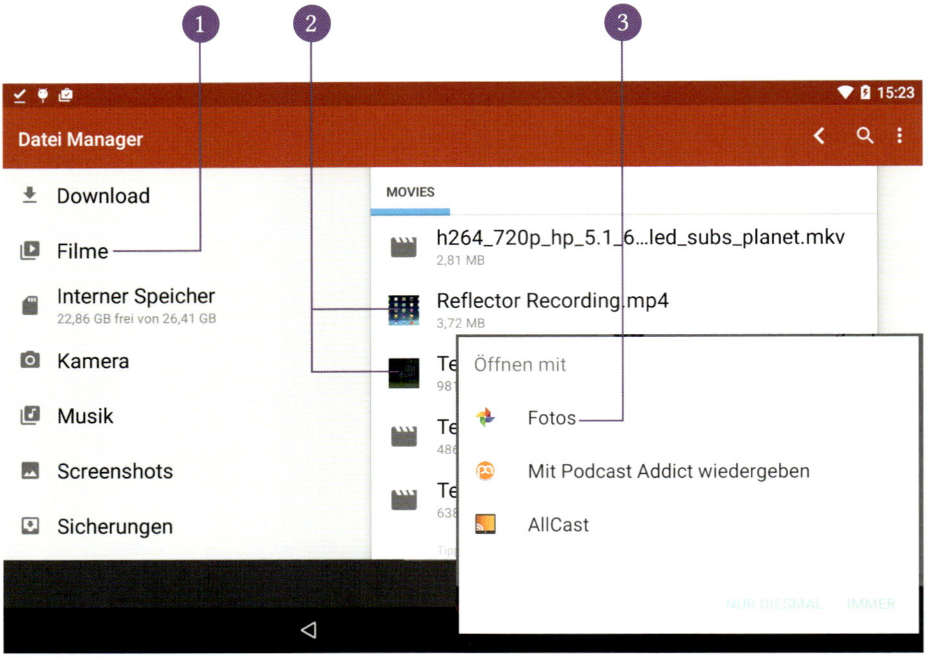

TIPP

Verwenden Sie zum Abspielen der lokal auf dem Android-Gerät gespeicherten Videodateien den im vorhergehenden Abschnitt erwähnten VLC-Player. Einfach im Burger-Menü auf die Kategorie *Video* gehen und dann einen angezeigten Film antippen.

YouTube-Videos abrufen

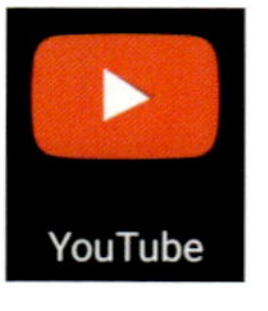

Auf der von Google betriebenen Webseite YouTube lassen sich (Musik-)Videos kostenlos per Internet abrufen. In Android wird eine YouTube-App von Google mitgeliefert. Die App lässt sich entweder aus dem Favoritenbereich des Startbildschirms oder über *Alle Apps* starten.

Zur Handhabung der YouTube-App ist nicht viel Wissen erforderlich.

- Im unteren Bereich der App lässt sich über Symbole auf *Trends*, *Abos* oder die *Start*-Seite umschalten.

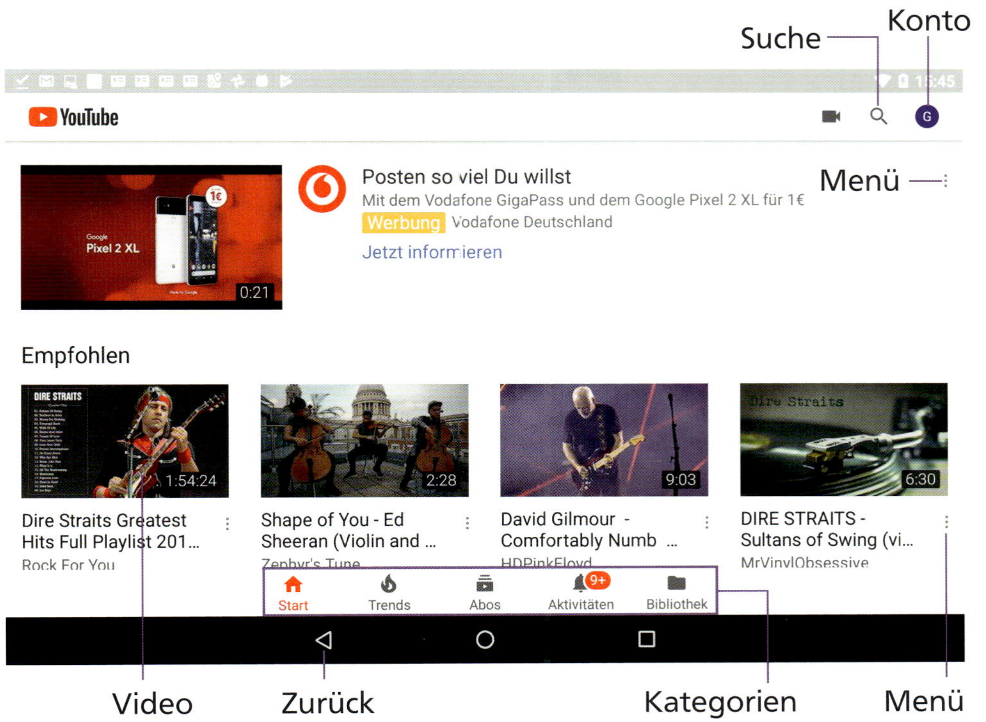

- Zum **Suchen nach Videos** tippen Sie in der rechten oberen Ecke der App auf das Suchsymbol und geben über die Bildschirmtastatur einen Suchbegriff im Textfeld ein. In einem Fenster lassen sich Vorschläge auswählen. Die Suche wird über die Taste *Suchen* der eingeblendeten Bildschirmtastatur gestartet.
- Zur **Wiedergabe eines Videos** tippen Sie einfach auf die angezeigte Miniaturansicht *Video*. Ein Eintrag kann auch für eine Wiedergabeliste (Playlist) stehen – erkennbar an einer eingeblendeten Zahl. Nach Anwahl des Videos öffnet sich der Player und beginnt mit der Wiedergabe der aus dem Internet geladenen Videodaten.
- Die drei Pünktchen öffnen Menüs, über deren Befehle Sie z. B. **Videos** mit anderen Apps **teilen** oder **zu Playlists hinzufügen** können.
- Tippen Sie auf den Videobereich (Symbol *Start/Stopp*), um die **Wiedergabe anzuhalten** und erneut **fortzusetzen**. Ist der Wiedergabebereich angewählt, blendet die App einige Steuerelemente in der Anzeige ein.

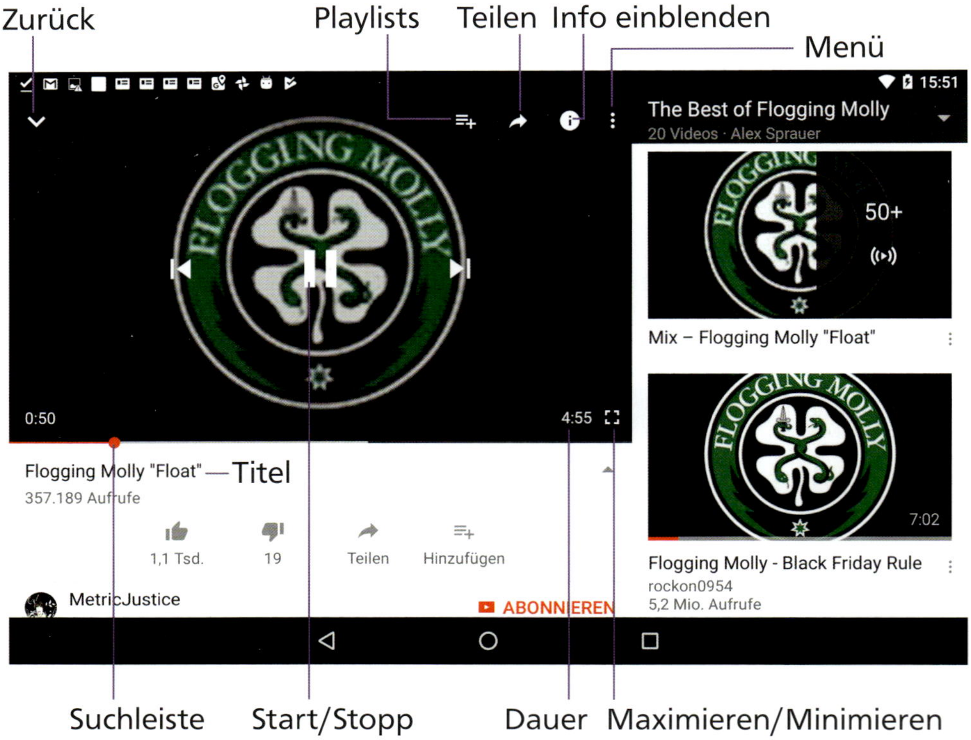

- Am unteren Rand erscheint die **Suchleiste**, auf der sich der Schieber beim Abspielen der Medientitel nach rechts bewegt. Sie sehen also, welcher Teil des aktuellen Titels bereits abgespielt wurde bzw. noch wiederzugeben ist. Durch Ziehen des Schiebers mit dem Finger lässt sich eine bestimmte Stelle im aktuellen Titel suchen.
- Rechts im Videobereich finden Sie das Symbol *Maximieren/Minimieren* und oben links das Symbol *Zurück*, um das **Video** in die **Vollbildansicht** zu schalten und anschließend wieder zu minimieren. Ziehen Sie das geöffnete Video mit dem Finger zur rechten unteren Ecke, wird es als Miniatur wiedergegeben. Tippen Sie auf die Miniatur, um die Ansicht auf die Vollbildansicht zurückzustellen.
- Am oberen Rand finden Sie noch ein Symbol *Playlist*, um das **Video** über ein Menü zu einer eigenen **Wiedergabeliste** (Playlist) hinzuzufügen bzw. später anzusehen, was aber eine Anmeldung bei Google erfordert.

- Das Symbol *Teilen* ermöglicht es, das **Video** mit anderen Apps in sozialen Netzwerken wie Google+, Facebook oder bei Twitter oder per E-Mail zu **teilen**.
- Die drei Pünktchen blenden Symbole ein, über die Sie die Wiedergabequalität anpassen oder ein Video wegen Copyright-Verstößen melden können.

Das ist alles nicht wirklich kompliziert, Sie brauchen nur eine funktionierende Internetverbindung, um YouTube-Videos anzusehen.

ACHTUNG

Bei manchen Videos wird zur Finanzierung ein Werbeclip als Vorspann oder eine Werbeanzeige am unteren Videorand eingeblendet.

TIPP

Um **bessere Klangqualität** zu erhalten, schließen Sie einen Kopfhörer an der Audiobuchse des Geräts an. Oder Sie **verwenden** (Bluetooth-)**Lautsprecher**, um die Musik vom Android-Gerät drahtlos zu übertragen.

Bei der YouTube-App wird die Wiedergabe unterbrochen, sobald Sie zu einer anderen App wechseln. Es ist also nicht möglich, YouTube-**Musikvideos im Hintergrund** zu **hören** und im Vordergrund zu surfen oder ein E-Book zu lesen. Ich verwende daher Apps, die auch im Hintergrund arbeiten. Suchen Sie im Play Store nach *Youtube player background*, um kostenfreie Apps mit dieser Funktion zu finden.

Apps für ARD- und ZDF-Mediathek

ARD, ZDF und weitere TV-Sender bieten kostenlose Apps für Android im Play Store an, um sich das Programmangebot auch per Internet anzeigen zu lassen.

- Rufen Sie den App-Store auf dem Android-Gerät auf und suchen Sie nach den Sendernamen wie ARD oder ZDF. Dann werden Ihnen die Apps *ARD Mediathek*, *Das Erste* oder die *ZDF Mediathek* als Apps zum Download angeboten.
- Starten Sie eine solche App über ihr Symbol auf dem Startbildschirm, erhalten Sie Zugriff auf das Programm des betreffenden Senders. Es lassen sich dann dort Sendungen oder Zusatzinformationen abrufen.

Chromecast, Miracast und DLNA

Falls Ihnen der Bildschirm des Android-Geräts zu klein ist oder mehrere Personen eine Sendung schauen wollen, können Sie den **Bildschirminhalt** auch **auf das TV-Gerät übertragen**. Von Google gibt es den sogenannten **Chromecast-Empfänger** und einige **SmartTV**-Geräte unterstützen den **DLNA**-Übertragungsstandard. Weiterhin lassen sich Geräte mit einem sogenannten **Miracast-Empfänger** in Form eines sogenannten HDMI-Sticks nachrüsten. Schließen Sie diese Empfänger am HDMI-Eingang des TV-Geräts an, um die Inhalte vom Android-Gerät drahtlos zu empfangen und am Bildschirm wiederzugeben. Die Behandlung dieser Funktionen sprengt aber den Ansatz dieses Buches. Interessierte Leser möchte ich auf meinen Blog-Beitrag *www.borncity.com/blog/?p=144134* verweisen, in dem ich entsprechende Lösungen beschreibe.

Sie sind also nicht mehr unbedingt darauf angewiesen, eine TV-Sendung zum Ausstrahlungszeitpunkt abzurufen. Und wenn Sie sich über das TV-Programm informieren möchten, gibt es Apps, die Ihnen dieses aufs Android-Gerät bringen (einfach im App-Store nach *TV-Programm* suchen).

E-Books lesen

Mit einer entsprechenden App lassen sich auf dem Tablet (und gegebenenfalls auch auf einem Smartphone mit größerem Display) E-Books lesen. Android hat die App *Google Play Bücher* an Bord und Amazon bietet die kostenlose Kindle-App).

Einführung in die Play-Bücher-App

Starten Sie die App *Play Bücher* über dieses Symbol auf der Seite *Alle Apps*, um Bücher aus Googles Play Store herunterzuladen und anschließend zu lesen.

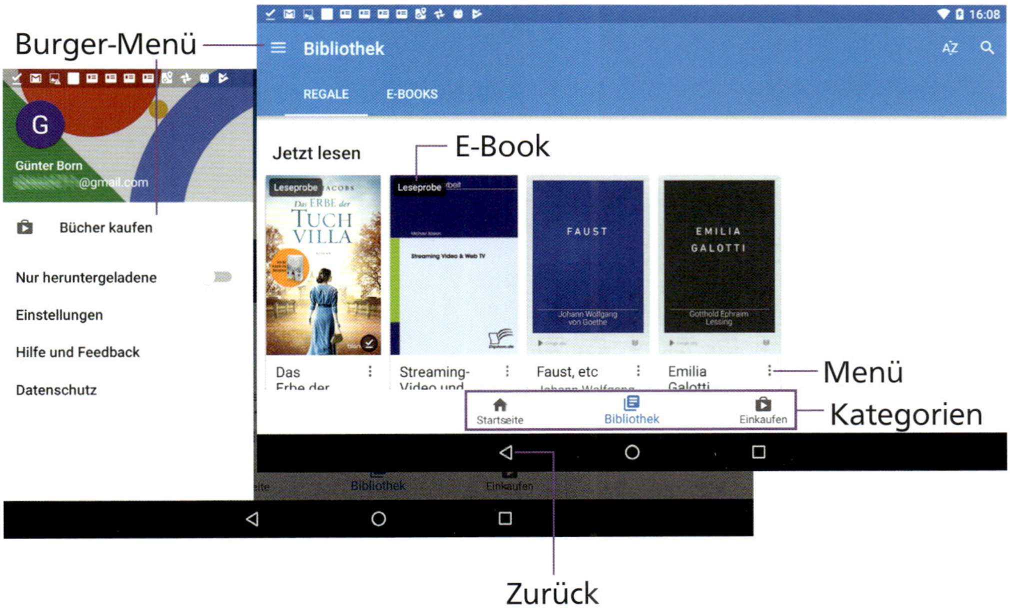

- Die App startet mit der Seite *Google Play Bücher*. Über das Burger-Menü öffnen Sie ein Menü, über dessen Befehle Sie auf die Kategorien *Jetzt lesen*, *Meine Bücher*, *Bücher kaufen* sowie auf die Einstellungen zugreifen können.
- In den Einstellungen geben Sie vor, ob Bücher nur per WLAN heruntergeladen oder sich Seiten mit der Lautstärketaste umblättern lassen.

- Wurden bereits Bücher erworben, gehen Sie über den Befehl *Bibliothek* in der Fußzeile der App zur gleichnamigen Seite. Dann werden anschließend die Cover der gekauften Bücher angezeigt. Über Kategorien lässt sich die Darstellung zwischen *REGALE* (zeigt das Cover) und *E-BOOKS* (zeigt eine Bücherliste) umschalten.
- Am unteren Rand der App finden Sie die Kategorien *Startseite*, *Bibliothek* und *Einkaufen*, über die Sie auf die betreffenden Angebote zugreifen.
- Durch Wischen blättern Sie zwischen den Buchcovern. Tippen Sie auf die drei Pünktchen, öffnet sich ein Menü mit Befehlen, um ein Buch herunterzuladen oder den Titel aus der Bibliothek zu entfernen.

Im Kopfbereich der App finden Sie zudem ein Lupensymbol, um nach heruntergeladenen Büchern zu suchen.

Ein E-Book in Play Bücher lesen

Tippen Sie auf ein Buchcover, um das E-Book zum Lesen zu öffnen. Hier noch einige Bedienhinweise:

- Tippen Sie auf das Display, um die hier sichtbare Seitenübersicht des E-Books abzurufen. Erneutes Antippen des Displays holt die vorherige Leseansicht zurück.
- Durch Wischen mit den Fingern nach links oder rechts blättern Sie im Lesemodus zwischen den Buchseiten. Alternativ verwenden Sie die Leiste am unteren Rand (1), um zwischen den Seiten zu navigieren.
- Das Lupensymbol (2) im Kopfbereich ermöglicht das Suchen nach Textstellen im Buch. Über weitere Symbole können Sie das Inhaltsverzeichnis (3) sowie die Optionen für den Lesemodus (4) abrufen.

- Die drei Pünktchen 5 oben rechts in der App öffnen ein Menü zum Zugriff auf die Einstellungen, zum Teilen, zum Hinzufügen von Lesezeichen und zum Aufrufen der Hilfe.

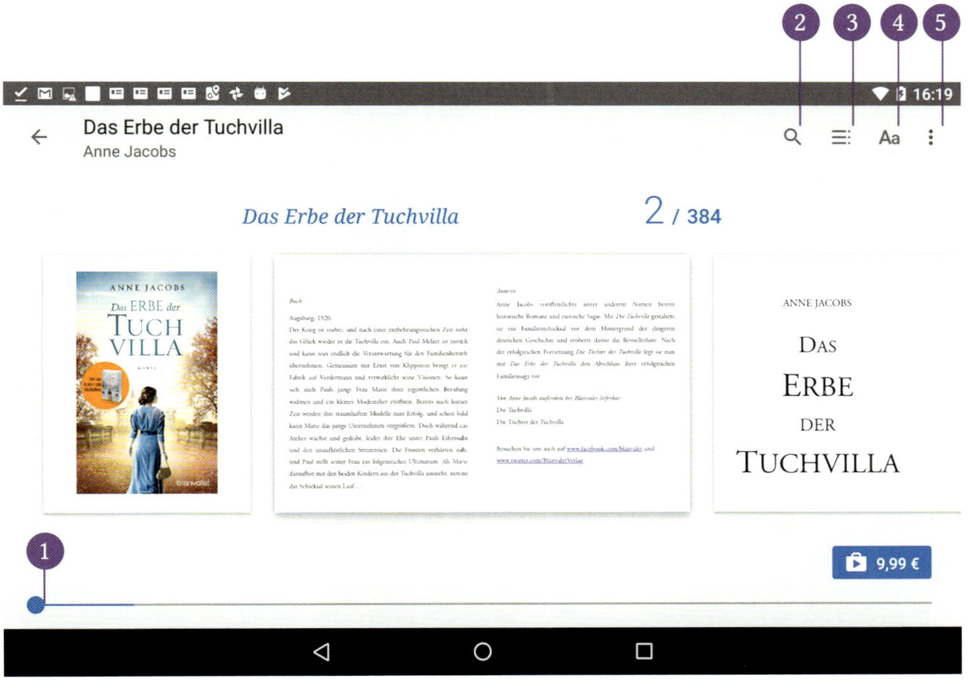

Über die *Zurück*-Schaltfläche in der linken oberen Ecke gelangen Sie ebenfalls zur Leseansicht zurück.

TIPP

In der mir vorliegenden Fassung der App sind die Android-Navigationsschaltflächen im Lesemodus einer Buchseite nicht mehr sichtbar. Tippen Sie dann auf das Display, um die Seitenübersicht einzublenden. Dort sind auch die Schaltflächen wieder sichtbar.

E-Books kaufen

Play Bücher ermöglicht nur Käufe von E-Books (gratis oder kostenpflichtig) im Google Play Store. Gehen Sie über das Burger-Menü und den Befehl *Bücher kaufen* zur Bücherseite im Play Store.

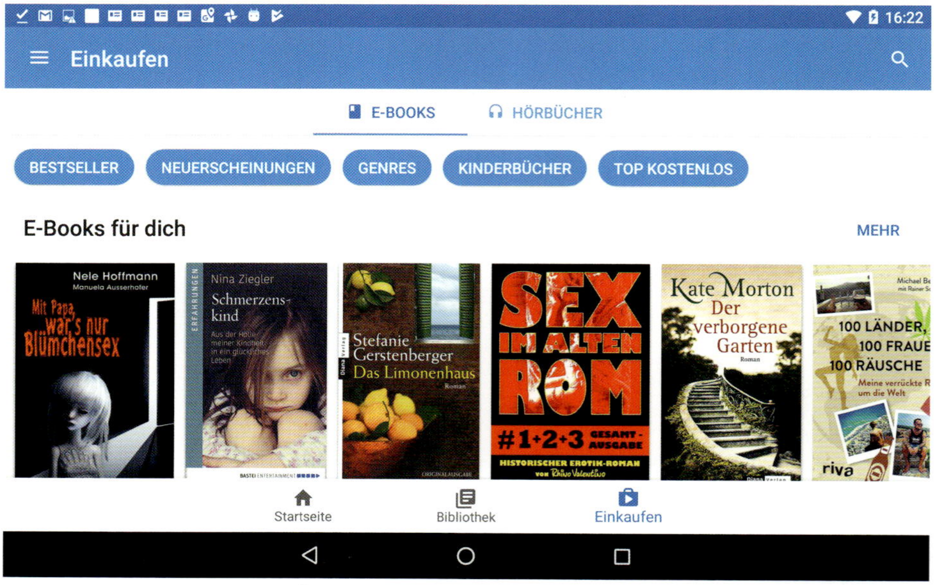

Dort finden Sie eine Suchfunktion sowie verschiedene Kategorien, um zwischen Bestsellern, Buchkategorien etc. zu wechseln. Tippen Sie auf ein Buch, gelangen Sie zur Einkaufsseite. Gratis-E-Books lassen sich direkt zur Bibliothek hinzufügen (beim ersten Mal wird aber eine Zahlungsinformation benötigt). Bei kostenpflichtigen Büchern werden Sie durch den Google-Play-Store-Zahlungsvorgang geführt. Das funktioniert wie der App-Kauf.

Noch ein Tipp: Um mit Buchkäufen risikolos zu experimentieren, können Sie bei vielen E-Books eine Leseprobe gratis anfordern.

Weiterhin können Sie PDF-Dateien in Apps in *Play Bücher* hochladen und dann ansehen.

Amazons Kindle-App als E-Book-Reader

Beziehen Sie E-Books über den Anbieter Amazon, laden Sie die kostenlose Amazon-Kindle-App aus dem Google Play Store herunter. Starten Sie die Kindle-App, ist eine einmalige Anmeldung an Ihrem Amazon-Kundenkonto erforderlich.

Anschließend können Sie in der Kindle-App auf die bei Amazon gekauften E-Books zugreifen und diese, ähnlich wie mit *Play Bücher*, lesen. Weiterhin lassen sich bei Amazon auch E-Books erwerben.

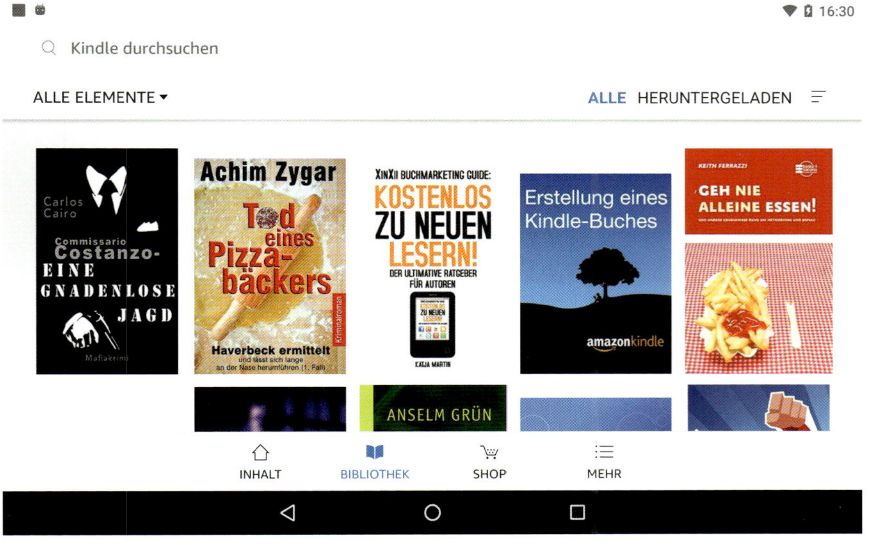

Die Handhabung der Kindle-App erfolgt ähnlich wie die der Play-Bücher-App von Google.

> **TIPP**
>
> Smartphones und Tablet-PCs haben ein helles weiß-blaues Licht, das zu Einschlafstörungen führen kann, wenn man im Bett länger mit den Geräten liest. Suchen Sie im Google Play Store nach dem Begriff *Nachtmodus*. Dann werden Apps wie *Blaulichtfilter* etc. angeboten, die den Blauton des Displays in Richtung wärmeres Rot umstellen.

In diesem Kapitel haben Sie die Möglichkeiten zur Wiedergabe von Musik und Videos mittels entsprechender Android-Apps kennengelernt. Weiterhin habe ich Ihnen kurz Apps zum Zugriff auf YouTube, Webradio oder die Mediatheken verschiedener TV-Sender vorgestellt. Zudem kennen Sie die Möglichkeiten, um E-Books mit dem Android-Gerät zu lesen. Im nächsten Kapitel geht es um weitere Funktionen wie Kontakte und Termine verwalten, Telefonieren mit Skype und mehr.

Kommunikation, Kontakte und Kalender

Irgendwie ist es klar, dass man mit dem Android-Smartphone telefoniert oder SMS verschickt. Aber es geht noch viel mehr: So kann man beispielsweise kostenfrei über das Internet mittels Skype telefonieren oder Nachrichten mit WhatsApp austauschen. Dieses Kapitel zeigt die Verwendung dieser Kommunikations-Apps und beschreibt auch, wie Sie Kontakte sowie Termine per Kalender-App auf dem Android-Gerät verwalten.

Das lernen Sie in diesem Kapitel

6

- Telefonieren mit Android
- Telefonieren mit Skype
- Kontakte verwalten
- Textnachrichten (SMS, WhatsApp)
- Terminverwaltung per Kalender-App

Telefonieren mit Android

In diesem Abschnitt wird kurz die Funktion zum Telefonieren erläutert.

Einfach telefonieren

Android-Smartphones haben eine Telefonie-App an Bord, sodass nur noch eine passende SIM-Karte eines Mobilfunkanbieters für Telefonate benötigt wird.

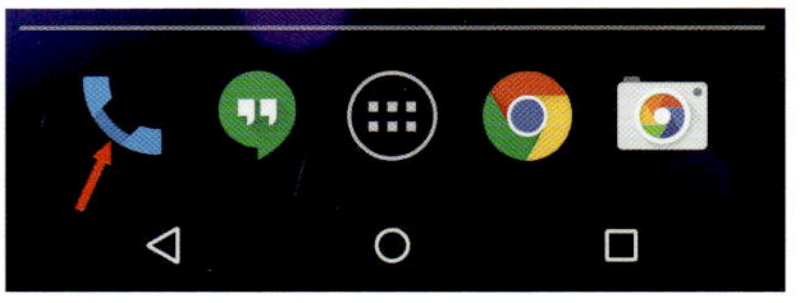

1 Tippen Sie in der Favoritenleiste des Startbildschirms auf das App-Symbol mit dem Telefonhörer.

2 Anschließend rufen Sie die gespeicherte Telefonnummer ab oder tippen eine Nummer ein (siehe folgende Hinweise).

3 Danach reicht es, auf das Telefonsymbol zu tippen, um den Anruf zu tätigen.

Die Bedienung der Telefon-App (hier wird die App aus Android 5.x verwendet) ist sehr einfach.

- Tippen Sie auf die angezeigte Nummer (1) des letzten Telefonats, um den Teilnehmer anzurufen.
- Verwenden Sie das Suchfeld (2), um den Teilnehmer in den gespeicherten Kontakten und Orten zu suchen.
- Über das Mikrofonsymbol (3) lässt sich die Spracheingabe zur Suche aktivieren.

- Verwenden Sie die Einträge (4), um zwischen Kategorien wie *SCHNELLAUSWAHL*, *NEUESTE* und *KONTAKTE* umzuschalten.
- Tippen Sie auf den angezeigten Kontakt (5), um die zugehörige Telefonnummer anzurufen. Alternativ blenden Sie über das Tastensymbol (6) das Ziffernfeld (8) ein und tippen dann die Telefonnummer des Teilnehmers ein.

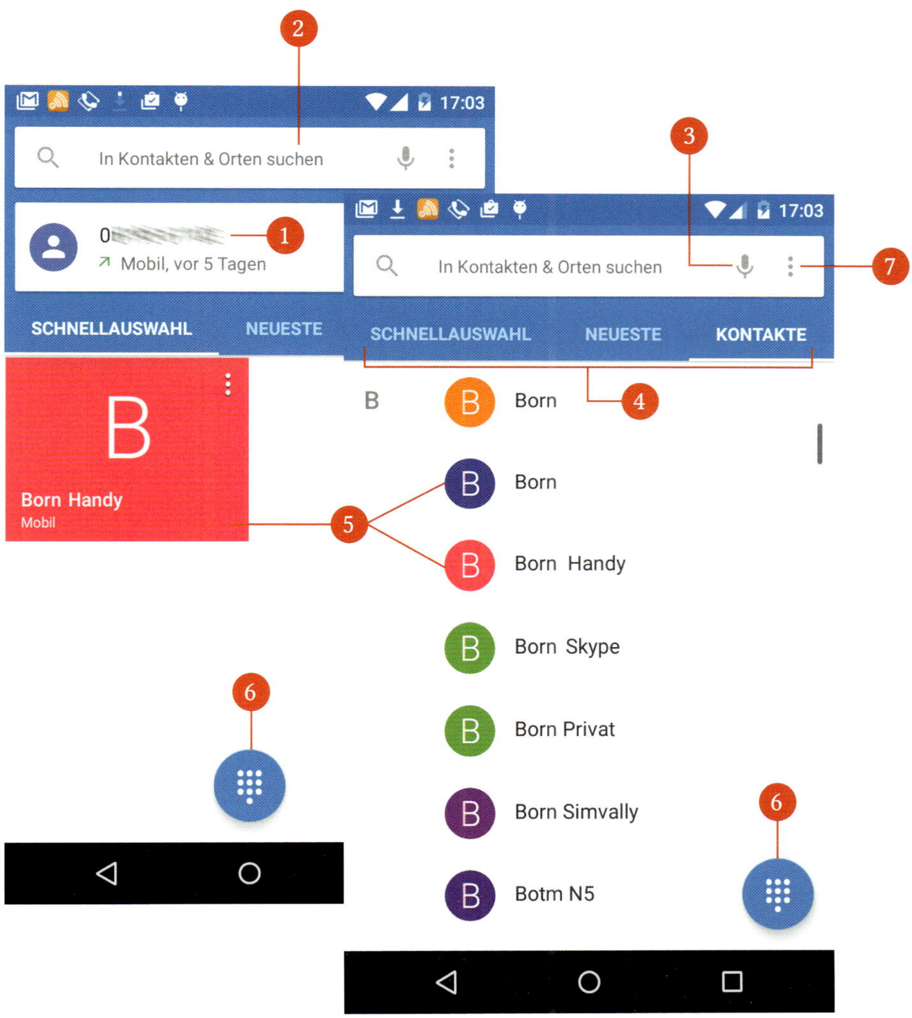

HINWEIS

Über die drei Pünktchen 7 in der rechten oberen Ecke der App blenden Sie ein Menü 11 ein. Dessen Befehle ermöglichen den Zugriff auf die Einstellungen, die Anrufliste oder die Funktion zum Importieren/Exportieren. Zudem lassen sich neue Kontakte anlegen.

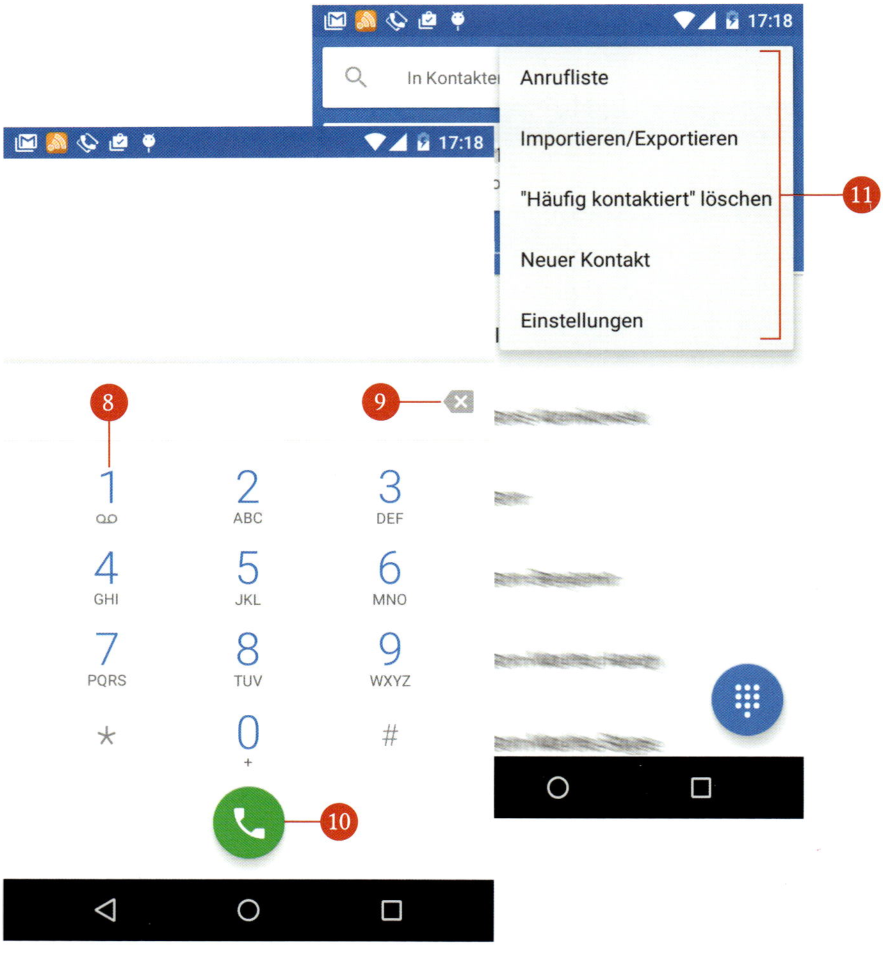

- Ist die Ziffernwahl sichtbar, tippen Sie die gewünschte Telefonnummer über die Tasten 8 ein. Die [⇐]-Taste 9 löscht die zuletzt eingegebene Ziffer.

- Das Symbol (10) mit dem grünen Kreis und dem Telefonhörer wählt die eingetippte Nummer.

TIPP

Bei Android-Smartphones rufen Sie spezielle Funktionen über besondere Tastencodes ab. Mit der Tastenkombination *100# fragen Sie beispielsweise das Guthaben eines Prepaid-Kontos ab. Verwenden Sie eine Suchmaschine und geben Sie Begriffe wie *USSD-Codes*, *Handy-Codes*, *Handy Tastencodes* ein, um Seiten, auf denen diese Codes aufgeführt sind, zu finden.

Nimmt der angerufene Teilnehmer ab, führen Sie das Telefonat. Ein Gespräch beenden Sie, indem Sie in der App auf das Symbol mit dem nun roten Kreis und dem Telefonhörer tippen.

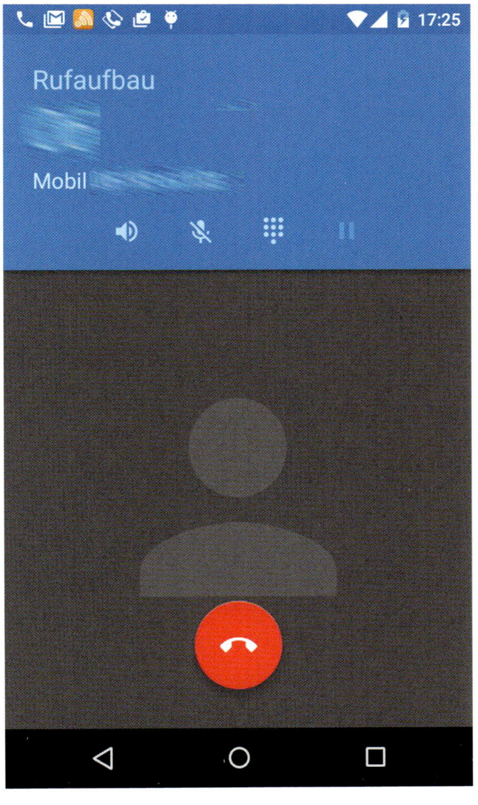

Telefonieren mit Skype

Statt per Mobilfunkverbindung zu telefonieren, können Sie Telefonate per Smartphone oder Android-Tablet auch mit Skype über das Internet führen.

Skype, was muss ich wissen?

Bei Skype handelt es sich um einen sogenannten Internetdienst der Firma Microsoft, der eine Möglichkeit zum Telefonieren per Internet bietet.

- Unter Android benötigen Sie die kostenlose Skype-App für Android aus dem Google Play Store, ein kostenloses Skype-Benutzerkonto sowie eine Internetverbindung (z. B. per WLAN). Mikrofon und Kamera sind bei Android-Geräten in der Regel vorhanden. Dadurch sind auch Videotelefonate möglich.
- Telefonate zu anderen Skype-Teilnehmern sind (abgesehen von den eventuell für die Internetverbindung anfallenden Gebühren) kostenfrei, Anrufe ins Festnetz oder an Mobilfunknummern kosten Gebühren, sind aber bei internationalen Gesprächen sehr günstig.

Das klappt nicht nur mit Android-Geräten, sondern auch von einem Windows-PC oder von einem iPhone, iPad oder Mac aus, denn Skype-Apps sind für Android, iOS, Windows und andere Betriebssysteme verfügbar.

HINWEIS

Informationen zu Skype gibt es auf der Internetseite *www.skype.com/de/*. Die Skype-App für Android gibt es gratis im Google Play Store, wenn Sie nach *Skype* suchen.

Skype einrichten

Ist die Skype-App unter Android installiert, lässt sie sich über das hier gezeigte Symbol aufrufen.

Beim ersten Aufruf fordert Skype Sie zur Eingabe der Anmeldedaten (Benutzername und Kennwort) auf.

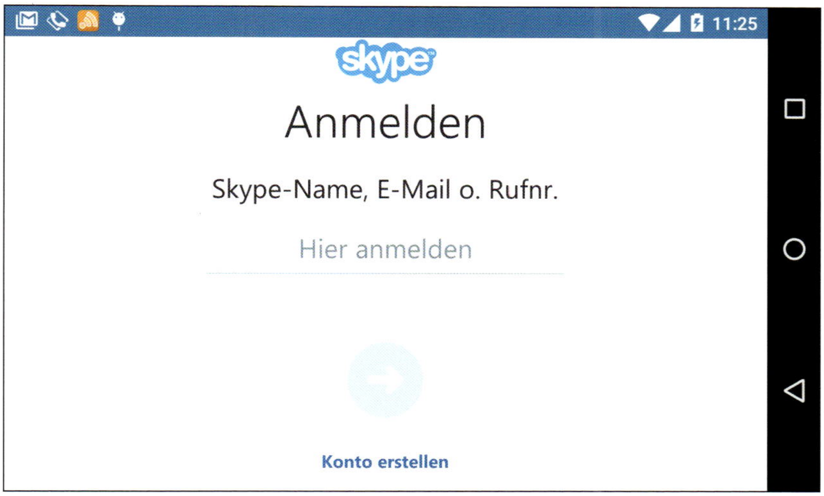

- Melden Sie sich unter *Hier anmelden* mit Ihrem Skype-Namen, einer Skype-Rufnummer oder dem Microsoft-Konto (Letzteres wird z. B. bei Windows 8, 8.1 und 10 automatisch eingerichtet) an.
- Besitzen Sie kein Skype- oder Microsoft-Konto, tippen Sie auf *Konto erstellen* und registrieren Sie sich beim Dienst Skype. Sie bekommen das Konto kostenlos zugeteilt.

Ist eine Internetverbindung vorhanden und sind Sie bei Skype angemeldet, erhalten Sie Zugriff auf die Skype-Funktionen.

Die Skype-App im Überblick

Nach einer erfolgreichen Anmeldung am Skype-Konto sollte die App die nachfolgend gezeigte Darstellung besitzen. Sie können dann auf die Skype-Funktionen zugreifen und Anrufe tätigen bzw. annehmen.

Hier eine kurze Erläuterung der wichtigsten Bedienelemente der App.

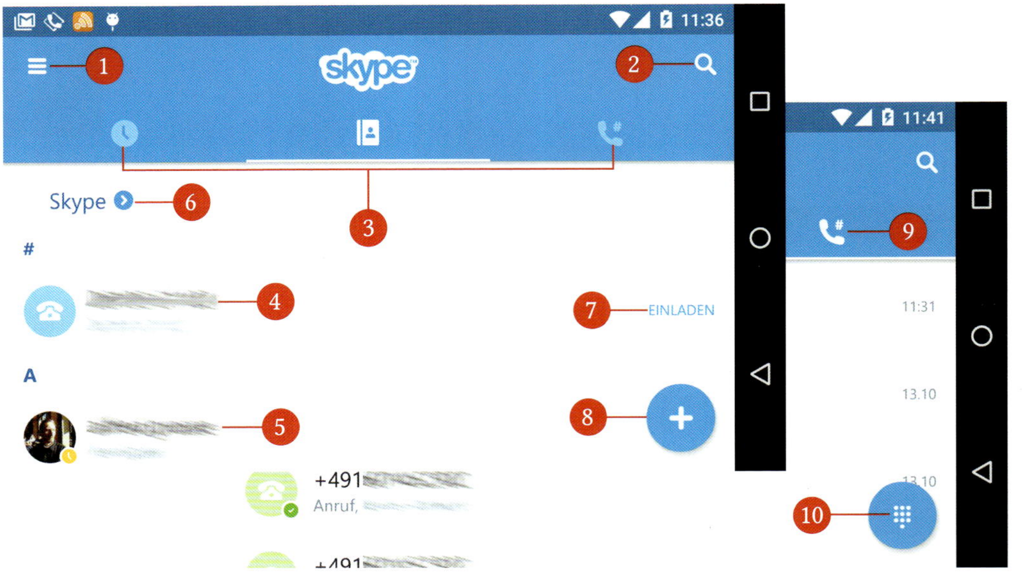

- In der linken oberen Ecke finden Sie das Burger-Menü (1), über das Sie das Skype-Guthaben einsehen sowie Zugriff auf das Skype-Konto und die Skype-Einstellungen erhalten oder sich vom Skype-Konto abmelden können.
- Über das Suchfeld (2) können Sie nach Kontakten in der Anruferliste suchen. Die Symbole im Kopfbereich (3) dienen zur Auswahl der anzuzeigenden Kategorien (letzte Anrufe, Kontakte und Telefonnummern etc.).
- Gespeicherte Telefonnummern (4) und Skype-Kontakte (5) werden über das mittlere Symbol in der App aufgelistet. Über den Befehl *Skype* (6) der Kategorie *Kontakte* öffnen Sie ein Menü, über dessen Befehle Sie wählen, aus welcher Quelle (Android-Kontakte, Skype-Konto, verfügbare Teilnehmer) die anzuzeigenden Einträge zu beziehen sind. Bei Bedarf blättern Sie durch Wischen mit dem Finger im Menü.
- Der Hyperlink *Einladen* (7) neben einer Telefonnummer ermöglicht es, dem Teilnehmer eine SMS zu schicken, um ihn beispielsweise über einen geplanten Skype-Anruf zu informieren.

- Das Symbol (8) öffnet eine Seite, über deren Symbole Sie Einladungen an bekannte Kontakte für die Kommunikation mit Skype senden oder im Skype-Adressbestand nach Skype-Teilnehmern suchen können.
- Über das Symbol (9) wechseln Sie zur hier im Hintergrund sichtbaren Darstellung. Das dann in der rechten unteren Ecke angezeigte Symbol (10) blendet eine Wähltastatur zur Anwahl einer beliebigen Telefonnummer (Festnetz oder Mobilfunk) ein. Solche Anrufe sind dann aber nicht mehr kostenlos, sondern werden über Ihr Skype-Guthaben abgerechnet.

Wie Sie Anrufe per Skype tätigen oder annehmen, wird im nächsten Abschnitt erklärt.

HINWEIS

Beachten Sie, dass sich die Bedienung der Skype-App von Zeit zu Zeit durch Updates ändern kann. Die prinzipielle Vorgehensweise dürfte aber ähnlich bleiben. Zudem sperrt Microsoft zwischenzeitlich Skype-Guthaben nach 180 Tagen der Inaktivität. Dann erhält der Benutzer eine E-Mail-Benachrichtigung. Das Guthaben lässt sich in diesem Fall nach einer Anmeldung am Skype-Konto mittels eines Browsers erneut aktivieren.

Telefonate mit Skype führen/annehmen

Um einen Teilnehmer über Skype direkt (und gratis) anzurufen, muss dieser als Kontakt im Skype-Konto bekannt sein. Zudem ist es erforderlich, dass der Skype-Teilnehmer ebenfalls online ist (ein grüner Punkt (2) beim Namen zeigt dies an). Bei Anrufen einer Festnetz- oder Mobilfunknummer ist dies natürlich nicht erforderlich.

- Zum Anrufen reicht es, den Kontakt in der Skype-Kontaktliste der App (1) anzuwählen. Dann erscheint die Skype-Seite (3) und Sie sehen eine Liste stattgefundener und verpasster Anrufe.

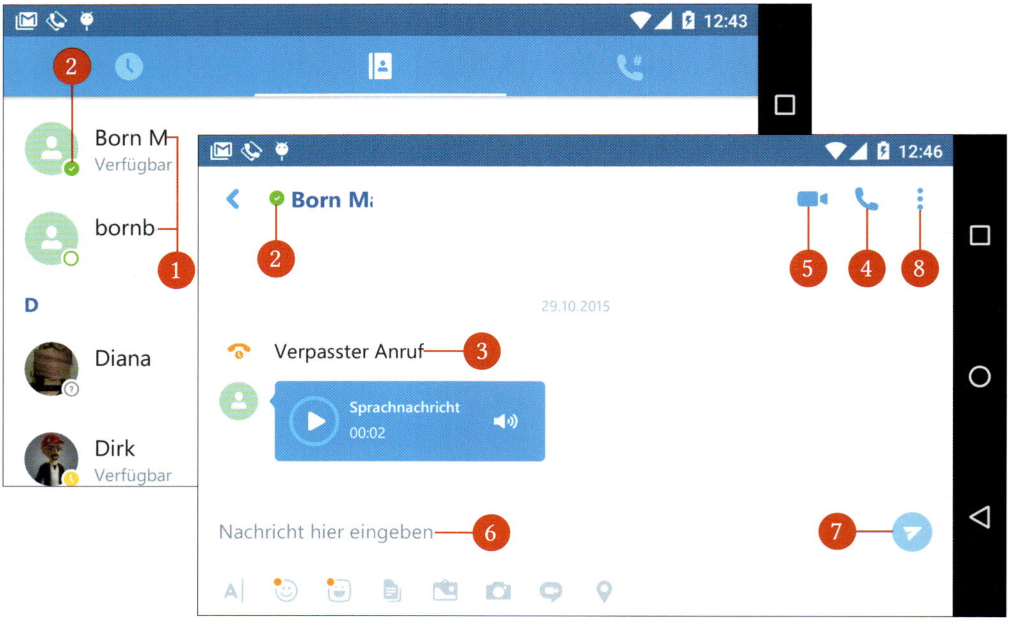

- Über die Symbole in der Kopfzeile leiten Sie dann Sprach- (4) oder Videoanrufe (5) ein. In der Fußzeile finden Sie ein Textfeld *Nachricht hier eingeben* (6) und eine Schaltfläche (7), um Chat-Nachrichten einzutippen und zu versenden.
- Tippen Sie in der Kopfzeile auf die drei Pünktchen (8), öffnet sich ein Menü, über dessen Befehle Sie Kontakte aus der Favoritenliste entfernen, die Kontaktdaten bearbeiten, den Kontakt für Anrufe blockieren oder dessen Profildaten ansehen können.

Haben Sie das Symbol für einen Sprach- oder Videoanruf gewählt, versucht Skype, eine Verbindung mit dem Kontakt aufzunehmen.

Beim Anrufenden sowie beim Angerufenen erscheint die hier gezeigte Darstellung. Über die runden Symbole in der Fußzeile der App lassen sich Kamera, Lautsprecher und Mikro ein-/ausschalten. Die hier gezeigte Darstellung entspricht dem Aussehen bei einem Sprachanruf.

Bei einem Videoanruf fehlen einige Symbole und es wird das Bild der Kamera mit übertragen. Um das **Gespräch** zu **beenden**, tippen Sie auf das rote Symbol mit dem Telefonhörer.

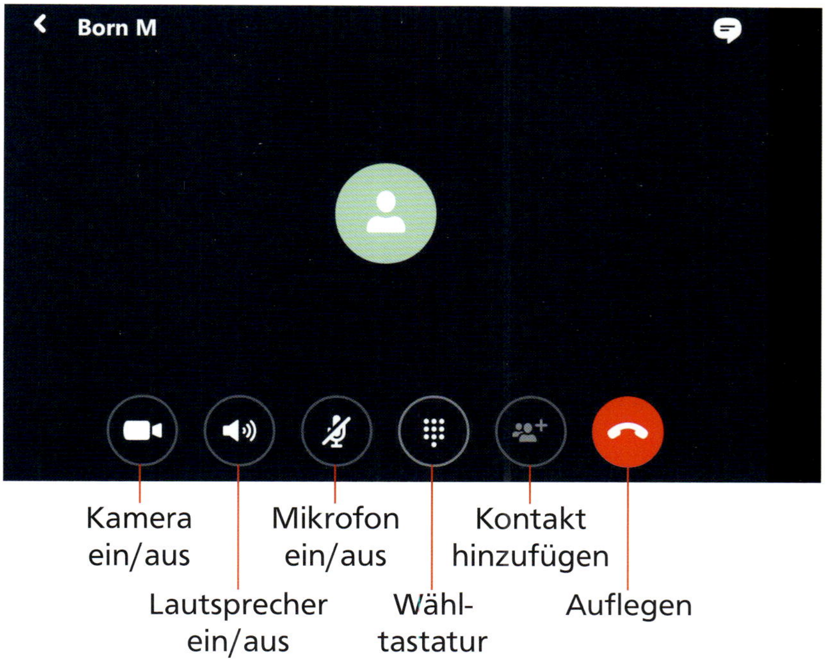

HINWEIS

Bei Skype sind also sowohl normale Sprach- als auch Videoanrufe möglich. Zudem können Sie Texte austauschen. Um einen Skype-Kontakt einzurichten, wählen Sie im Menü den Befehl *Kontakte hinzufügen*. Anschließend befolgen Sie die Anweisungen der App. Weitere Informationen, speziell über die Kosten, entnehmen Sie der Skype-Internetseite.

Kontakte verwalten

In Android gibt es eine Kontakte-App, um Telefonnummern, E-Mail-Adressen etc. zu speichern. Die Kontakte-App lässt sich über ein eigenes Symbol in der App-Seite aufrufen. Da die Kontakte auch in anderen Apps (z. B. Telefon-App) benutzt werden, lassen sich Kontakte auch dort anlegen. Nachfolgend einige Hinweise zur Verwaltung der Kontakte.

Telefonnummer als Kontakt speichern

Haben Sie gerade jemanden per Telefon-App angerufen, lässt sich diese Telefonnummer als Kontakt speichern. Alternativ können Sie auch einfach einen neuen Kontakt anlegen.

1 Tippen Sie in der Telefon-App auf den bei der letzten Telefonnummer angezeigten Hyperlink *Zu Kontakten hinzufügen* (1).

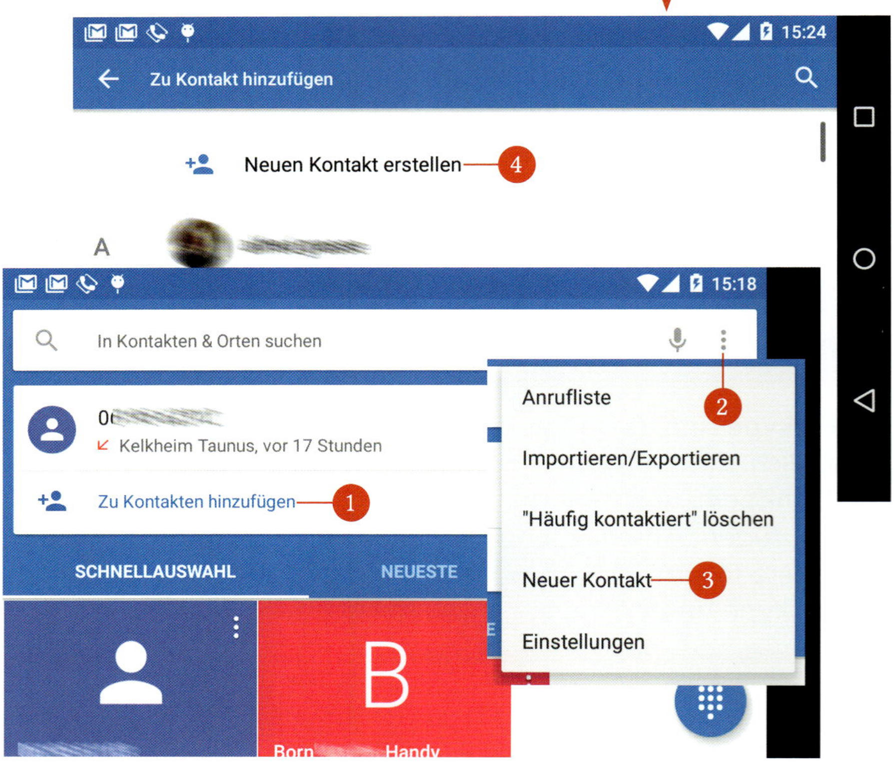

Wird der Hyperlink *Zu Kontakten hinzufügen* nicht angezeigt bzw. möchten Sie einfach nur den Kontakt anlegen, tippen Sie in der rechten oberen Ecke der App auf die drei Pünktchen (2) und wählen im Menü den Befehl *Neuer Kontakt* (3).

2 Wird die Kontaktliste angezeigt, wählen Sie den Befehl *Neuen Kontakt erstellen* 4.

Sie gelangen in die Kontaktseite der App, in deren Felder 5 Sie die Kontaktdetails eintragen.

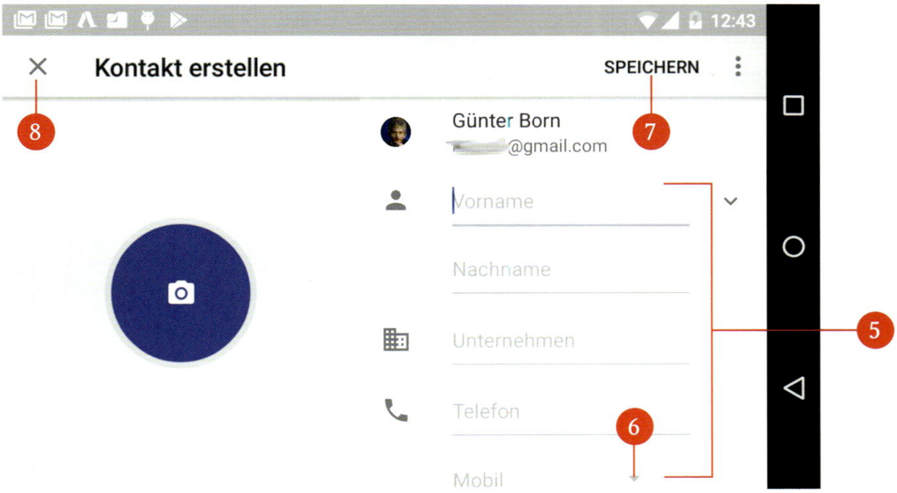

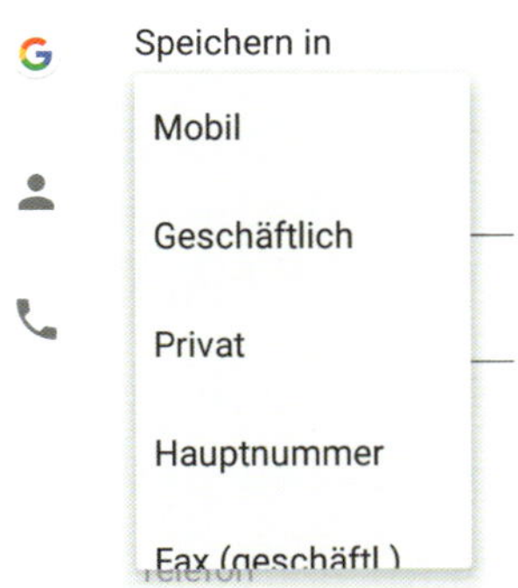

Ist ein Eintrag mit einem Dreieck 6 markiert? Tippen Sie auf dieses Feld, erscheint ein Auswahlmenü mit den verfügbaren Optionen.

Bei einer Telefonnummer lässt sich z. B. zwischen *Mobil*, *Geschäftlich* oder *Privat* wählen. Sind alle Daten eingetragen, tippen Sie in der rechten oberen Ecke auf *Speichern* (das Symbol mit dem Häkchen) 7. Die Daten werden dann als Kontakt gespeichert und es geht zur vorherigen Seite zurück. Über das *Abbrechen*-Symbol 8 in der linken oberen Ecke erscheint ein Pop-up-Fenster, in dem Sie einen Befehl zum Verwerfen der Daten finden.

Kontakte einsehen, ändern und löschen

Zum Abrufen der Daten eines Kontaktes gibt es verschiedene Möglichkeiten.

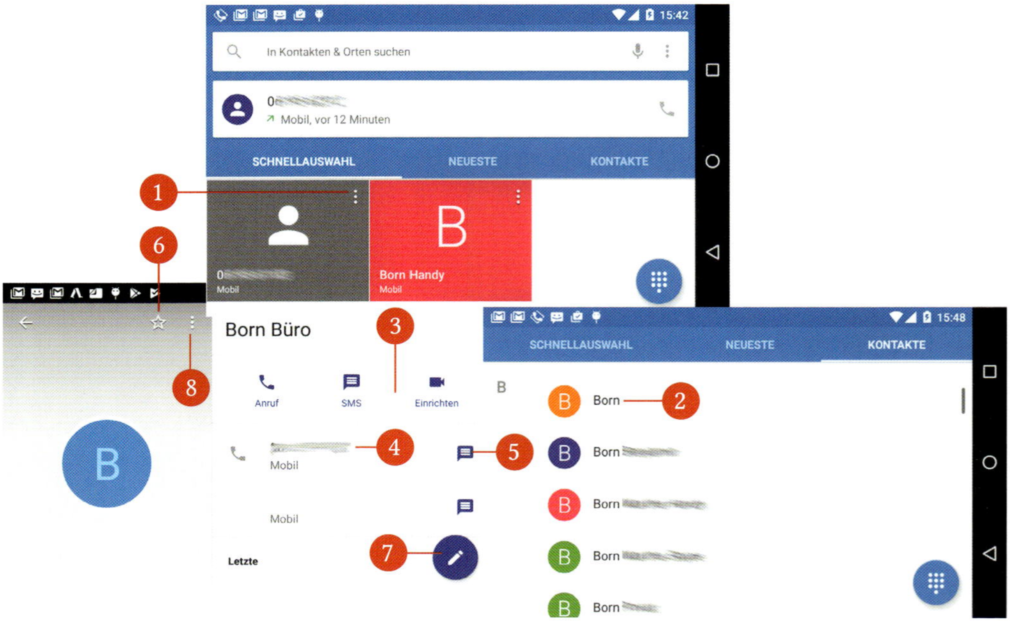

- Tippen Sie in der Kategorie *SCHNELLAUSWAHL* der Telefon-App auf die in der Kachel des Kontaktes angezeigten drei senkrechten Pünktchen 1.
- Alternativ wechseln Sie in der Telefon-App zur Rubrik *KONTAKTE* und tippen den Eintrag des gewünschten Kontaktes 2 an.
- Rufen Sie die App *Kontakte* über die Seite *Alle Apps* auf und tippen Sie einen Kontakt 2 an.

In allen Fällen blendet die Android-App die Daten 3 des Kontaktes ein. Tippen Sie auf einen solchen Eintrag, wird die betreffende Funktion aufgerufen.

- Beim Eintrag mit der Telefonnummer 4 wählt die App den Teilnehmer an.

- Ist Skype installiert und ein Skype-Name in den Kontaktdaten vorhanden, lässt sich mit dem Teilnehmer chatten (Textnachrichten austauschen) oder ein Skype-Telefonat durchführen.
- Wurde eine E-Mail-Adresse festgelegt, lässt sich diese anwählen, um eine Nachricht per Mail-App zu verfassen.
- Das am rechten Rand einer Telefonnummer eingeblendete Symbol 5 ermöglicht es, die App zum Versenden von SMS-Nachrichten aufzurufen und eine SMS-Nachricht an diese Telefonnummer zu versenden.
- Tippen Sie auf das Sternchen 6, wird der Kontakt in die Favoritenliste aufgenommen und unter der Kategorie *SCHNELLAUSWAHL* aufgeführt. Erneutes Antippen hebt die Markierung als Favorit auf, belässt den Eintrag aber in der Kategorie *SCHNELLAUSWAHL*.
- Das Symbol eines Stifts 7 öffnet beim Antippen die App-Seite zum Ändern der Kontaktdaten. Tippen Sie auf den zu ändernden Wert, um die eingegebenen Zeichen über die ⌫-Taste der Bildschirmtastatur zu löschen und anschließend neue Daten einzugeben. Über *Speichern* werden die Änderungen gesichert. Sobald Sie über das in der linken oberen Ecke der App angezeigte *Zurück*-Symbol die App-Seite verlassen, erhalten Sie über ein Pop-up-Fenster die Möglichkeit, die Änderungen zu verwerfen.
- Tippen Sie auf die drei Pünktchen 8, öffnet die App ein Menü. Über den Befehl *Löschen* entfernen Sie den Kontakt. Mit *Teilen* blendet Android eine Auswahlliste an Apps ein. Wählen Sie eine App in der Liste aus, übergibt die Kontakte-App die Kontaktdaten an die betreffende App. Über *Zum Startbildschirm hinzufügen* wird ein Symbol zum Direktzugriff auf diesen Kontakt auf dem Android-Startbildschirm abgelegt.

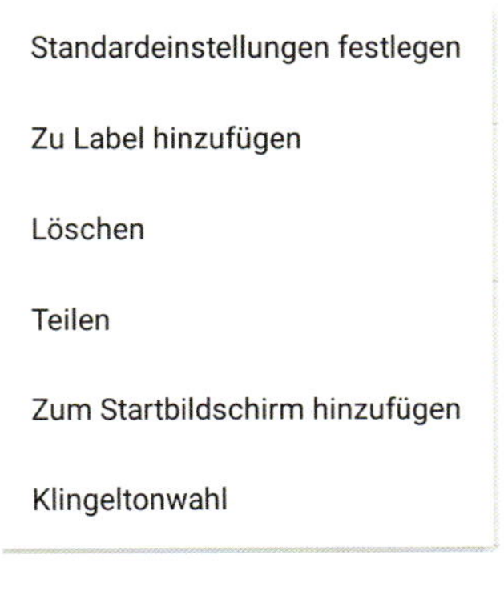

Haben Sie über das Symbol 6 einen Kontakt in die Liste *SCHNELL-AUSWAHL* übernommen und soll dieser Eintrag aus der Kategorie entfernt werden?

1 Drücken Sie den Finger einige Sekunden auf die zu löschende Kachel.

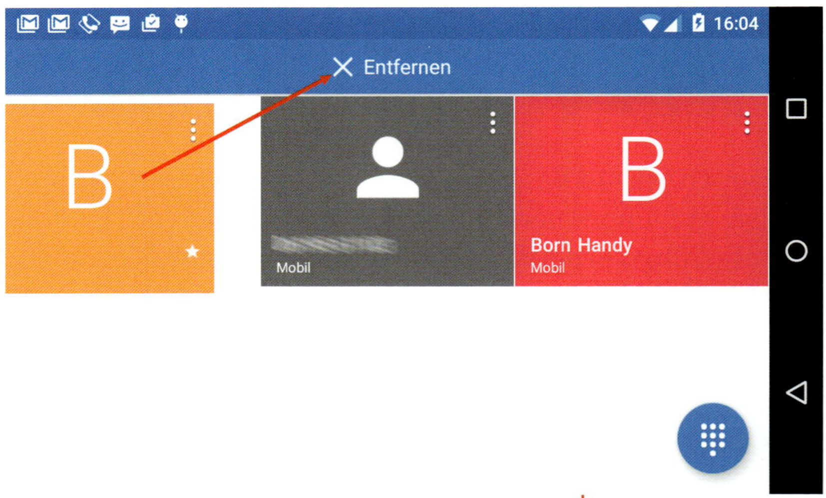

2 Ziehen Sie die Kachel über den eingeblendeten *Entfernen*-Eintrag.

Sobald Sie den Finger abheben, wird die Kachel mit dem Eintrag entfernt, der Kontakt bleibt aber weiterhin erhalten.

Anmerkungen zur Kontakte-App

In Android steht eine eigene App *Kontakte* über ein entsprechendes Symbol der App-Seite zur Verfügung.

Rufen Sie die betreffende App über das Symbol auf, erscheint die nachfolgende App-Darstellung (die bereits auf den vorherigen Seiten gezeigt wurde). Die Kontakte-App von Android wird auch in der Telefon-App zur Verwaltung der Kontakte verwendet.

- Über die Kopfzeile schalten Sie die Anzeige der App zwischen unterschiedlichen Kategorien um. Anschließend werden die Kontakte (1) als Liste aufgeführt – alles wie bei der Telefon-App beschrieben.
- Das Symbol in der rechten unteren Ecke (2) öffnet die App-Seite, um einen neuen Kontakt einzutragen. Tippen Sie auf einen Kontakt (1), werden seine Details angezeigt. Über das auf den vorhergehenden Seiten beschriebene Stiftsymbol lassen sich die Kontaktdaten bearbeiten.

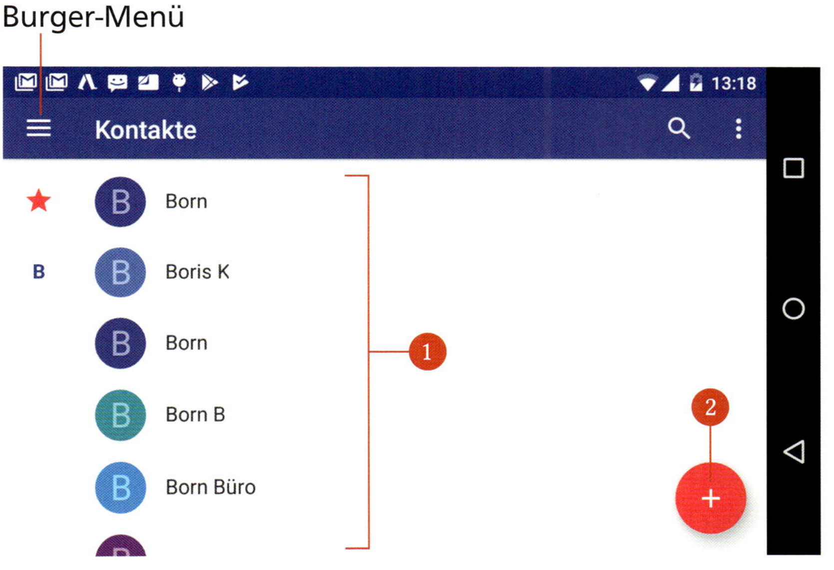

Weiterhin können Sie in der Kopfzeile über das Lupensymbol nach Kontakten suchen. Die drei Pünktchen öffnen das Menü mit Befehlen zum Verwalten der Kontakte. Gegenüber der Beschreibung der Kontaktverwaltung über die Telefon-App ändert sich praktisch nichts.

Damit kennen Sie auch die wichtigsten Funktionen der Kontakte-App. Beachten Sie aber, dass sich die Bedienung in Abhängigkeit von der vorhandenen Android-Version ändern kann.

Kontakte synchronisieren

Sobald Sie ein Konto (Google, Skype, Exchange) in der App hinzufügen, werden die Kontakte übernommen und mit dem Konto synchronisiert.

Textnachrichten (SMS, WhatsApp)

Mit einem Android-Smartphone lässt sich auch über SMS oder WhatsApp per Textnachrichten kommunizieren. In diesem Abschnitt lernen Sie diese Funktionen kennen.

SMS-Nachrichten verwenden

Mit einem Smartphone lassen sich SMS-Nachrichten verschicken und empfangen. Die Abrechnung der Kosten für die SMS-Nachrichten erfolgt dann über den Mobilfunkanbieter.

HINWEIS

Ältere Android-Versionen besitzen eine separate SMS-App. In aktuellen Android-Versionen liefert Google die App *Hangouts* mit, die auch zum Versenden von Kurznachrichten verwendet werden kann. Allerdings ist die Bedienung von *Hangouts* zum SMS-Versand unnötig kompliziert. Rufen Sie den Google Play Store auf und installieren Sie den *Google Messenger* als separate App.

Nachfolgend wird die Messenger-App beschrieben – die SMS-App lässt sich aber genauso bedienen.

1 Starten Sie die SMS- oder Messenger-App über das zugehörige Symbol.

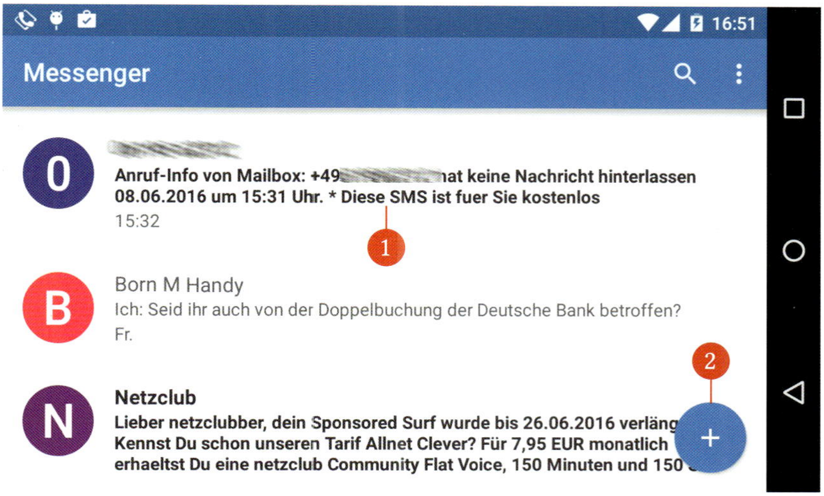

Anschließend sehen Sie die Liste der bereits an die Mobilfunknummer gegangenen SMS-Nachrichten.

2 Zum Beantworten einer eingetroffenen SMS tippen Sie diese auf der Seite an (1).

3 Um eine neue SMS zu verfassen, tippen Sie auf der Seite auf das Plussymbol (2).

4 Tippen Sie bei einer neuen SMS auf das Feld *An* (3) und geben Sie über die Bildschirmtastatur die Empfänger-Telefonnummer ein.

5 Alternativ können Sie in der sichtbaren Kontaktliste (4) blättern und einen der Kontakteinträge antippen, um dessen Telefonnummer zu verwenden.

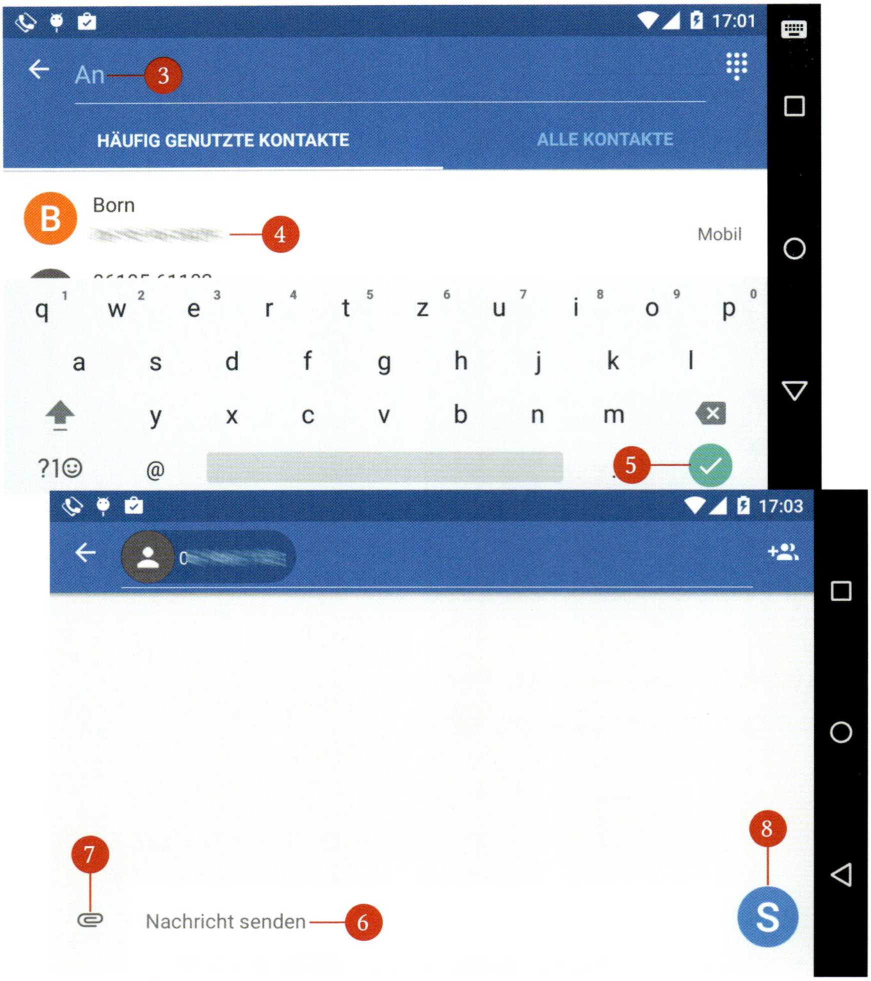

6 Bestätigen Sie die eingetragene Empfänger-Telefonnummer über die Eingabe-Taste (5) der Tastatur.

7 Tippen Sie auf das Feld *Nachricht senden* (6) der Tastatur und geben Sie den gewünschten Text (maximal 160 Zeichen) der SMS ein.

Bei Bedarf tippen Sie auf die Büroklammer (7), um auf der Folgeseite ein Foto oder ein Video anzufertigen und der als MMS verschickten

Nachricht anzufügen. Beachten Sie aber, dass MMS-Nachrichten teurer sind.

8 Tippen Sie auf das *Senden*-Symbol **8**, um die Nachricht zu verschicken.

Mehr braucht man zum Versenden einer SMS eigentlich nicht zu wissen.

Nachrichten verwalten

Empfängt ein Android-Gerät eine Nachricht, wird dies akustisch oder durch Vibrieren signalisiert. Auf dem Sperrbildschirm wird oft der Text der SMS angezeigt. Bei entsperrtem Gerät signalisiert ein Symbol im Statusbereich die eingegangene Nachricht. Wischen Sie im Statusbereich von oben nach unten, wird der Bereich erweitert und Sie sehen den Text der SMS-Nachricht.

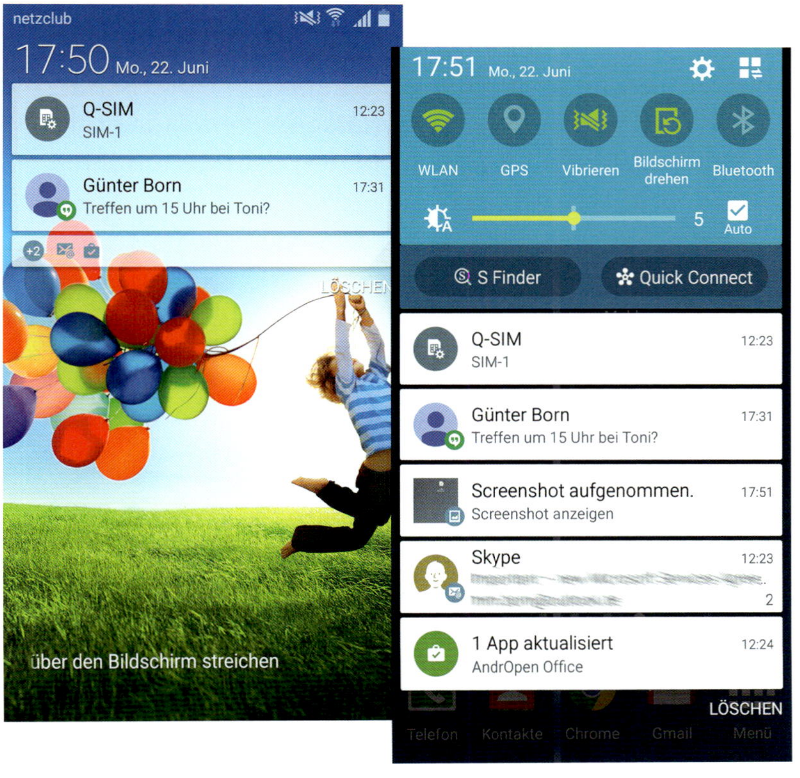

Zum **Löschen einer empfangenen SMS** tippen Sie auf die Nachricht. Wählen Sie im Kopfbereich der angezeigten Nachricht das Symbol mit den drei Pünktchen und tippen Sie im angezeigten Menü auf den Befehl *Löschen*.

WhatsApp, was ist das?

WhatsApp ist ein Dienst, mit dem sich Textnachrichten und mehr kostenlos per Internet verschicken lassen. WhatsApp hat, wegen der kostenlosen Textnachrichten, inzwischen der SMS den Rang abgelaufen.

Wichtig zu wissen

Der Anbieter WhatsApp wurde von Facebook gekauft, sodass der Dienst und die App für Android gratis sind. Die App erfordert aber sehr weitgehende Benutzerrechte samt Zugriff auf die Kontakte etc. Datenschützer kritisieren WhatsApp wegen der Datenschutzeinstellungen. Auf der Webseite *www.whatsapp.com/faq/* findet sich eine ausführliche Liste mit Fragen und den dazugehörigen Antworten rund um WhatsApp.

Benötigt wird ein Smartphone und die kostenlose App *WhatsApp*, die man aus dem Google Play Store auf dem Android-Gerät installieren kann.

1 Starten Sie die installierte Android-App über das betreffende Symbol, das sich auf der Startseite oder auf den App-Seiten befindet.

2 Befolgen Sie die (beim ersten Aufruf auf dem Smartphone gezeigten) Anweisungen zur Inbetriebnahme der App.

Beim ersten Aufruf der App werden Sie zur Registrierung aufgefordert (gefragt wird nach der Telefonnummer des Android-Smartphones, das zur Kommunikation verwendet wird).

3 Tragen Sie die Telefonnummer des Geräts über die eingeblendete Bildschirmtastatur im angezeigten Formular ein und tippen Sie auf *OK* oder die Eingabe-Taste.

Der WhatsApp-Anbieter sendet dann eine SMS zur Verifizierung an das Gerät. Befolgen Sie die Anweisungen, die auf dem Smartphone angezeigt werden. Sobald das Telefon verifiziert wurde, sind Sie zum Versand von Textnachrichten, Bildern, Videos etc. bereit.

Nachrichten mit WhatsApp austauschen

Der Austausch von Nachrichten mittels WhatsApp ist ziemlich einfach, es muss lediglich eine Internetverbindung bestehen.

1 Wählen Sie im WhatsApp-Fenster eine der angezeigten Kategorien (1) *CHATS*, *STATUS* oder *ANRUFE*.

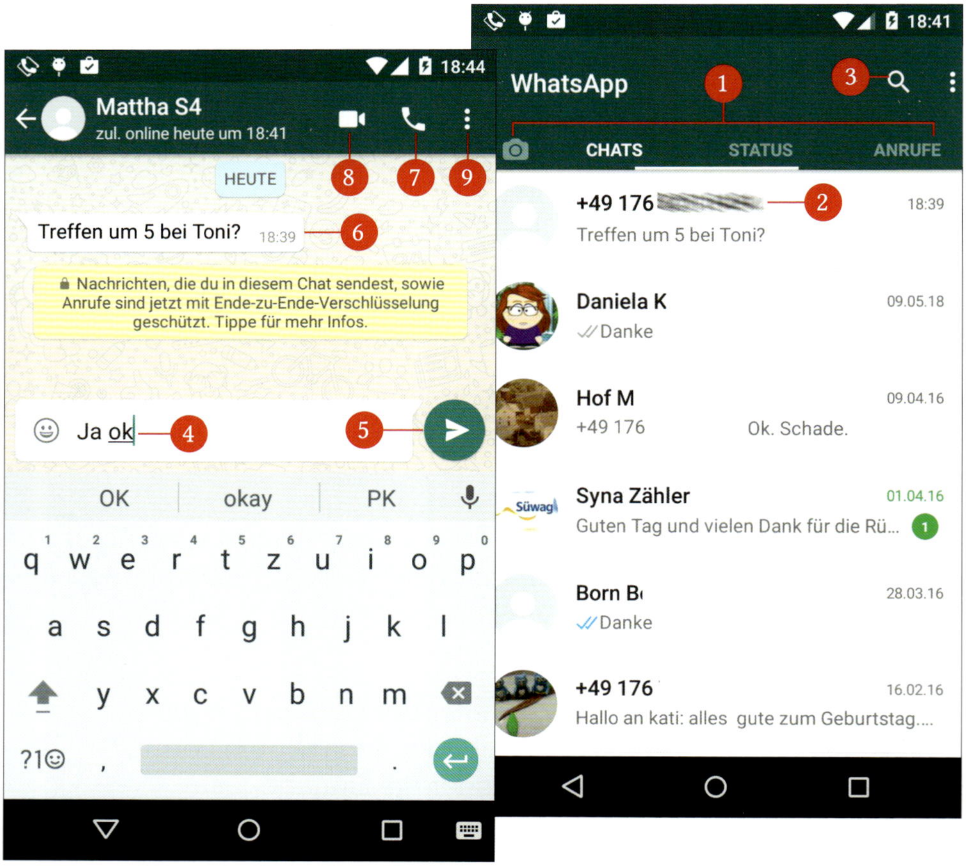

2 Tippen Sie auf einen der Einträge **2**, um dem Teilnehmer den Text per WhatsApp über das Internet zu schicken.

HINWEIS

Ist der Teilnehmer weder in der Kontaktliste noch in der Chat- oder Anruferliste enthalten, lässt sich über das Lupensymbol **3** nach dem WhatsApp-Teilnehmer suchen. Tragen Sie im Suchfeld die Telefonnummer des Teilnehmers ein. Ist dieser bei WhatsApp angemeldet, wird er aufgelistet und lässt sich anwählen.

3 Tragen Sie den Text der Nachricht per Bildschirmtastatur im Textfeld 4 ein und schicken Sie die Nachricht über das Symbol 5 ab.

Die zwischen den Teilnehmern übertragenen Nachrichten werden im Chat-Bereich 6 eingeblendet. Über das Symbol des Telefonhörers 7 lässt sich der Kontakt anrufen. Über das Kamerasymbol 8 lässt sich ein Videoanruf starten. Über die drei Pünktchen 9 erscheint ein Menü mit weiteren Befehlen, um auf diverse Funktionen zuzugreifen.

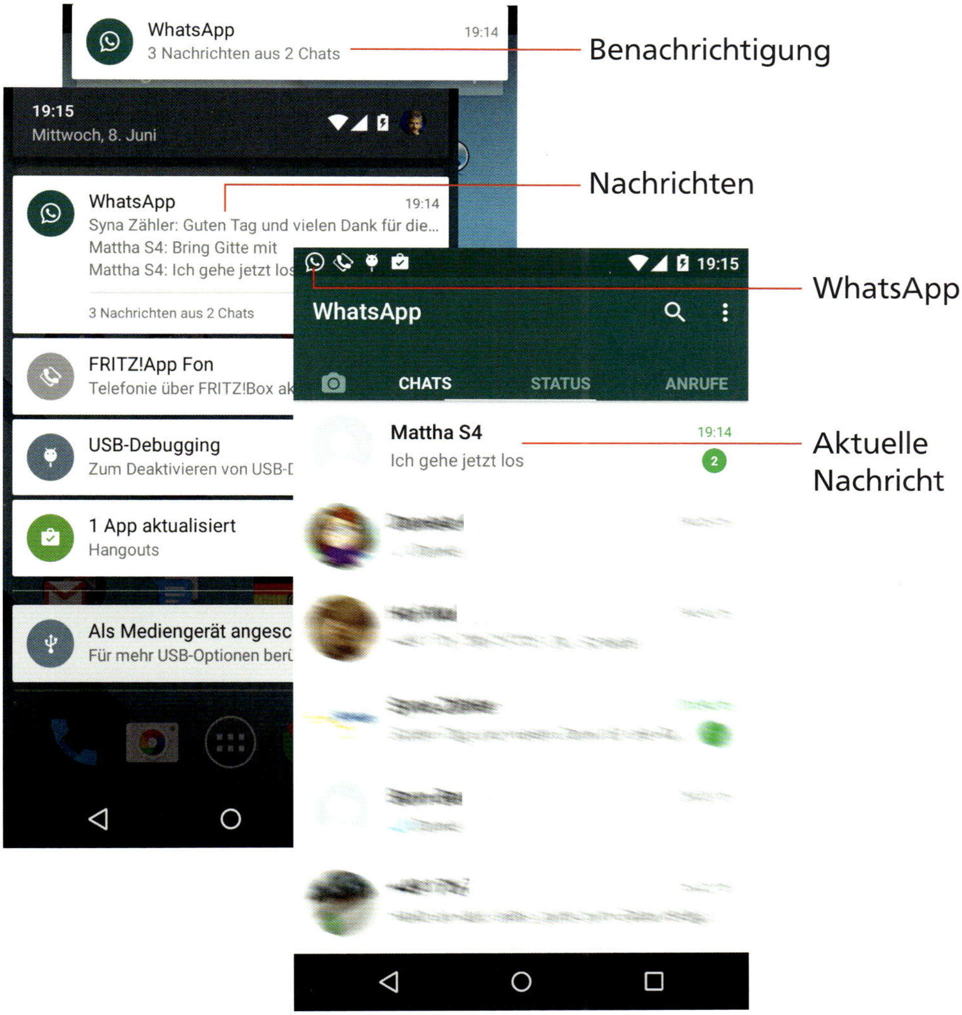

Beim angerufenen Teilnehmer wird kurzzeitig eine Benachrichtigung im Statusbereich angezeigt. Sobald das WhatsApp-Symbol im Statusbereich sichtbar ist, kann man nach unten wischen. Dann werden die letzten WhatsApp-Nachrichten im Statusbereich angezeigt. Öffnet man WhatsApp, zeigt sie den Namen oder die Telefonnummer des Anrufers sowie dessen letzte Nachricht. Durch Antippen des Eintrags lässt sich die (oben gezeigte) WhatsApp-Konversation mit dieser Person einsehen.

Terminverwaltung per Kalender-App

Google liefert in Android die Kalender-App mit, über die Sie einen Terminkalender führen können. In diesem Abschnitt stelle ich Ihnen die betreffenden Funktionen vor.

Einstieg in die Kalender-App

Die Kalender-App wird über dieses Symbol, das auf dem Startbildschirm angeordnet werden kann oder unter *Alle Apps* zu finden ist, aufgerufen.

Dann erscheint die Kalender-App mit der Terminübersicht. Wie das genau ausschaut, hängt von der Android-Version und vom Gerät ab. Hier wird die Darstellung unter Android 6.x auf einem Tablet beschrieben. Dort ist standardmäßig die nachfolgende Darstellung der Terminübersicht, bestehend aus Monats- und Tagesansicht, zu sehen.

- Links oben werden der Monat und das Jahr ❶ angezeigt. Darunter findet sich ein Kalenderblatt mit der Monatsansicht ❷ und den eingetragenen Terminen.
- Tage mit Terminen sind durch einen Punkt unter dem Datum markiert, ein weißer Kreis ❸ markiert das angewählte Datum. Das aktuelle Datum wird farblich hervorgehoben ❹.

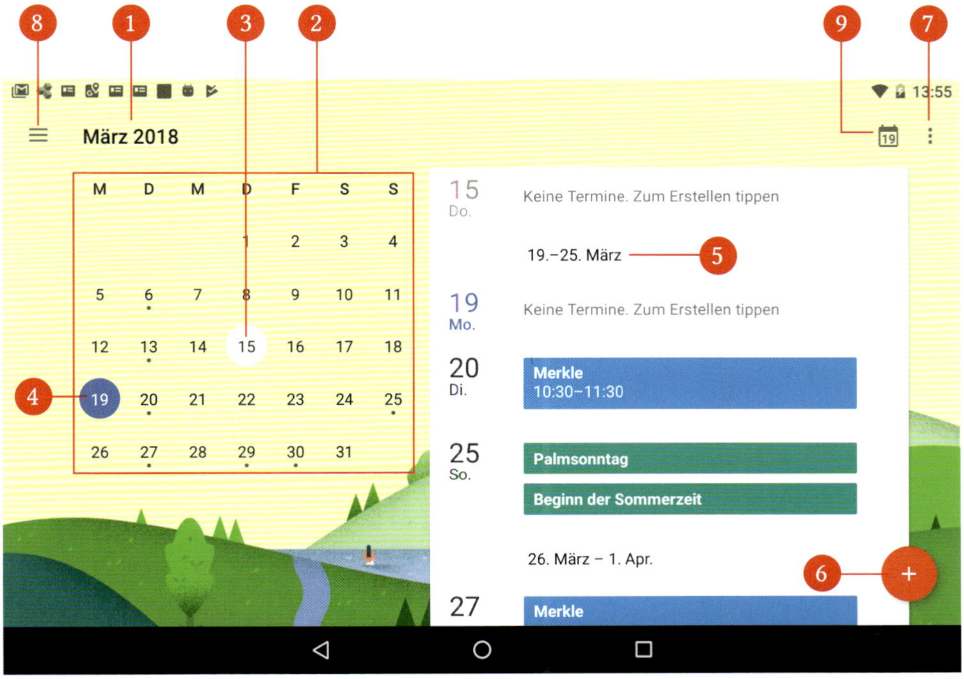

- Wischen Sie das Kalenderblatt (2) mit dem Finger nach links oder rechts, um im Kalender vor- oder zurückzublättern.
- Tippen Sie auf ein Kalenderdatum, um die Daten in der Terminspalte (5) anzuzeigen. Dort lässt sich mit dem Finger durch Wischen nach oben bzw. unten durch die Termine blättern.

Das Symbol in der rechten unteren Ecke (6) ermöglicht es Ihnen, neue Termine, eine Erinnerung oder ein Ziel anzulegen. Über die drei Pünktchen (7) in der rechten oberen Ecke synchronisieren Sie die Termine mit dem Google-Konto.

Über das Burger-Menü (8) haben Sie Zugriff auf die Einstellungen, das Umschalten der Ansicht zwischen Terminübersicht, Tag, Woche, Monat und die Suche. Tippen Sie auf das Kalendersymbol (9), um das aktuelle Tagesdatum in die Kalenderanzeige zu holen.

HINWEIS

Die Google-Kalender-App bezieht sich auf das Google-Konto, das für Android eingerichtet wurde. Zudem können Termine aus Gmail-Nachrichten optional übernommen werden. Bei einem Smartphone hängt die Kalenderdarstellung davon ab, ob das Gerät hochkant oder im Querformat gehalten wird. Beachten Sie auch, dass Google die Apps immer mal wieder aktualisiert, sodass die Bedienung zukünftig in Details von den nachfolgenden Beschreibungen abweichen kann. Es gibt für Android weitere Kalender-Apps, die ich aber aus Platzgründen hier nicht behandeln kann.

Kalenderdarstellung umschalten

Die Kalender-App ermöglicht eine variable Darstellung des Kalenderblatts. Wenn Sie in der linken oberen Ecke auf das Burger-Menü tippen, lassen sich Befehle zum Anpassen der Anzeige (Terminübersicht, Tages-, Wochen- oder Monatsansicht) wählen.

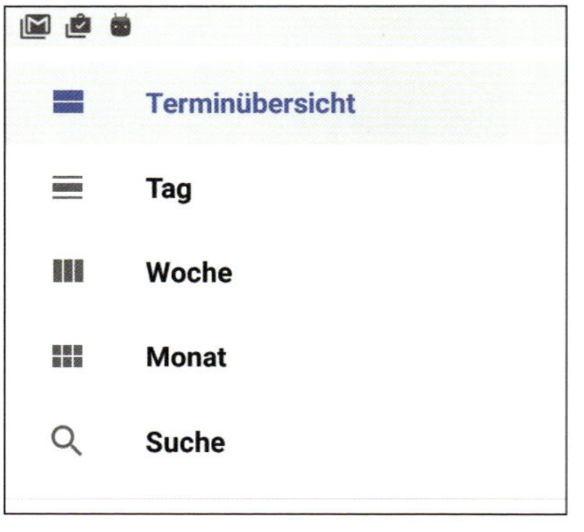

HINWEIS

Bei einem **Smartphone** werden gegebenenfalls einige Anzeigeoptionen geändert, sodass unter Umständen eine Dreitageansicht wählbar ist.

Bei einer Tages- oder Wochendarstellung des Terminkalenders werden die Termine (hier blau gekennzeichnet) für jeden Tag direkt im Kalenderblatt angezeigt. Hinzukommen Einträge für Feiertage und gegebenenfalls Geburtstage. Steht ein Termin an, blendet die App auf Wunsch eine **Erinnerung** in der Anzeige (und auf dem Sperrbildschirm) ein.

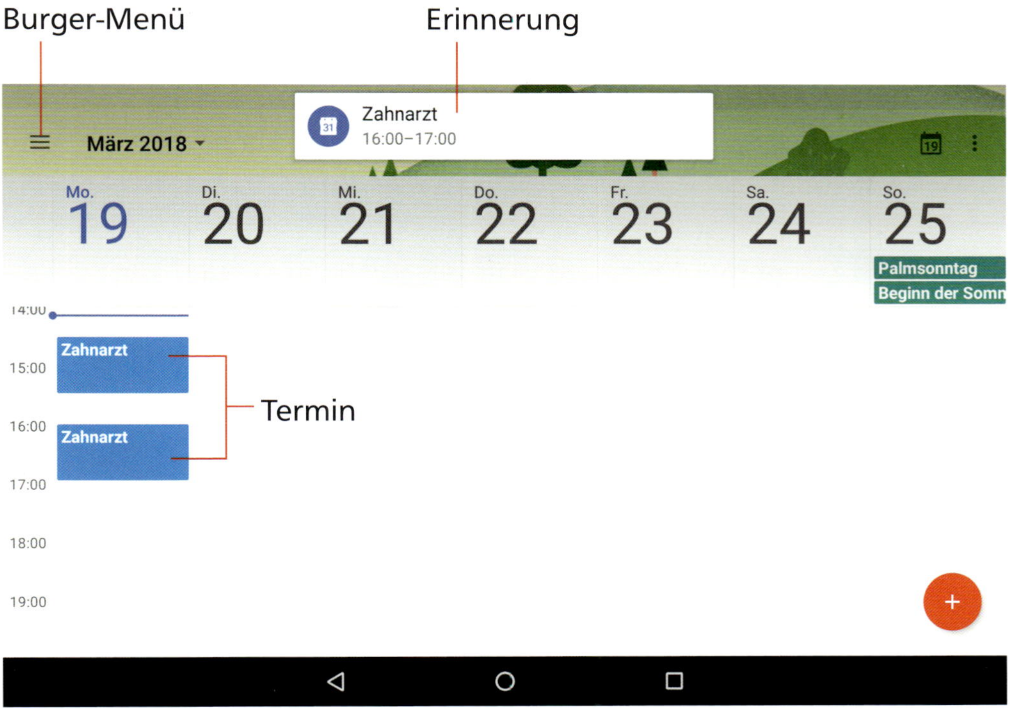

HINWEIS

Ob Feiertage oder Geburtstage im Kalenderblatt angezeigt werden, lässt sich über Befehle im Burger-Menü festlegen (siehe Kapitelende).

Suchen im Kalender

Zum **Suchen im Kalender** öffnen Sie das Burger-Menü und wählen den Befehl *Suche* an. Dann tippen Sie auf das eingeblendete Suchfeld und geben den Suchbegriff für den Termin mittels der Bildschirmtastatur ein. Anschließend tippen Sie auf die *Suchen*-Taste (mit dem Lupensymbol).

Am rechten Rand des Suchfelds finden Sie ein Symbol zum Löschen der gesamten Eingabe. Führen Sie die Suche aus, werden Treffer unterhalb der Suchleiste angezeigt. Dann genügt Antippen, um die Termindetails einzusehen. Die *Zurück*-Schaltfläche, links neben dem Suchfeld, beendet die Suche und blendet die Suchleiste aus.

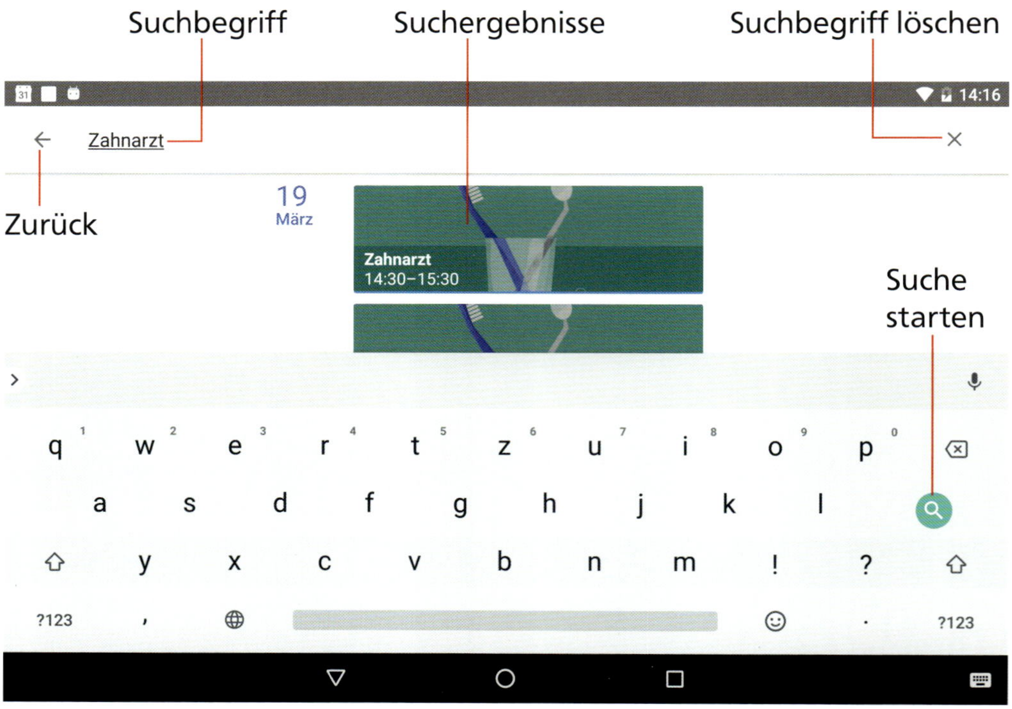

Termine, Erinnerungen, Ziele eintragen

In der Kalender-App lassen sich Termine, Erinnerungen (z. B. Arzttermin vereinbaren) oder Ziele (z. B. mehr Sport treiben) eintragen. Die Pflege bestehender Termine oder das Hinzufügen neuer Termine, Erinnerungen und Ziele ist mit wenigen Handgriffen in der Kalender-App erledigt:

1 Um einen **neuen Termin** (oder eine Erinnerung oder ein Ziel) einzutragen, tippen Sie auf ein Datumsfeld (1) des Kalenderblatts.

Dieser Schritt ist optional und legt bereits das Datum für den neuen Eintrag fest.

2 Tippen Sie in der unteren rechten Ecke der App auf das Symbol *Neuer Termin* (2) und wählen Sie anschließend eine der angebotenen Kategorien (3).

3 Tragen Sie im eingeblendeten Pop-up-Fenster (z. B. *Neuer Termin*) (4) die gewünschten Details ein und bestätigen Sie dies über *Speichern* (5).

4 Mit dem *Abbrechen*-Symbol (6) des Pop-up-Fensters lässt sich die Eingabe eines neuen Eintrags verwerfen.

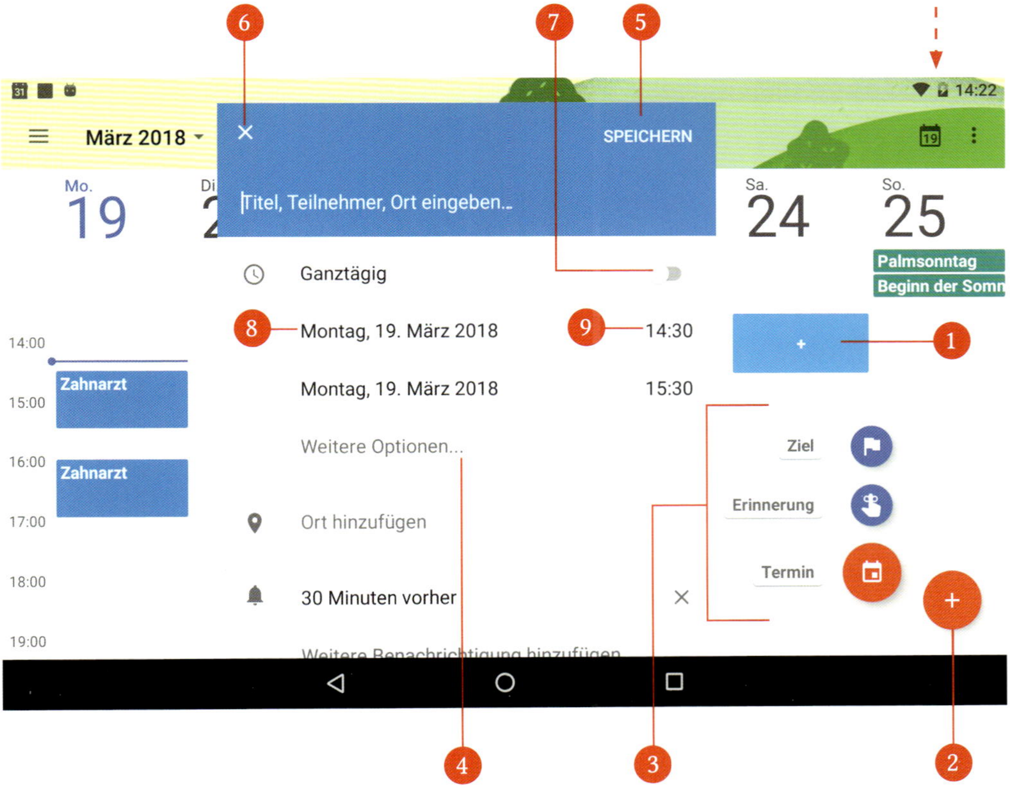

Hier noch einige Hinweise zu den im Pop-up-Fenster angezeigten Einstellungen.

- *Titel, Teilnehmer, Ort eingeben:* Tippen Sie auf das Textfeld und geben Sie den Text für den (Termin-)Eintrag ein.
- *Ganztägig:* Tippen Sie auf den Schiebeschalter 7, um einen Termin für den gesamten Tag einzutragen. Dann sind keine Festlegungen für Start und Ende des Termins möglich.

- *Start- und Enddatum:* Tippen Sie gegebenenfalls auf das obere Datumsfeld 8, um das Startdatum anzupassen. Über das untere Datumsfeld wird das Enddatum des Termins geändert. Zum Setzen eines Datumswertes tippen Sie im eingeblendeten Kalender-Pop-up-Fenster auf das gewünschte Datum und dann auf *OK*. Durch Wischen oder über die in der Kopfzeile der Monatsanzeige eingeblendeten Schaltflächen lässt sich zum vorherigen/nächsten Monat wechseln.
- *Start- und Endzeit:* Zum Anpassen der Zeiten für den Termin tippen Sie auf eines der Zeitfelder 9. Sobald das Pop-up-Fenster mit der Uhrzeit erscheint, tippen Sie in der linken Spalte auf die digitale Stunden- oder Minutenanzeige. Anschließend ziehen Sie den Marker per Finger auf dem Ziffernblatt zur gewünschten Zeit und bestätigen dies über *OK*.

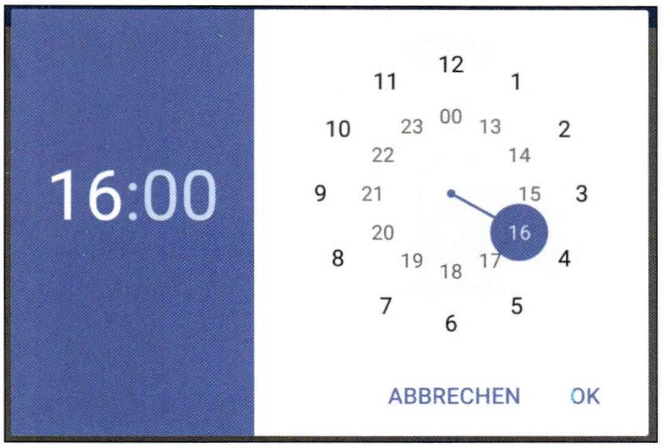

- *Weitere Optionen:* Tippen Sie auf diesen Eintrag, um die Darstellung des Pop-up-Fensters zu erweitern. Dann lässt sich der Termin zwischen Zeitzonen verschieben. Weiterhin können Sie auf *Einmalig* tippen, um einen **Termin** über ein Pop-up-Fenster **wiederkehrend** (täglich, wöchentlich etc.) zu vereinbaren.
- *Ort hinzufügen:* Über das Feld lässt sich eine Adresse angeben. Findet die App diese Adresse über Google, wird ein Kartenausschnitt in der Terminansicht angezeigt.
- *Benachrichtigung:* Tippen Sie auf *Benachrichtigung hinzufügen*, um im eingeblendeten Pop-up-Fenster die Benachrichtigung des Termins abzuschalten oder die Benachrichtigung in wählbaren Zeitabständen vor oder zum Termin anzeigen zu lassen.
- *Gäste einladen:* In diesem Feld können Sie die Namen von Personen eintippen, die Sie zu einem Termin dazubitten möchten. So kann gegebenenfalls eine Teilnehmerplanung für ein Treffen oder eine Feier verwaltet werden.

Über die *Standardfarbe* legen Sie fest, mit welcher Farbe Sie Termineinträge im Kalenderblatt einfärben können. Und über das unterste Feld *Notiz hinzufügen* können Sie über die Bildschirmtastatur einen kurzen Erinnerungstext zum Termin verfassen.

HINWEIS

Auf die gleiche Weise lassen sich Erinnerungen oder Ziele eintragen. Eine **Erinnerung** ermöglicht es Ihnen, sich an Aufgaben (jemandem zum Geburtstag gratulieren, Arzttermin vereinbaren, Telefonat führen etc.) erinnern zu lassen. Es wird nur ein Erinnerungstext und gegebenenfalls eine Zusatzinfo wie der anzurufende Kontakt im Pop-up-Fenster festgelegt. Bei der Option *Ziel* kann die Kalender-App aus Ihren Gewohnheiten lernen. So kann man z. B. vorgeben, dass der Kalender einen erinnert, zweimal in der Woche vormittags Sport zu treiben.

Termine ändern und löschen

Das Ändern bestehender Termine ist in der Kalender-App ebenfalls mit wenig Aufwand möglich.

- Tippen Sie in der Wochen- oder Monatsübersicht kurz auf einen Tag mit einem eingetragenen **Termin** (1). Dann wird ein Pop-up-Fenster mit den Terminen, Erinnerungen und Zielen eingeblendet. Bei der Monatsansicht ist gegebenenfalls der gewünschte Eintrag im Pop-up-Fenster auszuwählen, um dessen Details anzuzeigen.
- Erscheint ein Pop-up-Fenster mit den Termindetails, tippen Sie auf *Bearbeiten* (2), um das Fenster mit den Termindetails (siehe vorhergehender Abschnitt) zum Ändern einzublenden.

Im Fenster *Bearbeiten* werden die Termindetails angezeigt. Dort lassen sich die Felder antippen und dann die Werte korrigieren.

Um beispielsweise einen **Termin** zu **verschieben**, tippen Sie einfach auf die Datums- oder Zeitfelder und passen die Werte für den Start und das Ende des Termins in den angezeigten Pop-up-Fenstern an. Tippen Sie abschließend auf *SPEICHERN*, um die Änderungen zu speichern und das Pop-up-Fenster mit den Termindetails zu schließen. Das funktioniert alles, wie im vorherigen Abschnitt zum Eintragen eines Termins beschrieben.

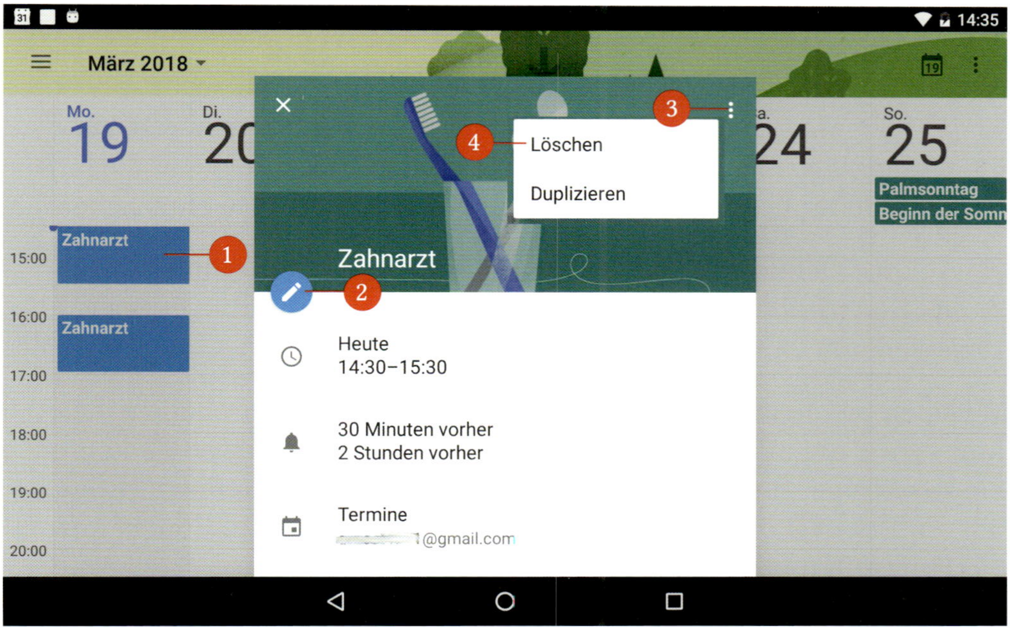

Um den **Termin**, eine Erinnerung oder ein Ziel zu **löschen**, rufen Sie das Pop-up-Fenster mit den Details des Kalendereintrags auf. Tippen Sie am rechten oberen Rand des Pop-up-Fensters auf die drei Pünktchen (3) und dann auf den Befehl *LÖSCHEN* (4). Dieser Vorgang ist in einem zweiten Pop-up-Fenster über *OK* zu bestätigen.

HINWEIS

Bei Erinnerungen zeigt das Pop-up-Fenster beim Aufruf den Befehl *Abhaken*. Ist die Aufgabe erledigt, bestätigen Sie einfach den Befehl und die Erinnerung wird ausgeblendet.

Zugriff auf die Kalender-Einstellungen

Die Kalender-App ermöglicht es Ihnen, verschiedene Eingaben anzupassen. Hierzu tippen Sie in der linken oberen Ecke der Kalender-App auf das Burger-Menü.

- Wählen Sie im Burger-Menü einen der Einträge (1), um die Anzeige der betreffenden Kategorie im Kalenderblatt ein- oder auszublenden.
- Wählen Sie den Eintrag *Einstellungen* (2), um die zugehörige Seite *Einstellungen* (3) anzuzeigen. Tippen Sie in dieser Seite auf die Einträge der linken Spalte, um die zugehörige Detailseite einzusehen.
- Auf der Detailseite ändern Sie dann die Einstellungsoptionen (4) bei Bedarf über verschiedene Bedienelemente durch Antippen. Die jeweiligen Optionen sind selbsterklärend.

Wischen Sie mit dem Finger nach oben oder unten durch die Einstellungsseite, um alle Einstellungen anzusehen. Über *Zurück* (5) kehren Sie zur vorherigen Seite zurück. Die drei Pünktchen in der rechten oberen Ecke (6) öffnen ein Menü mit einem Befehl zum Zugriff auf die Hilfeseiten mit der Funktionsbeschreibung der App.

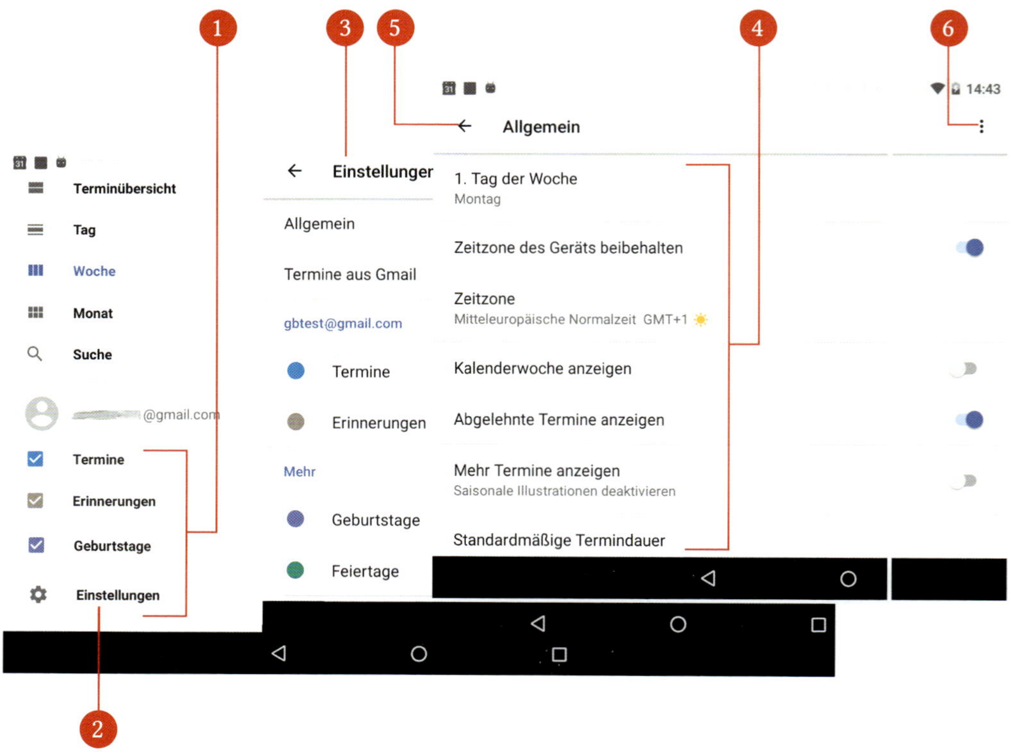

Synchronisation mit anderen Geräten

Möchten Sie die Termine des Kalenders auf weiteren Android-Geräten oder auf einem Windows-System führen? Da der Kalender dem Google-Konto von Android zugeordnet ist, werden die Termine auf allen anderen Android-Geräten, die über dasselbe Google-Konto verfügen, automatisch synchronisiert.

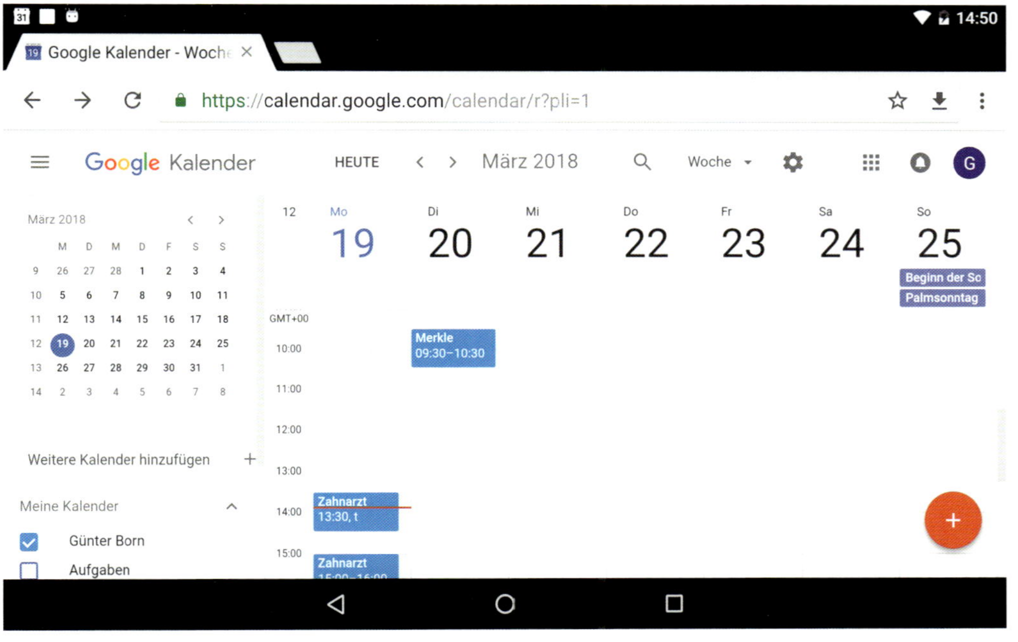

Um unter Windows, dem iPad etc. mal schnell auf Termine zuzugreifen, starten Sie einen Browser (Internet Explorer, Edge, Firefox, Google Chrome, Safari). Rufen Sie die Webseite *https://www.google.com/calendar* auf oder suchen Sie in Google nach *Google Kalender*. Nach der Anmeldung am Google-Konto sehen Sie die Termine im Kalender.

In diesem Kapitel haben Sie die Funktionen zum Telefonieren unter Android sowie den Umgang mit Skype kennengelernt. Und Sie können Textnachrichten per SMS oder über WhatsApp austauschen sowie Kontakte und Termine verwalten. Im nächsten Kapitel stelle ich Ihnen ausgesuchte Funktionen wie einen Kartendienst und mehr vor, die sich über Android-Apps nutzen lassen.

Interessante und nützliche Apps

Das Geniale an Android ist der Umstand, dass sich die Funktionen über Apps erweitern lassen. Navigieren mit der Karten-App *Google Maps* ist kein Problem. Fitness-Apps ermöglichen es, die täglichen Bewegungen aufzuzeichnen. Und mit Spiele-Apps lässt sich schon mal Langeweile vertreiben. In diesem Kapitel stelle ich Ihnen einige nette oder nützliche Apps vor.

Das lernen Sie in diesem Kapitel

7

- Notizen verwalten
- Textbearbeitung und Office
- Google Maps (Karten)
- Apps rund um die Reise
- Gesundheit und Fitness
- Spiele, Einkaufen und mehr

Notizen verwalten

Gelegentlich ist es hilfreich, das Smartphone oder Tablet zur Erfassung und Speicherung kurzer Notizen zu verwenden. Android bietet hierzu eine **Notizen-App** an.

Notizen-App im Überblick

Um eine kurze Textnotiz zu erfassen, gehen Sie über die Favoritenleiste des Startbildschirms zu *Alle Apps* und tippen auf das Symbol der Notizen-App.

Die Notizen-App startet mit der nachfolgenden Anzeige. An dieser Stelle noch einige Hinweise zum Umgang mit der Notizen-App:

- Die App zeigt die bereits **erstellten Notizen** 1 an. Ich habe hier einige Notizen, teilweise bewusst mit Schreibfehlern, angelegt. Die Farbe der Notizen ist einstellbar. Zum Öffnen einer Notiz reicht es, auf die betreffende Anzeige zu tippen. Notizen können Fotos, Sprachaufzeichnungen und Text sowie Listen beinhalten.
- In der linken oberen Ecke findet sich das Burger-Menü 2, über dessen Befehle Sie auf Notizen, Erinnerungen, das Archiv und den Papierkorb zugreifen können.
- Tippen Sie auf das Feld *Notiz schreiben* 3 oder – falls angezeigt – *Notiz hinzufügen*, um die Notiz direkt zu erstellen (siehe folgende Seiten). Ob die hier gezeigte Leiste erscheint, hängt vom Gerät ab.
- Bei sehr vielen **Notizen** tippen Sie auf das *Suchen*-Feld 4 und geben einen **Suchbegriff** über die Bildschirmtastatur ein. Daraufhin filtert die App alle Notizen, in denen der Suchbegriff vorkommt, und zeigt die Treffer an.
- Das Symbol in der rechten oberen Ecke 5 schaltet die Anzeige der Notizen zwischen einer Spalte untereinander oder (wie hier gezeigt) über mehrere Spalten um.

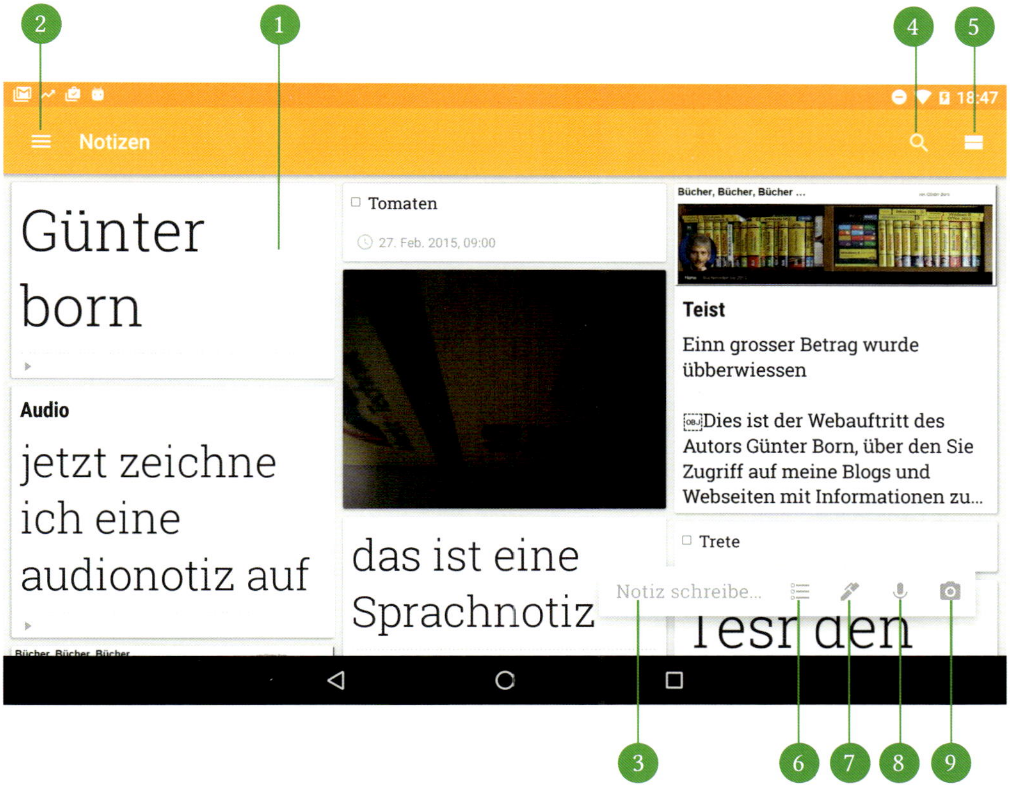

Die Leiste enthält zudem Symbole, um eine neue Notiz als Liste (6), als Zeichnung (7), als Sprachaufzeichnung (8) oder mit einem Foto (9) zu erstellen.

Eine Textnotiz einfügen und bearbeiten

Um eine neue **Notiz** zu **beginnen**, tippen Sie auf das mit *Notiz hinzufügen* oder *Notiz schreiben* bezeichnete Element. Dann geben Sie die Notiz per Tastatur ein und legen sie an. Bezüglich der Bedienung ergeben sich immer mal wieder kleine Abweichungen, je nach Versionsnummer der App. Hier eine Übersicht der Elemente der App, wie sie sich beim Schreiben des Buches in Android 6.0.1 auf einem Tablet-PC ergeben haben.

- Tippen Sie auf das Titelfeld (1) und geben Sie einen Text ein. Dieser wird im Kopf der Notiz angezeigt.

- Tippen Sie auf das Textfeld (2) und geben Sie den Text per Bildschirmtastatur ein.

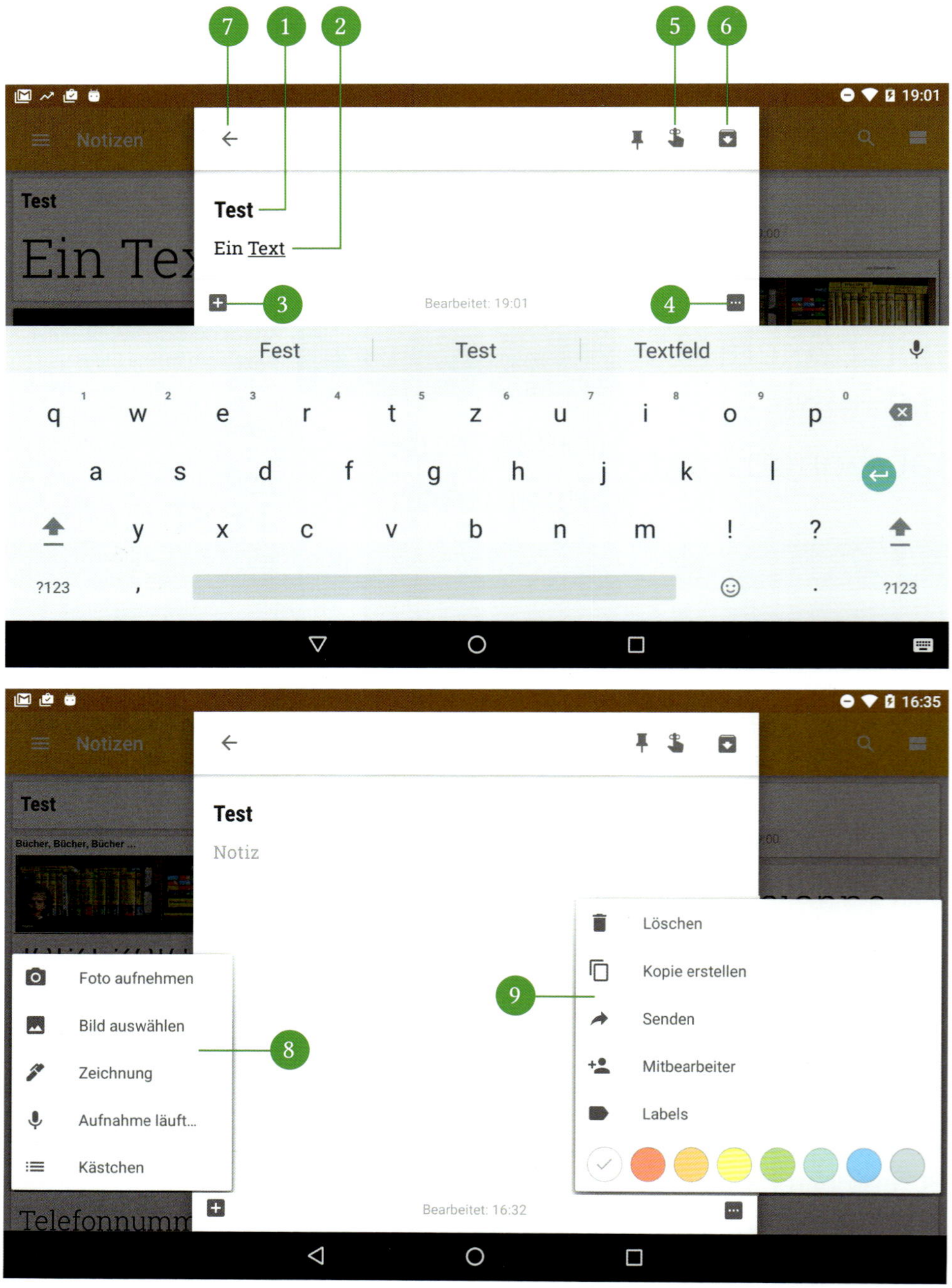

- Tippen Sie auf das Plussymbol 3, öffnet sich ein Menü 8 mit den Befehlen *Foto aufnehmen*, *Bild auswählen*, *Zeichnung*, *Aufnahme läuft* und *Kästchen*, über die Sie Multimediainhalte oder eine Liste zur Notiz hinzufügen.
- Das Symbol 4 öffnet ein Menü 9 mit den Befehlen *Löschen*, *Kopie erstellen*, *Senden* und *Mitbearbeiter* sowie einer Farbpalette. Wählen Sie einen der Befehle, um die Notiz zu entfernen, als Kopie anzulegen, an eine andere App zu senden, in Google-Dokumente zu kopieren oder mit einer anderen Person zu teilen. Tippen Sie auf ein Farbfeld, um den Notizenhintergrund in der entsprechenden Farbe zu gestalten.

- Das Symbol 5 öffnet ein Pop-up-Fenster, in dem Sie eine Erinnerung mit Uhrzeit oder Ort festlegen und über *SPEICHERN* aktivieren können. Links daneben findet sich das Pinnnadel-Symbol, mit dem sich die Notiz im Bereich *Angeheftet* der Notizen-App festpinnen lässt.
- Das Symbol 6 schließt das Fenster zur Eingabe der Notiz und entfernt sie gleichzeitig.
- Über das Symbol 7 verlassen Sie das Pop-up-Fenster zur Eingabe einer Notiz und speichern ihren Inhalt.

Nachfolgend finden Sie noch einige Hinweise, was es bei der Erfassung von Notizen zu beachten gibt.

Eine Textnotiz eintragen

Um eine Notiz regulär mit Titel anzulegen, tippen Sie in der Symbolleiste auf das Symbol *Neue Notiz* und geben die Notiz ein.

- Tippen Sie auf die Platzhalter *Titel* (1) sowie *Notiz* (2) und tragen Sie den Notizentext über die eingeblendete Bildschirmtastatur ein. In Kapitel 2 ist im Abschnitt »Eingaben per Bildschirmtastatur« erklärt, was es zur Texteingabe zu wissen gibt.

- Am Beginn eines Satzes oder nach einem Punkt fügt die Bildschirmtastatur automatisch Großbuchstaben im Text ein. Mit der ⇧-Taste (3) erzwingen Sie Großbuchstaben (oder gehen auf Kleinbuchstaben zurück).

- Mit einem Doppeltippen auf die [⇧]-Taste wird der **Feststelltasten-Modus** ein-/ausgeschaltet. Bei eingeschaltetem Feststelltasten-Modus lassen sich nur noch Großbuchstaben eingeben. Der Modus ist an einem kleinen Strich auf der [⇧]-Taste zu erkennen.
- Die Taste (4) leitet in diesem Notizen-Eingabemodus neue Zeilen ein. Die [⇦]-Taste (5) löscht das Zeichen links von der Eingabemarke.
- Über die Schaltfläche *Zurück* (6) verlassen Sie das Pop-up-Fenster. Die Notiz wird automatisch gespeichert. Das Symbol (7) verwirft die Notiz.

Weitere Hinweise zum Umgang mit der Bildschirmtastatur finden Sie in Kapitel 2 im Abschnitt »Eingaben per Bildschirmtastatur«.

TIPP

Ist Ihnen das Eintippen des Textes (z. B. am Handy) zu mühsam, tippen Sie auf das Mikrofon (8) und sprechen den Text per **Spracheingabe** ein. Android wandelt die gesprochenen Wörter in Text um und fügt diesen in die Notiz ein. Tippen Sie mit dem Finger auf den Notizbereich, um die **Spracheingabe** zu **beenden** und die **Bildschirmtastatur erneut anzuzeigen**. Die **Bildschirmtastatur** lässt sich übrigens jederzeit über die *Zurück*-Taste (9) des Navigationsbereichs **ausblenden**.

Um eine **Notiz** zu **bearbeiten**, tippen Sie sie einfach in der App an und passen den Text im angezeigten Pop-up-Fenster an.

Notizen mit Farbe, Listen und Erinnerungen

Weiter oben klang es bereits an, eine Notiz lässt sich auf farbigem Papier erstellen und als Aufzählung (Liste) gestalten. Zudem können Sie sich von der Android-App an die Fälligkeit einer in der Notiz festgehaltenen Aufgabe erinnern lassen.

1 Zum Erstellen einer Liste wählen Sie in der Notizen-App das Symbol *Liste* (1). Oder Sie tippen im Pop-up-Fenster auf das Symbol (2) und wählen den Menübefehl *Kästchen* (3).

2 Dann erscheint ein Kästchen (4), hinter dem Sie den Text eintippen können. Über den Platzhalter + *Listeneintrag* (5) erzeugen Sie einen neuen Aufzählungspunkt.

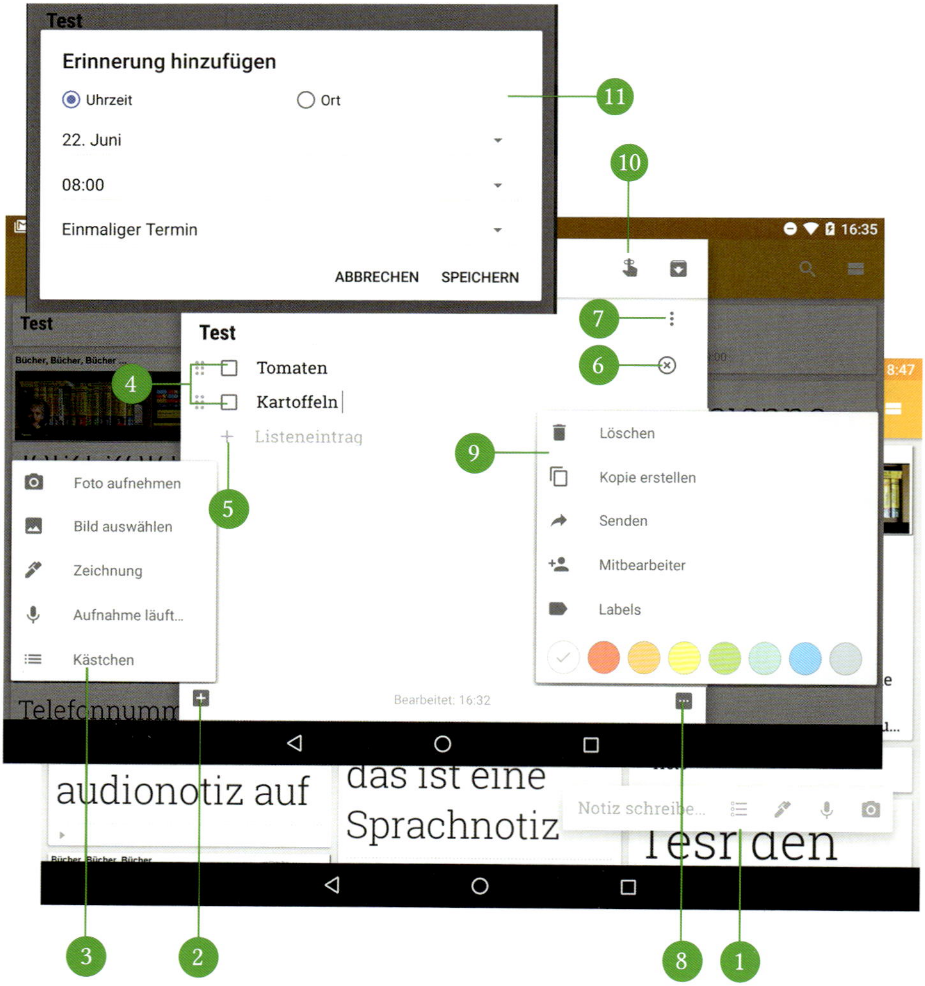

Bei Listen werden die Aufzählungspunkte mit vorangestellten Kontrollkästchen (4) versehen. Über das Symbol (6) rechts neben einem markierten Aufzählungspunkt können Sie diesen löschen.

HINWEIS

Tippen Sie auf die drei Pünktchen (7), öffnet sich ein Menü. Über dessen Befehl *Kästchen ausblenden* lässt sich die **Listenanzeige ausschalten**. Über das Symbol (2) und den Menübefehl *Kästchen* (3) blenden Sie die Listenanzeige wieder ein.

Tippen Sie auf das Symbol (8), finden Sie im Menü Befehle, um eine **Notiz** zu **löschen**, um eine **Kopie** zu **erstellen** oder die **Notiz** per E-Mail zu **versenden**. Die Notiz lässt sich aber nur löschen, wenn sie vorher bereits gespeichert wurde.

Zum Anpassen der **Farbe** einer **Notiz** tippen Sie auf das Symbol (8) und im eingeblendeten Menü auf ein Farbfeld. Beachten Sie aber, dass Texte auf farbigem Hintergrund oft schlecht lesbar sind.

3 Um sich an den Inhalt der Notiz erinnern zu lassen, tippen Sie auf das im Notizbereich angezeigte Symbol (10).

4 Legen Sie im eingeblendeten Pop-up-Fenster (11) die Erinnerungseinstellungen fest und tippen Sie auf *SPEICHERN*.

Nach dem Tippen auf die Option *Uhrzeit* lassen sich anschließend über die Anwahl des angezeigten Datums und der Zeit vorgegebene Werte wie *Heute*, *Morgen*, *Morgens* etc. auswählen. Zudem lässt sich eine zyklische Erinnerung für wiederkehrende Termine über die angezeigte Option einstellen. Bei Anwahl der Option *Ort* ist ein Ort in einem Textfeld einzugeben. Sobald der Erinnerungszeitpunkt erreicht ist, zeigt Android eine Benachrichtigung auf dem Sperr- oder dem Startbildschirm.

Notizen senden oder teilen

Zum Versenden oder Teilen einer Notiz öffnen Sie das Menü 9 über das Symbol 8 und wählen den Befehl *Senden*. Anschließend tippen Sie im Pop-up-Menü auf den Befehl *Über andere Apps senden* und wählen im nun angezeigten Pop-up-Fenster *Notiz senden* die gewünschte App (z. B. *Gmail*).

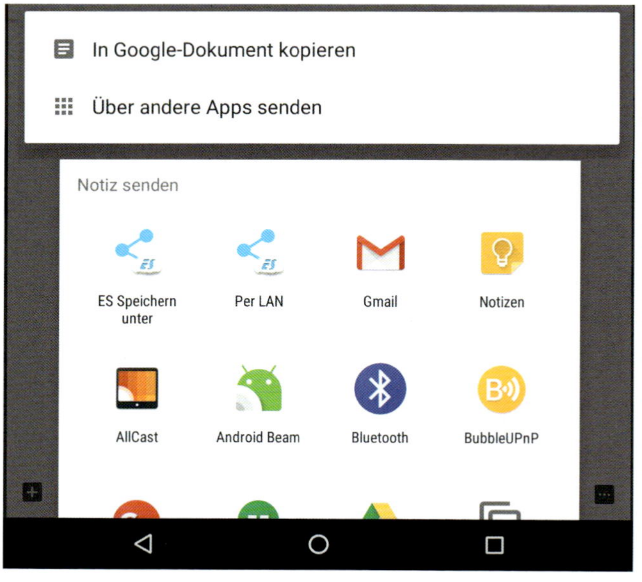

Dann wird die Notiz in die App übernommen und lässt sich z. B. per E-Mail versenden. Die Handhabung der Funktionen zum Versenden ist zum Beispiel in Kapitel 3 am Beispiel von E-Mails beschrieben.

Notizen mit Audio und Fotos

Die Notizen-App ermöglicht es in der mir beim Schreiben dieses Buches vorliegenden Form, auch Notizen mit einem Foto oder einer **Audioaufzeichnung** zu erstellen. Diktieren Sie etwas und legen Sie dies als Audiodatei in der Notiz ab. Fotografieren Sie z. B. etwas (Dokument, Schild, Person etc.) und speichern Sie das Foto in einer Notiz. Genauso lässt sich ein Video aufnehmen und in eine Notiz einbetten. Die genauen Abläufe hängen aber von der App-Version ab.

- Um eine **Sprachnotiz** anzufertigen, tippen Sie in der Notizen-App in der eingeblendeten Leiste auf das Mikrofonsymbol (1) und sprechen die Aufzeichnung ein.
- Die Sprachaufzeichnung funktioniert, solange die *Jetzt sprechen*-Anzeige (4) sichtbar ist.
- Bei Inaktivität wird die Aufzeichnung unterbrochen. Tippen Sie erneut auf das Feld, um die Sprachaufzeichnung fortzusetzen.
- Ist die Sprachaufzeichnung fertig, tippen Sie auf den Bereich *Jetzt sprechen* (4).
- Anschließend legen Sie im Pop-up-Fenster den Titel der Notiz fest. Die gesprochene Nachricht wird als Text (5) in die Notiz eingefügt.

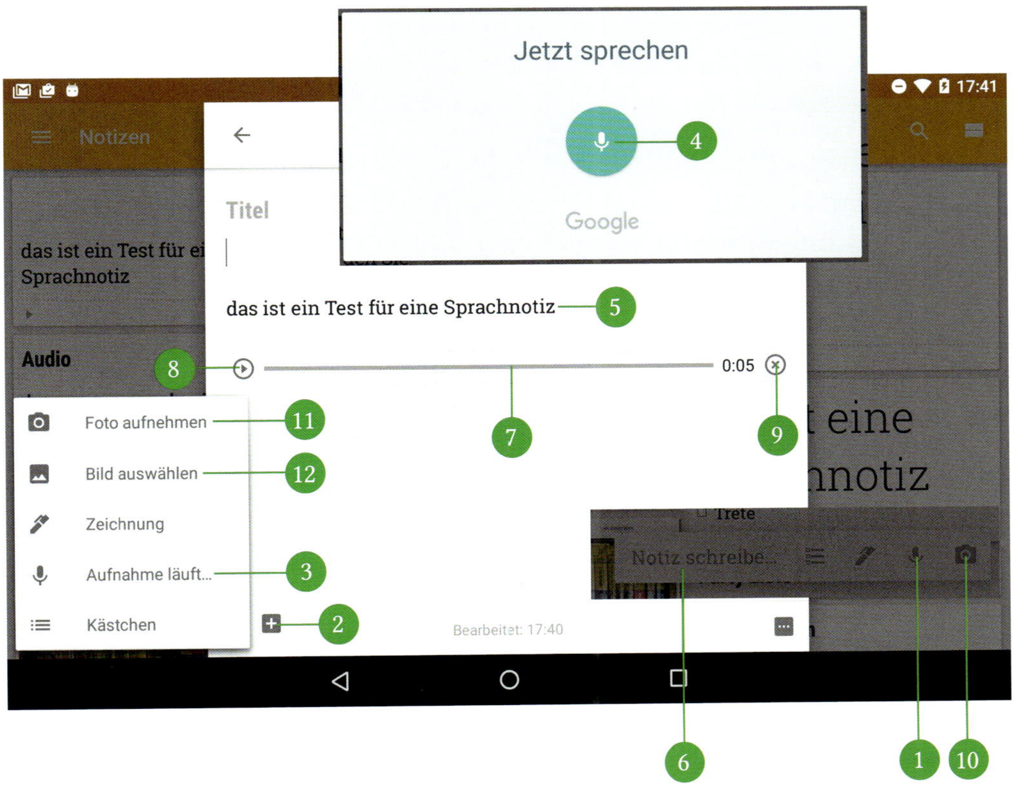

Soll die **Sprachnotiz als Audiodatei** erhalten bleiben, sind zusätzliche Schritte erforderlich:

- Tippen Sie in der Leiste auf *Notiz schreiben* 6, um die Notiz wie gewohnt anzulegen.
- Tippen Sie auf das Plussymbol 2 und wählen Sie im Menü den Befehl *Aufnahme läuft* 3.
- Dann sprechen Sie den Text ein, solange die *Jetzt sprechen*-Anzeige 4 sichtbar ist.
- Bei Inaktivität nach einer Spracheingabe oder sobald Sie auf *Jetzt sprechen* 4 tippen, wird die Sprachaufzeichnung beendet.

Sobald die Sprachaufzeichnung beendet wurde, sehen Sie die Audionotiz 7 im Notizenfenster. An ihrem linken Rand findet sich eine *Wiedergabe*-Schaltfläche 8 und am rechten Rand gibt es eine *Löschen*-Schaltfläche 9 für die Audioaufzeichnung.

Bei Bedarf tippen Sie auf das Titelfeld und tragen noch einen Titel nach. Zudem können Sie auf den Textbereich tippen und auch dort Textanmerkungen hinterlassen. Das funktioniert wie das Anfertigen von Textnotizen (siehe oben).

- Möchten Sie eine **Fotonotiz anfertigen**, tippen Sie in der Leiste der Notizen-App auf das Kamerasymbol 10.
- Wählen Sie im Pop-up-Fenster *Bild hinzufügen* den Befehl *Foto aufnehmen*, um das Bild mit der Kamera des Android-Geräts aufzunehmen.

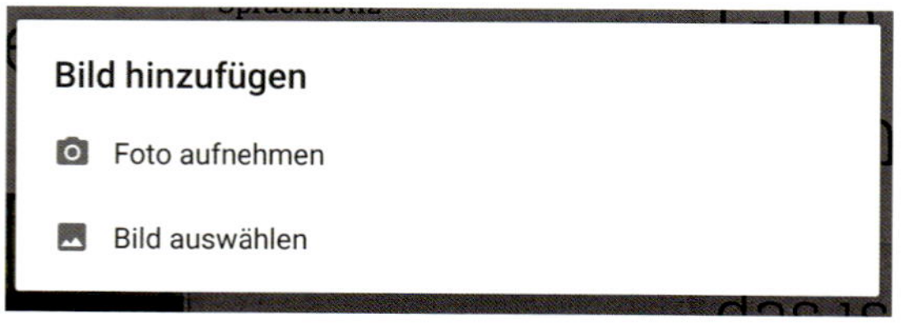

Alternativ können Sie im Pop-up-Fenster der Notiz auf das Plussymbol 2 tippen. Dann wählen Sie im Menü den Befehl *Foto aufnehmen* 11.

- Tippen Sie in der Kamera-App auf das Symbol des Auslösers 13 und bestätigen Sie dann das angezeigte *OK*-Symbol 14, um das Foto in die Notiz zu übernehmen.

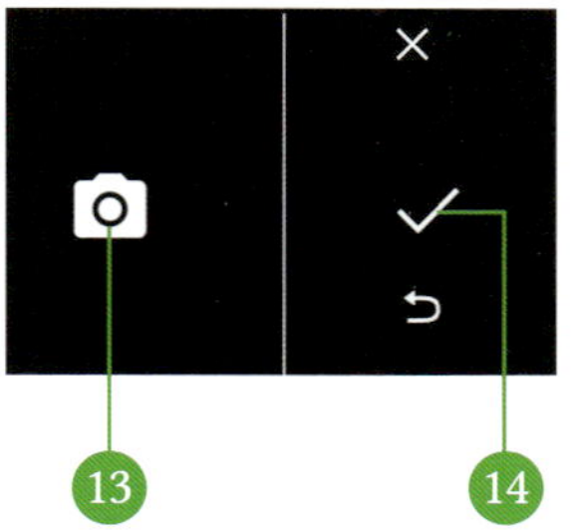

- Über den Befehl *Bild auswählen* 12 des Pop-up-Fensters oder des Menüs öffnet sich die Dateiauswahl. Tippen Sie einfach auf das einzufügende Foto.

Die Notiz mit dem eingefügten Foto lässt sich mit einem Titel und gegebenenfalls ergänzendem Text versehen und dann wie jede andere Textnotiz speichern (siehe vorhergehende Abschnitte).

Notizen mit einer Zeichnung

In der mir vorliegenden Version der App lässt sich auch eine Zeichnung als Notiz anlegen.

- Tippen Sie in der Leiste auf *Zeichnung*. Alternativ kann im Notizen-Pop-up-Fenster das linke Menü geöffnet und der Befehl *Zeichnung* gewählt werden.

- Anschließend wählen Sie im Zeichnungsbereich in der unteren Leiste eines der Zeichenwerkzeuge. Diese besitzen unterschiedliche Farben und Strichstärken.
- Danach können Sie mit dem Finger im Zeichenbereich malen. Über die *Rückgängig*-Schaltfläche im Kopfbereich lässt sich der letzte Schritt zurücknehmen.
- Das Werkzeug *Markieren* ermöglicht es, durch Ziehen mit dem Finger ein Zeichenelement mit einem Rahmen zu markieren. Dann können Sie den Rahmen samt Inhalt per Finger verschieben.
- Das *Löschen*-Werkzeug der Leiste ermöglicht es, durch Überstreichen mit dem Finger ein Zeichenelement zu löschen. Der Menübefehl *Löschen* in der rechten oberen Ecke (abrufbar über die drei Pünktchen) löscht das gesamte Bild.

Verlassen Sie den Zeichenmodus über das *Zurück*-Symbol in der linken oberen Ecke, wird die Zeichnung in eine Notiz eingefügt. Ergänzen Sie gegebenenfalls den Notiztitel und speichern Sie die Notiz über das *Zurück*-Symbol des Pop-up-Fensters.

Textbearbeitung und Office

In diesem Abschnitt geht es um das Bearbeiten von Texten. Ich stelle Ihnen noch einige Funktionen und Techniken zur Korrektur von Texten sowie Office-Apps zur Textbearbeitung vor.

Texteingaben: Rechtschreibkorrektur

Android verfügt über eine integrierte Rechtschreibprüfung, die Sie z. B. bei der Texteingabe in der Notizen-App unterstützt.

1 Tippen Sie einen Begriff mit einem Schreibfehler (1) ein, erscheint ein Vorschlag für die korrekte Schreibweise (2) am oberen Rand der Bildschirmtastatur.

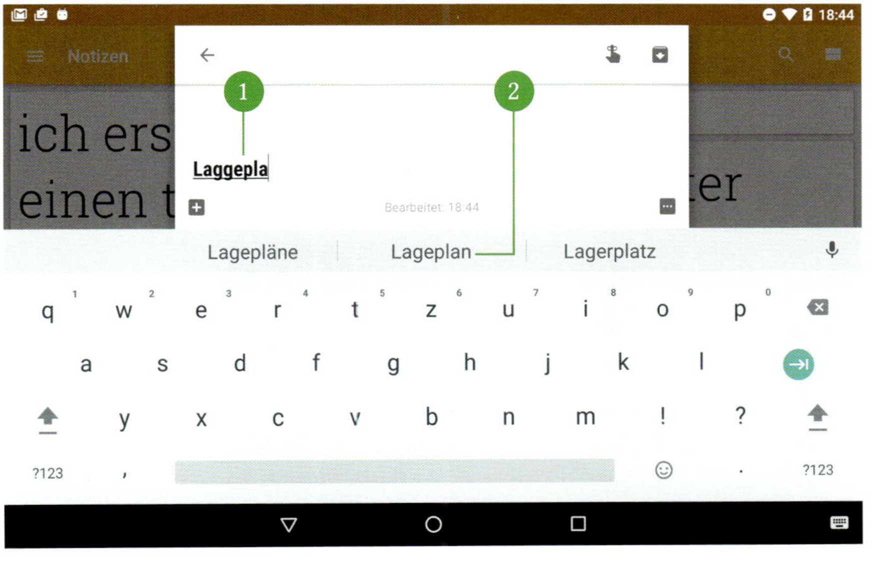

2 Tippen Sie den Vorschlag an, um die korrekte Schreibweise zu übernehmen.

Bereits eingegebene Texte lassen sich ebenfalls korrigieren, indem Sie folgende Techniken verwenden:

- Tippen Sie mit dem Finger auf eine Textstelle, wird dort die Schreib- oder **Einfügemarke** (3) (der blinkende senkrechte Strich) positioniert. Texteingaben erfolgen links von der Einfügemarke.

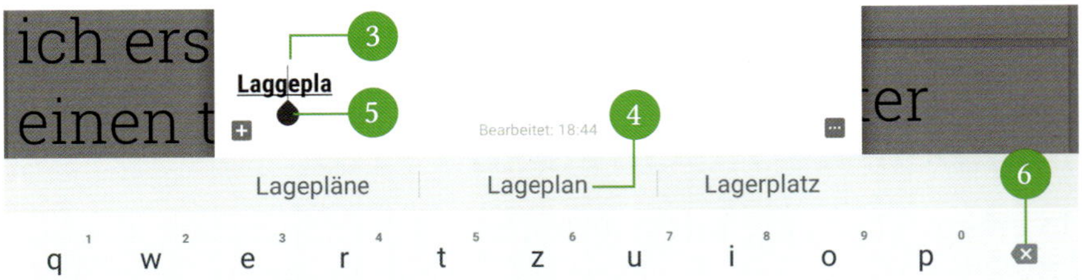

- Tippen Sie auf den am oberen Rand der Bildschirmtastatur (4) eingeblendeten Korrekturvorschlag, um den Schreibfehler zu beseitigen.
- Die Schreibmarke (senkrecht blinkender Strich) verschieben Sie bei Bedarf über den kurzzeitig eingeblendeten Marker (5) per Finger im Text.
- Dann lassen sich Zeichen links von der Schreibmarke über die [⇦]-Taste (6) löschen.

Mit diesen Techniken korrigieren und ergänzen Sie bereits eingegebene Texte.

Optionen der Rechtschreibprüfung anpassen

Um die Optionen der Rechtschreibkorrektur einzusehen bzw. anzupassen, starten Sie die App *Einstellungen*. Wählen Sie die Kategorie *Sprache & Eingabe*. Dann können Sie über die Unterkategorien *Rechtschreibprüfung* und *Mein Wörterbuch* die Optionen der Rechtschreibprüfung und das zur Prüfung verwendete Benutzerwörterbuch einsehen.

Weitere Techniken zur Textbearbeitung

Unter Android gibt es weitere Techniken, um Texte zu markieren, auszuschneiden, zu kopieren und komfortabel zu bearbeiten. Da diese Techniken allgemein in allen Apps anwendbar sind, möchte ich am Beispiel einer Notiz in der Notizen-App kurz darauf eingehen:

- Tippen Sie mit dem Finger auf eine Textstelle, positioniert dies die Schreib- oder **Einfügemarke** 1 an dieser Stelle. Über den temporär eingeblendeten Marker 2 verschieben Sie die Einfügemarke mit dem Finger.
- Drücken Sie den Finger ein paar Sekunden auf eine Textstelle, wird diese markiert. Oder wählen Sie das zu korrigierende Wort durch Doppeltippen an.
- Dann wird der Text farbig ausgezeichnet 3, und am Anfang sowie am Ende der Markierung werden Marker 4 angezeigt. Verschieben Sie die Anfangs- oder Endmarke, um den Markierungsbereich anzupassen.

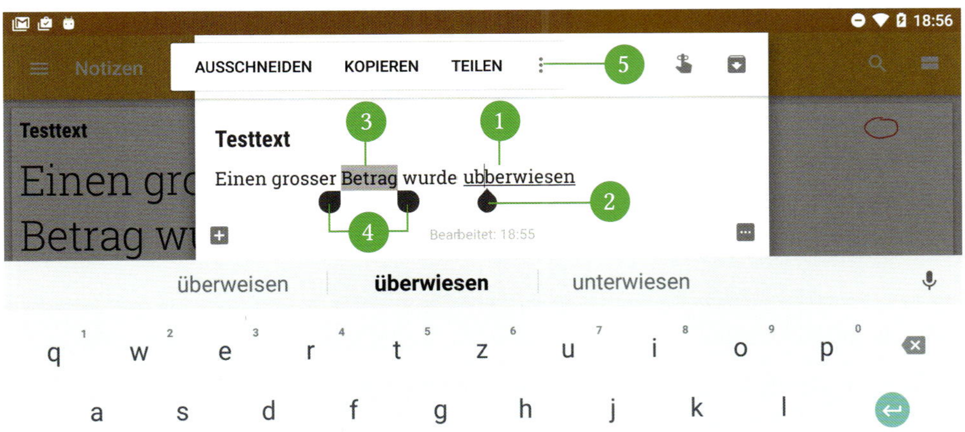

Sobald Sie Texte markieren, erscheint die im Bild sichtbare Leiste 5 mit verschiedenen Befehlen. Über die drei Pünktchen öffnen Sie ein Menü mit weiteren Befehlen.

- Der Befehl *Alles auswählen* im aufklappbaren Menü ermöglicht es, den gesamten **Text** der Notiz zu **markieren**.
- Wählen Sie *Ausschneiden*, um den markierten Inhalt aus der Notiz zu entfernen und in die sogenannte **Zwischenablage** einzufügen.
- Mit *Kopieren* wird der markierte Inhalt als Kopie in die Zwischenablage übertragen.
- Über *Teilen* können Sie eine App auswählen, an die der markierte Inhalt übertragen wird.
- Der Befehl *Assistent* im aufklappbaren Menü öffnet eine Seite, über die Sie Hilfe anfordern können.

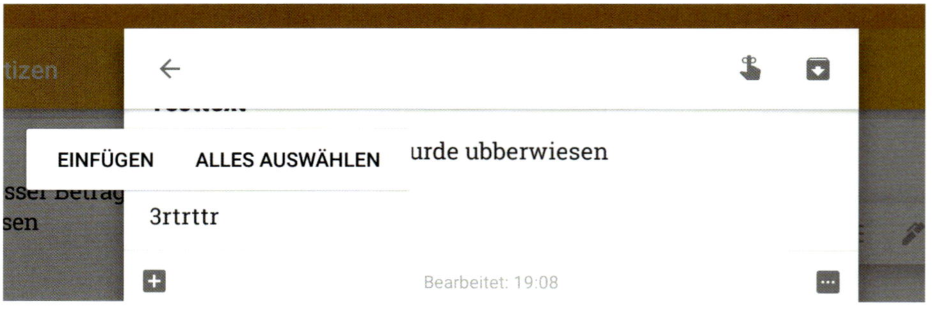

- Drücken Sie den Finger auf eine andere Stelle im Textbereich, erscheint der Menübefehl *Einfügen* in der Leiste. Wählen Sie den Befehl, wird der vorher ausgeschnittene oder kopierte Inhalt der Zwischenablage an der Einfügemarke in die Notiz eingefügt.

HINWEIS

Die **Zwischenablage** ist ein interner Speicherbereich, in den Apps Daten einstellen und aus dem sie sie wieder abrufen können. Das funktioniert nicht nur innerhalb einer App, sondern auch über mehrere Apps hinweg. Sie können beispielsweise im Google-Chrome-Browser einen Text oder ein Bild markieren, *Kopieren* wählen, zur Notizen-App wechseln und dort das Bild oder den Text über *Einfügen* aus der Zwischenablage übernehmen.

Die in diesem Abschnitt am Beispiel der Notizen-App vorgestellten Techniken lassen sich bei anderen Apps ebenfalls zur Textkorrektur verwenden. Die Techniken zum Arbeiten mit der Zwischenablage klappen nicht nur bei Text, sondern es können auch Fotos zwischen Apps oder Notizen übertragen werden.

Office-Apps zur Textverarbeitung

Zur Bearbeitung umfangreicher Texte lassen sich Office-Lösungen aus dem Google Play Store einsetzen. Koppelt man noch eine Bluetooth-Maus und -Tastatur an das Tablet, kann man die Texte komfortabel bearbeiten. Hier ein schneller Überblick über einige Office-Apps.

Microsoft Word für Android

Microsoft stellt ein komplettes Paket *Office für Android* bereit. Wer nach *Microsoft Word für Tablet* im Google Play Store sucht, bekommt die App für sein Android-Gerät angeboten.

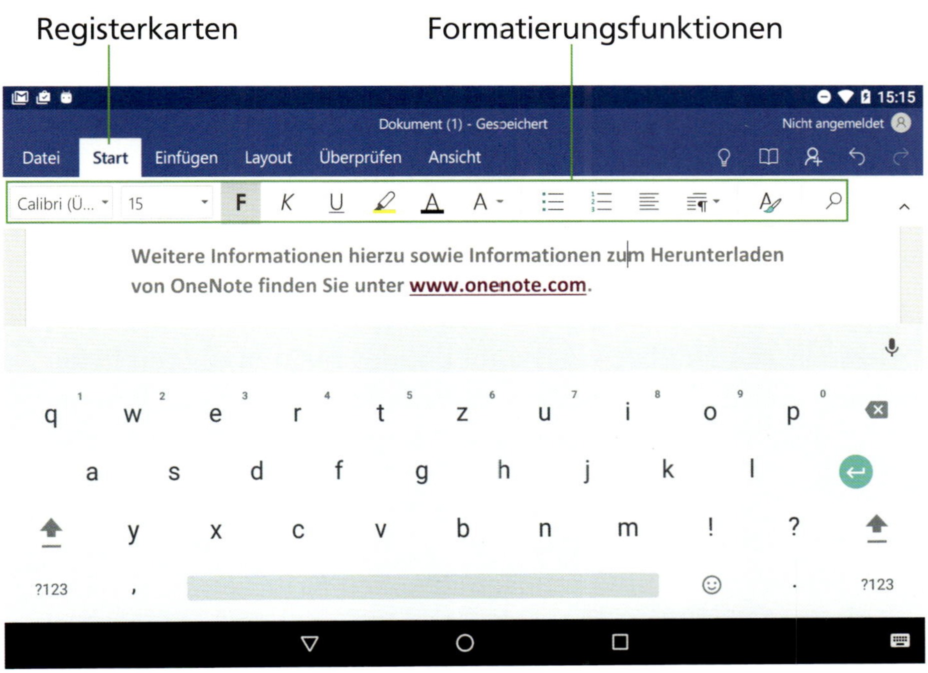

Die App ist kostenlos erhältlich, stellt dann aber auch nur Basisfunktionen zur Anzeige von Word-Dokumenten zur Verfügung. Schließt man ein Office-365-Abonnement ab, erhält man Zugriff auf weitere Funktionen. Dann stehen mit Word, Excel und PowerPoint vollwertige Office-Funktionen bereit. Das Schöne an Word für Android: Man ist mit dem auf Windows-Rechnern verfügbaren Word 2013/2016 kompatibel. Über diverse Registerkarten greifen Sie auf die Schaltflächen zur Formatierung des Dokuments zu. Auf der Registerkarte *Datei* finden sich die Befehle zum Öffnen und Speichern der Dokumente.

HINWEIS

Störend sind die Download-Größe für die Microsoft-Word-App sowie die Anforderungen an das Android-Gerät (Bildschirmgröße von 7 bis 10,1 Zoll, 1 GByte RAM etc.).

Google Docs

Sucht man im Google Play Store für Android nach *Google Docs*, wird die App zur kostenlosen Installation angeboten. Mit *Google Docs* lassen sich Dokumente erstellen, ändern und dann auf den Onlinespeicher Google Drive hochladen.

- Nach dem Aufruf der App können Sie über das Burger-Menü auf die Einstellungen, auf geöffnete Dokumente etc. zugreifen oder den Offline-Modus ein- und ausschalten.
- Im App-Fenster wird die Liste der bearbeiteten Dokumente sichtbar. Diese lässt sich über ein Symbol in der rechten oberen Ecke zwischen einer Dokumentliste und einer Dokumentvorschau mit Miniaturansichten umschalten. Das Antippen eines Dokuments öffnet dieses.
- Das Symbol *Sortieren* ermöglicht es, die Dokumentliste über ein Pop-up-Fenster mit Optionen nach diversen Kriterien zu sortieren.

- Über *Öffnen von* wählen Sie, ob Dokumente aus dem lokalen Speicher des Android-Geräts oder von Google Drive (Onlinespeicher) zu öffnen sind.

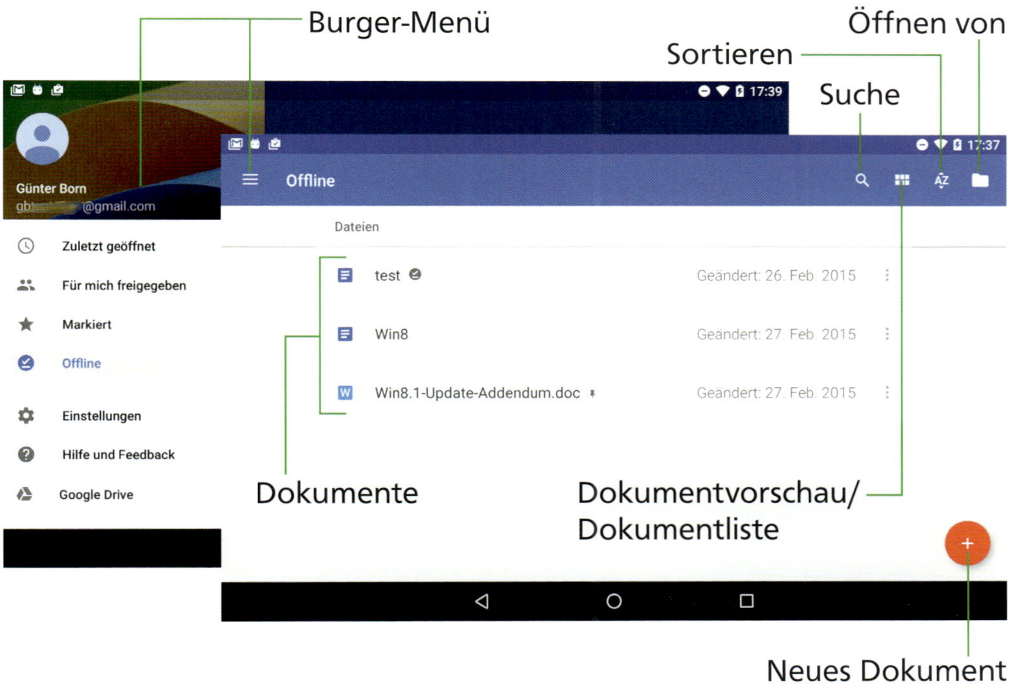

Tippen Sie auf das Symbol *Neues Dokument*, um ein leeres Dokument anzulegen. Hier ist die Darstellung eines Dokuments auf einem Android-Tablet-PC zu sehen.

- Über die Bildschirmtastatur tippen Sie den Text ein.
- Am unteren Dokumentrand finden sich Schaltflächen zum Formatieren eines markierten oder einzugebenden Textes mit Fett- oder Kursivschrift, zum Unterstreichen, für Aufzählungen und Nummerierungen.
- Tippen Sie in der Kopfleiste auf das Symbol *Text-/Absatzformate*, öffnet sich ein Menü. Über die Registerkarten *TEXT* und *ABSATZ* lassen sich Textstile, Schriftart, -größe und Farbe etc. wählen.

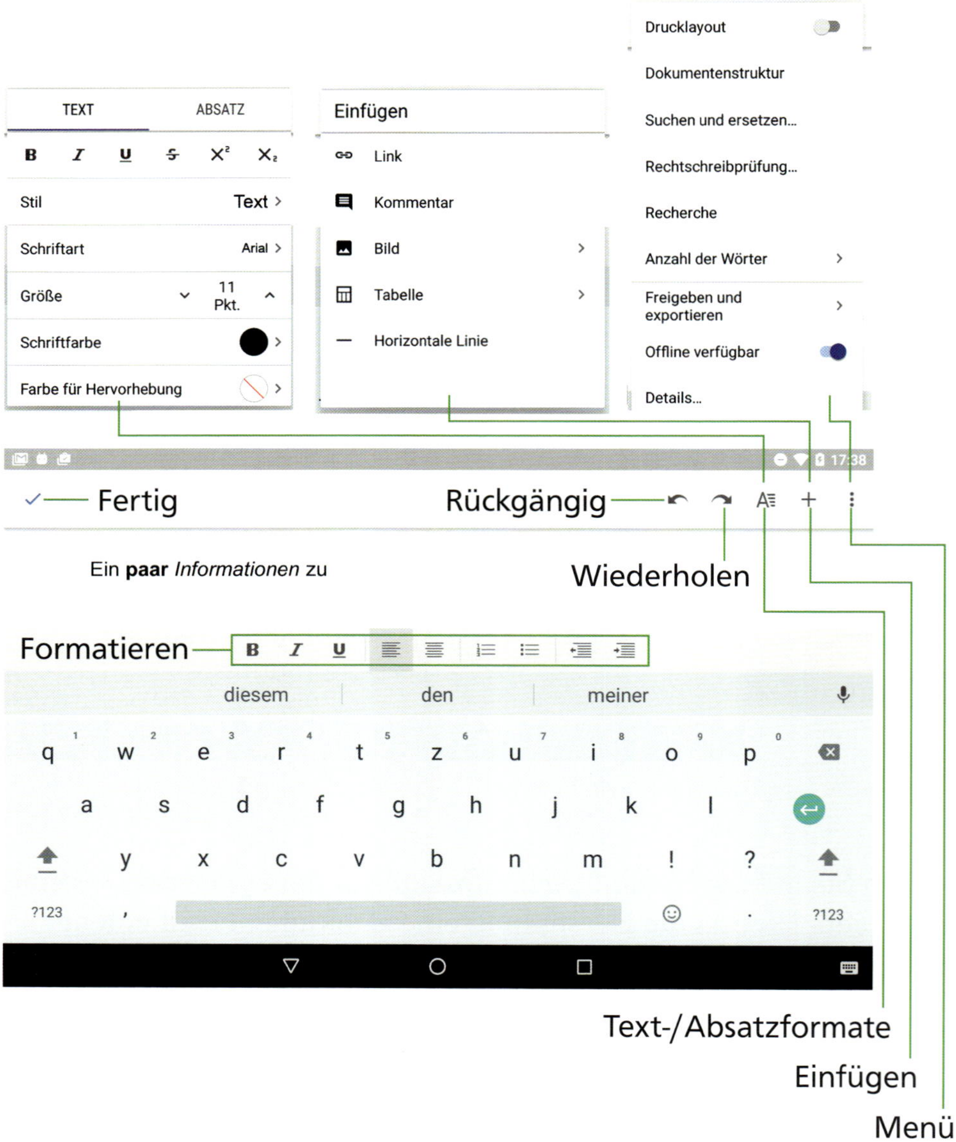

- Das Symbol *Einfügen* in der Kopfleiste öffnet ein Menü, über dessen Befehle sich Elemente wie Links, Bilder, Tabellen, Linien in das Dokument einfügen lassen.
- Die drei Pünktchen in der Kopfleiste öffnen ein weiteres Menü zum Zugriff auf die Rechtschreibprüfung oder andere Optionen.

In der Kopfleiste finden sich zwei Symbole, um Befehle rückgängig zu machen oder zu wiederholen. Links ist das Symbol zum Fertigstellen und Verlassen des Dokuments angebracht.

> **HINWEIS**
>
> Google Docs kann dabei auch Microsoft-Word-Dokumente aus dem Onlinespeicher Google Drive oder lokal aus dem Gerätespeicher öffnen und anzeigen. Wird aber ein Word-Dokument von einem Windows-System auf das Android-Gerät (z. B. per USB-Kabel) kopiert, sind die mit dem Word-Dokument verknüpften Bilder nicht anzeigbar.

TextMaker Mobile von SoftMaker

Von der deutschen Firma SoftMaker gibt es eine sehr interessante Office-Alternative mit TextMaker, PlanMaker und Presentations, die in der Mobile-Version gratis ist. Suchen Sie im Google Play Store nach *TextMaker Mobile*, wird die betreffende App zum kostenlosen Download angeboten.

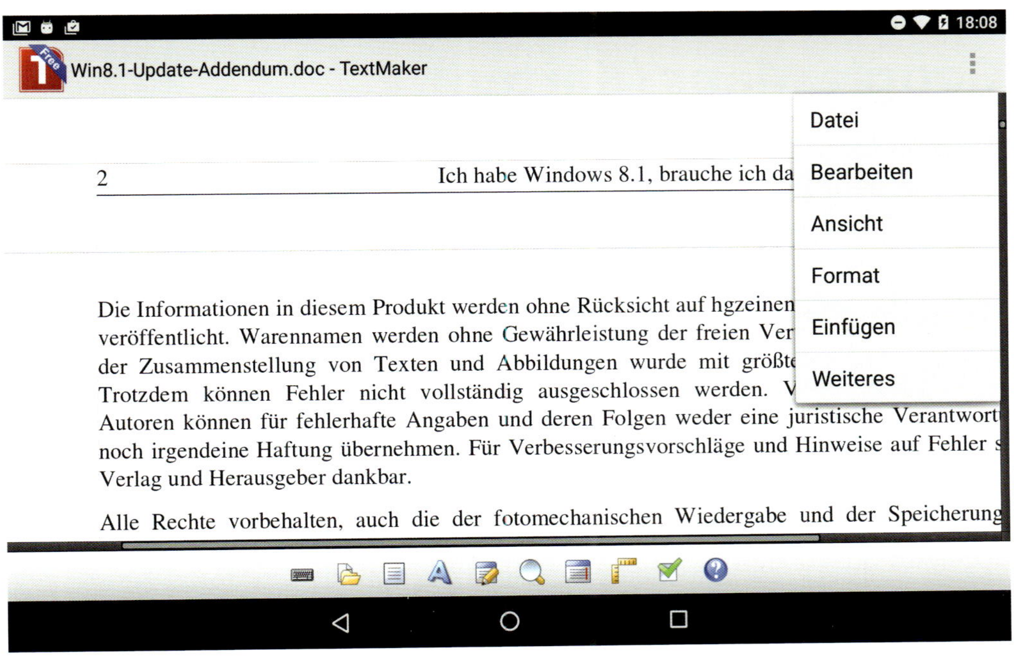

Mit TextMaker lassen sich Word-Dokumente sowohl am Windows-Rechner als auch auf dem Android-Gerät ansehen und bearbeiten. Die App ist nur 8,6 MByte groß und benötigt keine Online-Registrierung.

TextMaker kann sowohl Dokumente aus dem Gerätespeicher als auch von Onlinespeichern wie Google Drive, Microsoft OneDrive oder Dropbox lesen. Was mir persönlich besonders gut gefällt, ist die Bedienoberfläche, die mit Symbolleisten am unteren Dokumentrand arbeitet. Tippt man auf ein Symbol der unteren Leiste, erscheint eine zweite Leiste mit den Symbolen, um die Funktionen aufzurufen.

HINWEIS

Auch die **Office Suite 8** hat eine sehr leistungsfähige Textverarbeitung und kann sogar PDF-Dateien bearbeiten. Die Benutzeroberfläche ist zudem sehr intuitiv gestaltet. Was mich persönlich stört: Die über 38 MByte große App will bei der Installation umfangreiche Zugriffsrechte und zeigt in der Gratis-Version ständig eine Werbeanzeige am unteren Rand.

Google Maps (Karten)

Android-Smartphones (oder Tablet-PCs mit GPS-Empfänger) lassen sich mit dem Kartendienst Google Maps und der gleichnamigen App auch als Navi verwenden.

Google Maps kurz vorgestellt

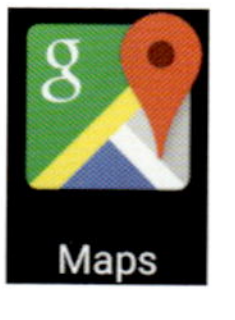

Die App *Google Maps* ist unter Android automatisch installiert. Die App können Sie über das hier gezeigte Symbol der Seite *Alle Apps* aufrufen.

Die App zeigt nach dem Aufruf eine Karte, die Sie durch Spreizen oder Kneifen mit zwei Fingern in der Größe anpassen und mit dem Finger verschieben können.

HINWEIS

Google Maps fragt beim ersten Start gegebenenfalls nach, ob der Zugriff auf den Standort zugelassen wird. Zudem sind die Nutzungsbedingungen in einem Formular zu akzeptieren. *Google Maps* braucht zur GPS-Navigation ein Android-Gerät mit Mobilfunkunterstützung. Auf einem Tablet ohne GPS funktioniert aber zumindest die Kartenfunktion und Routenplanung.

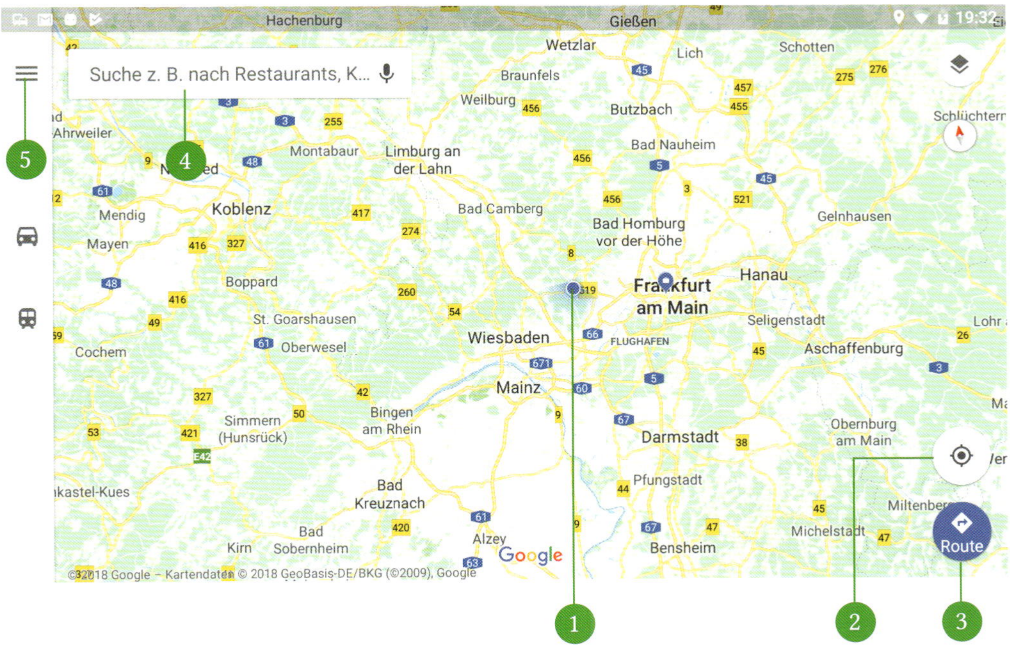

- Das Zeichen (1) in der Karte zeigt den per GPS (oder Mobilfunkverbindung) ermittelten aktuellen Standort an.
- Tippen Sie auf das Symbol (2), bestimmt Google Maps den aktuellen Standort und vergrößert die Kartendarstellung.
- Tippen Sie auf das Symbol (3), erscheint die App-Seite zur Routenplanung.
- Im Suchfeld (4) lässt sich ein Ort per Bildschirmtastatur eintippen (oder über das Mikrofonsymbol einsprechen). Dann wird über die *Suchen*-Funktion der Ort gesucht und in der Karte angezeigt.

Über das Burger-Menü (5) greifen Sie auf diverse Funktionen (*Meine Orte*, *Offlinekarten*, *Einstellungen* etc.) zu oder blenden Verkehrsinfos wie Verkehrslage, öffentliche Verkehrsmittel ein.

HINWEIS

Der GPS-Empfänger empfängt bei den meisten Android-Geräten das GPS-SAT-Signal nur im Freien. Navigation in Räumen ist nicht möglich.

Laden Sie über den Menüpunkt *Offlinekarten* des Burger-Menüs Kartenausschnitte herunter. Dies spart Datenübertragungsvolumen, wenn Sie mobil in diesem Abschnitt unterwegs sind.

Routenplanung mit Google Maps

Tippen Sie im App-Fenster auf das Symbol zur Routenplanung, erscheint das Eingabeformular für den Start- und Zielpunkt sowie für Routenoptionen.

- Tragen Sie per Bildschirmtastatur den Start- und Zielort (1) in die Felder ein, wird die Route geplant. Der Startpunkt kann der aktuelle, per GPS ermittelte Standort sein.
- Optional können Sie gegebenenfalls die Fortbewegungsart (2) sowie die Routenoptionen (3) anpassen. Über die drei Pünktchen (4) öffnen Sie ein Menü, über dessen Befehle Sie weitere Optionen (wie Satellitenbild einblenden) abrufen.
- Die Routenvorschläge werden sofort im unteren Bereich der App eingeblendet. Für jeden Routenvorschlag werden Entfernung und Reisezeit angegeben. Gleichzeitig zeichnet Maps bereits die Route in der Karte ein (5).
- Über die *Zurück*-Schaltfläche (7) gelangen Sie zur Kartendarstellung zurück.

Tippen Sie auf die Schaltfläche *VORSCHAU* (6), starten Sie die Routenvorschau mit der Wegbeschreibung. Dann erscheint eine Straßenführung als Karte mit Fahrthinweisen sowie Audioanweisungen zum Fahren oder Gehen. Bei Bedarf können Sie den Karten- und Navi-Ausschnitt mit dem Finger zoomen oder verschieben.

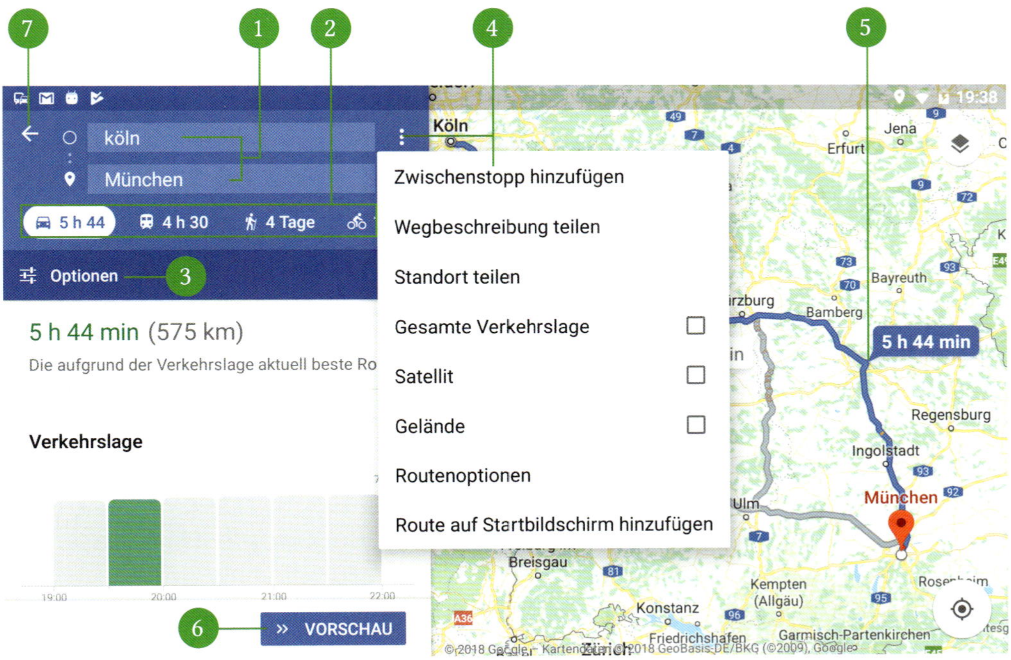

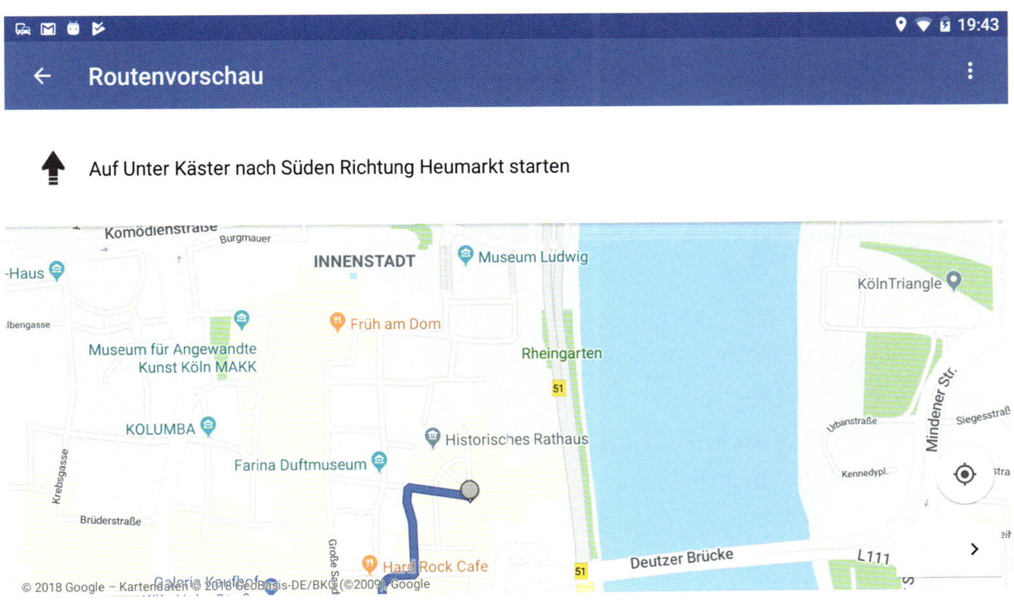

HINWEIS

Die Darstellung der App hängt allerdings etwas vom verwendeten Gerät ab.

Apps rund um die Reise

Neben dem Kartendienst Google Maps können Sie weitere Apps, z. B. Städtekarten oder von öffentlichen Verkehrsunternehmen zur Abfrage von Fahrplänen oder den *DB Navigator* für Zugverbindungen und mehr, einsetzen. Die Apps gibt es meist kostenlos im Google Play Store.

Kostenfalle: Datentransfer im Ausland

Achten Sie im Ausland darauf, dass die in diesem Kapitel vorgestellten Apps (*Google Maps*, Reise-Apps) einen Datentransfer verursachen, der zu hohen Gebühren führen kann. Bei *Google Maps* lassen sich vor der Reise ins Ausland Offline-Karten für die Navigation herunterladen, sodass kein Datentransfer für die Karten anfällt. Bei den anderen Apps würde ich auf die Verwendung im Ausland verzichten oder sie nur dann aufrufen, wenn man über ein WLAN im Internet eingebucht ist.

Wie wird das Wetter?

Gerade bei Kurzurlauben oder im Ausland ist es immer hilfreich, genauer über das Wetter des Tages oder der nächsten Tage informiert zu sein. Hier helfen Wetter-Apps, die sich auf dem Android-Gerät installieren lassen und eine Wettervorhersage für den Aufenthaltsort über mehrere Tage liefern. Suchen Sie im Google Play Store nach dem Begriff *Wetter*, wird Ihnen eine Reihe kostenloser und kostenpflichtiger Wetter-Apps angeboten.

Nachfolgend ist die App *Wetter Online* zu sehen. Diese fragt beim Start, ob der Standort per GPS erfasst werden darf, ermöglicht es aber auch, den gewünschten Zielort interaktiv per Bildschirmtastatur einzugeben. Anschließend wird der Ort in einer Karte angezeigt, und am rechten Rand listet die App die stündliche Vorschau auf das Tageswetter sowie die Vorschau für mehrere Tage auf.

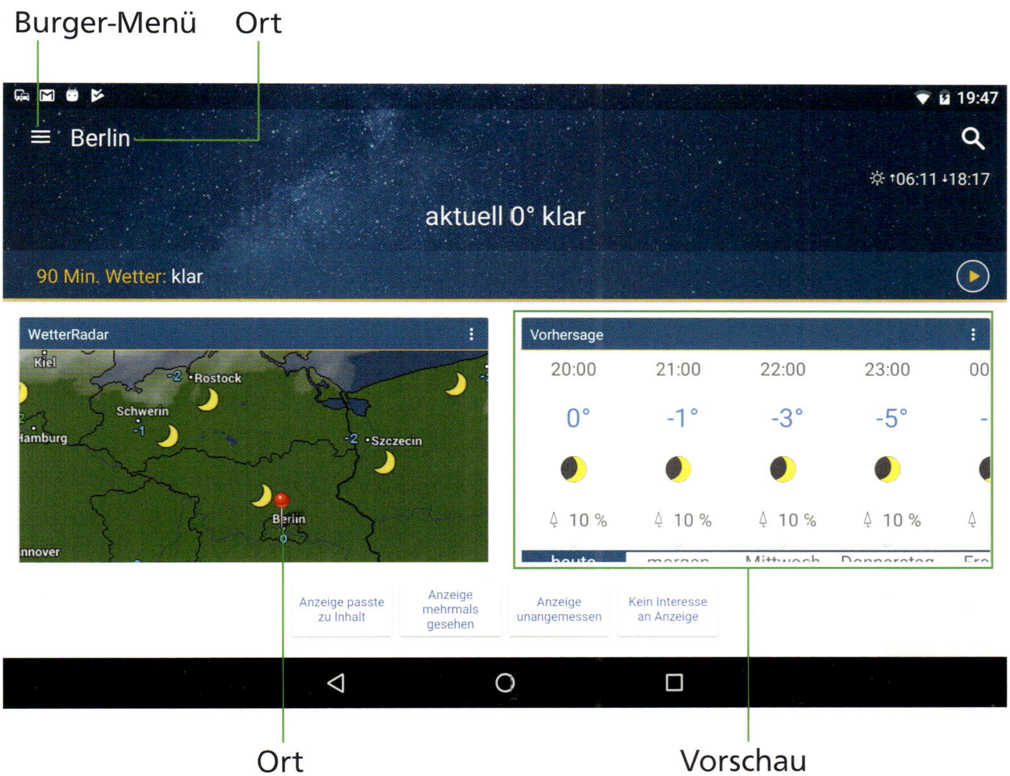

Durch Wischen mit dem Finger lässt sich in der Tages- und Wochenvorschau blättern. Über das Burger-Menü erhalten Sie Zugriff auf die Einstellungen und können z. B. ein Regenradar in der Karte einblenden.

Meine Erfahrungen mit solchen Wetter-Apps sind durchaus positiv, man hat auch am Urlaubsort eine ortsbezogene Wetterinformation, und das in Deutsch. Speziell bei Wanderungen und Tagesausflügen ist das ganz nützlich.

Fremde Sprache? Frag den Übersetzer

Die Zeiten, in denen man mit einem Sprachwörterbuch von Pons oder Langenscheidt im Ausland unterwegs war, sind im Zeitalter der Smartphones vorbei. Statt die Begriffe der Speisekarte mühsam im Wörterbuch nachzuschlagen, fragt man einfach eine App.

Von Google ist beispielsweise die Übersetzer-App im Google Play Store kostenlos erhältlich. Man ruft den Übersetzer über das hier abgebildete Symbol in *Alle Apps* auf. Beim ersten Aufruf lässt sich der Übersetzer einrichten. Dabei können auch Wörterbücher für die Offline-Übersetzung (z. B. Hauptsprache Deutsch, am häufigsten genutzt Englisch) heruntergeladen und der Modus *Offline übersetzen* in einem Pop-up-Fenster festgelegt werden. Später greift man über das Burger-Menü der App auf die Einstellungen oder die Option zur Offline-Übersetzung zu.

Zum Übersetzen wählen Sie die Ausgangs- und die Zielsprache. Dann tippen Sie einfach das zu übersetzende Wort oder den Text in den Eingabebereich.

Über ein Symbol (rechte untere Ecke der Eingabe) starten Sie die Übersetzung. Die App zeigt dann die Ergebnisse aus dem Wörterbuch an. Über die kleinen Lautsprechersymbole in der App können Sie den Begriff in der Ausgangs- und Zielsprache anhören.

Am Rand des Eingabebereichs lassen sich Symbole zur Eingabe der Übersetzungsbegriffe per Kamera, Mikrofon (sprechen) oder Handschrift auswählen. Tippen Sie beispielsweise auf das Kamerasymbol (geht nur, wenn eine feste Ausgangssprache vorgegeben ist), erscheint nachfolgende Darstellung. Über die Titelleiste wählen Sie die Ausgangs- und die Zielsprache und können diese sogar tauschen. Dann richten Sie die Kamera auf ein Schild, eine Speisekarte etc. mit dem fremdsprachigen Text. Eine Texteinblendung informiert Sie, dass Sie die Kamera ausrichten müssen. Sobald die Kamera Text erkennt, wird dieser bereits in übersetzter Form in der Vorschau eingeblendet. Tippen Sie auf den Auslöser, um den Text zu fotografieren.

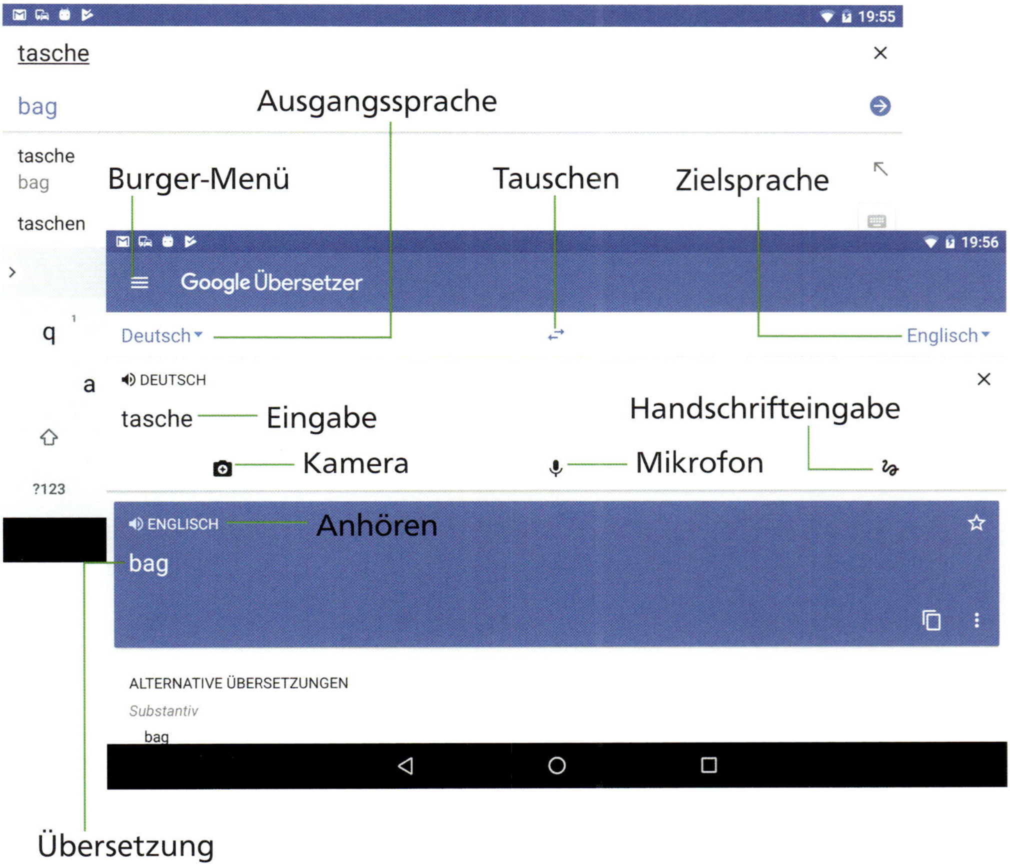
tasche
bag
Ausgangssprache
Burger-Menü
Tauschen
Zielsprache
Google Übersetzer
Deutsch
Englisch
DEUTSCH
tasche
Eingabe
Handschrifteingabe
Kamera
Mikrofon
ENGLISCH
Anhören
bag
ALTERNATIVE ÜBERSETZUNGEN
Substantiv
bag
Übersetzung

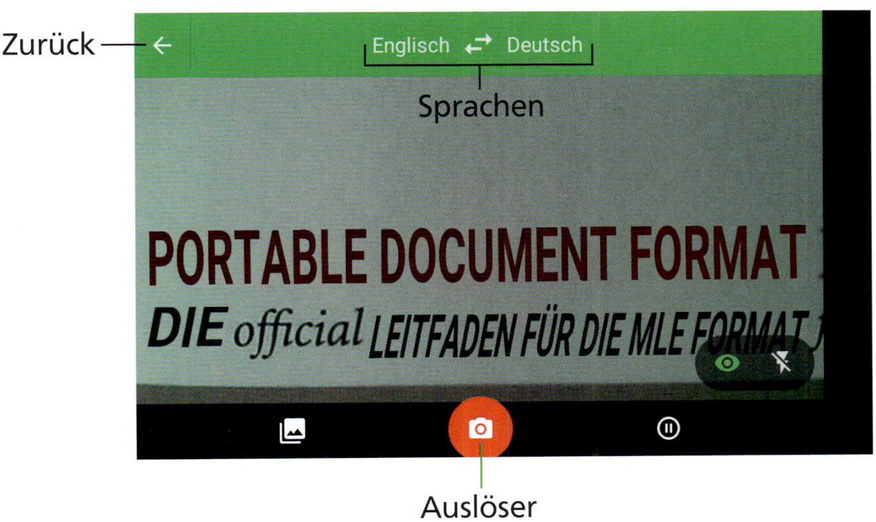
Zurück
Englisch
Deutsch
Sprachen
PORTABLE DOCUMENT FORMAT
DIE official LEITFADEN FÜR DIE MLE FORMAT
Auslöser

Im Anschluss erhalten Sie Gelegenheit, die Textbereiche durch Antippen mit dem Finger zu markieren. Die App versucht dann, die Wörter zu erkennen und zu übersetzen. Über das *Zurück*-Symbol in der linken oberen Ecke gehen Sie zur vorherigen App-Seite zurück. Die Handhabung des Google-Übersetzers ist mit der App recht einfach, wenn auch die Ergebnisse nicht immer zufriedenstellen.

Fahrpläne, Stadtinfos, Hotelsuche

Wer spontan in den Urlaub fährt, benötigt vielleicht Stadtinfos oder möchte eine Unterkunft. Vieles lässt sich natürlich über eine Suche im Browser erledigen. Aber es finden sich auch spezialisierte Apps, die die Suche nach Informationen erleichtern. Gibt man den Namen des Reiseziels im Google Play Store ein, werden häufig Apps angeboten, die Infos zu Städten, U-Bahn-Pläne, Stadtpläne etc. bereitstellen.

- Zur **Hotelsuche** können Sie im Browser auf einschlägigen Reiseseiten recherchieren oder aus dem Play Store die App *Hotel Suche HRS* verwenden.

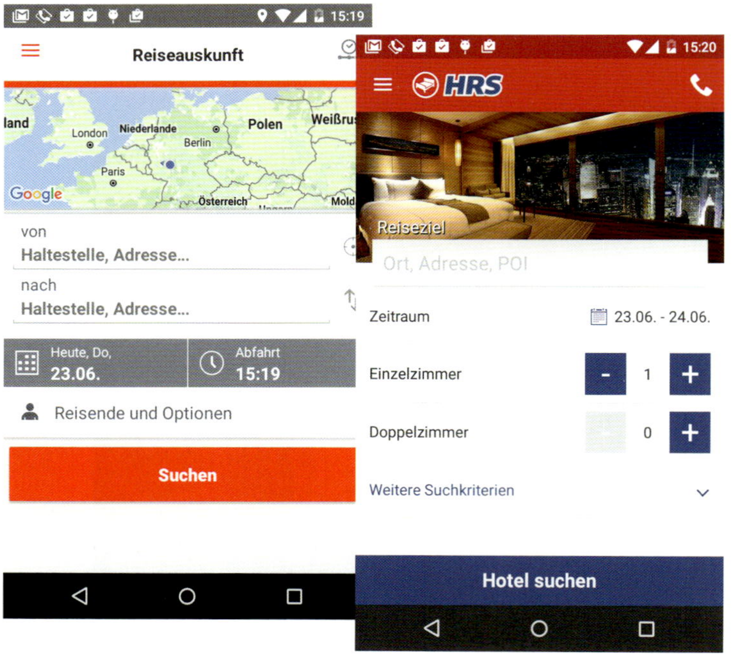

- **Fahrpläne** der Deutschen Bahn oder andere Auskünfte lassen sich sehr einfach über die App *DB Navigator* abrufen.

Die Bedienung solcher Apps ist weitgehend selbsterklärend. Ob Sie zu einer App greifen oder lieber im Browser auf die Suche nach Informationen gehen, hängt von den persönlichen Vorlieben und Erfahrungen ab.

Gesundheit und Fitness

Android kann Sie mit geeigneten Apps auch bei der Gesundheits- und Fitness-Überwachung unterstützen. Nachfolgend stelle ich Ihnen einige Apps aus dem Bereich vor.

ACHTUNG

Bei Verwendung von Fitness- und Gesundheits-Apps sollten Sie aber den **Datenschutz** im Auge behalten. Apps, bei denen ich mich beim Anbieter anmelden muss, sodass meine (Gesundheits-)Daten übertragen werden, meide ich. Zudem sollte man bei jeder App die **Sinnhaftigkeit hinterfragen**. Es gibt z. B. Apps, die den Puls mittels der Handy-Kamera über einen aufgelegten Finger ermitteln. Andere versprechen sogar eine »Blutdruckmessung«. Manches halte ich für Unsinn, bei anderen Apps ist einfach die Genauigkeit der Werte nicht gegeben. Bleiben Sie also kritisch bezüglich der Versprechungen der Anbieter.

Uhrzeit, Timer, Stoppuhr, Wecker

Die Uhrzeit lässt sich bequem in der Statusleiste oder auf dem Sperrbildschirm des Android-Geräts ablesen. Auf Reisen bräuchte man gelegentlich einen Wecker und bei sportlichen Übungen wäre ein Timer, der z. B. eine Minute herunterzählt, ganz nett. Auch eine Stoppuhr ist mit Android möglich. Verwenden Sie die Google-Uhr, die sich über *Alle Apps* aufrufen lässt.

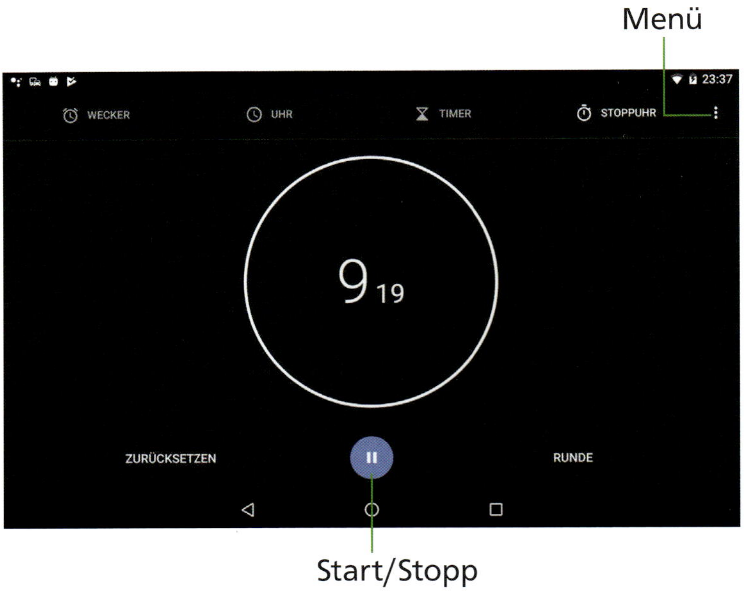

In der App-Anzeige lassen sich über Symbole am oberen Rand diverse Funktionen wie Weckzeiten festlegen, die Zeit anzeigen, Timer oder Stoppuhr abrufen. In der dann angezeigten App-Seite finden sich Bedienelemente, um z. B. beim Timer den Startwert der herunterzuzählenden Zeit vorzugeben oder Timer und Stoppuhr zu starten bzw. zu stoppen.

Aktivitäten mit Google Fit überwachen

Viele jüngere Menschen verwenden sogenannte Fitness-Tracker in Form von Armbändern, um ihre täglichen Bewegungen aufzuzeichnen. Ich habe einige dieser Geräte getestet, war aber mit den Funktionen nicht immer zufrieden. Die einfachere Alternative besteht darin, den Bewegungssensor eines Android-Smartphones mit einer App zum Aufzeichnen der Aktivitäten bzw. Bewegungen einzusetzen. So etwas habe ich z. B. aus Sicherheitsgründen unterwegs immer dabei.

Gebraucht wird dann noch die kostenlose App *Google Fit* aus dem Google Play Store – und fertig ist das Aufzeichnungsgerät. Sobald die App einmalig gestartet und die GPS-Positionserfassung zugelassen wurde, zeichnet sie die Schritte auf. Dies ist auch bei nachfolgenden Neustarts des Android-Geräts der Fall – man muss sich also um nichts kümmern, sofern man das Gerät bei seinen Aktivitäten dabeihat. Zur Auswertung der Daten reicht der Aufruf der Fit-App.

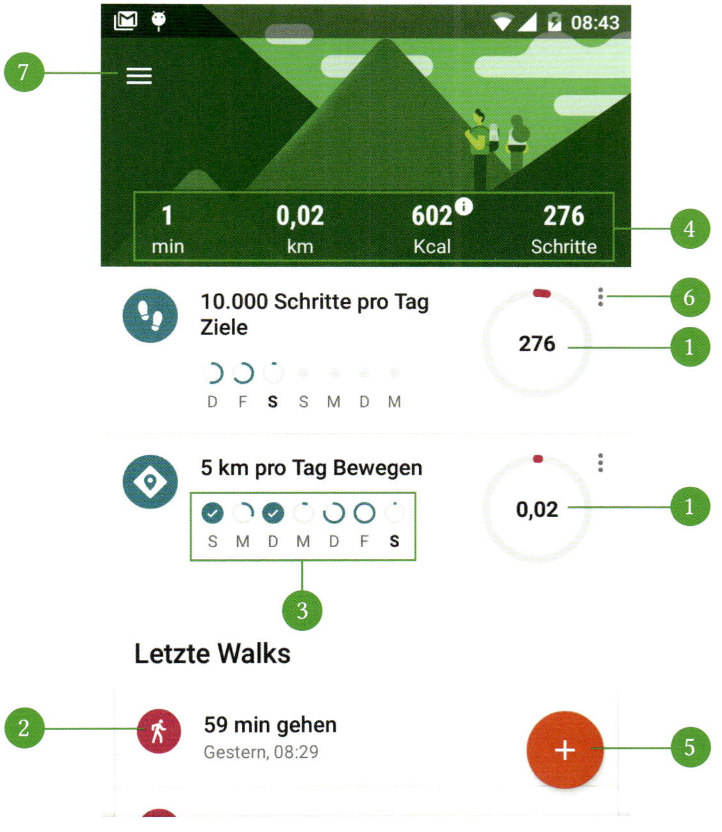

- In eingefärbten Kreisen (1) mit einer numerischen Darstellung zeigt die App die Tagesaktivitäten (Schritte, Entfernungen) an. Angezeigte Symbole (2) stehen für die Art der Aktivität (Gehen, Laufen). Die kleinen Symbole unter (3) heben Wochentage mit Aktivitäten farbig hervor.
- Im Kopfbereich (4) werden verschiedene Werte (Zeitdauer, Schritte, Entfernung, Kalorienzahl etc.) angezeigt. Dort wird auch das Tagesziel eingeblendet.

- Das Symbol mit dem Pluszeichen (5) öffnet ein Menü, über dessen Symbole Sie eine Aktivität starten, eine Aktivität oder ein Ziel hinzufügen sowie das Gewicht protokollieren können.
- Über die drei Pünktchen (6) öffnen Sie ein Menü, über dessen Befehle Sie ein Ziel bearbeiten oder löschen.
- Tippen Sie auf das Symbol des Burger-Menüs (7), erhalten Sie Zugriff auf die Einstellungen sowie die Hilfe. Zudem lässt sich die Darstellung zwischen der hier sichtbaren Startseite und einer Zeitachse umschalten.
- In der Darstellung als Zeitachse kann man mit *Grafik anzeigen* den grafischen Verlauf der Aktivitäten (Dauer, Strecke etc.) über die Vergangenheit (Woche, Monat) darstellen lassen.

Mehr muss man über die App eigentlich nicht wissen. Beachten Sie aber, dass Google das genaue Aussehen der App und deren Bedienung durch App-Updates verändern kann.

HINWEIS

Neben *Google Fit* gibt es weitere Apps zum Erfassen der Schritte. Schauen Sie sich im Google Play Store die Apps *Accupedo* und *Schrittzähler* an. Diese Apps muss man aber aufrufen und die Datenerfassung gesondert starten (was ich gern vergesse).

Routenaufzeichnung mit Google Maps

Zur Aufzeichnung von Laufstrecken, Wanderrouten etc. gab es von Google die kostenlose App *Meine Tracks*. Diese wurde aber zwischenzeitlich eingestellt und ist nicht mehr verfügbar. Man kann den Streckenverlauf per GPS aber in *Google Maps* (siehe vorhergehende Abschnitte) oder gegebenenfalls in *Google Fit* aufzeichnen lassen. Hierzu genügt es, im Burger-Menü den Befehl *Meine Zeitachse* anzuwählen. Zudem gibt es zwischenzeitlich ähnliche Apps (z. B. *My Tracks*) im Google Play Store, die ich aber nicht ausprobiert habe.

Puls und Vitaldaten erfassen

Treiben Sie Sport oder sollen Sie die Pulsfrequenz überwachen? Die Aufzeichnung und Überwachung ist auch mit Apps möglich. Gehen Sie in den Google Play Store und suchen Sie nach *Pulsmessung kostenlos*. Die Apps verwenden die Kamera, um den Puls an einem Finger zu ermitteln.

ACHTUNG

Hier empfehle ich aber dringend, die Genauigkeit der per App vorgenommenen Messung mit anderen Geräten wie einem Blutdruckmessgerät zu überprüfen.

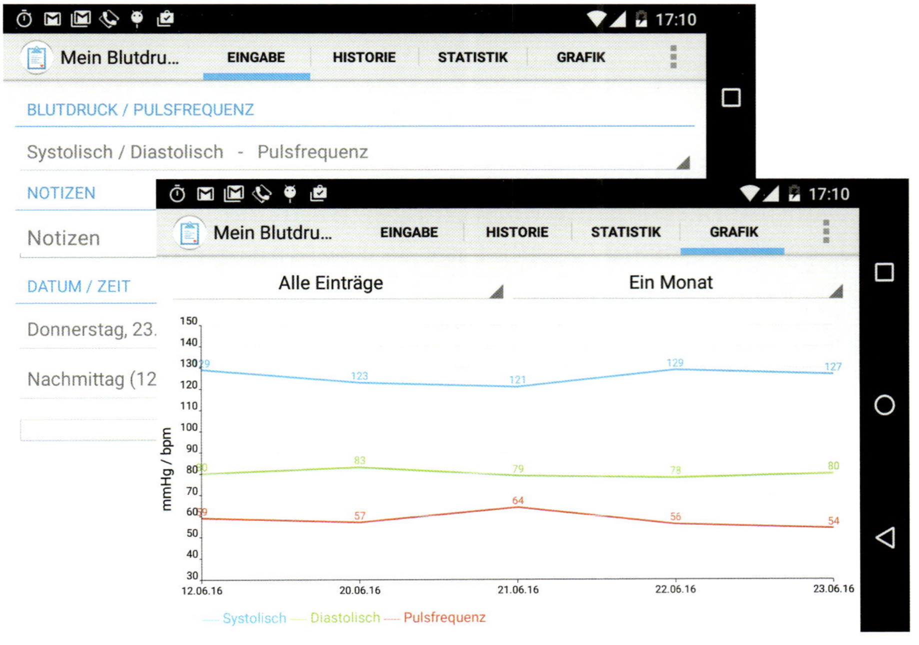

Leiden Sie unter Bluthochdruck, Diabetes oder möchten bzw. müssen Sie andere Vitalfunktionen Ihres Körpers erfassen und dokumentieren? Für Android gibt es einige Apps, die diese Aufgaben unterstützen. Die nachfolgend gezeigte App *Mein Blutdruck* ermöglicht die Aufzeichnung der an einem Blutdruckmessgerät erfassten Werte. Diese lassen sich anschließend über die Befehle in der Kopfzeile der App als Statistik oder Grafik abrufen. So hat man eine schnelle Kontrolle über den Blutdruckverlauf.

Ähnliches gibt es für Diabetes-Patienten. Es empfiehlt sich, im Google Play Store nach den betreffenden Begriffen zu suchen.

HINWEIS

Achten Sie bei der Auswahl der Apps darauf, dass keine Registrierung mit einem Benutzerkonto erforderlich wird. Ich möchte z. B. meine Vitaldaten nicht irgendwo ins Internet hochladen. Zur manuellen Erfassung und Langzeitdokumentation der Blutdruck-, Blutzucker- oder anderer Werte können Sie auch ein Office-Tabellenkalkulationsprogramm (z. B. Microsoft Excel) als Android-App installieren.

Arzneimittel und Apotheken

Im Hinblick auf die Beschaffung notwendiger Arzneien lässt sich ebenfalls auf einige Apps im Google Play Store zurückgreifen. Geben Sie Begriffe wie *Hausapotheke*, *Medikamente* oder *Apothekennotdienst* oder Apothekenverzeichnis in der Suchfunktion des Play Store ein, werden Ihnen die betreffenden Apps (die meist kostenlos sind) angeboten. Manche Apps können auch die Lage der Apotheke in einer Karte samt Route anzeigen. Die Preise von Arzneimitteln lassen sich mit verschiedenen Apps wie *Arzneimittel* von ratiopharm, *MediPreis* etc. ermitteln.

Spiele, Einkaufen und mehr

Mit Apps lassen sich die Funktionen eines Android-Geräts beliebig erweitern. In diesem Abschnitt stelle ich einige weitere Apps vor. Immer mehr Menschen erledigen beispielsweise Einkäufe im Web oder holen sich dort Informationen. Mit entsprechenden Apps lassen sich

Werbung oder Angebote studieren und Bestellungen tätigen. Kleine Werkzeuge (Tools) verwandeln das Smartphone in eine Taschenlampe, eine Wasserwaage oder eine Lupe.

Karten- und Strategiespiele stellen in meinen Augen eine ideale Möglichkeit zur Unterhaltung und Entspannung dar. Android enthält keine Spiele, kostenlose oder kostenpflichtige Apps lassen sich aber im Google Play Store erwerben. Suchen Sie im Play Store nach dem Namen des Spiels (z. B. *Mahjong*) und wählen Sie dann die gewünschte App zum Installieren aus.

ACHTUNG

Bei der Auswahl und der Installation sollten Sie ein Augenmerk darauf haben, wie die Apps bewertet wurden und welche Berechtigungen gefordert werden. Eine Spiele- oder eine Taschenlampen-App, die auf meine Geräte-ID oder die Anrufe Zugriff haben will, kommt nicht auf das Gerät. Auch Apps, die allzu arg Werbung einblenden, werden entfernt. Manche Apps versuchen auch, kostenpflichtige Abos vorzuschlagen. Also achtsam bleiben, was Sie installieren.

Das Kartenspiel Solitär

Kartenspiele sind eigentlich der Klassiker zum Zeitvertreib. Dazu können Sie entsprechende Android-Apps mit diversen Spielen beziehen. Das Kartenspiel Solitär (ist eine Patience) lässt sich als App beispielsweise von mehreren Anbietern kostenlos aus dem Google Play Store herunterladen (suchen Sie nach dem Begriff *Solitär*).

Das Spielfeld zeigt in der rechten oberen Ecke den Ausgangsstoß mit den noch nicht abgedeckten Karten. Tippen Sie auf diesen Stoß, um eine Karte aufzudecken. Zudem vergibt das Programm beim Start des Spiels Karten, die in der unteren Reihe des Spielfelds aufgedeckt auf den sieben Zwischenstößen abgelegt werden. Ziel des Spiels ist es, Karten nach vorgegebenen Regeln umzuschichten.

- Vom Ausgangsstoß in der rechten Ecke sind die aufgedeckten Karten auf die vier Zielstöße in der linken oberen Ecke in der Reihenfolge Ass, 2, 3 bis Bube, Dame, König und geordnet nach der jeweiligen Spielfarbe (Karo, Kreuz, Herz und Pik) abzulegen.
- Aufgedeckte Karten des Ausgangsstoßes und der Zielstöße können Sie per Finger auf die unteren sieben Zwischenstöße legen. Dabei sind Karten abwechselnd in den Spielfarben Schwarz und Rot in absteigender Wertigkeit (König, Dame, Bube, 10 bis 2) an die Zwischenstöße anlegbar.

Das Spiel ist gewonnen, wenn alle Karten auf die vier Zielstöße abgelegt wurden. Am unteren Spielfeldrand werden verschiedene Symbole zur Bedienung bzw. zum Zugriff auf die Optionen angeboten.

HINWEIS

Hearts, Freecell etc. sind Varianten dieses Kartenspiels. Aber auch andere Kartenspiele wie Skat etc. werden als Apps im Play Store angeboten.

Weitere Spiele

Im Google Play Store findet sich eine schier unendliche Menge an Spiele-Apps für Smartphone und Tablet-PC. Hier einige Anregungen:

- **Brettspiele**: Für Android gibt es eine Reihe Brettspiele, angefangen von Dame oder Schach bis hin zu Mensch ärgere Dich nicht. Mahjong ist ein altes chinesisches Brettspiel, das auch als App für Android verfügbar ist.
- **Memory**, **Puzzle**, **Kreuzworträtsel**, **Sudoku**: Falls Sie gern Ihr Gedächtnis trainieren, könnten Memory-Spiele, Puzzles, Kreuzworträtsel oder Sudoku das Richtige sein. Diese Spiele gibt es ebenfalls als Apps gratis im Play Store.
- **Angry Birds**: In einer Simulation werden Vögel per Katapult auf Klötzchenbauwerke mit Schweinen darin abgeschossen. Ziel ist es, das Bauwerk zum Einsturz zu bringen. Die einfachen Spiel-Level der App lassen sich kostenlos nutzen.

Sobald die App installiert ist, können Sie das jeweilige Spiel über das entsprechende Symbol in der Seite *Alle Apps* aufrufen. Hier sollten Sie einfach ein wenig ausprobieren, was Ihnen liegt.

Einkaufen

Es gibt einige Apps, die sich dem Thema Einkaufen annehmen. Dabei sind nicht nur Kauf-Apps gemeint, sondern auch Apps, die den Zugriff auf Preisangebote oder Prospekte ermöglichen.

- **Hotelangebote**: Die Hotelsuche und die Auswahl von Reiseanbietern hat sich längst ins Internet verlagert. Für die Buchung von Hotelzimmern stellen Anbieter wie Booking.com, Hotel.de, Hotels.com, Hotel Suche HRS (siehe vorhergehende Seiten), Trivago etc. passende Apps bereit. Suchen Sie einfach nach *Hotel* im Play Store.
- **Reiseangebote**: Die Reiseauswahl und -buchung lässt sich über Apps (Suche nach *Reise*) erledigen. Und über das Reiseziel kann man sich ebenfalls häufig per App informieren. Reiseführer sind

ebenso als App erhältlich wie Sprachführer und Wörterbücher oder Übersetzungs-Apps.

- **Einkaufshilfen**: Neben reinen Kauf-Apps gibt es auch spezialisierte Apps, die Sie beim Auffinden von Angeboten oder Preisvergleichen unterstützen. Geben Sie *Einkauf* als Suchbegriff ein, um auf Apps wie *kaufDa*, *Prospekte* etc. zuzugreifen. Auch die gängigen Discounter bieten eigene Einkaufs-Apps an.

Ob Sie solche Apps verwenden oder doch eher auf die Webseiten der Anbieter ausweichen, bleibt Ihnen überlassen. Ich verwende bevorzugt die Webseiten der Anbieter, da ich dann einerseits flexibler bin und die Apps nicht den Speicher des Geräts belegen.

ACHTUNG

Es gibt Untersuchungen, dass man in Apps oft einen höheren Preis als beim Vergleich im Web angezeigt bekommt. Von daher bin ich bei Apps zur Kaufunterstützung etwas zurückhaltend.

Taschenlampe, Wasserwaage und Lupe

Sehr interessant finde ich auch kleine Apps, die als Tools im Play Store oder direkt unter Android angeboten werden. Wischt man vom oberen Displayrand nach unten, lässt sich auf die Symbole des Statusbereichs zugreifen. Über das Symbol der **Taschenlampe** in den Android-Einstellungen schalten Sie das LED-Blitzlicht der Rückseitenkamera ein. Dann kann das Smartphone zur Beleuchtung eines Schlüssellochs etc. dienen. Apps wie *Lightbox Free* können als Leuchttisch für Dias fungieren. Smartphones mit geeigneten Sensoren lassen sich als **Kompass**, **Thermometer**, **Helligkeits**- oder **Lautstärkemesser** verwenden. Eine **Wasserwaagenfunktion** geht eigentlich immer, genau wie eine **Lupenfunktion** mithilfe der Kamera. In diesem Kapitel haben Sie eine kurze Übersicht über Apps aus zusätzlichen Kategorien erhalten. Über den Google Play Store steht Ihnen die Welt der Apps offen. Suchen Sie Apps für die von Ihnen gewünschten Funktionen, indem Sie im Play Store den betreffenden Suchbegriff eingeben. Im nächsten Kapitel erfahren Sie, wie Sie die Android-Einstellungen anpassen.

Einrichten und Einstellungen

Bei der Erstinbetriebnahme eines Android-Geräts werden diverse Einstellungen abgefragt. Diese Einstellungen lassen sich auch nachträglich anpassen. Zudem kann es Updates für Android geben. In diesem Kapitel gehe ich auf Fragen rund um diese Themen ein.

Das lernen Sie in diesem Kapitel

8

- Android-Erstinbetriebnahme
- Einstellungen
- Updates und Zurücksetzen

Android-Erstinbetriebnahme

Wird ein Android-Gerät erstmals eingeschaltet oder wurde das Gerät auf die Werkseinstellungen zurückgesetzt, ist eine Ersteinrichtung erforderlich. Ein Assistent fragt diverse Informationen ab, registriert das Gerät bei Google und aktiviert es. Diese Ersteinrichtung samt Aktivierung kann gegebenenfalls auch beim Kauf im Laden durch den Verkäufer erfolgen. Nachfolgend stelle ich Ihnen die Schritte zur Ersteinrichtung von Android vor.

Sprache nach dem Einschalten wählen

Es reicht, die Einschalttaste des Geräts für ein paar Sekunden zu drücken. Manche Geräte vibrieren beim Starten, sodass Sie spüren, wenn Sie die Einschalttaste loslassen können. Oder auf der Anzeige des Geräts lässt sich erkennen, dass Android startet (man spricht auch von »booten«). Warten Sie, bis das Gerät mit Android »hochgefahren« ist. Anschließend werden Sie durch die Schritte zur Inbetriebnahme geführt.

- Wischen Sie im ersten Schritt in der angezeigten Seite mit dem Finger in der Sprachenliste nach oben oder unten über den Bildschirm, bis *Deutsch* 1 oder die für Sie passende Variante angezeigt wird.

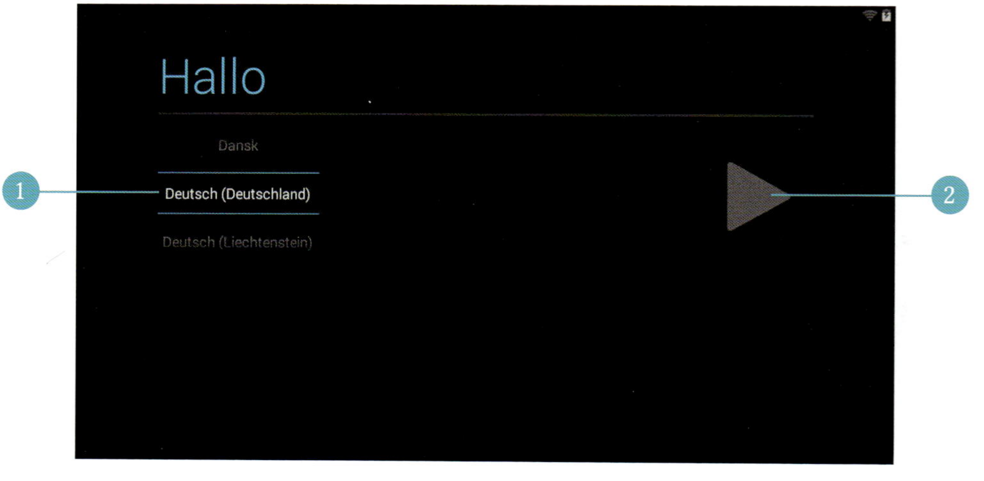

- Dann tippen Sie auf den Eintrag für die Sprache oder das gegebenenfalls angezeigte Dreieck (2).

Auf diese Weise wählen Sie die Sprache, in der Android einzurichten ist. Alle weiteren Einrichtungsschritte werden Ihnen dann in deutscher (bzw. in der gewählten) Sprache angezeigt.

HINWEIS

Das genaue Aussehen der Einrichtungsseiten kann von Gerät zu Gerät abweichen. So kann die hier in der Abbildung gezeigte dreieckige Schaltfläche bei manchen Geräten mit *Weiter* und *Zurück* beschriftet sein. Funktional gibt es aber kaum Abweichungen, sodass Sie mit den folgenden Ausführungen klarkommen sollten.

WLAN-Zugang für das Gerät einrichten

Damit das Gerät Verbindung mit dem Internet aufnehmen kann, fragt der Assistent in einem weiteren Schritt die Zugangsdaten für den WLAN-Zugang ab. Dazu werden die in der Umgebung empfangbaren Wi-Fi-Netzwerke aufgelistet.

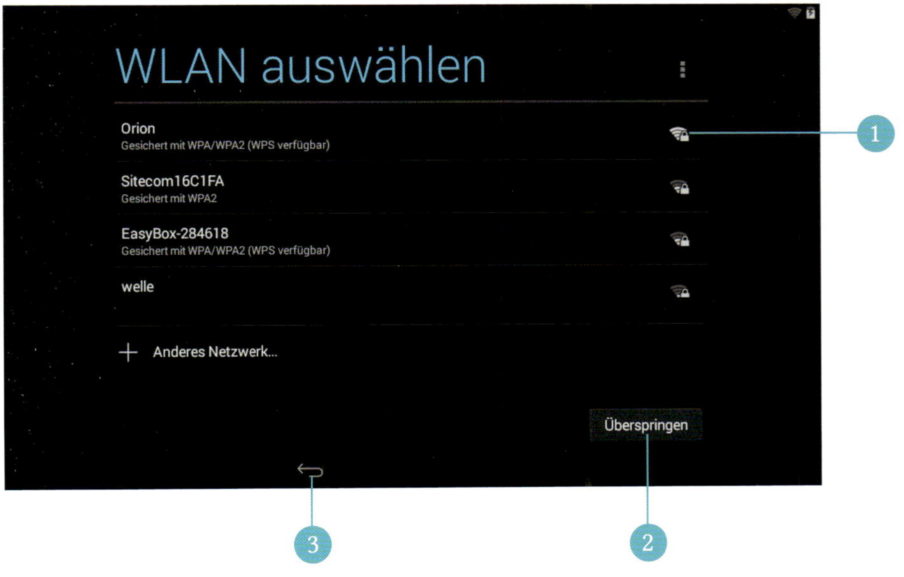

- Tippen Sie auf das Symbol des gewünschten **WLAN-Zugangs** (1) oder auf *Überspringen* (2), falls der Zugang nicht eingerichtet werden soll. Im letztgenannten Fall richten Sie den WLAN-Zugang zu einem späteren Zeitpunkt über die App *Einstellungen* ein (siehe folgende Abschnitte).
- Tragen Sie den Netzwerkschlüssel zum Zugang zum eigenen WLAN-Router per Bildschirmtastatur in das betreffende Textfeld (4) ein.

TIPP

Sie können übrigens bei jedem Schritt über die *Zurück*-Schaltfläche (3) zur vorherigen Seite zurückgehen.

HINWEIS

Spätestens beim Antippen des Textfelds wird die Bildschirmtastatur (5) eingeblendet. Über die Taste unten links (6) schalten Sie die Bildschirmtastatur zwischen Buchstaben und Ziffern um. Haben Sie sich vertippt, lässt sich das zuletzt eingegebene Zeichen über die [⇦]-Taste (7) löschen. Tippen Sie auf das Kontrollkästchen *Passwort anzeigen* (8). Ist das Kontrollkästchen mit einem Häkchen markiert, wird das Kennwortfeld im Klartext angezeigt. Erneutes Antippen hebt die Markierung und die Anzeige auf.

Haben Sie den korrekten Netzwerkschlüssel für Ihr WLAN eingetragen, bestätigen Sie dies durch Antippen der freigegebenen *Verbinden*-Schaltfläche (9). Oder tippen Sie auf die Taste *Fertig* (10) der Bildschirmtastatur.

TIPP

Am unteren Rand der Bildschirmtastatur ermöglicht ein Symbol (11), die Tastatur auszublenden. Tippen Sie erneut auf ein Textfeld, wird die Bildschirmtastatur wieder angezeigt.

Die Anwahl der *Verbinden*-Schaltfläche startet das Einbuchen des Geräts in das WLAN.

HINWEIS

Der Netzwerkschlüssel für den WLAN-Zugang wird beim Einrichten des Routers festgelegt. Falls trotz korrekt eingetipptem Schlüssel keine Verbindung aufgenommen werden kann, ist erfahrungsgemäß die am WLAN-Router eingestellte sogenannte MAC-Filterung die Fehlerursache. Lassen Sie sich bei Problemen gegebenenfalls von erfahrenen Personen beim Einrichten helfen.

Scheitert die Einbuchung in das WLAN (z. B. wegen eines fehlerhaften WLAN-Schlüssels), sind die obigen Schritte zur Eingabe des Netzwerkschlüssels zu wiederholen. Nach dem Einbuchen in das WLAN oder dem Überspringen dieses Schritts werden Sie automatisch zur nächsten Eingabeseite weitergeleitet.

Am Google-Konto anmelden

Android setzt zum App-Kauf sowie für weitere Funktionen voraus, dass Sie ein Benutzerkonto bei Google besitzen. Ein solches Konto besteht aus einer Gmail-Adresse und einem Kennwort und lässt sich gratis bei Google einrichten (siehe folgende Schritte).

Über dieses Konto werden Einstellungen, App- und Medienkäufe verwaltet, und Sie können die Gmail-E-Mail-Adresse auch zum Versenden und Empfangen von E-Mails verwenden.

- Besitzer eines Google-Kontos tippen auf der Seite *Nutzen Sie schon Google?* auf die Schaltfläche *Ja*.
- Tippen Sie in der angezeigten Seite auf die Felder *E-Mail* 1 und *Passwort* 2 und geben Sie über die eingeblendete Bildschirmtastatur die E-Mail-Adresse des vorhandenen Google-Kontos und dessen Kennwort ein.
- Bestätigen Sie anschließend die Eingabe über die Schaltfläche *Fertig* 3 der Bildschirmtastatur oder über die Schaltfläche *Weiter* der angezeigten Seite. Es wird ein Pop-up-Fenster eingeblendet,

über dessen *OK*-Schaltfläche 4 Sie die Google-Nutzungsbedingungen anerkennen müssen.

Klappt alles, werden Sie am Google-Konto angemeldet und können die nächsten Schritte durchlaufen. In diesen Schritten kann eventuell ein Abgleich mit den im Konto gespeicherten Daten oder von Datum und Uhrzeit erfolgen.

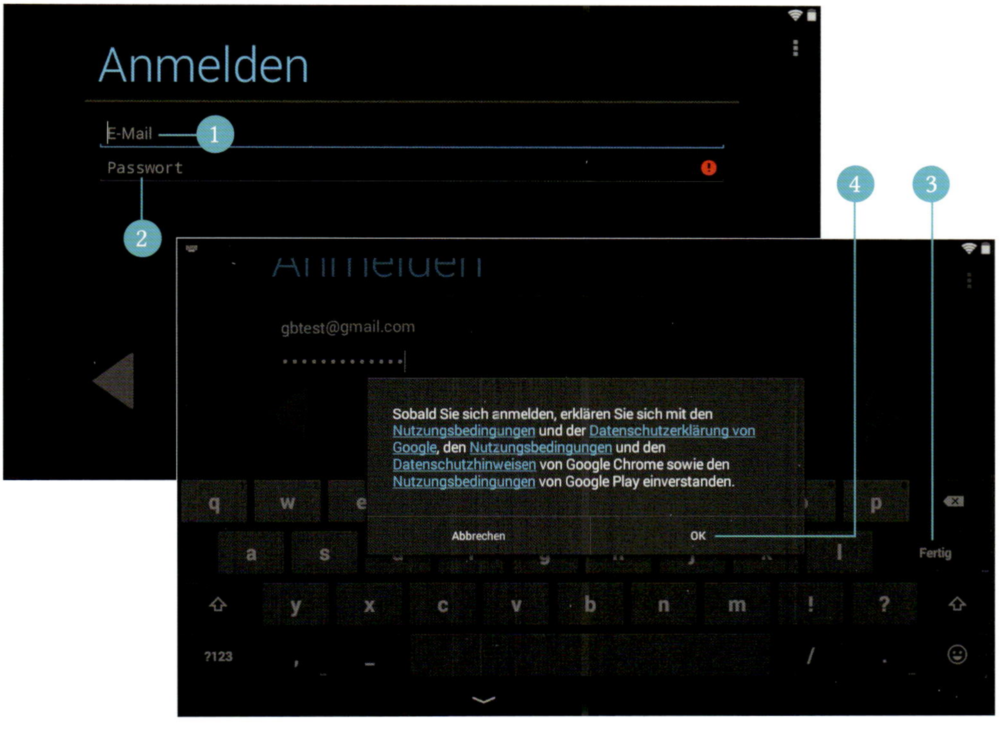

Je nach Gerät erscheint auch eine Seite *Dieses Tablet gehört*, in dem Sie den Vor- und Nachnamen zur Personalisierung des Geräts eingeben.

Zudem erhalten Sie Gelegenheit, Zahlungsinformationen für den Google Play Store festzulegen (siehe folgender Abschnitt).

HINWEIS

Bei der ersten Einrichtung wird der Name des Gerätebesitzers in einer Seite abgefragt. Das Konto des Hauptbesitzers ermöglicht es Ihnen, das Android-Gerät später über die App *Einstellungen* auf den Werksauslieferungszustand zurückzusetzen.

Abhängig vom Hersteller werden gegebenenfalls auch Schritte zur Einrichtung spezieller Apps auf dem Gerät durchlaufen. Verfügen Sie noch über kein Google-Konto, wählen Sie in der ersten Seite die Schaltfläche *Nein* und befolgen die Schritte, die Android Ihnen vorgibt (siehe Abschnitt »Ein Google-Konto erstellen« weiter unten).

ACHTUNG

Auf manchen Geräten ist ein Virenschutz von Herstellern wie McAfee, Kaspersky etc. installiert. Die Apps bieten Ihnen beim ersten Aufruf das Festlegen einer PIN an und fragen eine E-Mail-Adresse ab. Notieren Sie den PIN-Code und die E-Mail-Adresse und achten Sie darauf, dass die E-Mail-Adresse korrekt ist. Später werden Sie unter Umständen vom Gerät nach der PIN gefragt, um dessen Funktionen zu entsperren. Haben Sie die PIN vergessen, lässt sich eine Einmal-PIN zum Zurücksetzen der Sperre über die registrierte E-Mail anfordern. Kennen Sie die E-Mail-Adresse nicht oder ist diese ungültig, ist das Gerät bei vergessener oder (nach zehn Fehleingaben) gesperrter PIN nicht mehr verwendbar. Die Sperre kann eigentlich nur noch durch den Gerätehersteller entfernt werden, was kostenpflichtig ist.

Einrichten der Zahlungsinformationen

Beim Festlegen eines Google-Kontos auf Ihrem Android-Gerät wird Ihnen auch die Seite *Zahlungsinformationen einrichten* angezeigt.

Auf der Seite können Sie sowohl eine Kreditkarte für Zahlungen angeben als auch einen Gutschein zum Auffüllen eines Guthabens einlösen. Beim Einrichten eines Google-Kontos wähle ich allerdings immer

ÜBERSPRINGEN als Option. Die Zahlungsinformationen lassen sich später bei Bedarf immer noch nachtragen (siehe auch Kapitel 2 im Abschnitt zum App-Kauf).

Ein Google-Konto erstellen

Sofern Sie noch kein Google-Konto besitzen, richten Sie es bei der Inbetriebnahme ein.

1 Tippen Sie in der Seite *Nutzen Sie schon Google?* auf die Schaltfläche *Nein*.

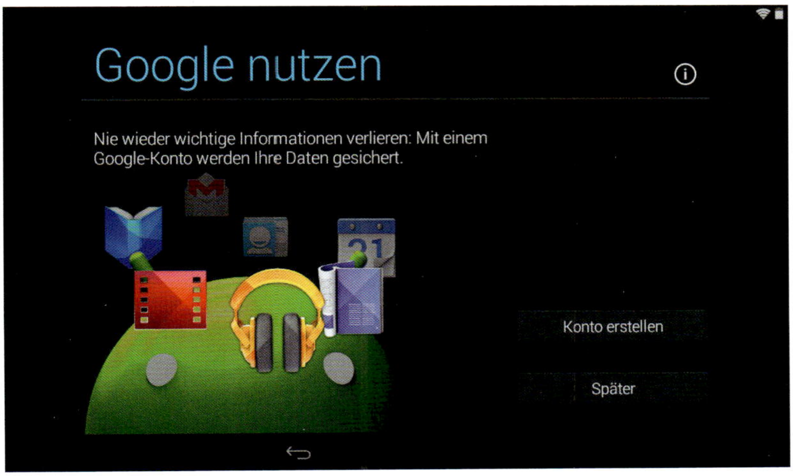

2 Wählen Sie in der Seite *Google nutzen* die Schaltfläche *Konto erstellen* und befolgen Sie die weiteren Schritte.

Falls Sie unsicher sind, tippen Sie auf *Später* und holen Sie die Kontoeinrichtung zu einem späteren Zeitpunkt in der App *Einstellungen* nach. Ohne Google-Konto lassen sich aber nur die Android-Grundfunktionen und einige Apps verwenden.

ACHTUNG

Ohne die Zugangsdaten für das Google-Konto kommen Sie nicht an die Daten bei Google heran und sind genauso beschränkt in der Nutzung des Geräts wie bei fehlendem Google-Konto.

Sofern Sie die folgenden Schritte zum Anlegen eines neuen Google-Kontos durchführen, **notieren Sie** sich deshalb unbedingt die **E-Mail-Adresse** und auch das festgelegte **Kennwort** des **Google-Kontos** und bewahren Sie diese Information an einem sicheren Ort auf.

Beim Einrichten eines neuen Google-Kontos werden Sie durch die erforderlichen Schritte geführt. Zuerst wird der Name des Gerätebesitzers abgefragt.

- Tippen Sie in der Seite *Ihr Name* die beiden Felder *Vorname* und *Name* (1) ein, geben Sie die Daten über die eingeblendete Bildschirmtastatur ein und tippen Sie entweder auf die *Weiter*-Schaltfläche (2) oder auf die *Fertig*-Taste der Bildschirmtastatur.

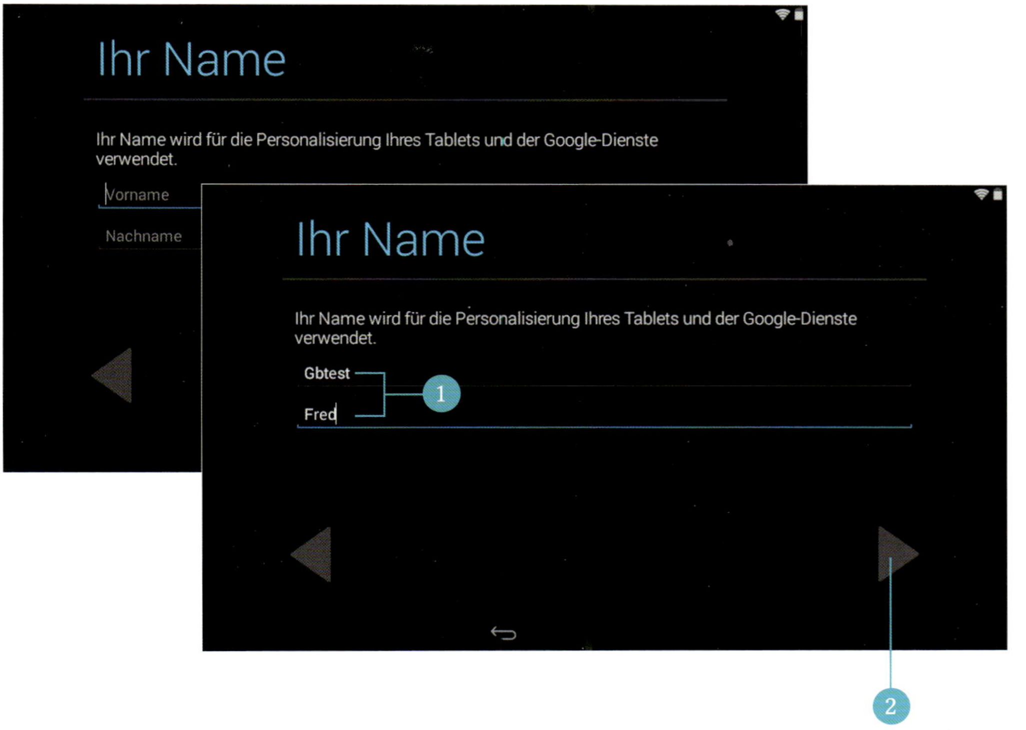

- Tippen Sie in der Seite *Nutzernamen wählen* den Namen für das Google-Konto bzw. die zugehörige E-Mail ein bzw. passen Sie den angezeigten Namen an. Da es sich beim Google-Konto um eine gültige E-Mail-Adresse handeln muss, wird der Teil *@gmail.com* automatisch vorgegeben. Im festlegbaren Teil des Namens sind nur Ziffern, Buchstaben, ein Punkt sowie ein Minuszeichen und der Unterstrich zulässig. Weiterhin darf der Nutzername für das Google-Konto noch nicht durch einen anderen Benutzer belegt sein. Andernfalls wird die Eingabe abgewiesen. Sie können dem Namen aber eine Nummer wie z. B. *0815* anhängen, um eindeutig zu werden.

Über die *Weiter*-Schaltfläche der Seite geht es dann zum nächsten Schritt. Android prüft dabei, ob der Benutzername gültig und eindeutig ist. Bei ungültigen Eingaben gelangen Sie wieder zur Eingabeseite des Benutzernamens.

- Bei akzeptiertem Benutzernamen wird in der Folgeseite *Passwort erstellen* die Eingabe eines Passworts verlangt. Tippen Sie auf das erste Passwort-Feld und geben Sie ein Kennwort von mindestens acht Stellen Länge ein. Verzichten Sie auf Kennwörter der Art *12345678*. Ich verwende eine Kombination aus Zeichen, Ziffern und Punkten oder Bindestrichen. Gute Kennwörter werden mit der Anzeige *stark* in der Seite bestätigt.
- Im zweiten Schritt geben Sie das Kennwort erneut im zweiten Passwortfeld ein und tippen dann auf die freigegebene *Weiter*-Schaltfläche.

Um ein vergessenes Kennwort für das Google-Konto zurückzusetzen, bietet Android beim Einrichten die Seite *Wiederherstellung des Google-Passworts* an.

1 Tippen Sie in der Seite auf die Schaltfläche *Wiederherstellungsoptionen einrichten* (1).

2 Anschließend geben Sie in der angezeigten Folgeseite eine Telefonnummer oder eine alternative E-Mail-Adresse (2) an und stellen das Land ein.

Haben Sie später einmal das Kennwort für Ihr Google-Konto vergessen, lassen Sie das Kennwort zurücksetzen. Google verschickt dann ein Rücksetzkennwort per SMS an die angegebene Telefonnummer oder als E-Mail an die angegebene Adresse.

Das Google-Konto ermöglicht neben der Verwaltung der erworbenen Apps und Medieninhalte auch die Sicherung der Geräteeinstellungen. So lassen sich die Einstellungen beim erneuten Aufsetzen des Geräts automatisch vom Google-Konto abrufen. Diese und weitere Einstellungen werden in der Seite *Google-Dienste* festgelegt.

1 Legen Sie in der Seite *Google-Dienste* fest, welche Google-Dienste im betreffenden Google-Konto zu verwenden sind. Markieren Sie dazu die Kontrollkästchen (3) der gewünschten Dienste.

2 Über die nach unten zeigende Schaltfläche (4) blättern Sie ans Ende der Seite, um auch die restlichen Optionen einzusehen. Tippen Sie auf die *Weiter*-Schaltfläche (5), um diesen Schritt abzuschließen.

3 Erscheint die Seite *Konto fertigstellen*, tippen Sie auf die Schaltfläche *Ich stimme zu*.

Google-Dienste
SICHERUNG & WIEDERHERSTELLUNG
Daten in Google-Konto sichern
Daten umfassen Apps, App-Einstellungen, Systemeinstellungen sowie WLAN-Passwörter.
3
STANDORT
Apps können meinen Standort schneller bestimmen. Anonyme Standortdaten werden erfasst und an Google gesendet.
Zur Verbesserung der Genauigkeit und für andere Zwecke lassen Sie zu, dass auch bei deaktiviertem WLAN nach Netzwerken gesucht wird.
4
Google-Dienste
Apps können meinen Standort schneller bestimmen. Anonyme Standortdaten werden erfasst und an Google gesendet.
Zur Verbesserung der Genauigkeit und für andere Zwecke lassen Sie zu, dass auch bei deaktiviertem WLAN nach Netzwerken gesucht wird.
Der Standortdienst von Google nutzt WLAN und weitere Signale, um den Standort präziser und schneller erfassen zu können. Der Akkuverbrauch ist dabei häufig geringer als bei der Verwendung von GPS. Einige Daten werden möglicherweise auf Ihrem Gerät gespeichert. Es können auch dann Daten erfasst werden, wenn keine Apps aktiv sind.
KOMMUNIKATION
Ich möchte Nachrichten und Angebote von Google Play erhalten.
5

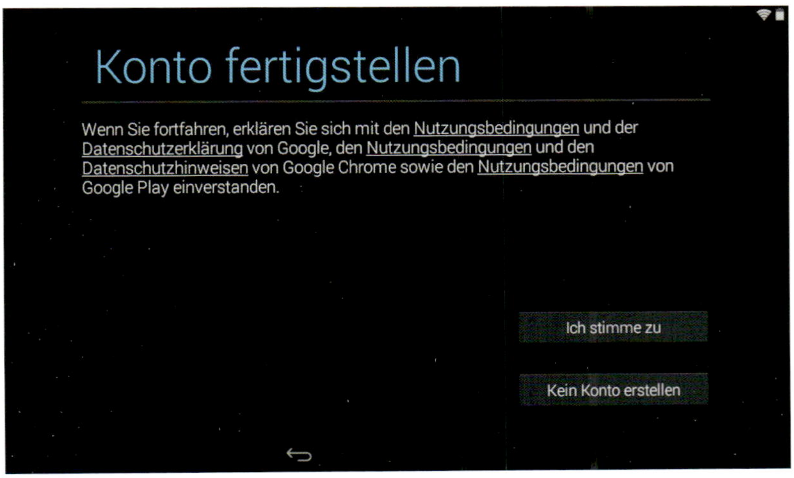
Konto fertigstellen
Wenn Sie fortfahren, erklären Sie sich mit den Nutzungsbedingungen und der Datenschutzerklärung von Google, den Nutzungsbedingungen und den Datenschutzhinweisen von Google Chrome sowie den Nutzungsbedingungen von Google Play einverstanden.
Ich stimme zu
Kein Konto erstellen

Es wird das betreffende Benutzerkonto angelegt und Sie gelangen zur Anmeldeseite (siehe Abschnitt »Am Google-Konto anmelden«). Sie können sich dann am neuen Google-Konto anmelden und die betreffenden Schritte durchlaufen.

Einstellungen

Gelegentlich sind die Einstellungen für Android anzupassen (z. B. Kopplung eines Mobilfunkgeräts, Einrichten eines WLAN-Zugangs, Anpassen der Bildschirmanzeige etc.). Nachfolgend erfahren Sie, wie das gehandhabt wird.

Die Android-Einstellungen öffnen

Der Zugriff auf die Android-Einstellungen erfolgt über die App *Einstellungen*. Deren App-Symbol finden Sie meist in der App-Seite *Alle Apps*.

Nach Anwahl des Symbols *Einstellungen* zeigt die App die Darstellung mit den Einstellungskategorien.

HINWEIS

Die genaue Darstellung hängt vom Hersteller des Android-Geräts und der Android-Version ab. Die hier sichtbare Darstellung zeigt links die Anzeige der App *Einstellungen* auf einem Google-Nexus-7-Tablet mit einem reinen Android. Viele Hersteller von Android-Geräten nehmen aber Anpassungen an Android und der *Einstellungen*-App vor.

Dies ist in der rechten Abbildung am Beispiel des Samsung Galaxy S4 mit Android 5 zu erkennen. Dort findet sich im Kopfbereich der App eine Navigationsleiste mit Einstellungskategorien. Bei einem reinen Android fehlt diese Navigationsleiste und alle Einstellungskategorien sind auf der Startseite der *Einstellungen*-App zu sehen.

Diese Variante verwende ich für die Abbildungen hier im Buch. Schauen Sie bei Abweichungen in Ihrem Gerät nach, wo sich die betreffenden Optionen in der *Einstellungen*-App finden.

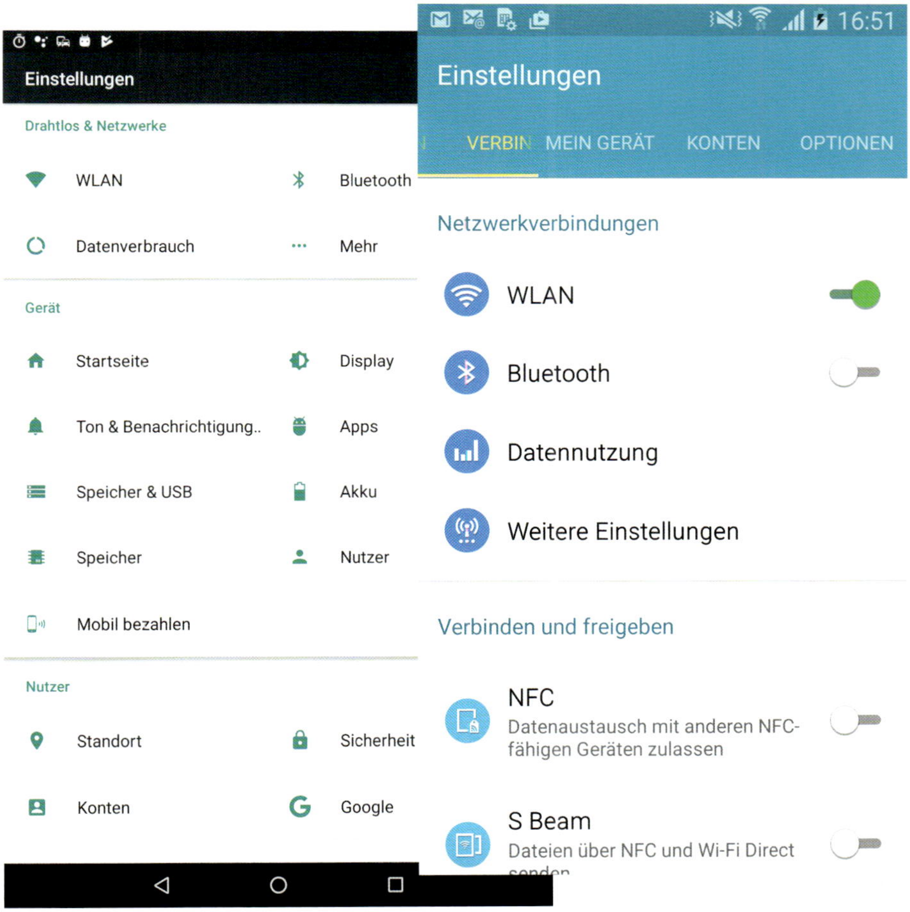

Tippen Sie auf eine Kategorie (z. B. *WLAN*), um die zugehörigen Details einzusehen. Über die *Zurück*-Schaltfläche im Android-Navigationsbereich oder im Kopfbereich einer Unterkategorie navigieren Sie eine Ebene zurück.

Einen WLAN-Zugang einrichten

Erst nach der Einrichtung können Sie per Android-Gerät über einen WLAN-Router auf das Internet zugreifen. Zum Einrichten eines WLAN-Zugangs sind folgende Schritte erforderlich:

1 Rufen Sie die App *Einstellungen* auf und tippen Sie in der angezeigten Kategorie *Einstellungen* auf den Eintrag *WLAN*.

Die App zeigt Ihnen die gegebenenfalls gefundenen WLAN-Verbindungen (1) an. Mit *Verbunden* wird signalisiert, dass das Android-Gerät am betreffenden WLAN-Zugang eingebucht ist. Ein stilisiertes Schloss neben dem WLAN-Symbol zeigt eine gegen Mithören durch Dritte abgesicherte und verschlüsselte WLAN-Verbindung an.

2 Tippen Sie auf den Eintrag einer bestehenden Internetverbindung (1), um die Details der WLAN-Verbindung einzusehen. In der Detailseite findet sich auch ein Befehl zum Entfernen eines WLAN-Eintrags.

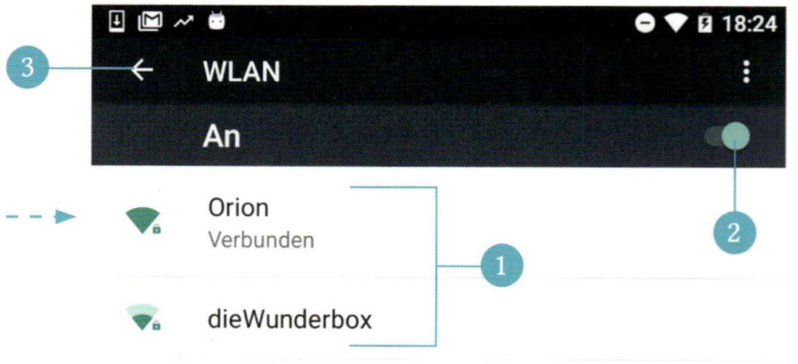

3 Stellen Sie sicher, dass der WLAN-Schalter (2) auf *An* steht. Nur dann ist der WLAN-Empfang eingeschaltet. Die Umschaltung erfolgt gegebenenfalls durch Antippen des Schaltersymbols.

Über den Pfeil 3 können Sie jederzeit zur vorherigen Einstellungskategorie zurückgehen.

HINWEIS

In der Kategorie *Mehr* der Einstellungen gibt es einen Schalter *Flugmodus*. Dieser ermöglicht es Ihnen, alle Funkverbindungen (WLAN, Mobilfunk) des Geräts abzuschalten. Dies ist beispielsweise im Flugzeug gefordert, wenn das Gerät zwar betrieben wird, aber sichergestellt sein muss, dass das WLAN- oder 3G-Sendeteil abgeschaltet ist. Den Flugmodus oder den WLAN-Empfang können Sie auch direkt über Symbole des Statusbereichs ein-/ausschalten (siehe Kapitel 2, Abschnitt »Schnelleinstellungen verwenden«).

4 Zum Einrichten einer neuen WLAN-Verbindung tippen Sie auf den betreffenden Eintrag des gefundenen Funknetzwerks 1.

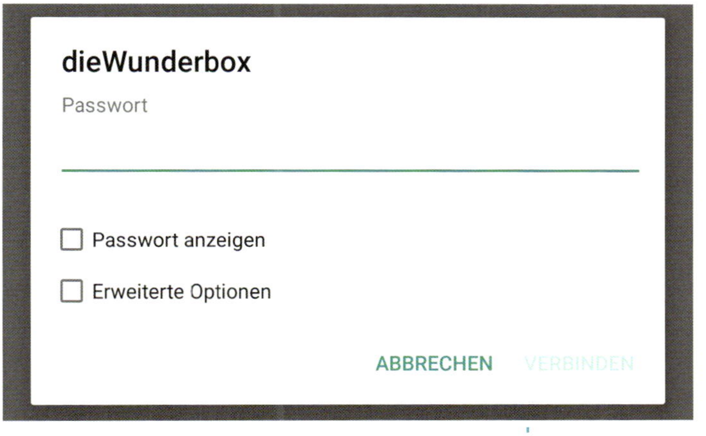

5 Tippen Sie im eingeblendeten Pop-up-Fenster den Netzwerkzugangsschlüssel im Feld *Passwort* ein und bestätigen Sie dies über *VERBINDEN*.

Die *VERBINDEN*-Option wird erst freigegeben, wenn das Feld *Passwort* genügend Zeichen aufweist. Das Passwort wird durch den WLAN-Router festgelegt.

Über das Kontrollkästchen *Passwort anzeigen* (gegebenenfalls nur im Hochformat sichtbar) blenden Sie das Kennwort während der Eingabe im Klartext ein (andernfalls werden zum Schutz gegen Ausspähen Punkte angezeigt). Die Verschlüsselungsmethode kann Android automatisch ermitteln und einstellen.

Das Kontrollkästchen *Erweiterte Optionen* ermöglicht es Ihnen, optionale Einstellungen vorzugeben – was aber in der Regel nicht erforderlich ist. In Android 6.x fehlen diese Kontrollkästchen aber.

Ist das korrekte Kennwort eingetragen, verbindet sich das Android-Gerät mit dem WLAN-Zugang und merkt sich auch das Kennwort. Kommt das Android-Gerät zukünftig in die Nähe des WLANs, bucht es sich automatisch ein.

ACHTUNG

Bei öffentlichen Funknetzwerken (Hotspots) in Hotels, Bahnhöfen, Flughäfen ist meist keine abgesicherte WLAN-Verbindung vorhanden. Dann fehlt das stilisierte Schloss, es wird kein Netzwerkzugangsschlüssel abgefragt. Oft gibt es eine Zugangsseite des Hotspot-Betreibers, die sich beim Aufruf einer Webseite öffnet. Dann ist ein Zugangscode einzugeben, bevor Sie ins Internet kommen. Den Zugangscode erhalten Sie vom Hotspot-Betreiber (z. B. Hotelpersonal) oder per SMS auf Ihr Handy.

Bei nicht abgesicherten Verbindungen können Dritte Ihre Daten einsehen. Rufen Sie vertrauliche Informationen im Internet nur dann ab, wenn diese durch eine *https://*-Verbindung verschlüsselt sind (z. B. im Browser im Adressfeld zu erkennen).

Mobilfunkverbindung einrichten

Smartphones oder mit einer Mobilfunkunterstützung (3G- oder 4G-Modem) ausgestattete Tablet-PCs, können unterwegs mobil ins Internet gehen und auch GPS-Signale empfangen.

Separat einrichten muss man eigentlich nichts – es reicht, eine Nano-, Micro- oder normale SIM-Karte (abhängig vom Gerätemodell) einzulegen. Die benötigte SIM-Karte und das Einlegen sollten in den Geräteunterlagen beschrieben sein.

- Kontrollieren Sie gegebenenfalls über die App *Einstellungen* in der Kategorie *Datenverbrauch* 1, ob die Option *Mobilfunkdaten* 2 eingeschaltet ist. Dann haben Apps (Browser, Mail etc.) eine Verbindung ins Internet.
- In der rechten oberen Ecke 3 im Statusbereich des Displays wird eine aktive 3G-/4G-Datenverbindung angezeigt. Angaben wie E oder H+ signalisieren den Übertragungsmodus für Daten.

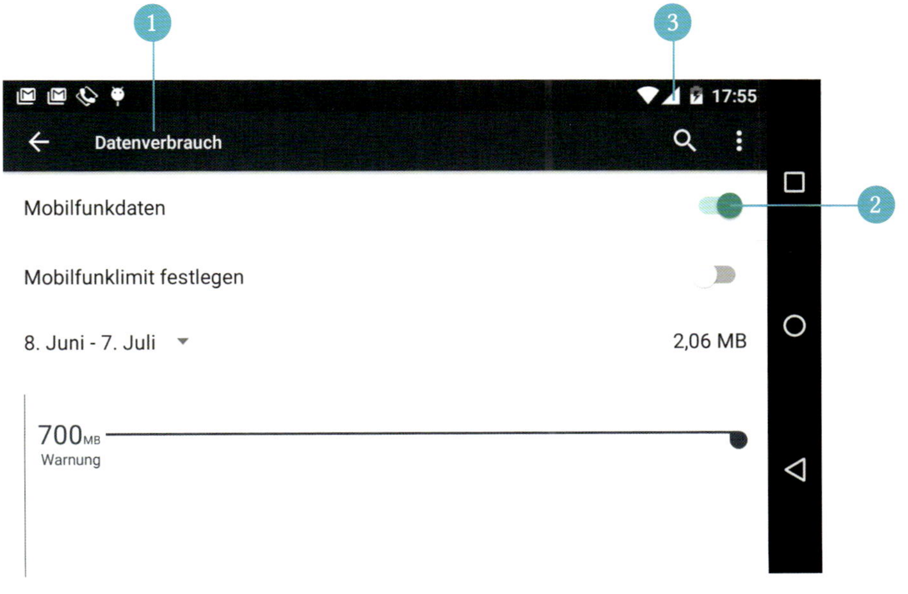

HINWEIS

Voraussetzung ist, dass der zur SIM-Karte passende Mobilfunkvertrag einen Tarif für den Datentransfer ins Internet aufweist. Schauen Sie gegebenenfalls nach, wie hoch das Datenübertragungsvolumen angesetzt ist. Über *Mobilfunklimit festlegen* können Sie sich benachrichtigen lassen, wenn dieses Transfervolumen nahezu aufgebraucht ist. Das Überschreiten des Datenübertragungsvolumens kann, je nach Mobilfunkvertrag, teuer werden. Oder die Anbieter drosseln die Übertragungsgeschwindigkeit bei Überschreiten des Übertragungsvolumens. Wenn Sie mit dem Gerät in einem WLAN eingebucht sind, sollten Sie den Datentransfer über Mobilfunknetz am Android-Gerät deaktivieren (Option *Mobilfunkdaten* (2) auf *Aus* stellen).

Die Verbindungsdaten des Mobilfunkproviders werden automatisch von der SIM-Karte übernommen. Wählen Sie in den Android-Einstellungen die Kategorie *Mehr* (4), um die Einstellungen zu kontrollieren.

- Wählen Sie *Mobilfunknetze* (5), um in der Folgeseite über *Zugangspunkte (APNs)* (6) und *Mobilfunkanbieter* (7) zu kontrollieren, ob die richtigen Zugangsdaten festgelegt wurden. Die Daten bekommen Sie vom Mobilfunkanbieter.
- Im Ausland oder in Grenznähe sollten Sie den Netzbetreiber manuell wählen. Zudem empfiehlt es sich, die Option *Daten-Roaming* (8) für den Internetzugang im Ausland abgeschaltet zu lassen. Dies verhindert, dass Sie in eine Kostenfalle durch Datenübertragung laufen.

Über die Option *Bevorzugter Netzwerktyp* (9) lässt sich vorgeben, welcher Standard (2G, 3G, 4G) bei der Datenverbindung zu verwenden ist. Unter *Tethering & mobiler Hotspot* (10) lässt sich das Gerät bei Bedarf so einrichten, dass es für andere Geräte einen Internetzugang per WLAN, Bluetooth oder USB-Kabel bereitstellt. Über die Option *Flugmodus* (11) schalten Sie die Benutzung der Mobilfunkverbindung ein oder aus.

Beachten Sie aber, dass die genauen Bedienschritte je nach Gerät und Android-Version leicht variieren können.

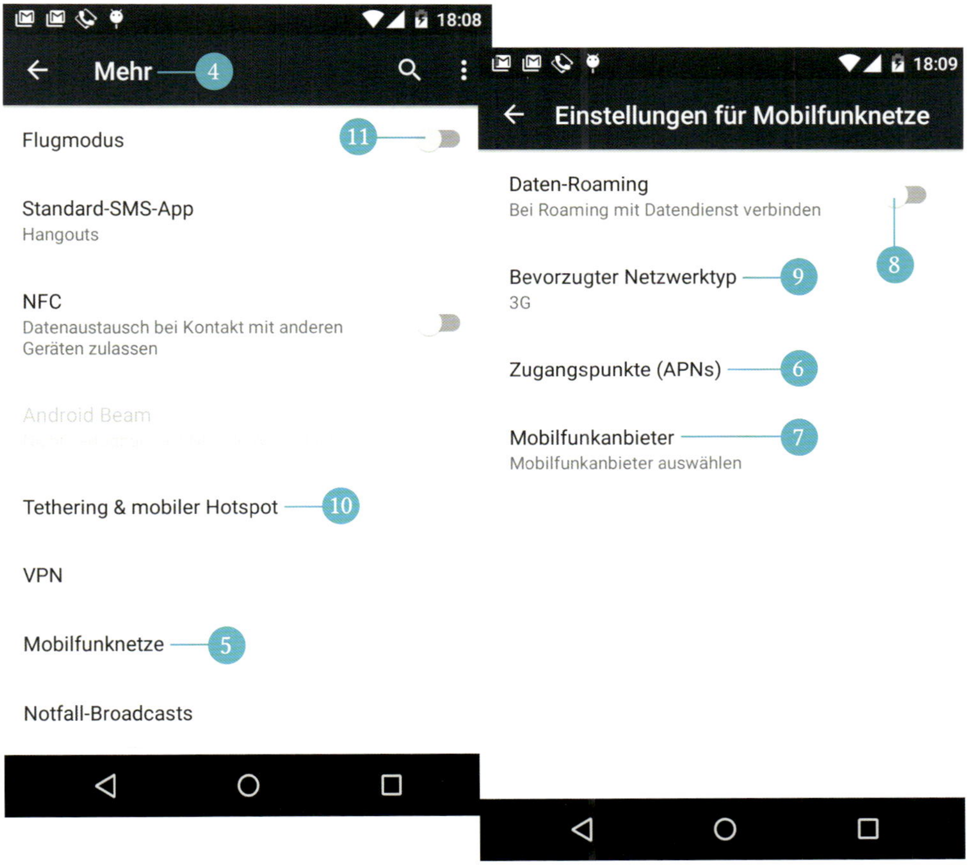

Wie geht eine Bluetooth-Gerätekopplung?

Die meisten Android-Geräte unterstützen die Kopplung mit Bluetooth-Geräten. Um ein solches Gerät mit dem Android-Smartphone oder -Tablet zu koppeln, führen Sie folgende Schritte aus:

1 Starten Sie die App *Einstellungen* und gehen Sie zur Kategorie *Bluetooth* (1). Dort stellen Sie sicher, dass Bluetooth (2) eingeschaltet ist.

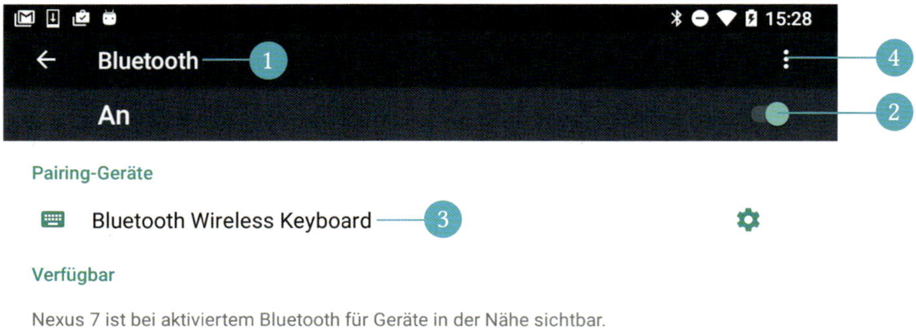

In der Rubrik *Pairing-Geräte* oder *Verfügbar* werden die bereits gekoppelten bzw. bekannten Bluetooth-Geräte (3) aufgelistet. Tippen Sie gegebenenfalls auf die drei Pünktchen (4) und dann auf den Menübefehl *Aktualisieren*, um die verfügbare Geräteliste neu zu suchen.

2 Schalten Sie das betreffende Bluetooth-Gerät ein und drücken Sie gegebenenfalls dessen Bluetooth-Koppeltaste.

3 Tippen Sie in der App-Anzeige auf das auftauchende Bluetooth-Gerät in der Liste *Verfügbar* (3).

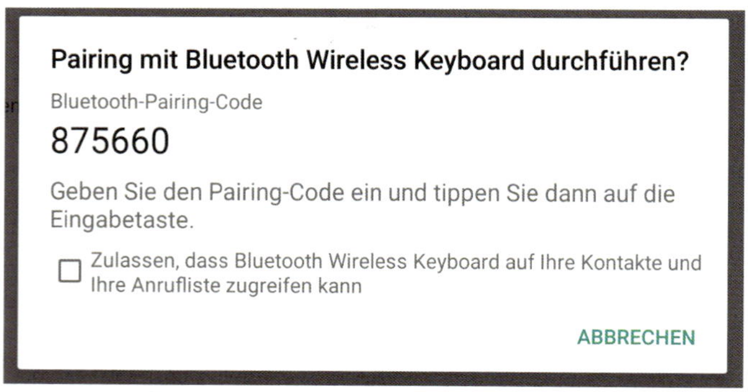

4 Befolgen Sie die auf dem Android-Gerät angezeigten Anweisungen (im Beispiel ist etwa eine Tastenkombination auf dem Bluetooth-Gerät einzutippen).

Klappt die Kopplung, wird das Gerät in der App als *Verbunden* aufgelistet. Zum Trennen reicht es, das Bluetooth-Gerät wieder auszuschalten.

TIPP

Um möglichst lange mit einer Akkuladung auszukommen, deaktivieren Sie (zum **Energiesparen**) alle nicht benötigten Funktionen am Android-Gerät. Sind keine Bluetooth-Geräte in Betrieb, schalten Sie auch die Bluetooth-Option in den Einstellungen ab. Wird kein WLAN benötigt, deaktivieren Sie diese Option in den Einstellungen. Ähnliches gilt für die Ortsdienste, die den GPS-Empfang beeinflussen. Auch eine heruntergeregelte Helligkeit hilft, die **Akkulaufzeit** zu **verlängern**.

Anzeigedauer und -helligkeit

Das Display des Android-Geräts schaltet sich nach kurzer Zeit ab (um Energie zu sparen). Zum Anpassen der Anzeigeeinstellungen (Textgröße, Anzeigedauer, Helligkeit) wählen Sie in der App *Einstellungen* die Kategorie *Display* und dann die gewünschte Option.

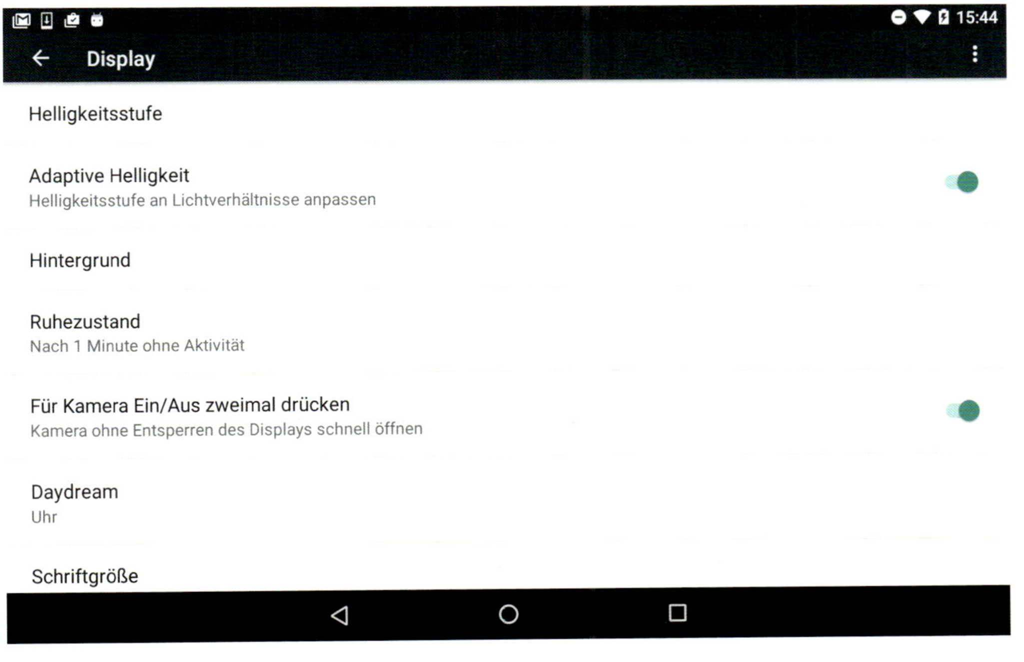

- *Helligkeitsstufe*: Der Befehl blendet einen Schieberegler ein, über den Sie das Display heller oder dunkler stellen können. Ein dunkleres Display braucht weniger Strom.
- *Adaptive Helligkeit*: Schaltet die automatische Helligkeitssteuerung, die sich der Umgebungshelligkeit anpasst, aus. Passen Sie danach die Helligkeit manuell an.
- *Ruhezustand*: Der Befehl öffnet ein Pop-up-Fenster, in dem Sie über Optionsfelder vorgeben, nach welcher Zeit das Display in den Ruhezustand gehen und dabei dunkel geschaltet werden soll.

Zudem lassen sich in der Einstellungen-Kategorie *Display* die Schriftgröße, die Drehsperre, der Hintergrund und weitere Einstellungen ändern.

Displaysperre und Sicherheitseinstellungen

Um die unbefugte Verwendung des Geräts durch Dritte zu verhindern, richten Sie eine Displaysperre ein.

1 Gehen Sie in der App *Einstellungen* zur Kategorie *Sicherheit* und tippen Sie auf *Displaysperre*.

2 In der angezeigten Seite wählen Sie zwischen *Wischen*, *Muster*, *PIN* und *Passwort* für die Displaysperre.

Wischen ist der Standard. Wählen Sie beispielsweise *PIN*, legen Sie anschließend den Entsperrcode fest.

Diesen Code tippen Sie später beim Entsperren des Geräts ein, um zum Startbildschirm zu gelangen.

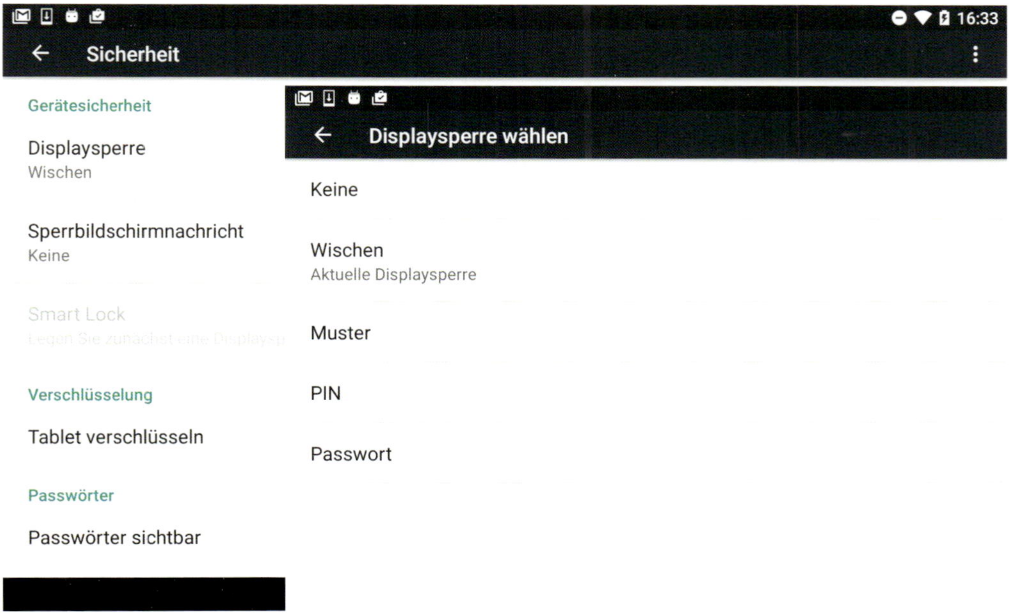

HINWEIS

In der Kategorie *Sicherheit* können Sie Infos zum (Geräte-)Eigentümer eintragen (heißt in Android 6.x *Sperrbildschirmnachricht*), die **Daten** des Geräts **verschlüsseln**, eine **SIM-Kartensperre** einrichten oder die **Installation von Apps aus unbekannter Quelle** zulassen.

Gerät orten/sperren

Android bietet Funktionen, um verlegte Geräte zu orten und gestohlene Geräte aus der Ferne zu sperren.

1 Gehen Sie in den *Einstellungen* zur Kategorie *Sicherheit* und dann auf die Unterkategorie *Geräteadministratoren*.

2 Schalten Sie die Option *Mein Gerät finden* ein.

Geht das Android-Gerät verloren oder wird es gestohlen, melden Sie sich in einem Browser auf der Seite *www.google.com/android/devicemanager?hl=de* mit Ihrem Google-Konto an. Dort können Sie alle Android-Geräte, bei denen der Geräte-Manager eingeschaltet ist und die mit diesem Google-Konto versehen sind, auswählen. Anschließend haben Sie die Möglichkeit, ein verlegtes Gerät fünf Minuten klingeln zu lassen.

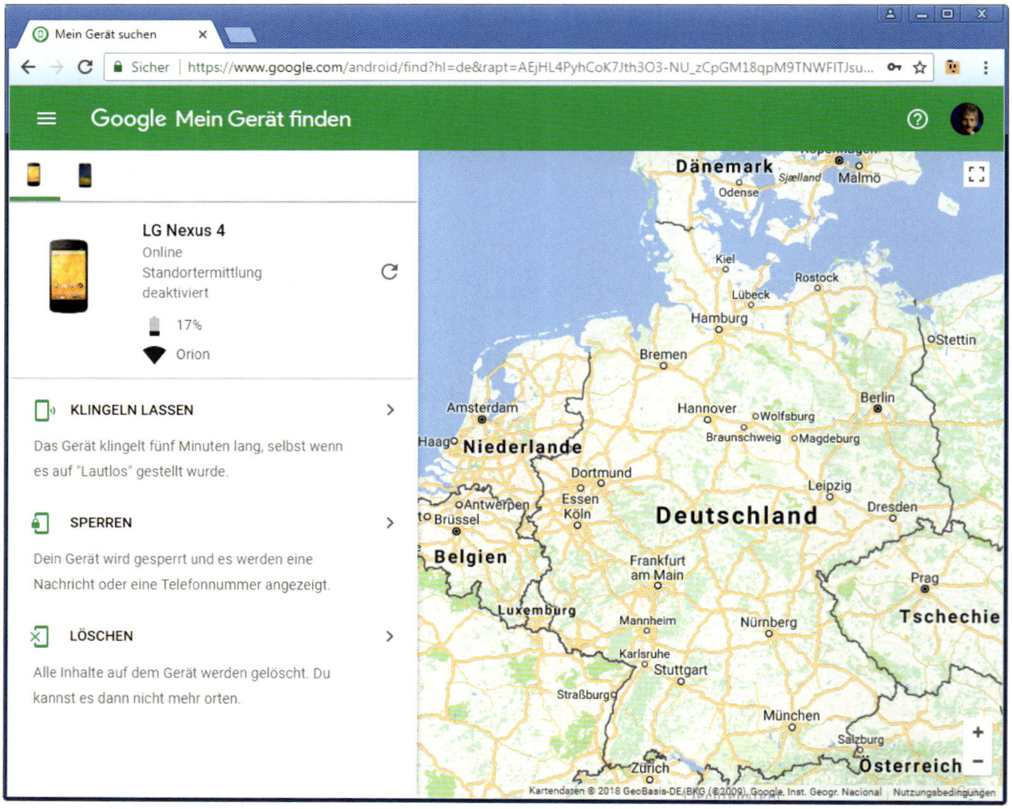

Bei einem gestohlenen Gerät lässt sich dieses sperren oder sogar löschen, sodass der Dieb nicht an die Daten herankommt. Ist die Standorterfassung per GPS eingeschaltet, lässt sich sogar der Standort des Geräts auf einer Karte verfolgen. Um die Funktionen zu nutzen, muss das Gerät natürlich eingeschaltet sein und eine Internetverbindung aktiviert haben.

HINWEIS

Um die **GPS-Funktionen** einer App zu **verwenden**, stellen Sie in der Kategorie *Standort* den betreffenden Schalter auf *Ein*. Ich schalte die Standortübermittelung nur bei Bedarf ein, um den Akku zu schonen und um nicht über das Smartphone verfolgbar zu sein.

Besitzen Sie ein weiteres Android-Gerät, können Sie auf diesem den Android Geräte-Manager als App aus dem Google Play Store installieren. Dann sparen Sie sich den Aufruf der Webseite im Browser.

Unterstützung durch Bedienungshilfen

Bei Schwierigkeiten, die Darstellung auf dem Gerät zu lesen, können Sie sich die Bildschirminhalte vorlesen lassen oder eine verbesserte Anzeige abrufen. Android kann die Gerätehandhabung über verschiedene Bedienungshilfen erleichtern.

1 Öffnen Sie die App *Einstellungen* und wählen Sie die Kategorie *Bedienungshilfen*.

2 Anschließend passen Sie die einzelnen Einstellungen an.

Die Option *TalkBack* ermöglicht es Ihnen, sich die Bildschirminhalte vom Screenreader vorlesen zu lassen. Weiterhin können Sie die Bedienung über Schalter zulassen, großen Text oder hohen Kontrast aktivieren sowie eine Farbumkehr einschalten. Auch Vergrößerungsbewegungen sind einschaltbar.

Eine Beschreibung der einzelnen Optionen hat Google auf der Webseite *https://support.google.com/accessibility/android/answer/6006564?hl=de* veröffentlicht.

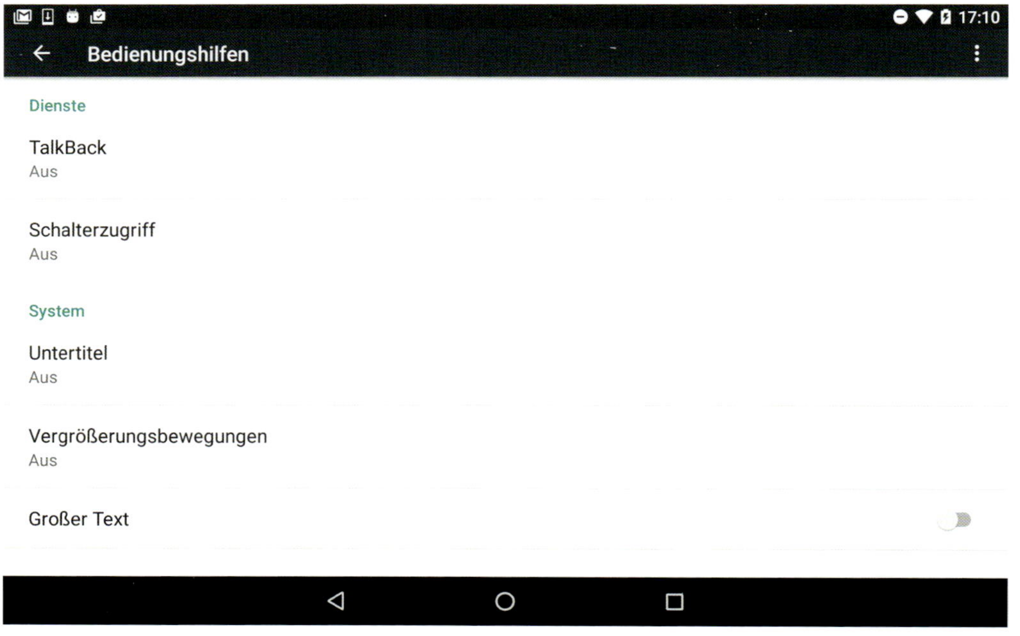

Weitere Einstellungen

Über die App *Einstellungen* erhalten Sie Zugriff auf alle Einstellungen von Android. Hier noch einige Hinweise zu verschiedenen Einstellungen.

- **Ton & Benachrichtigungen**: Dort lassen sich die Lautstärken sowie die Klingel- und Hinweistöne für diverse Ereignisse (E-Mail, Nachrichten etc.) anpassen.
- **Speicher & USB**: Zeigt die Speicherbelegung des Android-Geräts an. Sofern vorhanden, wird auch die Verwaltung der SD-Speicherkarte dort vorgenommen.
- **Akku**: Zeigt den Ladezustand des Akkus sowie Infos zum Akkuverbrauch an.
- **Apps**: Die Kategorie zeigt die installierten Apps an und ermöglicht es, vom Benutzer aus dem Google Play Store selbst installierte Apps nach Anwahl über Schaltflächen zu deinstallieren.

- **Nutzer**: Zeigt die eingerichteten Benutzer auf dem Android-Gerät an und ermöglicht es, Nutzerprofile hinzuzufügen oder zu löschen.
- **Konten/Google**: Verwaltet die eingerichteten Konten (Google, Office, E-Mail). Über **Google** greifen Sie auf eigene Konteneinstellungen zu.
- **Datum & Uhrzeit**: Ermöglicht es, die Zeitzone zu wählen, das 24-Stunden-Format einzustellen oder den automatischen Abgleich der Daten aus dem Netz abzuschalten.

Über den Eintrag *Über das Tablet* der App *Einstellungen* können Sie auf Informationen wie die Android-Version oder den Akku- und Netzwerkstatus (samt Telefonnummer bei Handys) zugreifen.

Updates und Zurücksetzen

Einige Android-Geräte erhalten Updates von Google oder den Herstellern. Bei Problemen oder beim Verkauf lässt sich das Android-Gerät zurücksetzen. In diesem Abschnitt erfahren Sie Wissenswertes zu diesen Themen.

Android-Updates

Updates sollen Fehler und Sicherheitslücken in Android beheben oder neue Versionen bereitstellen. Ob Updates kommen, hängt vom Gerätehersteller ab. Updates werden über das Internet auf die Geräte verteilt. Man spricht auch vom Over-The-Air-Update (OTA-Update).

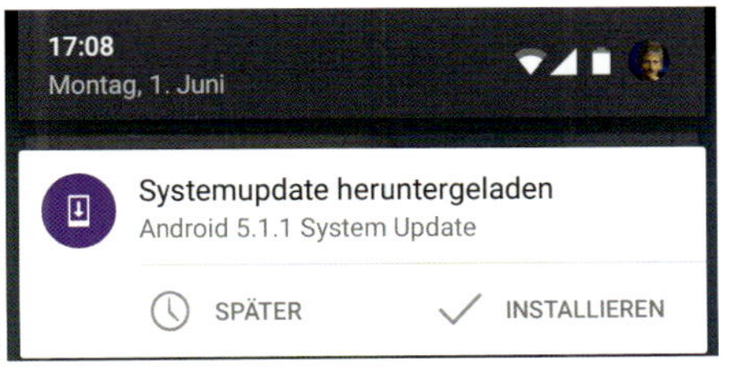

Steht ein Update an, signalisiert Android dies über eine Benachrichtigung im Statusbereich. Wischen Sie vom oberen Bildschirmrand nach unten, werden gegebenenfalls Details zum Update in einem Benachrichtigungsfenster angezeigt. Es reicht dann, auf *Installieren* zu tippen und die Anweisungen zu befolgen.

HINWEIS

Tippen Sie in der *Einstellungen*-App auf die Kategorie *Über das Tablet/Telefon*. Über den Punkt *Systemupdates* stoßen Sie die Suche nach Updates an.

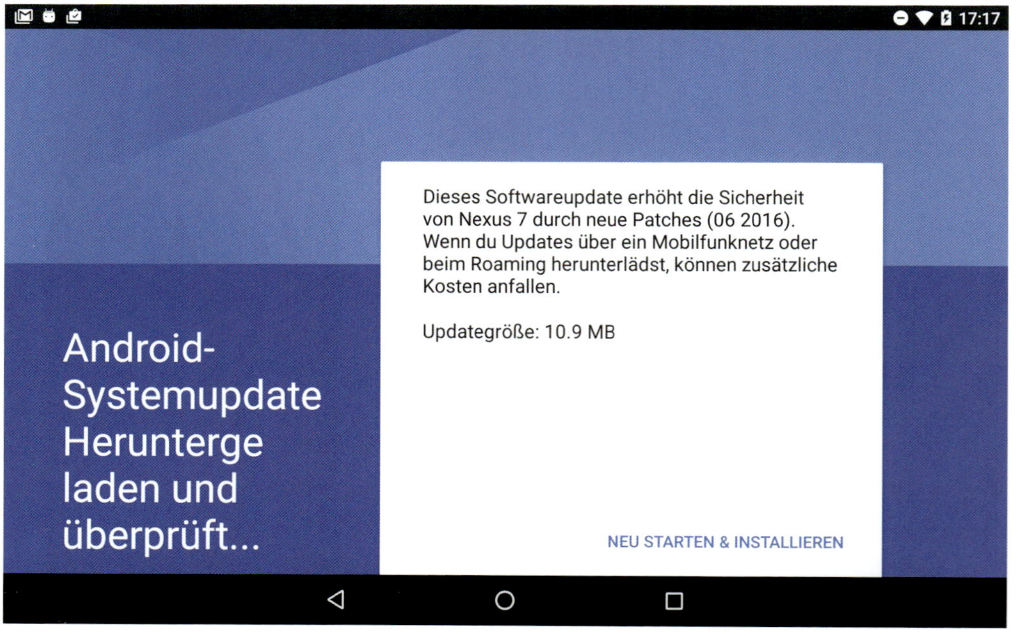

Anschließend lassen Sie in der Folgeseite das angezeigte Update über *NEU STARTEN & INSTALLIEREN* oder ähnlich installieren.

ACHTUNG

Stellen Sie sicher, dass bei einem anstehenden Update eine WLAN-Verbindung besteht. Aufgrund der Größe von Updates werden Mobilfunkverbindungen schnell das vertragliche Datenlimit überschreiten. Dann fallen möglicherweise hohe Kosten an oder die Übertragungsgeschwindigkeit wird reduziert. Weiterhin sollte der Akku des Geräts voll aufgeladen sein, um zu verhindern, dass er während der Update-Installation ausgeht und Schaden nimmt.

Das Android-Gerät zurücksetzen

Bei Problemen mit Android oder dem Gerät oder vor der Weitergabe an Dritte ist das Zurücksetzen von Android auf die Werkseinstellungen möglich.

1 Starten Sie die App *Einstellungen* und wählen Sie die Kategorie *Sichern & zurücksetzen*.

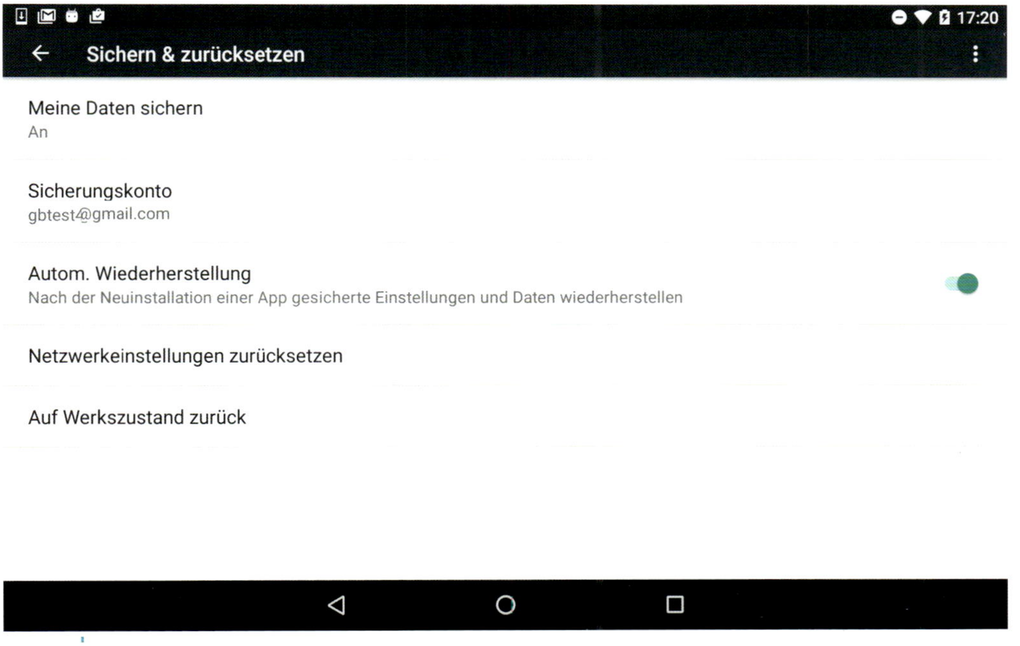

2 Tippen Sie auf *Auf Werkszustand zurück* und wählen Sie auf der Folgeseite *Tablet zurücksetzen* oder ähnlich.

Vor dem Zurücksetzen können Sie auf der Seite *Sichern & zurücksetzen* sicherstellen, dass die Option *Meine Daten sichern* sowie *Autom. Wiederherstellung* eingeschaltet sind. Dann speichert Android App-Daten, WLAN-Kennwörter und andere Daten unter dem Sicherungskonto auf den Google-Servern. Bei der anschließenden Inbetriebnahme kann

Android diese Daten dann automatisch von den Google-Servern herunterladen und übernehmen.

ACHTUNG

Beim Zurücksetzen auf den Werkszustand werden unter Umständen nicht alle Daten sicher gelöscht und können von Profis gegebenenfalls rekonstruiert werden. Hier empfiehlt es sich, sofern verfügbar, den Speicher über *Einstellungen/Sicherheit/Tablet verschlüsseln* erst verschlüsseln zu lassen. Wird dann das Gerät zurückgesetzt, lassen sich die Daten nicht mehr rekonstruieren.

Sie haben auf den vorherigen Seiten eine Menge über Android gelernt. Wenn Sie das alles beherrschen, können Sie schon eine ganze Menge. Bleibt etwas unklar oder hat sich etwas in Android gegenüber der Beschreibung im Buch geändert, suchen Sie unter *support.google.com* nach aktualisierten Anleitungen. Kurzanleitungen zu Android gibt es im Google Play Store auch in der Kategorie *Bücher*.

Kleine Hilfen

In diesem Anhang finden Sie einige Hilfestellungen zum Beheben kleinerer Probleme mit dem Android-Gerät.

Gerät lässt sich nicht einschalten

Drücken Sie die Stand-by-Taste und nichts passiert? Prüfen Sie bitte die folgenden Punkte:

- Wurde die richtige Einschalttaste gedrückt? Mir ist es schon häufiger passiert, dass ich neben der Taste das Gehäuse oder den Lautstärkeregler gedrückt habe.
- Haben Sie die richtige Einschalttaste (Stand-by-Taste) wirklich lange genug gedrückt?
- Ist der Akku eventuell vollständig entladen?

Verbinden Sie das Android-Gerät mit dem Netzteil und lassen Sie es ein paar Stunden laden. Ich hatte auch schon Fälle, wo das Laden nicht klappte, weil das USB-Kabel defekt war oder nicht richtig passte. Hilft das nicht, lassen Sie das Gerät vom Kundendienst überprüfen.

Der Bildschirm ist zu dunkel

Ist die Bildschirmanzeige zu dunkel und nur schlecht ablesbar?

- Im Sonnenlicht reicht die Bildschirmhelligkeit oft nicht aus. Versuchen Sie, eine schattige Stelle zu finden, um das Display lesen zu können.
- Gehen Sie in die *Einstellungen*-App und dann zu *Display*. Überprüfen Sie dort die Optionen für adaptive Helligkeit (gegebenenfalls ausschalten) und die Helligkeitsstufe.

Der Bildschirm ist sofort weg

Verschwindet die Bildschirmanzeige immer sofort und Sie müssen die Stand-by-Taste drücken und den Sperrbildschirm wegwischen, um etwas zu sehen?

Gehen Sie in die *Einstellungen*-App und dann zu *Display*. Überprüfen Sie dort die Option *Ruhezustand* und setzen Sie den Wert auf 60 Sekunden.

Beim Tippen/Wischen tut sich nichts

Tut sich beim Antippen oder Wischen auf dem Bildschirm des Geräts nichts oder klappt das erst beim zweiten oder dritten Mal?

- Bei sehr trockener Haut werden die Finger nicht immer erkannt. In manchen Fällen hilft es, einen Eingabestift (gibt es im Zubehörhandel) für die Bedienung zu verwenden.
- Manchmal sind auch Displayschutzfolien die Ursache für nicht gut reagierende Displays.

Es kann sein, dass das Gerät defekt ist – das kann nur der Hersteller überprüfen.

Das Gerät ist zu leise oder stumm

Ist beim Wiedergeben von Musik- oder Videodateien oder bei Anrufen nichts zu hören?

- Prüfen Sie über den Lautstärke-Wippschalter, ob die Lautstärke heruntergeregelt wurde, und erhöhen Sie diese gegebenenfalls, bis etwas zu hören ist.
- Gehen Sie in die *Einstellungen*-App und prüfen Sie unter *Ton & Benachrichtigungen* die Einstellungen für die Medien-, Wecker- und Klingeltonlautstärke.

Ich hatte auch Fälle, wo eine nicht passende Hülle die Lautsprecheröffnungen verdeckt und den Ton gedämpft hat.

Das Gerät hat sich aufgehängt

Geht das Display zwar, aber Android reagiert nicht mehr? Dann hat sich das Betriebssystem möglicherweise »aufgehängt«.

- Versuchen Sie, die Stand-by-Taste länger zu drücken, in der Hoffnung, dass das Gerät reagiert und heruntergefahren werden kann.
- Hilft das nicht, öffnen Sie (falls möglich) die Rückseitenabdeckung, entnehmen kurz den Akku und setzen diesen wieder ein.
- Ist der Akku nicht wechselbar, warten Sie, bis dieser entladen ist und sich das Gerät abschaltet. Dann laden Sie ihn wieder auf.

Nach dem Abschalten versuchen Sie einen Neustart und prüfen, ob das Problem behoben ist.

Apps blockieren das Gerät

Wurde eine App gestartet und blockiert sofort das gesamte Gerät? Manchmal hilft der sogenannte »abgesicherte Modus«.

1 Drücken Sie die Stand-by-Taste, bis die Anzeige *Ausschalten* auf dem Display angezeigt wird.

2 Drücken Sie den Finger für einige Sekunden auf die Anzeige *Ausschalten*, bis die nebenstehende Meldung auf dem Display angezeigt wird:

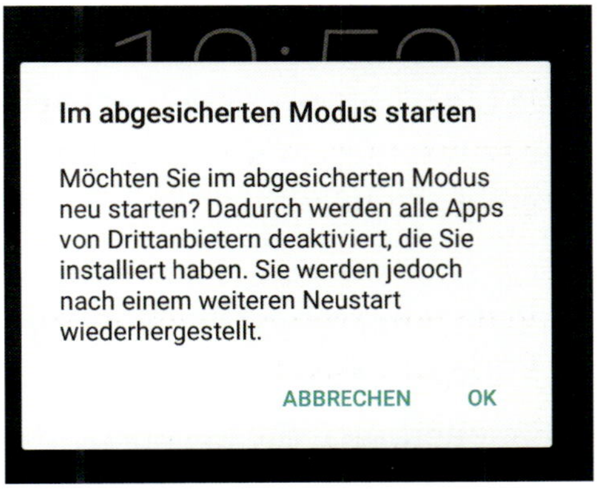

3 Tippen Sie nun auf *OK*, um im abgesicherten Modus neu zu starten.

Im abgesicherten Modus werden Apps von Drittanbietern deaktiviert. Sie haben dann die Möglichkeit, nach dem Start zur *Einstellungen*-App zu gehen und dort *Apps* aufzurufen. Dann lassen sich widerspenstige Apps deinstallieren.

Eine App fehlt

Fehlt eine installierte App auf dem Startbildschirm, obwohl diese installiert ist?

- Schauen Sie auf der Seite *Alle Apps* nach, ob das Symbol dort zu finden ist.
- Prüfen Sie in der *Einstellungen*-App, ob die App bei Anwahl des Punktes *Apps* aufgelistet wird.

Eine App wird nur hochkant angezeigt

Es kann an der App liegen; manche Apps sind nur für den sogenannten Porträtmodus entworfen und drehen sich nicht ins Querformat.

- Prüfen Sie, ob andere Apps im Hoch- und Querformat des Geräts korrekt dargestellt werden.
- Prüfen Sie, ob gegebenenfalls die Drehsperre über den Seitenschalter des Geräts (falls vorhanden) oder in der *Einstellungen*-App in der Kategorie *Display*, Option *Bei Drehung des Geräts* aktiviert wurde.

Probleme mit dem Google-Konto

Scheitert die Anmeldung am Google-Konto oder erhalten Sie den Hinweis auf ein falsches Kennwort?

- Prüfen Sie, ob vielleicht ein Eingabefehler bei der Kennworteingabe vorliegt.
- Wiederholen Sie gegebenenfalls die Kennworteingabe mehrfach, um Tippfehler (Groß-/Kleinschreibung beachten) auszuschließen.

Keine Internetverbindung

Kann der Browser oder eine andere App keine Verbindung zum Internet herstellen? Rufen Sie die *Einstellungen*-App auf und überprüfen Sie die folgenden Punkte:

- Ist der Flugmodus aktiv? Falls ja, deaktivieren Sie diesen.
- Ist eventuell WLAN oder die Mobilfunkverbindung abgeschaltet?
- Ist der Internetzugang korrekt konfiguriert oder liegt vielleicht eine Internetstörung vor?

Die angewählte Webseite wird nicht geladen

Schauen Sie nach, ob die Adresse korrekt geschrieben ist – geben Sie gegebenenfalls die Adresse einer anderen Webseite zum Test ein. Wird diese Seite angezeigt, liegt eine Störung im Internet vor; probieren Sie es zu einem späteren Zeitpunkt nochmals mit der Adresse.

Lexikon

A

Account
Siehe *Konto*.

Adresse
Angabe zur Lage einer Webseite bzw. zum Empfänger einer E-Mail.

App
Eine spezielle Form von Programmen für Android-Smartphones und -Tablets, die über den Google Play Store erhältlich sind.

Android
Ein von der Firma Google (in Konkurrenz zu Apples iOS) entwickeltes Betriebssystem für Smartphones und Tablet-PCs.

B

Backslash
Der umgekehrte Schrägstrich \ (wird z. B. zum Trennen von Ordnernamen benutzt).

Betriebssystem
Dies ist das Betriebsprogramm (z. B. Android, iOS, Linux, Windows), das sich nach dem Einschalten des Geräts meldet.

Bluetooth
Funktechnik, um Geräte wie Maus, Tastatur etc. drahtlos über kurze Strecken mit einem Computer, Smartphone oder Tablet zu verbinden.

Booten
Laden des Betriebssystems nach dem Einschalten des Geräts.

Bug
Englische Bezeichnung für einen Programmfehler.

Byte
Gibt eine Menge von Computerdaten an. Ein Byte besteht aus 8 Bit und kann Zahlen von 0 bis 255 darstellen. 1.024 Byte = **1 Kilobyte** (KB), 1.024 KB = **1 Megabyte** (MB), 1.024 MB = **1 Gigabyte** (GB).

C

Cookie
Eine kleine Datei mit Zusatzinformationen, die vom Server beim Surfen im Internet auf dem Gerät abgelegt wird. Wegen der Gefahr des Missbrauchs (Ausspionieren des Surfers) allgemein nicht gern gesehen, bei bestimmten Webseiten wie beispielsweise Onlineshops aber zur Speicherung des Warenkorbs erforderlich.

CPU
Englische Abkürzung für **C**entral **P**rocessing **U**nit, die Recheneinheit (Prozessor) des Computers.

D

Datenschutz
Gesetzliche Bestimmungen zum Schutz personenbezogener Daten gegen Missbrauch durch Dritte.

Download
Herunterladen von Daten z. B. aus dem Internet.

E

Edge
Mobilfunkstandard zur Übertragung von Daten (auch als 2G, für 2. Generation, bezeichnet, sehr langsam).

F

Flugmodus
Option bei Smartphones und Tablets, um den Mobilfunkteil und die WLAN-Funktion zentral abzuschalten (z. B. in Flugzeugen).

G

GByte
Abkürzung für Gigabyte (GB, entspricht 1.024 Megabyte).

H

Hardware
Als Hardware werden alle Teile eines Geräts bezeichnet, die sich anfassen lassen (das Gegenteil ist Software).

Homepage
Startseite einer Person oder Firma im World Wide Web. Von der Startseite führen Hyperlinks zu weiteren Webseiten.

Hotline
Telefonische Kontaktstelle eines Herstellers für Hilfe bei Problemen mit einem Produkt.

Hotspot
Empfangsstation eines öffentlichen Funknetzwerks, die einen Internetzugang bereitstellt.

HSDPA/HSDPA+

Mobilfunkstandard zur Übertragung von Daten (gehört zum 3G-Standard).

HTML

Steht für **H**yper**t**ext **M**arkup **L**anguage, das Dokumentformat im World Wide Web. Mit HTML werden Webseiten erstellt.

HTTP/HTTPS

Abkürzung für **H**yper**t**ext **T**ransfer **P**rotocol, ein Standard zum Abrufen bzw. Übertragen von Webseiten. HTTPS (das S steht für **S**ecure) ist eine abgesicherte Variante des HTTP-Protokolls, die die Daten verschlüsselt (z. B. bei Zugriffen auf Bankdaten erforderlich).

I

IMAP

Standard (wie POP3 und SMTP) zur Verwaltung von E-Mail-Konten.

Installieren

Hinzufügen einer App aus dem Google Play Store in Android.

Internet

Weltweiter Verbund von Rechnern in einem Netzwerk.

J

JPEG

Zur Speicherung von Fotos benutztes Grafikformat.

Junk-Mail

Bezeichnung für unerwünschte E-Mails mit Werbung für Potenzmittel, unseriöse Jobangebote oder Ähnliches.

K

KByte
Abkürzung für Kilobyte (entspricht 1.024 Byte).

Kindle
E-Book-Lesegerät und Tablet der Firma Amazon. Auch der Name für die E-Book-Lese-App von Amazon.

Konto
Berechtigung, sich an einem Gerät anzumelden und Apps zu kaufen oder Mails auszutauschen.

L

LTE
Schneller Mobilfunkstandard (auch als 4G bezeichnet) zur Übertragung von Daten.

M

Mailbox
Englisch für »elektronischer Briefkasten«.

MByte
Abkürzung für Megabyte (1 Million Byte).

MMS
Abkürzung für **M**ultimedia **M**essaging **S**ervice, ein Dienst, der im Gegensatz zu SMS auch Fotos und Videos versenden kann.

MP3
Standard zur Komprimierung und Speicherung von Musik in Dateien. Das MP3-Verfahren führt zu sehr kleinen Dateien.

MPEG

Steht als Abkürzung für **M**oving **P**icture **E**xperts **G**roup, ein Gremium zur Standardisierung von Verfahren zur Komprimierung und Speicherung von Musik und Videos in Dateien. Es gibt verschiedene MPEG-Verfahren (MPEG-1, MPEG-2, MPEG-4) zur Speicherung und Wiedergabe dieser Dateien.

N

Netzteil

Bauteil zur Stromversorgung von Computern oder Geräten.

O

Online

Bezeichnet den Zustand, in dem eine Verbindung zum Internet (oder zu einem anderen Rechner) besteht. Offline dagegen bedeutet, dass keine Verbindung besteht.

Onlineshop

Webseite, über die Waren bestellt werden können.

P

Passwort

Anderer Begriff für ein Kennwort, das ggf. zur Nutzung eines Rechners benötigt wird.

PDF-Format

Spezielles Format der Firma Adobe zur Speicherung und Wiedergabe von Dokumenten (Text, Bildern etc.). PDF-Dateien lassen sich u. a. mit der App *Play Bücher* anzeigen.

PIN
Abkürzung für **P**ersonal **I**dentification **N**umber, die persönliche Identifikationsnummer zum Entsperren eines Handys oder einer SIM-Karte.

POP3
POP ist die Abkürzung für **P**ost **O**ffice **P**rotocol. Dies ist ein Verfahren, mit dem ein lokaler Rechner die für den Empfänger im Internet-Posteingangsfach eingetroffene Post vom E-Mail-Server abholen kann.

Q

QWERTY-Tastatur
Dieser Name bezeichnet die englische Tastatur (die ersten sechs Tasten der zweiten Reihe ergeben das Wort QWERTY).

R

RAM
Englisch für **R**andom **A**ccess **M**emory, ist der Name für die Bausteine, aus denen der Hauptspeicher eines Smartphones und Tablet-PCs besteht.

Registrierung
Mitteilung an einen Hersteller, dass man eine App oder ein Angebot benutzt.

Reset
Englisches Wort für Zurücksetzen, nämlich für das Zurücksetzen bzw. Neustarten des Geräts.

Router
Englisches Wort für ein Gerät, das für den Internetzugang verwendet wird. Bietet dieses einen Zugang per Funknetz an, spricht man von einem WLAN-Router.

S

Skype
Dienst der Firma Microsoft zum Telefonieren per Internet.

Smiley
Aus Zeichen wie :-) stilisiert dargestellte Gesichter. Werden bei elektronischen Nachrichten (E-Mail) häufig in den Text eingebaut, um Aussagen abzuschwächen oder Stimmungen wiederzugeben.

SMS
Abkürzung für **S**hort **M**essage **S**ervice, ein Dienst, der kurze Textnachrichten übermittelt.

SMTP
Abkürzung für **S**imple **M**ail **T**ransfer **P**rotocol, ein Protokoll, mit dem sich elektronische Post von einem lokalen Computer in den »Briefkasten« des E-Mail-Servers im Internet übertragen lässt. Gegenstück ist das POP3-Protokoll zum Abholen eingegangener Post.

Snapshot/Screenshot
Schnappschuss, allgemein ein Abzug des aktuellen Bildschirminhalts.

Software
Das ist ein anderer Name für die Programme bzw. Apps.

Spam-Mail
Bezeichnung für unerwünschte E-Mails, die Werbung, Kettenbriefe oder anderen Müll enthalten.

Suchmaschine
Webseite im Internet, mit der Sie gezielt über Stichwörter nach anderen Seiten im WWW suchen lassen können.

T

Textfeld
Eingabeelement in Android für Texteingaben.

U

UMTS
3G-Mobilfunkstandard (3. Generation) zur Übertragung von Daten.

URL
Abkürzung für **U**niform **R**esource **L**ocator (Adresse einer Webseite).

USB
Eine bei Computern, Smartphones und Tablet-PCs zum Anschluss von Geräten (Drucker, Maus etc.) oder Ladegeräten verwendete Technik.

V

Verschlüsselung
Bezeichnet ein Verfahren zur Umwandlung von Nachrichten (z. B. Daten) in Zeichenfolgen, in denen die Ursprungsdaten nicht mehr erkennbar sind. Der Empfänger solcher Daten kann diese mit dem richtigen Schlüssel wieder in die Ursprungsdaten zurückverwandeln (entschlüsseln). Verhindert die missbräuchliche Einsicht vertraulicher Daten durch Dritte.

W

Website
Eine Präsenz einer Firma oder einer Person im World Wide Web.

WLAN
Abkürzung für **W**ireless **LAN**, also ein drahtloses Netzwerk (Funknetz).

WWW
World **W**ide **W**eb, Teil des Internets, über den sich Texte und Bilder mit einem Browser sehr leicht abrufen lassen.

X

XML
Abkürzung für **E**xtended **M**arkup **L**anguage, eine Spezifikation zur Speicherung von Daten in Webseiten.

Z

Zurücksetzen
Das Gerät wieder in den Auslieferungszustand versetzen.

Zwischenablage
Ein durch Android verwalteter interner Speicherbereich, in dem Apps Daten und Informationen ablegen und auch wieder herausholen können. So lassen sich Texte, Fotos etc. zwischen Apps austauschen. Der Inhalt der Zwischenablage geht beim Herunterfahren des Geräts verloren.

Kleiner Wissenstest

In diesem Abschnitt finden Sie einige Testfragen zur Überprüfung Ihres Wissens.

Kapitel 1

- **Was ist ein Phablet?**
  (Ein Kunstwort aus Phone und Tablet; steht für ein größeres Smartphone mit einer Bildschirmgröße ab ca. 5 Zoll.)
- **Wie schalten Sie ein Android-Gerät ein/aus?**
  (Halten Sie die Einschalttaste ein paar Sekunden gedrückt. Zum Herunterfahren drücken Sie die Einschalttaste und bestätigen den Befehl *Ausschalten*.)

Kapitel 2

- **Was zeigt der Startbildschirm?**
  (Die Favoritenleiste am Rand sowie Symbole der Apps im restlichen Bereich und eine Statusleiste am oberen Rand.)
- **Wie verschieben oder löschen Sie Apps?**
  (Den Finger auf ein App-Symbol drücken, dann das App-Symbol an die gewünschte Position oder über das eingeblendete *Entfernen*-Symbol ziehen.)
- **Was benötigen Sie zum App-Kauf?**
  (Neben einer Internetverbindung benötigen Sie ein Google-Konto zum Zugriff auf den Google Play Store. Bei kostenpflichtigen Apps sind Zahlungsinformationen oder ein Guthaben auf dem Konto erforderlich.)
- **Wie kommen Sie von einer App zur Startseite?**
  (Drücken Sie die *Start*-Taste.)

Kapitel 3

- **Was versteht man unter einem Hyperlink?**
  (Ein Verweis innerhalb einer Webseite auf eine andere Webseite oder einen anderen Abschnitt im gleichen Dokument. Das Dokument wird durch Anklicken des Hyperlinks im Browser aufgerufen.)
- **Wie laden Sie eine Webseite im Browser?**
  (Starten Sie den Browser über dessen Symbol, geben Sie im Adressfeld die Internetadresse der Webseite per Bildschirmtastatur ein und tippen Sie auf die *Öffnen*-Taste.)
- **Wie lässt sich die vorherige Seite im Browser aufrufen?**
  (Tippen Sie auf das Symbol *Zurück*.)
- **Wie öffnen Sie eine Webseite in einem neuen Tab?**
  (Drücken Sie den Finger länger auf den Hyperlink und wählen Sie nach dem Loslassen den Befehl *In neuem Tab öffnen*.)
- **Wie suchen Sie im Web?**
  (Geben Sie den Suchbegriff per Bildschirmtastatur ins Adressfeld ein und tippen Sie auf die *Öffnen*-Taste.)
- **Wie richten Sie E-Mail ein und ändern App-Einstellungen?**
  (Öffnen Sie die App und wählen Sie die Option *Einstellungen*. Gehen Sie dann wie in Kapitel 3 im Abschnitt »E-Mail-Konten einrichten« beschrieben vor.)
- **Wie rufen Sie E-Mails ab?**
  (Tippen Sie auf das Gmail-App-Symbol, wählen Sie in der Mail-App gegebenenfalls das Postfach und warten Sie, bis die App die E-Mails über das Internet geladen hat.)
- **Wie beantworten Sie eine E-Mail?**
  (Wählen Sie die gewünschte Nachricht in der Mail-App an. Tippen Sie dann auf das Symbol bzw. den Befehl *Antworten*.)
- **Wie fügen Sie ein Foto zum Versenden in die E-Mail ein?**
  (Tippen Sie im Fenster der Mail auf das Symbol der Büroklammer, dann auf *Datei anhängen* und wählen Sie die anzufügende Datei aus.)

Kapitel 4

- **Wie fertigen Sie ein Foto mit dem Android-Gerät an?**
  (Starten Sie die Kamera-App, wählen Sie die Front- oder Rückseitenkamera über die Bedienleiste und tippen Sie auf das Auslöser-Symbol der App.)
- **Wie lassen sich Fotos am PC importieren?**
  (Sie benötigen einen geeigneten Adapter, um die Fotos von einer Speicherkarte per Fotos-App zu importieren. Oder Sie verbinden das Android-Gerät per USB-Kabel mit dem PC und kopieren die Fotodateien im Dateimanager.)
- **Wie lässt sich ein Foto drehen/beschneiden?**
  (Öffnen Sie das Foto in der Fotos-App in der Einzelbildansicht, rufen Sie die Bearbeitungsfunktion auf und wählen Sie die Option zum Drehen oder Beschneiden.)

Kapitel 5

- **Wie lassen sich Musik- und Videodateien erwerben?**
  (Kaufen Sie die Musik- oder Videodateien im Google Play Store. Oder übertragen Sie diese mithilfe eines USB-Kabels von einem Desktop-Rechner auf das Android-Gerät.)
- **Wie lässt sich eine Audiodatei abspielen?**
  (Wählen Sie die Musik-App und starten Sie die Wiedergabe der betreffenden Datei.)
- **Wie lässt sich eine Videodatei wiedergeben?**
  (Rufen Sie entweder die Fotos-App auf, falls das Video am Gerät aufgezeichnet wurde. Oder geben Sie das Video in der Video-App wieder, falls dieses über USB-Kabel kopiert wurde.)
- **Wie kann das Gerät als E-Book-Reader benutzt werden?**
  (Laden Sie die E-Books per Google Play Bücher aus dem Google Play Store herunter. Oder verwenden Sie die Amazon-Kindle-App, um E-Books von diesem Anbieter zu erwerben.)

Kapitel 6

- **Wie können Sie über das Internet telefonieren?**
  (Verwenden Sie Skype.)
- **Welche Vorteile hat Skype gegenüber Mobilfunktelefonaten?**
  (Skype ermöglicht Telefonieren über WLAN und Internet sowie Gratis-Gespräche mit Skype-Teilnehmern.)
- **Was versteckt sich hinter WhatsApp?**
  (Eine App und ein Dienst, mit dem sich Textnachrichten gratis im Internet an andere WhatsApp-Nutzer verschicken lassen.)
- **Wie führen Sie Termine auf dem Android-Gerät?**
  (Starten Sie die Kalender-App und wählen Sie den angezeigten Kalenderzeitraum.)

Kapitel 7

- **Wie korrigieren Sie einen Text?**
  (Drücken Sie den Finger etwas länger auf das Wort mit dem Tippfehler, um dieses zu markieren. Oder tippen Sie auf die Stelle mit dem Tippfehler, bis die Schreibmarke rechts neben dem fehlerhaften Text steht. Drücken Sie die [⇦]-Taste an der Bildschirmtastatur, um Buchstaben zu löschen, und geben Sie neue Buchstaben ein.)
- **Wie führt man eine Rechtschreibkorrektur im Text aus?**
  (Tippen Sie auf das fehlerhafte Wort. Wählen Sie die korrekte Schreibweise auf der eingeblendeten Bildschirmtastatur oder im eingeblendeten Vorschlag aus.)
- **Wie lässt sich das Android-Gerät als Navi verwenden?**
  (Indem Sie die App *Google Maps* aufrufen und dann deren Routenplanung verwenden.)
- **Wie können Sie einen Ort auf der Karte finden?**
  (Tippen Sie den Ortsnamen im Suchfeld der Google-Maps-App ein.)

- **Wie hilft ein Android-Gerät, Ihre Fitness zu verbessern?**
  (Verwenden Sie kostenlose Apps wie *Google Fit* oder *Google Meine Tracks*, um die täglichen Bewegungen zu erfassen und zu dokumentieren.)

Kapitel 8

- **Was passiert bei der Erstinbetriebnahme?**
  (Das Gerät wird bei Google aktiviert und für den Benutzer personalisiert. Dabei werden ein Google-Konto und ein Kennwort zum Zugriff auf dieses Konto festgelegt.)
- **Wie passen Sie Einstellungen von Android an?**
  (Indem Sie die App *Einstellungen* aufrufen und dann die betreffende Kategorie anwählen.)
- **Wie richten Sie eine WLAN-Verbindung ein?**
  (Indem Sie die App *Einstellungen* aufrufen, dann die Kategorie *WLAN* sowie das Funknetzwerk wählen und dann die Zugangsdaten eingeben.)
- **Wie lässt sich eine Codesperre einrichten?**
  (Indem Sie die App *Einstellungen* aufrufen, zur Kategorie *Sicherheit* gehen und den Eintrag *Displaysperre* wählen. Dann die Sperre über die betreffenden Optionen einrichten.)
- **Wie können Sie die Anzeige besser lesbar machen?**
  (Starten Sie die App *Einstellungen* und wählen Sie den Eintrag *Bedienungshilfen*. Dort finden sich verschiedene Optionen zur verbesserten Darstellung der Anzeige bei Sehschwächen.)

Stichwortverzeichnis

Symbole

3G ... 15
4G ... 15
@-Zeichen ... 122

A

Abgesicherten Modus starten ... 24
Akku ... 300
  laden ... 19
  Lebensdauer ... 20
Akkulaufzeit ... 17
Akkulaufzeit verlängern ... 295
Album anlegen ... 155
Alle Apps ... 32
Android ... 311
  abgesicherten Modus starten ... 24
  abgesicherter Modus ... 307
  Ordnerstruktur ... 144
  starten ... 20
  Versionen ... 12
  Zahlungsinformationen
    einrichten ... 278
  zurücksetzen ... 303
Android-Einstellungen ... 35, 286
Android-Gerät
  aktivieren ... 272
  Fotos/Dateien auf Rechner
    kopieren ... 142
  Kauftipps ... 16
  Musik speichern ... 169
Android-Updates ... 301
Angry Birds ... 269
Anschlüsse ... 17
Anzeige drehen ... 28
Apotheken-App ... 266
App ... 26, 311
  anordnen/verschieben ... 35
  Apotheken ... 266
  ARD-Mediathek ... 183
  aus unbekannter Quelle ... 297
  blockiert Gerät ... 307
  Cache/Daten löschen ... 68
  DB Navigator ... 261
  deinstallieren ... 66
  deinstallierte ... 68
  Einstellungen ... 286
  Fotos ... 147
  gekaufte auflisten ... 65
  Gmail ... 99
  Google Fit ... 262
  im Store beziehen ... 56
  Installation aus Fremdquellen ... 57
  Kalender ... 216
  Kamera ... 128
  kaufen ... 63
  kaufen/installieren ... 61
  Kompatibilität ... 61
  Meine Tracks ... 264
  Notizen ... 230
  Play Filme ... 176
  Play Musik ... 164
  Play Store ... 57
  Podcast Addict ... 176
  Rückgabe nach Kauf ... 63
  Solitär ... 267
  starten ... 30
  Taschenlampe ... 270
  Updates ... 65

Wetter Online ... 257
ZDF-Mediathek ... 183
App (Kategorie) ... 300
ARD-Mediathek ... 183
Arzneimittel ... 266
AT-Zeichen ... 122
Audionotiz ... 240
Aufhellblitz ... 130
Ausland, Datentransfer ... 256, 292
Ausschalten ... 23
Autoausfüllen ... 79

B

Bediengesten ... 29
Bedienungshilfen aktivieren ... 299
Benachrichtigungen
ansehen ... 49
verwalten ... 51
Benutzer auswählen/anlegen ... 23
Berechtigungen ... 62
Betriebssystem ... 311
Bilder speichern/kopieren
(Google Chrome) ... 96
Bildschirm
Anzeigedauer ... 295
auf TV-Gerät übertragen ... 184
Drehfunktion sperren ... 19
sofort weg ... 306
zu dunkel ... 305
Bildschirmfoto ... 142
Bildschirmgröße ... 13
Bildschirmrotation sperren ... 53
Bildschirmtastatur ... 40
ausblenden ... 235
Bildschirmübertragung ... 54
Bluetooth ... 311
Bluetooth, Gerätekopplung ... 293
Bluetooth-Lautsprecher ... 54, 183
Booten ... 272, 312
Brettspiele ... 269
Browser ... 70
Browserdaten löschen ... 92
Buch löschen (Play Bücher) ... 186
Bug ... 312
Burger-Menü ... 47

C

Chromecast-Empfänger ... 184
Cloud ... 148
Computer, Dateiaustausch ... 142
Cookie ... 312
Cookie speichern unterbinden ... 98
CPU (Central Processing Unit) ... 312

D

Datei an E-Mail anhängen ... 123
Dateiaustausch (PC) ... 142
Dateimanager ... 146
Daten-Roaming ... 292
Datenschutz ... 312
Datentransfer
im Ausland ... 256
Mobilfunknetz ... 292
Datum/Uhrzeit ... 301
DB Navigator ... 261
DCIM ... 145
Diashow ... 153
Diebstahlschutz ... 297
Display ... 13
Displaysperre ... 22, 296
DLNA ... 184
Dokumente, Speicherort ... 145
Domänenname ... 72
Download ... 312
Download (Google Chrome) ... 94
Drehen sperren ... 28

Drehsperre ... 308
Dual-SIM ... 15
Dual-SIM-Slot ... 15
DuckDuckGo ... 81

E

E-Book kaufen ... 188
E-Book-Reader Kindle ... 189
Edge ... 313
Ein-/Aus-Taste ... 19
Einfügemarke ... 244, 245
Eingabestift ... 306
Eingabe-Taste ... 71
Einkaufs-App ... 270
Einschalten ... 20
Einstellungen ... 286, 300
  anpassen (Google Chrome) ... 97
E-Mail ... 98
  Adressaufbau ... 122
  Allen antworten ... 121
  Anlage einsehen/speichern ... 118
  beantworten/weiterleiten ... 119
  Benachrichtigung ... 114
  Betreff ... 123
  drucken ... 114
  Empfängerfeld An ... 121
  erstellen/senden ... 121
  Foto öffnen ... 118
  Fotos, Videos, Dateien
    anhängen ... 123
  gelöschte zurückholen ... 116
  kennzeichnen ... 114
  Konto auswählen ... 111
  Konto löschen ... 108
  lesen ... 99, 111
  löschen ... 113
  Netiquette ... 121
  Ordnerdarstellung einblenden ... 115
  Phishing ... 125
  Sicherheit ... 125
  suchen ... 111
  Synchronisierungshäufigkeit ... 107
  Text löschen ... 121
  verschieben ... 115
  verwalten ... 111
E-Mail-Konto
  einrichten ... 100
  Informationen ... 106
E-Mail-Protokolle IMAP/POP3 ... 106
Emojis ... 42
Empfangsqualität WLAN/
  Mobilfunk ... 70
Energie sparen ... 295
Entsperren ... 22
Erinnerung festlegen ... 224
Exchange ... 102

F

Fahrpläne ... 260
Favoritenleiste ... 26
Feststelltasten-Modus ... 235
Fitness-Tracker ... 262
Flugmodus ... 289, 313
Fokuseffekt ... 136
Foto
  als Hintergrund ... 153
  als Kontaktbild ... 153
  an E-Mail anhängen ... 123
  ansehen ... 150
  anzeigen ... 150
  Assistenten ... 155
  Aufnahmeort erfassen ... 131
  automatisch verbessern ... 159
  Bearbeitungsfunktionen ... 151
  Collage, Animation, Film ... 155
  Details ansehen ... 152
  Diashow ... 153
  drehen ... 160

drucken 153
gelöschtes zurückholen 152
importieren/kopieren 142
löschen 152
manelle Belichtung 139
Ortsangabe 141
Panoramaaufnahmen 134
per E-Mail senden 157
Speicherort 145
teilen 151, 157
zuschneiden 160
Fotoalbum 155
Fotonotiz 238
Fotos-App 147
Album anlegen 155
Bearbeitungsfunktionen aufrufen 158
Bildfilter 161
Fotos drehen/beschneiden 160
Fotos/Video ansehen 150
Foto vergrößern/verschieben 151
navigieren/suchen 150
Video wiedergeben 153
Frontkamera 17

G

Gerät
aufgehängt 307
sperren 297
startet nicht 305
verloren 297
verschlüsseln 297
Geräteadministration 297
Geräteausstattung 13
Gerätebesitzer 280
Geräteeigentümer eintragen 297
Google-Chrome-Browser 70
Autoausfüllen 79
Desktop-Anzeigemodus 78
Desktop-Modus 78
Download 94
Einstellungen anpassen 97
geschlossene Tabs öffnen 77
JavaScript abschalten 98
Lesezeichen 84
Lesezeichen abrufen 88
mehrere Webseiten öffnen 76
Menü öffnen 77
Optionen abrufen 97
Suchmaschine wechseln 81
Surftipps 74
Tracking 98
Verlauf abrufen 90
Webformulare, Eingaben 79
Webseite teilen 93
Google Docs 248
Google Drive 125
Google Fit 262
Google-ID 63
Google-Konto
Anmeldeprobleme 308
Anmeldung 276
erstellen 279
Google-Dienste anpassen 284
Google Maps 252
Offlinekarten 254
Google Play Bücher 185
Google Play Store
Musik kaufen 167
Überblick 57
verwalten 64
GPS-Funktionen 299
GPS-Signal 53

H

Handschrifteingaben 29
Hardware 313
Helligkeit anpassen 295

Hintergrund anpassen ... 55
Homepage ... 72, 313
Homescreen ... 26
Hotelangebote ... 269
Hotelsuche ... 260
Hotline ... 313
Hotspot ... 290, 313
  mobiler ... 292
HRS-App ... 260
HSDPA ... 314
HTML ... 314
HTTP ... 314
Hyperlink ... 73

I

IMAP ... 314
Inkognito-Modus ... 77
Installieren ... 314
Internet ... 314
  Verbindungsprobleme ... 309
Internetradio ... 175
Internetseiten suchen ... 79
iPod ... 175
Ixquick ... 81

J

JavaScript abschalten ... 98
JPEG ... 314
JPEG-Fotodateien ... 145
Junk-Mail ... 314

K

Kalender-App ... 216
  Darstellung umschalten ... 218
  Einstellungen ... 225
  Erinnerung ... 218
  Erinnerungen eintragen ... 220
  Suchen ... 219
  synchronisieren ... 227
  Tagesdatum abrufen ... 217
  Termine ändern ... 220, 224
  Termine eintragen ... 220
  Termine löschen ... 224, 225
  Termine verschieben ... 224
  Ziele eintragen ... 220
Kamera ... 15
  Aufhellblitz ... 130
  Aufnahmetimer ... 130
  Bedienung ... 129
  Front-/Rückseite umschalten ... 130
  HDR ... 130
  Photo Sphere ... 133
  Raster ein-/ausblenden ... 130
  Spezialfunktionen ... 132
  Zoomfunktion ... 131
Kamera-App ... 128
  Auflösung/Qualität ... 142
  Einstellungen ... 140
  Fokuseffekt ... 136
  manuelle Belichtung ... 139, 142
  Standort speichern ... 141
Kameraauslöser ... 131
Kartenspiele ... 267
Kauftipps ... 16
Kindle-App ... 189
Klammeraffe ... 122
Klangqualität ... 183
Kontakt
  abrufen ... 204
  Importieren/Exportieren ... 194
  löschen ... 205
  synchronisieren ... 208
  teilen ... 205
  Telefonnummer speichern ... 202
Kontakte-App ... 206
Konten ... 301, 315
Kontoeinstellung ändern (Mail) ... 106
Kontrollkästchen ... 110

Kopfhörerausgang ... 19
Kreuzworträtsel ... 269

L

Lautstärke anpassen ... 54
LED-Blitzlicht ... 130
Lesezeichen
- abrufen ... 88
- bearbeiten ... 86
- Chrome ... 84
- löschen ... 86
- synchronisieren ... 89

Lesezeichenordner anlegen ... 87
Lock-Screen ... 20
LTE ... 315
LTE-Unterstützung ... 15
Lupe ... 270

M

MAC-Filterung ... 275
Mahjong ... 269
Mail-App
- Einstellungen ... 110
- Einstellungen aufrufen ... 100
- E-Mail-Konto einrichten ... 100
- E-Mail-Konto löschen ... 108
- E-Mail lesen ... 99
- Kennwort falsch ... 103
- Nachricht beantworten/ weiterleiten ... 119
- Nachrichtenliste ... 99
- Nachrichten verfassen ... 121
- Nachricht suchen ... 100
- Signatur festlegen ... 107

Mailbox ... 315
Mail (Gmail) ... 99
Malware ... 126
Manuelle Belichtung ... 142
Markierungsbereich ... 245
Marshmallow ... 12
Meine Tracks ... 264
Mein Gerät finden ... 297
Memory ... 269
MHL ... 16
Micro SD-Kartenleser ... 19
Micro-SIM ... 15
Microsoft Word für Tablet ... 247
Micro-USB-Buchse ... 18
Miracast-Empfänger ... 184
Miracast-Standard ... 54
MMS ... 315
Mobiler Hotspot ... 292
Mobilfunk, Empfangsqualität ... 70
Mobilfunknetz, Datentransfer ... 292
Mobilfunkunterstützung ... 15
Mobilfunkverbindung
- einrichten ... 291
- Status ... 70

MP3 ... 315
MP3-Dateien ... 146
MP3-Format ... 170
MP4-Videodateien ... 145, 179
MPEG ... 316
Musik
- im Hintergrund hören ... 183
- kaufen ... 167
- löschen ... 171
- Speicherort ... 146
- suchen ... 165
- wiedergeben ... 165, 166

Musik-App ... 164
- Einstellungen ... 173
- Funktionen abrufen ... 165
- Musik wiedergeben ... 165
- Wiedergabesteuerung ... 166

Musikmix ... 171
Musikwiedergabe ... 164

N

Nachricht
- allen antworten ... 121
- als Entwurf speichern ... 123
- beantworten/weiterleiten ... 119
- verfassen ... 121

Nachrichtenliste (Mail) ... 99
Nachrichtentitel ... 123
Nachricht suchen (Mail) ... 100
Nachtmodus ... 189
Nano-SIM ... 15
Navigationstasten ... 26, 28
Netiquette in E-Mails ... 121
Netzwerkzugangsschlüssel ... 289
Notiz
- bearbeiten ... 235
- einfügen ... 231
- Erinnerung festlegen ... 237
- Farbe ändern ... 237
- Farbe festlegen ... 233
- formatieren ... 235
- Kopie erstellen ... 237
- löschen ... 237
- mit Foto/Audioaufzeichnung ... 238
- mit Zeichnung ... 238, 241
- per E-Mail versenden ... 238
- suchen ... 230
- Text bearbeiten ... 245

Notizen-App ... 230
Nougat ... 12
Nutzer ... 301

O

Office für Android ... 247
Office Suite 8 ... 252
Offline ... 316
Offline-Spracherkennung ... 47
Online ... 316
Onlineshop ... 316
Optionsfelder ... 110
Ordner ... 27
Ordner DCIM ... 145
Oreo ... 12
Ortserfassung ... 53
OTA-Update ... 301
OTG ... 16

P

Passwort ... 316
PDF-Format ... 316
Phablet ... 13
Photo Sphere ... 133
PIN ... 317
Play-Bücher-App
- Buch lesen ... 186
- Übersicht ... 185

Play-Filme-App ... 176
Playlist ... 172
Playlist bearbeiten ... 173
Play-Musik-App ... 164
PNG-Dateiformat ... 145
Podcast Addict ... 176
Podcast hören ... 175
POP3 ... 317
Puls erfassen ... 265

R

Ransomware ... 126
Rechtschreibkorrektur/-prüfung ... 243
Rechtschreibprüfung, Optionen anpassen ... 244
Registrierung ... 317
Reiseangebote ... 269
Reset ... 317
Roaming ... 292
Rotationssensor ... 28

Routenplanung, Google Maps 254
Router ... 317
Rückseitenkamera ... 17
Ruhezustand ... 23
  Wartezeit einstellen ... 24

S

Schalter ... 17
Schnelleinstellungen abrufen ... 52
Schritte zählen ... 262
Screenreader ... 299
Screenshot ... 142, 318
Screenshot, Speicherort ... 145
Selbstauslöser ... 130
Sicherheitslücken ... 13
SIM-Karte ... 15, 19
SIM-Kartensperre einrichten ... 297
SIM-Lock ... 15
SIM-Sperre ... 22
Skype ... 196, 318
  einrichten ... 197
  Gespräch beenden ... 200
  Guthaben deaktiviert ... 199
  Kontakt einrichten ... 201
  Telefonat durchführen ... 199
SlimPort ... 17
Smartphone ... 13
SmartTV-Geräte ... 184
Smiley ... 318
SMS ... 208, 318
SMS-App ... 208
SMTP ... 318
SoftMaker ... 251
Softwareaktualisierung ... 302
Solitär ... 267
Spam ... 314
Spam-Mail ... 318
Speicher ... 300
Speichergröße ... 14
Speicherkartenerweiterung ... 15
Speicherkartenslot ... 15
Sperrbildschirm ... 20
Spiel
  Angry Birds ... 269
  Kreuzworträtsel ... 269
  Mahjong ... 269
  Memory ... 269
  Solitär ... 267
  Sudoku ... 269
Spotify ... 175
Spracheingabe ... 43, 112, 115, 235
Spracheingabe-Assistent ... 43
Sprachnotiz ... 238
Stadtpläne ... 260
Stand-by ... 23
Standort
  erfassen ... 53
  speichern ... 141
Startbildschirm ... 26
  Hintergrund anpassen ... 55
  Suche ... 47
  Webseitenverknüpfung ... 89
Startseite
  Foto als Hintergrund ... 153
Statusleiste ... 26
Stift ... 29
Stoppuhr ... 261
Suchen ... 47
  im Kalender ... 219
  in Google Chrome ... 79
  in Webseite ... 83
Suchleiste ... 182
Suchmaschine ... 81, 318
Sudoku ... 269
Surfen ... 73
Systemupdates ... 302

T

Tablet ... 13
Tabs öffnen/verwalten ... 76
TalkBack ... 299
Taschenlampe ... 270
Telefonieren ... 192
Telefonnummer speichern
  als Kontakt ... 202
Termin
  ändern ... 224
  eintragen ... 220
  löschen ... 224, 225
  verschieben ... 224
  wiederkehrend ... 223
Tethering ... 292
Text
  bearbeiten ... 245
  eingeben ... 40
  markieren ... 245, 246
Textfeld ... 319
Textkorrektur, Techniken ... 247
TextMaker Mobile ... 251
Textmarke positionieren ... 41
Textnotiz anfertigen ... 234
Timer ... 261
Töne ... 300
Tracking (Google Chrome) ... 98

U

Übersetzer-App ... 258
Uhrzeit ... 261
Umlaute eingeben ... 41
UMTS ... 15, 319
URL ... 319
URL (Uniform Resource Locator) ... 72
USB ... 319
USB-Anschluss ... 16
USB-Speicherstick ... 16
USB-Steckernetzteil ... 16

V

Verknüpfungen ... 35
Verknüpfungen anlegen ... 37
Verlauf löschen ... 92
Verschlüsselung ... 319
Video
  an E-Mail anhängen ... 123
  ansehen ... 153
  löschen ... 171
  Speicherort ... 145, 146
  wiedergeben ... 176
  Zeitleiste ... 155
Video-App ... 176
Videoaufnahmen anfertigen ... 138
Videodatei auf Android-Gerät
  kopieren ... 178
Virenschutz ... 126
VLC-Player ... 173, 176
Vollbildansicht ... 150

W

Wasserwaage ... 270
Webradio ... 175
Webseite
  abrufen ... 70, 72, 73
  Anzeige zu klein ... 73
  Bilder speichern/kopieren ... 96
  blättern (scrollen) ... 73
  mit vertraulichen Inhalten ... 75
  per Sprachbefehl abrufen ... 74
  teilen ... 93
  wird nicht geladen ... 309
Website ... 72, 319
Wecker ... 261
Wetter-Apps ... 256
WhatsApp ... 212
  Nachrichten austauschen ... 213
Widget ... 27, 33
  Größe anpassen ... 39

Wiedergabelisten für Musik 171
WLAN 319
ein-/ausschalten 289
Empfangsqualität 70
WLAN-Verbindung
einrichten 288
Status 70
WLAN-Zugang einrichten 273
Word für Tablet 247
WWW 320

X

XML 320

Y

YouTube-Videos 180

Z

Zahlungsinformationen
einrichten 278
Zahlungsmethode 63
ZDF-Mediathek 183
Zeichenfunktionen 29
Zoomfunktion 131
Zubehör 17
Zum Startbildschirm zufügen 90
Zurücksetzen 320
Zwischenablage 246, 320

F-Secure SAFE

Internet Security auf allen Geräten

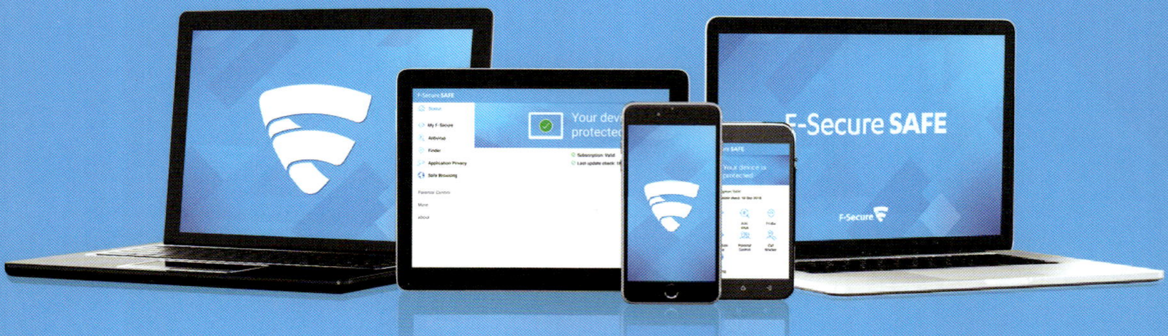

VIRENSCHUTZ

BROWSER- UND BANKING-SCHUTZ

NETZWERK-SCHUTZ

FAMILIEN-SCHUTZ

F-Secure SAFE ist ein mehrfach ausgezeichneter Schutz, der Sie vor Viren, Trojanern und Ransomware schützt. SAFE sichert zusätzlich Ihre Bankgeschäfte ab. Sie können Grenzen für die Internetnutzung Ihrer Kinder setzen. Sie und Ihre Familie können sicher surfen – sowohl am Computer als auch auf Mobilgeräten.

Ihr Code für 6 Monate F-Secure SAFE für 3 Geräte:

BWKOH-YSTVF-BNETS-OOAGP

Einzulösen unter **www.f-secure.com/free***

*Nur für Neukunden. Laufzeit endet automatisch.

F-Secure